农村改革创新

（2002—2012）

Nongcun Gaige Chuangxin

中共上海市委党史研究室
中共上海市委农村工作办公室 编著

上海教育出版社
SHANGHAI EDUCATIONAL
PUBLISHING HOUSE

目 录

Contents

口述前记

　　孙雷,1957 年 11 月生。曾在共青团松江县委、松江县委办公室工作。1991 年 2 月至 2001 年 8 月,先后任松江县泗泾镇党委书记,松江县委常委、纪委书记、县监委主任、副县长、副区长等职。2001 年 8 月至 2003 年 1 月,任南汇区委副书记。2003 年 1 月至 2008 年 2 月,先后任崇明县委副书记、县长。2008 年 2 月至 10 月,任市农委主任、党组书记,2008 年 10 月至 2016 年 9 月,任中共上海市委农村工作办公室、上海市农业委员会主任,现任上海市人民代表大会农业与农村委员会主任委员。其间,对家庭农场发展、农村土地承包经营权流转、农村产权制度改革等方面研究较深,参与推动上海在 2015 年率先整建制建设国家现代农业示范区,是"三农"工作的实践者。

写入中央一号文件的"家庭农场"

口述：孙　雷

采访：奚晓文　尹　寅

整理：奚晓文　尹　寅

时间：2015 年 11 月 13 日

　　上海家庭农场的探索发轫于松江区,松江区粮食生产家庭农场的探索起始于 2007 年,经过 5 年多的发展,到 2012 年底,松江区家庭农场数量已由最初的 20 多户发展到 1206 户,经营粮田 13.7 万亩。之后经过总结、推广、提升,上海探索出了一条具有特大城市特色的农业现代化发展之路。可以说,上海家庭农场的探索和实践提供了东部沿海地区城乡统筹发展的样本。因为,只有农村劳动力大量转移,生产力水平特别是农业机械化水平大幅提高,规模适度的家庭农场才有成长的"土壤"。家庭农场的发展壮大,又进一步加快了城乡一体化的发展步伐。

让土地流转起来

　　松江区素来被誉为"上海之根",曾是传统农区,拥有良田 21 万亩,其中水稻种植面积17万亩。特别是浦南地区,一方面,作为上海居民生活用水重要水源涵养地的功能定位,决定了它不能发展重化工业。另一方面,随着上海大都市的快速发展,种田微薄的收入不再被上海农民所看重,大量农村青壮年劳动力转向城市第二、第三产业。2007年,松江区非农就业农民已占农村总劳动力的90%,这意味着十个人中只有一个人还在种田。

"种好不想,不种不像,种种白相相",当地流传的这句话给我留下深刻的印象,这句话也真实反映了当时农民种田的纠结心态:每家三四亩田,好好种田不想,收入太低;不种田又不像农民,荒了太可惜;只好种种玩玩吧。松江的情况也是沪郊农村的一个缩影。随着农村"劳力荒"逐年升级,种田的人逐渐演变成了老人和外地人,粗放种植的现象比较普遍。为改变这一情况,松江区于2007年率先进行了家庭农场探索。当时的松江,一部分农民纳入了镇保,其余都加入了新农保。农民有离开土地生存的能力,也有出去找一份工作的条件。农村劳动力的大量转移,也给土地集中起来创造了可能。再加上松江水稻高产栽培技术成熟稳定,全区粮田机耕率、机收率、水稻良种覆盖率均达到100%,一户农民经营上百亩粮田不成问题。同时,松江也具备了足够的经济实力反哺农业,有条件在体制机制上率先取得突破。为此,松江区选择了实施土地流转、适度规模经营的家庭农场作为发展现代农业的突破口。

在具体探索和推广过程中,松江主要采取了以下几方面措施:

在有序推进土地流转,实现适度规模化经营方面,一是规范土地流转,以"依法、自愿、有偿"为原则,推行农民将承包土地委托村级集体经济组织统一流转的方式,从而集中农民土地,将土地交给真正有志于从事、有能力从事规模化农业生产的农民经营;二是对老年农民实行鼓励土地流转的政策,只要老年农民将承包土地交给集体经济组织统一流转,可享受每月增加150元的养老补助;三是加强对直接种粮农民的政策扶持,其中,在中央、市级水稻种植补贴的基础上,给予粮食家庭农场土地流转费补贴;四是切实维护土地转入方的合法权益,区政府实行土地流转最低指导价格,并随着粮食市场价格变动而浮动。

在选好家庭农场经营者,培养职业农民方面,一是明确准入条件,规定只能由本地农民经营,面积控制在100至150亩,主要从事水稻等粮食作物生产;二是公开透明选拔,在农户自愿提出经营申请的基础上,由本村老干部、老党员、老队长民主评定,择优选择,每年3次考核并实行淘汰退出机制;三是稳定经营者队伍,在坚持100至150亩规模的基础上,延长家庭农场承包期,要求不少于3年。

另外,就是加强社会服务,实现专业化生产、机械化耕作。一是强化社会服务,围绕家庭农场的生产需求,建立了涵盖良种繁供、农资配送、烘干销售、农技指导、农业金融和气象信息等内容的专业化服务体系,为家庭农场提供产前、产中和产后全程服务;二是扎实推进设施农田和高水平农田建设,2004年至2008年共投资7276.5万元,建成设施农田5.33万亩,2010年后,共投资6672.9万元,建设高水平粮田1.46万亩;三是积极推进"机农一体",培养能自行驾驶农机具、靠自己劳动为主的现代农场主;四是积极推进"种养结合",通过"公司+农户"合作模式运作,做到"七个统一",即统一供苗、统一供料、统一防疫、统一管理、统一收购、统一结算、统一处置,有效控制生猪生产过程,确保上市生猪的质量。

2007年至2012年的5年间,我们称之为上海家庭农场发展的探索时期。松江探索发展规模在100至150亩的粮食家庭农场,并在粮食家庭农场发展的基础上,推进"种养结合""机农一体"家庭农场模式。家庭农场的出现,使种养结合成为可能,松江松林公司按照现代化养殖要求,为种养结合的家庭农场提供苗猪和饲料,家庭农场负责养殖约 1200 头猪,每年就有 6 万至 8 万元收入,加上种粮收入,农场主每年就可收入 15 万元左右。像松江的家庭农场经营者李春风,共种植 300 亩土地,加上养猪年收入就超过 25 万元。还有就是机农结合模式,100 至 150 亩土地,一台拖拉机、收割机利用率低。所以,家庭农场中的第一批农机手买了农机后与周边几户家庭农场结成互助关系,既提高农机利用率,又避免闲时养人。还有一种方法是农机专业合作社,以片区为单位,为家庭农场提供农机服务,当然这种模式可能是过渡性的,最终还是要让农机专业合作社有自己的土地,因此发展方向还是机农一体。

农业机械正在忙于"三夏"收割

　　松江发展粮食生产家庭农场的有益探索得到了当地农民的欢迎,引起了社会各界的关注。创立一种新型农业经营主体,其成功得益于参与土地流转农民的支持和家庭农场经营者的积极实践,得益于中央领导的高度重视。2008 年,在松江家庭农场刚起步的时候,我首次陪同中央农村工作领导小组副组长、中农办主任陈锡文到松江调研,我清楚地记得他在新浜镇一户种养结合的家庭农场经营者那里调研,全面了解家庭农场生产经营情况,问得很细很具体。2012 年,陈锡文主任又来松江区调研,委托上海市委研究室将松江浦南地区发展家庭农场情况总结成文递交中农办,在其举荐下,松江发展家庭农场,促进农业现代化的做法得到时任总理温家宝的肯定,指出上海松江的这些探索和实践值得肯定,给全国创新农业经营形式、加快农业现代化建设提供了新鲜的经验和有益的启示。当年年底,在中央农村工作会议上,上海探索发展家庭农场的做法作为大会交流材料引起了广泛关注。2013 年,中央一号文件首次提出要发展"家庭农场"。此外,农业部时任部长孙政才,现任部长韩长赋、副部长陈晓华等领导都对上海家庭农场的探索和发展给予了关心和指导。松江家庭农场的发展,也得益于市委、市政府主要领导和分管领导的高度重视和充分肯定,2007 年,时任上海市委书记习近平在松江调研时明确指出松江要推动规模经营,做好土地流转文章,在发展家庭经营上先行先试。2013 年 3 月 26 日,市委书记韩正来松江调研,明确这一年上海农村工作会议放在松江召开,以贯彻 2013 年中央一号文件为标志,上海的家庭农场发展进入了一个新的阶段。再者,松江家庭农场的发展,也与松江区委、区政府主要领导的亲力亲为密不可分,区委书记盛亚飞长期担任区县主要领导,熟悉"三农"工作,他不仅积极支持区农委探索家庭农场的发展模式,而且鼓励乡镇大胆试大胆闯,并且指导区级出台一系列有利于家庭农场发展的政策措施,从而使家庭农场在松江生根开花,结出硕果。

在本市家庭农场推广过程中,我们还积极探索家庭农场与农民专业合作社、农业龙头企业的合作协同,实现不同主体之间的优势互补,融合发展。一是"农业龙头企业+农民合作社+家庭农场"。比如前面介绍的松江的种养结合模式"松林肉食品有限公司+松林畜禽养殖专业合作社+家庭农场",农民合作社与家庭农场签订生猪代养协议,生猪养成后,由农民合作社组织收购上市,支付给农户每头 50 元的代养费。二是"农民合作社+家庭农场"。如嘉定区粮食生产合作社退出生产领域,由家庭农场实行适度规模经营,农民合作社着力为家庭农场提供产前产中产后服务,在创立品牌、农产品进入市场流通领域方面出谋划策,增加农业生产经营的综合效益。三是"农业合作组织+家庭农场"。如松江成立区农民合作联社,为家庭农场提供农资配送、新型职业农民培训、农机服务、大米加工、法律咨询、信息化管理等服务。四是"农机合作社+家庭农场"。如松江农机合作社成员除了经营自己的家庭农场,还与其他家庭农场签订农机服务协议,农忙时,大家互助合作,统一调配人员和机械,使农机资源共享和有效使用,提高效率。

可复制可推广

现在回想起来,2013 年以后,松江区的家庭农场形成了可复制可推广的模式,本市家庭农场进入了全面推广阶段。在这之前,我们对上海家庭农场的特点进行了系统的总结,提出上海粮食生产家庭农场主要有以下四个特征:

一是家庭经营。家庭农场经营者应是本地农民,且必须主要依靠家庭成员从事农业生产经营活动,家庭农场主不得将经营土地再转包或转租给第三方经营。除季节性、临时性聘用短期用工外，不得常年雇用外来劳动力从事家庭农场的生产经营活动。

二是规模适度。引导土地有序流转，目的是发展规模经营。对于规模经营坚持"适度"，有关部门就曾反复讨论。当时松江农民夫妻俩一年的务工收入约 4 万至 5 万元，从事家庭农场粮食生产的收入必须比他们打工收入要高，否则就没人干。经过测算，松江家庭农场经营耕地规模一般为 100 至 150 亩，最少的 80 多亩，最大的 200 亩左右，平均为 113 亩，这样就能保证他们的年收入在 10 万元左右。后来，金山区也将家庭农场的粮食生产经营面积控制在 100 至 200 亩。

我们当时确定 100 至 150 亩，一方面，是这个面积可以达到一定规模，产生的规模效益超过务工收入，能留得住人，同时有规模才能谈得上专业化。另一方面，种自己的田，打自己的粮，是农业生产经营与第二、第三产业不同之处，发展家庭农场，不仅要提高生产效率，还要体现社会公平。在土地资源配置过程中，首先就是要确保起始公平，才能兼顾效率与公平相结合。若让一个大户承包 1000 亩土地，他就能赚大钱，但如果这 1000 亩土地由 10 个人来承包，那么就有 10 位农民可以通过适度规模经营获得较好的收益。

三是一业为主。家庭人员的主要职业是农业，家庭主要收入来源于农业收入，我们说，要让种田成为一种职业，就是不能把农业当作兼业来做，只有让农业成为具有支撑地位的主收入，种田才能给农民以希望。目前，本市粮食生产家庭农场包括粮食种植、机农结合、粮经结合、种养结合 4 种形式，2014 年分别为 2300 个、244 个、201 个、42 个。2014 年全市粮经结合家庭农场户均收入达到 24 万元，经济作物家庭农场户均收入 17 万元，机农结合和种养结合家庭农场户均收入均为 15 万元，水产养殖家庭农场户均收入达到 14 万元，粮食生产家庭农场户均收入为 11 万元,家庭农场经营者收入已远远高于普通农民收入。应该说,对松江等一些家庭农场主来说,农业已经成为一种"体面的职业",从事农业同样可以获得"体面的收入",过上"体面的生活"。

四是集约生产。与小规模农户相比,家庭农场规模适度,通过专业化生产、集约化经营可以充分发挥适度规模效应和家庭经营优势,有效提高了劳动生产率、土地产出率和资源利用率。集约生产不是简单的规模扩大,而是通过推广机械化、信息化,把家庭农场和现代农业有机结合起来。

金山廊下万亩粮田

近年来,上海在发展家庭农场方面大胆探索,不断提升调整,出台了一系列政策,从土地流转、种粮补贴、农机购置、推广种养结合、贷款贴息、保险补贴等方面鼓励扶持家庭农场发展,并根据家庭农场发展情况及时调整扶持政策。市和各区县两级财政部门对家庭农场的补贴达到每亩 400 至 500元,金山、奉贤、闵行、崇明、浦东、嘉定、青浦相继出台了推进家庭农场发展意见,并落实推进举措。我举两个区的事例,我先介绍金山区,对于有意愿经营经济作物的家庭农场经营户,金山区推出多项扶持举措,包括推荐家庭农场加盟"施泉"葡萄、"金山小皇冠"西瓜、"鑫品美"草莓等知名品牌,按照品牌农产品的种植规程进行种植,搭建销售平台,拓展销售渠道等。我再讲讲松江区的推进举措,为了满足家庭农场的实际生产需求,全面提升现代农业社会化服务化水平,松江建立了14家农资超市门店,种子免费供应,将农药、化肥、农膜等生产资料直接配送到田头,可提供从浸种到收割的全程服务,为每个家庭农场配送了一部手机,及时提供农业生产、市场等信息,还专门做了"农家历",信息涵盖节气、农时、农业技术、耕作方法等。

我们倡导的宗旨是,政府积极引导、鼓励农民发展家庭农场,但绝不搞一刀切,各区县探索适宜当地的最优模式,要让农民自己觉得干这件事是有吸引力的,他就会珍惜,就会更有效率。

经过多年的探索和实践,上海的粮食生产家庭农场发展取得了四大成效。第一,家庭农场促进了生产力发展。对上海来讲,实行专业化规模经营更有重要意义,家庭农场将土地的承包权和经营权进行分离,既充分体现中央关于农村"三权分置",即农村集体土地所有权、承包权、经营权分置的精神,又有利于促进粮食生产和农业现代化水平的明显提高;第二,家庭农场有效增加了农民的收入;第三,家庭农场解决了农业后继无人的问题。随着家庭农场效益的不断体现,在松江浦南地区已经出现了第二代农民,原来外出打工的农民现在已经承担起父辈农业生产的责任,从原来的企业里返回所在的农村进行务农;第四,家庭农场促进了农民和农村现代化。家庭农场改善农村生态环境,职业化、科学化、专业化的种植方式和技术,有效地保护了农田环境和土地资源,改善了农村地区的生活工作环境,为加快实现农民和农村现代化探索出一条有效途径。

破解"未来谁来种地"难题

建设家庭农场最大的积极意义是破解"未来谁来种地"的难题,下一代家庭农场经营者在哪里? 这是我们必须认真思索的问题。现有家庭农场主中,55 岁以上占 33.7%,51 岁到 55 岁占 20%,也就是说 1/3 以上将在 3 至 5 年内退休。而且,随着农村劳动力的进一步转移和居住转移,农村剩余居民还在自然减少。我们的答案是希望吸引更多年轻人回流种田,最好是"子承父业"。引导农民的后代回归农业,这一方面有利于提高农民整体素质,另一方面也因为他们对农业、农村原本就有认识基础和感情基础。另外,其父辈经验也能得到传承,可以手把手地教导年轻人如何种好田。

最近几年,我很欣喜地看到越来越多的年轻人回流到农业中来,"未来谁来种地"的问题正在上海破题。在松江家庭农场中,已出现了 40 余户"子承父业"的经营户。2009 年,当时 36 岁的孙红荣放弃了在一家企业做销售高管的职位,回到叶榭镇同建村,从父辈手里接过了家庭农场主的班,在探索生态种植的同时,成立一家专业合作社,运用销售所长,创立属于自己的稻米品牌,走品牌发展之路。泖港镇腰泾村的"农二代"李春风,边种田,边养猪,还兼做农机手,他三者兼顾得心应手,这份辛劳也给李春风换来了 30 余万元的"年薪"。2014 年 1 月,泖港镇新建村启动新一轮家庭农场主承包经营竞选,26 岁的阮凯峰接过父亲手中的"接力棒",成了松江区最年轻的家庭农场主,让父亲手把手地教,跟村里有经验的"老法师"学,阮凯峰铆足了一股劲。石湖荡镇的沈万英更是实现了"女承父业",2010 年,她辞去电子企业生产管理岗位的工作,回家"接管"了父亲的 115 亩农场,如今,她种出的水稻亩产量最高达 657 千克,一年纯收入至少 10 多万元。

再上新台阶

2013 年中央一号文件首次提出发展"家庭农场",旨在鼓励和支持承包土地向专业大户、家庭农场、农民合作社流转,并把松江等全国 33 个地方列入试点地区。这一年,上海市委、市政府提出要大力发展粮食生产家庭农场,鼓励探索多种形式的家庭农场。在 2014 年上海市农村工作会议上,市委书记韩正指出,上海农业要做到保量提质,基本途径就是要发展农业适度规模经营,在粮食生产上要推广松江的家庭农场模式,在蔬菜瓜果类生产上要促进"合作社+农户"为主的模式发展。截至 2014 年底,全市家庭农场总数达到 3067 个,其中粮食生产家庭农场 2787 个,种植粮食 40.37 万亩,比 2013 年增加 77.2%,占区县粮食种植面积的 30.2%。

下阶段,上海将进一步结合各区县实际,提升本市家庭农场的发展水平,努力形成家庭农场与专业合作社、农业龙头企业等多种经营主体协同配合,互促共进局面,推动都市现代农业稳定健康发展。

一是大力发展粮食家庭农场,倡导宜粮则粮、宜果则果,鼓励发展多种形式的家庭农场。落实上海市政府确定的粮食家庭农场发展目标。到 2017 年,全市粮食生产家庭农场水稻种植面积达 77.68 万亩,占上海市区县水稻种植最低保有量面积 133.6 万亩的 58.1%。与此同时,注重机农结合、粮经结合、种养结合,依托农业龙头企业和农民合作社,发展农产品加工、销售、服务"一条龙"。

二是以实施国家现代农业示范园区建设行动计划为契机,大力提升家庭农场社会化服务水平。培育多元经营性社会服务组织、创新社会化服务机制、加强社会化服务组织建设,加快形成以农业公共服务为主导、多元服务主体广泛参与的社会化服务体系。对家庭农场实施精细化管理与服务，通过政府购买服务等方式，有针对性地组织开展社会化服务。

三是进一步完善家庭农场扶持政策。拟定上海示范家庭农场认定和运行监测管理办法，积极开展示范家庭农场创建活动。加强与有关部门沟通协调，推动落实涉农建设项目、财政补贴、税收优惠、抵押担保、设施用地等相关政策，帮助解决家庭农场发展中遇到的困难和问题。包括探索解决家庭农场主的社会保险问题，使农民作为一种职业从制度上得到保证。

四是完善家庭农场人才教育培训。郊区各区县通过制定政策，培育选择会经营、懂技术、善管理的家庭农场主，从而提高家庭农场的经营能力和发展水平。目前，松江将培育一大批专业化的职业农民，每位经营者能学会开农机，进行专业化生产，同时必须以此为职业，通过提高劳动生产率获得体面收入。在金山区，对于45周岁以下希望提升学历的家庭农场经营者，还可报名就读上海开放大学金山分校的"农业技术与管理"专业，毕业后可获得大专学历，学费也将由政府财政补贴。2015年上海青年农场主示范培训班也已开班，本次培训班参与学员达121人，将先后开展培训指导、创业孵化、认定管理、政策扶持和跟踪服务等系统培训课程，整个培训周期长达3年。通过各种渠道，本市计划到2017年培育10000个新型职业农民。

口
述
前
记

袁以星,1949 年 11 月生。曾任上海县七宝镇镇长,奉贤县副县长、县长。1992 年 8 月至 2001 年 3 月,任市农委秘书长、副主任,市郊区工作党委副书记。2001 年 4 月,任市农委主任。2003 年 7 月至 2007 年 2 月,任市农委党组书记、主任,兼任市农村税费改革领导小组办公室(后更名为市农村综合改革工作领导小组办公室)主任,亲历了上海以税费改革为突破口的农村综合改革。2007 年 1 月至 2013 年 1 月,任十二届市人大财政经济委员会主任委员兼市人大常委会预算工作委员会主任、十三届市人大财政经济委员会主任委员。

艰辛辉煌十年路

——以税费改革为突破口的农村综合改革

口述：袁以星

采访：奚晓文　尹　寅

整理：奚晓文　尹　寅

时间：2015 年 11 月 20 日

在中国 30 多年改革开放的历程中，围绕解放和发展农村生产力进行的一系列重大改革，不仅改变了"三农"状况，也影响了中国发展进程。其中，21 世纪初开展的农村税费改革，具有划时代的意义。回顾本市农村税费改革的历程，那是步入 21 世纪后头 10 年的事了，可以说，农村税费改革是继土地改革、家庭联产承包责任制之后，新中国第三次重大的农村制度变革，我作为这一改革的亲历者，现在回想起来还记忆犹新。

推进农村税费改革有个大背景。经过 20 世纪八九十年代的改革开放，我国农村经济有了很大发展，农村社会也有了很大进步，农民生活水平也有了一定提高。但是，党中央清醒地看到，进入 21 世纪我国农业和农村发展中还存在着许多矛盾和问题,突出的是农民增收困难。全国农民人均纯收入连续多年增长缓慢,粮食主产区农民收入增长幅度低于全国平均水平,许多纯农户的收入持续徘徊甚至下降,城乡居民收入差距仍在不断扩大。如果农民收入长期上不去,不仅影响农民生活水平提高,还影响粮食生产和农产品供给;不仅制约农村经济发展,还制约整个国民经济增长;不仅关系农村社会进步,还关系全面建成小康社会目标的实现;不仅是重大的经济问题,更是重大的政治问题。

那么,如何实现好、维护好、发展好广大农民群众的根本利益呢?中央提出了要按照统筹城乡经济社会发展的目标,坚持"多予、少取、放活"的方针,深化农村改革,强化对农业支持保护,力争实现农民收入较快增长,尽快扭转城乡居民收入差距不断扩大的趋势。由此,以农村税费改革为突破口的深化农村综合改革拉开了序幕。

回顾那10年,本市按照中央的总体部署,以农村税费改革起步,多管齐下推进农村综合改革,迈出了几大步。

税费改革破了题让农民更宽心

为什么要以农村税费改革为突破口呢?因为,当时全国各地反映农民负担重的主要表现是对农民征收税费的主体乱、项目乱、标准乱、程序乱、监督乱等。实施农村税费改革的目的,就是想通过法治的方式规范农村的分配制度,遏制对农民的乱收费、乱集资、乱罚款和各种摊派,从根本上解决农民负担过重问题,从分配上理顺和规范国家、集体、农民三者之间的利益关系。

在对当时的经济社会发展形势进行全面分析后,经过审慎考虑,中央决定将税费改革的重点转向农村,从规范农村分配关系入手,探索减轻农民负担的治本之策。从 2001 年开始,中央先在部分省市进行农村税费制度改革试点,2003 年在全国推广。改革的主要内容是"三取消、两调整、一改革":"三取消"就是取消乡统筹及专门向农民征收的行政事业性收费和政府性基金、集资,取消屠宰税,取消统一规定的劳动积累工和义务工;"两调整"就是调整农业税政策和调整农业特产税政策;"一改革"就是改革村提留征收使用办法。

根据中央精神,上海市委、市政府在郊区工作会议上明确,加快农村税费制度改革,是党中央、国务院为保护农民积极性作出的一项重大决策,必须结合上海实际,认真贯彻执行。2003 年,市政府下发通知,要求切实落实本市农村税费改革的各项政策,确保农民负担不反弹。具体来说,上海农村税费改革从 2002 年起共分了"三步走",至 2004 年底已基本完成预定的目标。第一步是2002 年取消了农林特产税、屠宰税和村提留乡统筹费,合计一年减少农民税费负担 2.27 亿元。原来由农民直接承担的 1.8 亿元提留统筹费全部由市财政转移支付,以保证镇村基层政府和组织的正常运转。第二步是 2003 年市政府决定对从事农业生产的农民免征农业税和农业税附加,合计一年减少农民税收负担 1.2 亿元,率先在全国实现了农业"零税率"。第三步是 2004 年在沪郊全部停止执行农民义务工和劳动积累工制度,取消农民无偿劳务和以资代劳,实现了农民税费的"零负担"。据统计,与农村税费改革之前相比,上海在改革中总计减轻农民负担 4 亿元,按沪郊人口计算,人均减负 125 元。

经过 3 年农村税费改革,上海基本实现农民"零负担"的目标,各项专门面向农民的行政事业性收费基本取消,农业上实现"零税率",农民的无偿劳务也已免除。村干部从催款收款的困惑中解脱出来,把更多精力投入社区管理和公共服务,减少了农村干群之间的摩擦。

现代城乡,生态宜居

农业补贴到万家让农民更安心

2004 年,本市根据国务院农业和粮食工作会议精神,为保护本市粮食生产能力,稳定粮食生产总量,经市政府同意,由市农委和财政局联合制定了政策性意见,对本市种粮农户实施补贴作出具体规定。主要是围绕粮食生产设计补贴政策,目标是要实现"三个有利于",即有利于稳定水稻生产总量,提高种粮的经济效益;有利于农田向规模经营集中,提高稻谷的商品率;有利于调动郊区农民种粮积极性。因此,政策设计原则是区别生产规模,实行分档补贴,推进粮田向规模经营集中;区别区县财力,实行差别政策,鼓励建立商品粮生产基地。补贴的范围主要是水稻播种面积补贴、水稻良种种子补贴、推广使用绿肥补贴、农机购置补贴等。

随着本市农村情况的不断变化,农业投入的力度不断加大,本市农业补贴的范围不断扩大,补贴的标准逐步提高,补贴办法也日趋完善。2008年以后,本市对农民的直接补贴力度进一步加大,从粮食生产补贴扩大到粮油生产补贴和蔬菜生产补贴两大类,除了增加粮食直补、良种补贴、农机具购置补贴和农资综合直补外,还完善了能繁母猪、优质后备母牛、动物防疫、渔民减船转产等补贴。从农业生产补贴延伸到农业风险防范,为了鼓励龙头企业、中介组织帮助农民参加农业保险,扩大了农业保险险种的补贴和农业保险补贴的范围。这对农民来说真是令人无比兴奋,他们说:"从来没有想到过,种田不收税费,还要给予补贴。"

我清楚地记得2002年的一次下乡调研,南汇区祝桥镇一位村民给我算的一笔账,这笔账至今让我记忆犹新。他说,"以前每亩田交纳农业税费100元左右,如今只交41.76元,我种了2亩9分田,要少交100多元。"我们曾做过统计,税费改革之后,上海农民人均税费负担下降为35元,平均减负62%。

村务公开制度化让农民更放心

随着农村税费制度改革、农业补贴发放、财政转移支付力度加大,村级财务监督出现了一些新情况、新问题,有些地方在村务公开和民主管理中还存在着重形式、轻实效,制度不健全、决策不民主等问题。如何完善村务公开制度,加强村级财务监督,这是摆在各级基层组织面前的一件很现实具体的事情。按照中央关于健全和完善村务公开和民主管理制度的意见,2004年,本市在推进税费改革、发放农业补贴的同时对进一步做好村务公开工作作出了具体规定。

一是进一步完善村务公开的内容。凡是国家有关法律法规和政策明确要求公开的事项,如计划生育政策落实、救灾救济款物发放、宅基地使用、村集体经济所得收益使用、村干部报酬等,都必须坚持公开。特别是把财务公开作为村务公开的重点,强调所有收支必须逐项逐笔公布明细账目,让群众了解、监督村集体资产和财务收支情况。

二是进一步规范村务公开的形式、时间和基本程序。按照"实际、实用、实效"的原则,在便于群众观看的地方设立固定的村务公开栏,让群众随时都可以监督。有些做得比较好的村还自觉地把村务公开事项从办理结果的公开向事前、事中、事后全过程公开延伸。本市还积极推广应用信息化技术,在各村建起了"一点通"平台,让农民群众通过触摸屏随时可以查询村务公开事项。

三是进一步规范民主决策机制,保障农民群众的决策权。凡是与农民群众切身利益密切相关的事项,如村集体的土地承包和租赁、集体资产处置、村干部报酬等,都要实行民主决策,不能由个人或少数人决定。同时,积极推进农村集体经济组织实行股份制或股份合作制改革,通过集体资产股份化改革,完善民主决策和民主监督,维护村民的民主权利和合法财产权利。

全市各镇村广泛开展村务公开工作,深化村务公开民主管理和村民自治工作,保障村民群众的知情权、参与权、表达权、监督权,调动村民群众参与农村社区建设的积极性。在这一过程中,也涌现了不少村务公开民主管理示范单位。比如,金山区金山卫镇星火村坚持民主理财、村务公开。在村部进口处,有一个村务公开栏和一部农信机,农信机内有该村新闻和财务收支预结算表等栏目,农民们要想了解自己的有关信息,只要输入自己的身份证号,就能查到上年度自己的土地承包流转信息和涉农补贴等事项。星火村不仅对涉农补贴资金、农村土地承包流转信息和农村集体"三资"进行公示,接受群众监督,而且,村里还有个由 5 名村民代表组成的民主理财小组,定期对村里的财务进行检查和审核。这一制度已坚持 6 年多,真正起到了"还干部一个清白,给群众一个明白"的作用。

综合改革齐推进让农民更省心

农村税费改革的逐步推进,一方面减轻了农民负担,另一方面也暴露了当时农村存在的诸多不容忽视的问题。一是乡村负债问题。由于地方经济发展缓慢,财政上遇到的保稳定与谋发展矛盾相当突出,同时不少地方和相关部门缺乏债务风险意识,监督不到位,在兴修农田水利、道路村村通等项目贷款、农村教育、救济等费用支出方面形成了一大笔乡村债务。二是乡村基层运转困难问题。部分乡村由于集体财力微薄,取消了原先纳入财政预算和财政财务开支的农村税费项目,乡镇可用财力极少。尤其是边远纯农业地区,服务成本高,工作条件差,村干部工资补助也没保证,思想很不稳定。三是历史欠账遗留问题。由于历史欠账较多,债权无法清回,资产难以盘活。巧媳妇也难为无米之炊。税费改革后,即使有转移支付补充,但僧多粥少,难以弥补,再加上资金分配使用及跟踪监督跟不上,担心出事,因此,兴办集体公益事业有时难以完成,想办的事没钱办不成。

针对上述问题,市委、市政府高度重视。时任市长韩正在 2005 年 9 月 18 日的市政府常务会议上明确,要按照全国农村综合改革工作会议精神研究部署本市贯彻落实的意见,以推进乡镇机构改革、推进农村义务教育改革、推进县乡财政体制改革这三项改革为重点,带动本市相关配套改革。会议还决定将本市农村税费改革领导小组及其办公室更名为农村综合改革工作领导小组及其办公室,与市"三农办"合署办公,统筹推进农村综合改革和新农村建设。

关于推进乡镇机构改革问题,市政府明确从 2005 年起开展试点,至"十一五"期末,基本完成全市乡镇机构改革任务。在实际工作中重点突出两个方面:一是转变乡镇政府职能,强化社会管理和公共服务,说到底是为了更好地发挥行政效能,更好地为"三农"服务。我们在乡镇党委、政府机关内设 7 个职能机构,即办公室、党群工作办公室、经济发展办公室等,并按有关规定,设置党的纪检、人大、人民武装等机构和工会、共青团、妇联等群众组织。切实把工作重点从直接抓招商引资、生产经营、催种催收等具体事务转到对农户和各类经济主体进行示范引导、提供政策服务以及营造发展环境上来,同时努力提高社会管理和公共服务水平。二是合理精简乡镇政府内设机构,改革和整合乡镇事业站所,事业单位按照政事分开、事企分开的原则,乡镇政府设置事业单位 7 个,即财经事务中心、经济管理事务所、劳动保障事务所等。通过整合乡镇事业站所,提高服务资源的利用效率,做到既减轻农民负担,又增强为农服务能力。

关于推进农村义务教育改革问题,市政府把工作重点放在三个方面。一是把农村义务教育全面纳入公共财政保障范围,2007 年起实行以区县政府为主统筹管理体制。市财政对低于全市义务教育生均拨款标准的区县,按照全市生均拨款标准予以补足,并下达专项补贴资金 2.6 亿元,重点支持崇明、奉贤、金山等远郊地区和财政比较困难的地区。二是合理配置城乡教育资源,推进中心城区优质教育资源支持郊区农村基础教育。建立教育对口合作交流制度,9 个中心城区与 9 个郊区县教育对口合作交流,形成了 79 对城郊结对学校,中心城区选派了 154 名教师去郊区支教,郊区县选派了 61 名中青年校长和教师到对口中心区挂职锻炼和轮岗培训。比如,静安区与奉贤柘林学校、青浦淀山湖小学结对,派 1000 余人次骨干教师到结对学校参加各种教育教学活动,着力提升当地农村义务教育办学水平和教育质量。虹口区第三中心小学与崇明县竖新小学结对,将艺术的种子播撒郊区农村的校园中。三是深化教育人事制度改革,创新教师补充机制,提高农村教师素质。市教委制定了"新郊区新农村教师学科专业发展"培训方案,开展对郊区县中小学幼儿园 4 万名教师的全员培训。

关于推进县乡财政体制改革问题,市政府要求在"十一五"期间,逐步完善

金山区亭林镇农民用新品种葡萄改进旧品种

区县以下财政管理体制。在工作中把握三个方面重点:一是继续完善县乡财政管理体制,实现乡镇分享财力与乡镇政府承担社会管理职能相匹配;二是加大转移支付和增加专项补助,确保乡镇政府和农村基层组织的基本运转管理能力;三是选择南汇、奉贤、金山、崇明四个区县先行试点"乡财县管乡用"财政管理方式改革。给我印象最为深刻的是,"乡财县管乡用"财政管理方式改革当时共选取了12个乡镇实施试点,各单位从实际出发作了积极探索,积累了一些经验。其中,奉贤区围绕预算共编、账户统设、集中收付、采购统办、票据统管以及资金监管、债务管理等方面开展了试点改革。具体来说,就是实行人员经费按实预算,公用经费定员定额预算,适当增加公共服务方面的财政支出预算。合理设置财政专户,对同类资金实行同一账户分账核算,镇财政预算内外收入全部纳入区级财政管理,预算外收入全额缴入经区财政审核确认的预算外专户。凡纳入政府集中采购目录的镇各项政府采购支出,纳入区政府采购管理。镇财政票据由区财政部门统一管理,做到票款同行,加大对镇财政性资金使用管理情况的社会公开力度,严格控制新增债务。此外,南汇区采取由区财政部门向镇委派财务总预算会计,加强预算指导;金山区实行区与乡镇联网共享的预算管理系统,加强预算管理;崇明县对五年的县乡财政管理体制进行了筹划。这些改革实施以来,效果初步显现:一是强化了上级财政对下级财政的监督管理,提高了乡镇财政依法理财、科学理财水平;二是增强了试点乡镇的财力,在事权上减轻乡镇的压力,在财力上增强对乡镇的倾斜;三是锁定了部分区县乡镇债务,有效控制了新的乡镇债务的发生。

与此同时,市政府结合本市实际,根据郊区各地生产和生活方式的不同特点,因地制宜,分类指导,以加快全市社区事务受理服务中心、社区卫生服务中心、社区文化活动中心等"三个中心"建设来带动郊区三项综合配套改革。将设置社区事务受理服务中心和搞好村级为农综合服务站结合起来,将设置社区卫生服务中心和建设标准化村卫生室结合起来,将设置社区文化活动中心和加强村级文化活动室建设结合起来,形成一个中心多个点模式的便民服务。同时,根据郊区各地生产方式和生活方式的不同特点,因地制宜,分类指导,不搞"一刀切",真正做到基层有活力,群众得实惠,管理出实效。

城乡统筹促发展让农民更有信心

为进一步加强农村基层基础工作,扶持集体经济相对困难村的发展,推进社会主义新农村建设,2007年5月至8月初,市农委抽调40多位干部组成7个调研小组,开展了以经济相对困难村为重点的基层农村综合调研。调研历时两个多月,采集了7万多个数据,掌握了农村基层的第一手资料。在充分调研和统筹协调基础上,全市立足经济社会发展的新阶段,以加快形成城乡经济社会发展一体化新格局为目标,扩大公共资源和公共服务对农村的覆盖面。重点工作有三个方面。

一是建立健全村级基本支出财政保障制度。根据区域条件、人口规模等情况,有差别地实行村公共管理基本支出定额补助,确保村级组织的公共管理职能正常发挥,市级财政对部分区县集体经济相对困难村公共管理基本支出给予一定三年的定额补助。

二是着力解决农民最基本、最急需的生产生活问题。落实支持集体经济相对困难村的路桥建设专项资金,2008年,将村连接交通公路网主干道的道路和村内主要通道是泥路和沙石路的,基本改建为硬化路面的道路,帮助解决集体经济相对困难村农民出行不便问题。推进"整洁村"建设,加强环境整治,完善农村生活垃圾收集处置系统,提高农村生活污水无害化处理能力。继续推进农村社会事业发展,加快农村标准化卫生室建设,方便农民就医。

三是努力提高低收入农户家庭的收入。对集体经济相对困难村中人均年收入 4000 元以下的低收入农户家庭,通过各级劳动保障机构加强培训和就业援助,促进农民非农就业,增加工资性收入。优化农业结构,拓展农业功能,延长农业产业链,提高农民组织化程度,增加家庭经营性收入。积极创造条件,利用产业园区开发和城镇建设的契机,通过发展不动产等途径,发展壮大农村集体经济,让更多的农民拥有财产性收入。

据统计,市委、市政府及各有关部门先后出台了 10 多项惠农政策,农民从公共财政中得到了更多的实惠。农村医疗卫生服务体系逐步完善,完成 400 所农村卫生室标准化建设,农村合作医疗大病统筹最高补偿额达 5 万至 6 万元。农村社会保障体系不断加强,农保人均月养老金达 162 元,镇保人均月养老金达 519 元,农村低保标准提高到 2800 元。比如南汇县康桥镇 3 万农村劳动力和老人形成多层次、多样化社会保障,其中 4900 多名征地农民参加了"城保",2400 多名农民参加了"镇保",115 名农民参加了"农保",参保人数达到 98%。同时,各级党组织和政府部门积极探索"机关事业单位(党组织)+企业+经济薄弱村"结对帮扶活动,扶持村里发展产业经济,帮助农民增加收入。截至 2009 年,全市共开展各类帮扶项目 795 项,捐赠困难慰问金达 1976 多万元,惠及 27392 户困难农户。市交通港口局与崇明县港沿镇骏马村结对,出资 50 万元帮助建成一个 800 头规模的白山羊养殖基地,使"白山羊"成为该村的当家特色产品,养殖 10 头以上的农户每年增加副业收入 5000 至 6000 元。2009 年,全市农村居民人均可支配收入达到 12324 元,同比增长 8.3%。

10 年的农村税费改革走过了一段艰辛而辉煌的历程。2006 年全国取消农业税标志着农村税费改革取得了重要成果,并由此转入了一个新的发展阶段——农村综合改革阶段。现在想来,其核心是解决农村上层建筑与经济基础不相适应的一些深层次问题,不仅涉及经济领域,而且涉及政治、社会、文化等领域,是一次重大的制度创新和社会变革,为推动农业发展方式转变和社会主义新农村建设提供了制度保障。

冯志勇，1970 年 1 月生。2014 年 10 月至今，任中共上海市委农村办公室副主任、上海市农委副主任。曾任上海市农业科学院食用菌研究所副所长，上海丰科生物科技有限公司总经理，上海市农业科学院科研处副处长、国际合作交流办公室主任、信息研究所所长，崇明县政府党组成员、副县长，崇明县委常委、副县长等职。从 2005 年起，参与了崇明生态岛科技专项的指南编制和部分项目的实施。

崇明生态岛建设的起步阶段

口述：冯志勇
采访：欧阳蕾昵
整理：欧阳蕾昵
时间：2016 年 5 月 12 日

　　崇明岛素有"长江门户""东海瀛洲"的美誉,是世界上最大的河口冲积岛,拥有优越生态环境和丰富自然资源。2009 年 10 月 31 日,长江隧桥通车,崇明岛变为"半岛";2011 年 12 月 24 日,崇启大桥建成,崇明岛又变为了沿海大通道的一座枢纽"岛桥"。"双桥"为崇明塑造了一个全新的区位价值,使她成为上海对接苏北腹地的前沿和枢纽。

　　因水而生,却为水所困,长久以来,崇明一直在思考自己的定位,寻找社会经济全面发展的引擎和动力。从 20 世纪 90 年代开始,崇明开始探索生态发展的路径。2005 年,上海市政府批准《崇明三岛总体规划(2005—2020年)》,明确了崇明三岛的功能定位,提出把崇明建成环境和谐优美、资源集约利用、经济社会协调发展的现代化生态岛区。崇明,从此迈上了建设"世界级生态岛"的征程。

　　崇明生态岛已经完成了起步阶段的建设,这个建设阶段大致可细分为早期探索期(1998年前)、战略定位期(1998—2001年)、规划先导期(2002—2004年)、有序推进期(2005—2013年);目前,崇明生态岛建设已进入了科学评估和再推进阶段。历经10多年的沉淀和积累,崇明生态岛建设的重要意义、贡献和成效已经形成共识。这里,我想简要回顾一下生态岛建设起步阶段的过程。

建设"生态岛"是历史的必然选择

　　濒江临海的崇明,蓝天绿地,苍岸碧水,具有区位、岸线、土地和生态的独特优势,是21世纪上海可持续发展的重要战略空间。20世纪八九十年代,崇明尽管交通和物流不畅,但立足于区域资源和市场,依靠崇明人民的智慧和勤劳,创造了崇明制造业的辉煌,迎来了乡镇企业的大发展。那时候崇明有冰箱厂、洗衣机厂、电扇厂、开关厂,岛上生产的远东阿里斯顿冰箱还要凭票购买。

　　1988年2月19日,时任上海市委副书记朱镕基视察崇明时有过这样一段讲话:"我觉得,崇明是上海的一个特殊地方,有三大作用。第一,崇明能在沿海地区经济发展战略中作出很大贡献,有着大进大出的条件,特别是创汇农业,可以搞种、养、加工业,可以搞贸工农,条件都比其他县要好。第二,崇明能成为上海最重要的副食品生产供应基地。第三,崇明能成为上海一块非常宝贵的绿洲,崇明可以成为旅游胜地,地方很美。要大力开发,3年以内有个较快的转变,这岛是一张白纸,要做好文章,搞一件就看得出效益来。"1990年11月6日,朱镕基同志在崇明县党政负责干部会议上又强调:

"究竟崇明向何处去,怎样发展……扬长避短,因势利导,积蓄力量,打好基础,'八五'准备,'九五'起飞。崇明不要着急,一着急就搞不好。崇明要变成上海的明珠,一个非常漂亮的田园风光的岛,周围的树要环绕。"

1995 年 11 月,时任中共中央政治局委员、上海市委书记黄菊来崇明调研时也指出:"从工作着力点来说,跟实际上的产出来说,农业可能在这个 5 年里面还发挥着很大的作用,尽管产值不高,但社会的效益,跟带动崇明整个的兴旺来说起了作用。但这个农业是指现代农业,是高水平的农业、大农业、集约化的生态型农业,就是以前我们讲到的可能上海真正的现代农业就体现在你这里。"

进入 21 世纪,随着大市场、大流通的形成,全国正在酝酿一场建设高潮,对于崇明人来说,却在思考如何同步跟进。显然,依赖传统工业的路很难继续走下去,崇明岛能否探索一条跨越式发展的生态文明新路,成为摆在中国和上海面前的一个重要命题。

当时,学者和专家们认为,崇明生态岛建设探索跨越式发展的新路必须思考几个问题:

第一,能否成为上海下一轮发展的战略空间? 它能否成为上海下一轮发展的生态环境良好的新战略空间,使上海在跨越苏州河、跨越黄浦江后迎来跨越长江发展的重要契机。

第二,能否有助于推进长三角经济区一体化? 长三角经济区和上海国际大都市向苏北辐射是非常重要之举,崇明岛的特殊位置使得其在推进长三角经济区一体化,加强上海国际大都市向苏北的辐射起到十分关键的作用。

第三,能否解决区域间发展的不平衡? 不依赖传统工业的提质升级,而让生态成为带动整个区域经济发展的助推力。自然生态良好而经济社会落后不是崇明生态岛建设的目标。

如何抓住机遇、发挥优势,实现 21 世纪崇明跨越式发展?2004 年,崇明县委组织开展了"崇明建设生态岛"大讨论活动,后来还连续几年开展生态岛建设全民实践活动,在全县上下逐步统一了崇明的发展方向和思路,认识到建设生态岛既是上海建设国际大都市的需要,更是符合崇明自身特点的可持续发展之路,从而为崇明未来的绿色跨越奠定了良好的思想基础。

2005 年 5 月,经国务院批准,长兴、横沙两岛划归崇明管辖,崇明三岛总面积达到了 1411 平方公里,接近上海全市总面积的 1/4。7 月,上海市委、市政府正式批准崇明三岛定位,明确崇明、长兴、横沙三岛联动,分别建设综合生态岛、海洋装备岛和生态休闲岛,依托科技创新,推行循环经济,发展生态产业,努力把崇明建设成环境和谐优美、资源集约利用、经济社会协调发展的现代化生态岛。同年,上海市政府批准了《崇明三岛总体规划》。围绕这一总体建设规划和定位,崇明三岛发展确立了六大功能定位:以长江口湿地保护区、国际候鸟保护区、平原森林、河口水系为主体的生态涵养功能;布局合理、环境幽雅、交通便捷、文化先进的生态居住功能;以休闲度假、运动娱乐、疗养、培训、会展为主体的生态旅游功能;以有机农产品、特色种养业和绿色食品加工业为主体的生态农业功能;以现代船舶制造和港机制造为主体的海洋经济功能;以总部办公、科技研发、国际教育、咨询论坛为主体的知识经济功能。这是市委、市政府对崇明发展的期待,也是崇明人对未来生活的梦想,更是历史对长江口这片土地的抉择。

培育一个政府、企业、社会共同参与的机制

2005 年,时任上海市市长韩正同志提出"对崇明县不考核 GDP"。2005 年 11 月,市政府决定成立由副市长任组长的"崇明生态岛建设协调小组",目标是使生态岛建设有计划可依、有政策可循、有路径可探。从修复生态环境向优化生态环境延伸,从纯生态建设向关注民生问题延伸,从环境保护向产业发展延伸。同一年,韩正同志还指出:"要围绕阶段性目标的实现,必须有政策、有措施、有计划、有节点、可检查,同时还要培育一个政府、企业、社会共同参与的机制,真正形成推动生态岛建设的整体合力。"因此,在随后十多年的生态岛建设中,一个政府、企业、社会共同参与的机制逐步形成,效果明显。

从 2005 年开始,围绕崇明生态岛建设,市政府还在生态补偿、产业调整、地方税上缴、民生改善等方面给予崇明不少政策倾斜或聚焦。比较典型的是"11863"政策。这其中的"11"第一个"1"是指浦东,第二个"1"特指崇明,即实行"税收属地化管理、地方税收全留、公共财政补差、生态专项扶持"。由于崇明经济发展基础相对薄弱、财力相对不足,生态建设资金需求量十分庞大,仅靠自身难以保障。"11863"政策的实施,增强了崇明建设的财力,为推进现代化生态岛建设提供了资金保障。此外生态补偿政策对于崇明也有倾斜,生态补偿金从 2009 年的 1.2 亿元增加到 2011 年的 2.02 亿元。通过生态项目专项扶持,在水务建设、环境保护、生态农业建设等领域也给予了大量补贴,促进了崇明生态岛的发展。

对于生态岛建设,除了政府的力量外,社会各界和企业也一起参与进来。其中重要的一个方面就是通过农村综合帮扶,强调全方位参与、全面动员,在

帮扶中提升城乡互动能力和水平,从而取得输血造血并重、捐赠帮扶联动的成果。崇明县作为综合帮扶的重点地区,对接的区、园区和企业可以概括为"2+1+13"。"2"即静安、黄浦两个区,"1"即张江高科技园区,"13"即上汽集团、光明集团、上港集团等13家企业集团公司。几轮农村综合帮扶工作开展以来,帮扶单位围绕崇明生态岛建设总目标,以提升崇明自主发展能力、保障和改善民生为核心,把重点地区对口帮扶作为推进城乡一体化、基本公共服务均等化和农业现代化的重要抓手,以更开放的力度、更开阔的视野、更因地制宜的举措,促进崇明县经济社会全面发展,进一步提高农村居民收入水平。

2004年7月,科技部与上海市政府确定了"部市合作"的总体框架及合作领域,随后出台了《崇明生态岛建设科技支撑方(2005—2007年)》,确定了围绕生态安全保障系统、产业发展系统和基础设施建设系统开展研究的思路。此后成立了"科技咨询专家委员会",创建了"崇明生态科技创新基地",启动运行了"上海市崇明生态研究中心"和"湿地科学与生态工程""环境科学与污染防治"等实验室。短短几年时间,太阳能发电、半导体照明、垃圾生态处理等现代技术已经在崇明建立科技示范,并不断推广。从2005年开始,每年设立"崇明生态岛建设科技专项",为进一步深化崇明生态岛建设提供科技创新与集成应用。这些项目集中了上海市的主要科技力量,并通过与上实(集团)公司、陈家镇建设发展有限公司、前卫村等的合作,开展了很多产学研相结合的示范工作。

通过"指标体系"明确生态岛建设路线图

2004年7月,时任中共中央总书记胡锦涛同志视察崇明,对崇明岛功能定位和发展方向给予充分肯定。要求崇明以科学发展观为指导,保持生态优势,真正成为一个环境优美、经济发达、文化繁荣、社会和谐的生态岛,"生态岛"思想开始萌芽。2008年,胡锦涛同志访问英国时,还邀请了英国设计师来规划设计崇明东滩,再次提及"生态岛"概念。

2008年5月,时任上海市市长韩正同志在考察崇明生态岛建设时明确指出:"要弄清楚世界级的生态岛是什么概念","要建一个世界级的生态岛,必须有一个整体性的指标,有了指标体系就可以带动一批项目"。2008—2009年,市科委牵头启动崇明生态岛建设指标体系研究,构建了一套由社会和谐、经济发展、环境友好、生态健康、管理科学等5大领域、15项主题、24个核心指标构成的崇明生态岛建设指标体系。该指标体系借鉴了美国纽约长岛、加拿大爱德华王子岛、韩国济州岛的成功经验,体系中"社会和谐"包括人均社会事业发展财政支出等指标;"经济发展"包括单位GDP综合能耗、第三产业增加值占GDP比重等指标;"环境友好"包括骨干河道水质达到Ⅲ类水域比例、空气API指数达到一级天数等指标;"生态文明"包括占全球种群数量1%以上的水鸟物种数、森林覆盖率等指标;"管理科学"包括实绩考核环保绩效权重、公众对环境满意率等指标。

在此基础上,2010年1月,上海市政府向社会公布了《崇明生态岛建设纲要(2010—2012年)》,并依托纲要形成《崇明生态岛建设重点推荐项目(2010—2012年)》,编制了《崇明生态岛建设三年行动计划(2010—2012年)》,建立了崇明生态岛监测评估体系,制定了《崇明生态岛建设纲要主要评价指标统计实施办法》等。行动计划围绕27项评价指标和6大行动领域(自然资源保护利用、循环经济和废弃物综合利用、能源利用和节能减排、环境污染治理和生态环境建设、生态型产业发展、基础设施和公共服务)提出建设项目,并滚动加以推进。在侧重生态建设的同时,兼顾经济社会发展全局,并作为崇明三岛经济社会发展"十二五"规划的有机组成部分,促进崇明生态与经济、社会的全面、协调、可持续发展。

生态优势带来价值和效益

生态岛建设包括自然生态、人居生态和产业生态三大板块,在不同建设阶段会有重点,但三者之间讲究的是加强协调与联动发展。

在自然生态建设方面,从 2010 年开始,通过近两年的时间,东滩湿地实施河口湿地生态系统碳的保汇与增汇技术研究与示范工程完成。随后,又恢复西滩湿地生态面积 300 公顷,改善和影响崇西湿地面积 3 万多公顷。

调研建设镇林下食用菌生产

在人居生态方面,2010—2012 年 3 年时间,崇明累计实施调整淘汰落后产能企业 188 家,建设了前卫、北沿两大风电项目。此外,崇明县还成功实施瀛东村等生态人居示范工程,完成既有居住建筑低碳节能改造 8 万平方米,实施公共建筑节能改造 13.2 万平方米。这 3 年间,崇明新建 4 座水质自动监测站、5 座环境空气自动监测站。根据《监测评估方案》进行评估的结果显示,崇明空气 API 指数达到一级天数由 2008 年的 140 天上升为 2012 年的 192 天;城镇污水处理率由 2008 年的 34.9% 上升为 2012 年的 81.7%,超过八成。

在产业生态方面,崇明零散式农业经营开始向绿色、有机品牌体系建设转变,在科技引领和支撑下,低碳发展战略和模式已初步建立。2010—2012 年,在崇明关停污染企业 106 家的背后,生态岛的绿色产业体系建设显现雏型,通过大力发展高效生态农业,推动主要农产品无公害、绿色食品、有机食品认证,崇明生态岛成为上海市内最大的蔬菜基地。崇明大力推动绿色休闲旅游产业发展。2011 年起,国际自行车联盟顶级赛事女子公路世界杯落户崇明,崇明绿色运动影响力不断扩大。

过去,很多人曾对崇明走生态之路还颇有争议。有人认为建生态岛,就是种种树、治治水,不可能有广阔前景和发展空间。但随着这些年生态岛建设深入推进、绿色消费潮流的引领,崇明的生态优势已具备了高效益和高价值。

崇明的地更绿了。近年来,崇明植树面积超过新中国建立后 50 多年的总和,森林覆盖率由 2002 年的 10.3% 上升到 2014 年的 21.62%。东滩国际湿地,每年过境鸟类达 130 多种 200 万只以上。崇明三岛的空气负氧离子含量是中心城区的百倍以上,成为都市人流连忘返的天然氧吧。

崇明的水更清了。经过"万河整治"行动,崇明的水系更完善、更通畅、更洁净。以上海市原水供应为例,青草沙水库和东风西沙水库是上千万老百姓最重要、最优质的水源地;崇明岛边滩湿地也是上海市域内最大的碳汇,对上海的碳平衡和低碳发展意义重大。崇明已在城桥镇、堡镇、新河镇、陈家镇建立了污水处理厂,城镇生活污水处理率达到82.8%。监测结果显示,岛上Ⅱ类水质占了近50%,90%的骨干河道水质达Ⅲ类水标准。崇明的水质是"上海最优"。

崇明人的生活品质提高了。城乡居民的收入有了大幅增加,新型农村社会养老保险制度、新型农村合作医疗制度相继建立和完善,各类社会保障水平得到了显著提高,教育、医疗水平大幅跃升,各类文化体育设施遍布城乡各个角落,拥有中国长寿之乡称号的崇明三岛成为名副其实的宜居岛、长寿岛。

"生态+"是崇明对上海的绿色承诺

历经10多年的实践,崇明生态岛建设的实践中遇到的一些理论问题在国际学术界还处于探索阶段,而且可资借鉴的国内外成功案例又非常少。因此,上海市和崇明县政府一直清醒地认识到崇明生态岛建设是一项长期而又艰巨的任务。有良好的区域生态环境还是远远不够的,更要高度重视建立自身的"造血机制",而产业生态建设成功与否与"造血机制"最为直接相关。换句话说,产业生态成功与否将很大程度上决定崇明生态岛建设的成败。

建设成为世界级的生态岛,崇明人意识到除了要利用岛上现有的能源资源外,还应结合当地的其他产业。与各类产业结合,也就是所谓的

调研农业生产紫云英基地

"生态+",是一条更高形态的发展之路,一种全新的发展方式。例如与农业相结合,打造农旅文化;与体育运动结合,推出休闲之旅的体验;与养老产业结合,让健康与生态更加绿色等,形成一个多方融合、和谐共赢的局面。

这里,我想重点说一说"生态+农业"。目前,崇明已经成为上海最大的绿色农产品供应基地。推动农业可持续发展,必须确立发展绿色农业就是保护生态的观念,这也是全市人民之期盼。崇明发展生态农业,近10年取得了重要成就:如批准为国家级生态县、国家生态农业标准化综合示范县、国家级绿色食品加工示范基地和上海市蔬菜标准园等,使上海市民拥有令他们最放心的、最大的和最稳定的绿色农产品供应基地。崇明县政府积极推进崇明生态农业产品直销网点,能让广大市民享受到安全的绿色农产品。

2012 年 1 月,崇明还被农业部认定为国家现代农业示范区。

"生态+农业"是崇明的必然选择,也是崇明对上海的绿色承诺。绿色生态是崇明农产品的金字招牌,藏红花、石斛、灵芝等名贵药材纷纷落户,猕猴桃、火龙果、奶油草莓等附加值较高的水果四季更替。崇明的农产品基本上都符合绿色食品标准,"生态+"农产品让人更放心,崇明也成了上海市民放心的"菜篮子",加快农业大县向农业强县转变的步伐,促进农业增效、农民增收。洁净的空气、美丽的乡村、生态的廊道,还有郊野公园、森林湿地、特色农产品等都成了优质旅游资源。这些年,崇明正全力建设国际生态旅游岛、全域旅游示范区,探索农业、体育、文化、健康、医疗等领域"多旅融合"发展,吸引更多游客。

崇明生态岛建设并没有先例可循,没有样板可参照,为实现优势转化,过去的十多年,崇明县政府和人民注重创新思维,善于在大格局下谋划未来发展,把自身发展纳入上海创新驱动发展和建设全球城市、科创中心的大战略中来谋篇布局。发展高效生态农业、打造大旅游格局、建设智慧产业,所有这些就是为了将崇明打造成"上海的大花园"和"生态高地"。当然,实现优势转化,关键要突破瓶颈、超越自我。在建设生态崇明的过程中,我们深深体会到这一点,而把生态优势转化为发展优势,就是要更好地实现"好空气"的价值。

记得韩正同志在 2013 年 8 月 22 日的崇明调研座谈会上告诫我们:"你们无论如何一定要坚持生态岛发展方向。崇明真正面向未来,或者说是要赢得先机、赢得发展机遇,所有的这一切都必须围绕生态立岛,这是崇明唯一可选择的科学发展之路,没有其他模式可走。这既是崇明自身发展需要,也是全市的需要、国家战略的需要。"

　　崇明三岛是充满生机与希望的美丽宝岛,崇明县委、县政府和全县人民以历史使命感和责任感挑起生态岛建设的重担,全县上下也正朝着世界级生态岛这一宏伟目标砥砺奋进。2016年是"十三五"规划起步之年,也是生态岛建设第三轮三年(2016—2018年)行动计划的起始之年,崇明生态岛建设将迎来新的发展机遇期。崇明犹如长江口的一艘绿色巨轮,正驶向她无可限量的未来。以前,五湖四海的朋友来上海,大家会问,你有没有去过南京路? 今后,相信人们会问,到了上海,你有没有去过崇明?

殷欧,1963 年 7 月生。1985 年 7 月参加工作,先后任市农业局办公室副主任,市农林局办公室副主任、计划财务处处长,市农委农业处党支部书记、种植业办主任、干部人事处处长等职。2008 年 11 月至今,任市委农办副主任、市农委副主任。亲身经历了本市现代农业园区、先行区和国家现代农业示范区建设。

现代农业园区先行区建设

口述：殷　欧

采访：李建刚

整理：李建刚

时间：2016 年 11 月 18 日

上海耕地资源稀缺，在 20 世纪 90 年代末，农业 GDP 占比不到 1%，对于"上海还要不要农业""上海需要什么样的农业"有过不同的声音。纵观世界大城市的发展模式，农业都是大城市重要的组成部分，其作用不可替代。上海历届市委、市政府始终把农业放在重中之重的地位，并积极探索集生产、生活、生态于一体的农业园区、先行区及示范区建设。这不仅是保障上海自身稳定的现实需要，也是展现城市盎然生机和提升城市文化品位的智慧之举。20 世纪 80 年代末起，我一直在市农林局、市农委工作，亲历了现代农业的发展过程。

现代农业园区：开启农业现代化探索之路

1999 年，时任中共中央总书记江泽民视察江苏、浙江、上海，提出了"沿海发达地区要率先基本实现农业现代化"的要求,为贯彻落实这一要求,市政府于 1999 年下半年作出了在本市 10 个区县和农工商、上实集团建设 12 个市级现代农业园区(以下简称"农业园区")的决策,积极探索现代农业发展的新模式,通过以点带面,加快推进郊区农业现代化建设进程。为了推进园区建设,市里专门成立了农业园区建设工作领导小组,组长是冯国勤,副组长是周太彤、范德官。办公室设在农林局,主任陈文泉。成员单位包括规土、财政、水利、农机等,另外农科院、农学院也共同参与。同时各区县也成立领导小组,由分管区长担任组长,每个农业园区都搞个规划,规划由市里统一评审,启动资金每园区 1000 万元。农业园区设计项目,实施招商引资,当时市农林局领导还专门带队到北京、台湾招商引资。

12 个农业园区于 2000 年和 2001 年开始分两批投入建设,总体目标是以现代科学技术、现代生产手段、现代经营管理为支撑,把农业园区建设成为农业科研的试验区、农业科技的推广区、农业企业的孵化区、高效农业的先行区和现代都市农业的示范区;着力提升农业园区的环境质量、着力提高农业园区的科技含量、着力提高农产品的生产质量和加工质量、着力提高农产品在两个市场上的综合竞争力、着力发挥农业园区的综合功能。

经过 5 年多的探索与建设,12 个农业园区各具特色。从组织管理框架看,形成了三种基本模式:一是行政直接管理模式。由国家和集体联合投资,设立农业园区管委会,主要以行政的方式管理和经营园区。二是行政+企业的两级管理模式。在建立园区管委会的同时成立园区开发公司,开发公司有独资或合资。三是企业直接经营模式。主要是上实、农工商等大型企业直接拥有土地使用权,建立公司制企业,以法人为中心运作资本。从产业功能开发看,形成了五种基本模式:一是以奉贤、南汇为代表的农产品加工型园区。二是以浦东、松江为代表的设施装备型园区。三是以浦东临空为代表的物流型园区。四是以农工商为代表的科技型园区。五是以崇明为代表的生产基地型园区。

农业园区通过以点带面,有效推进了郊区现代都市农业建设的进程。一是集聚了资金和项目。到 2005 年上半年为止,12 个农业园区共集聚各类资金 81.33 亿元,其中农业园区建设专项资金 4.68 亿元。当时共有 605 个项目落户园区,其中外资项目 66 个。还先后与国内 30 多个科研、推广、教育单位建立了多种形式的合作关系,从事农业科技项目的研发和科研成果孵化。二是推进了农业生产经营方式的转变。12 个农业园区近 50% 土地通过批租、规范流转实现了规模化、集约化经营;形成了 30 个有一定规模和市场影响的农产品品牌,提高了农产品的国际国内两个市场的竞争能力;并累计在本市建立国际和地方级农副产品标准化生产基地 15.9 万亩次,发展订单农业面积 13.8 万亩次。三是推进了农业外向化的发展,农业园区在发展自我与服务全国中产生了良好的影响。2004 年 12 个农业园区农产品出口总额达 5.4 亿元,占当年本市农产品出口额的 9% 。

在农业园区建设上,有两个成功的范例。

一个是孙桥现代农业园区。孙桥地势低洼,水网密布,以木桥多而得名。孙桥现代农业园区作为国内第一个现代农业开发区,如何建设? 需要跨越两座时空大桥:一座是将世界先进农业与中国农业接轨的跨空间大桥;另一座是将中国传统农业向现代农业转变的跨时代大桥。当时做的第一件事,是从荷兰引进了世界上最先进的自控智能温室,这种温室平均每亩产值 7—8 万元,相当于普通农地的 8—9 倍。等于在寸土寸金的都市郊区,增加了 10 倍土地。但是引进的目的不是单纯为了引进,而是为了消化吸收改造,

孙桥农业园区育苗温室

为我所用。为此,孙桥人在引进的基础上,创造了许多自己的国内第一:第一个建成具有自主知识产权的自控玻璃温室,第一个制定并实施黄瓜、番茄等4种蔬菜无土栽培地方标准,第一个在农业园区实现LSO900等国际标准。

由此孙桥农业园区与科技创新结下了不解之缘。孙桥先后建立了独立的研发中心,企业博士后工作站、园区农产品与环境检测中心。集聚了国家、市、区科研项目约90项、专利49项,以及应用于产业化的科研成果达百种,尤其是废弃物资源化、无害化处理,农用微生物、天敌等生物技术产业,液体菌种培育等技术均走在全国的前列。孙桥园区更重视不断将自己的先进技术和管理推广到全国农村,在全国各地建立了许多农业基地,并在国内农业园区中最早创造"两头在内,中间在外"的发展模式,源源不断地输送自己的管理经验和技术。在国内首次将农作物种子加工技术和丸粒化技术运用到牧草种子上,大批量生产用于防沙治沙的沙柳人工种子,从 2003 年开始启动,每年加工丸粒化牧草种子 100 万公斤,飞播面积 300 万亩,在内蒙古鄂尔多斯飞播取得显著效果;利用精深加工技术,生产的苦瓜素等产品,极大地提升了农业的价值,每年产值近亿元,出口值近 1000 万美元,带动全国各地 3 万多亩的农作物生产;在引进、消化、吸收基础上,形成具有自主特色的现代温室,在陕西杨凌、重庆万州、新疆克拉玛依等地均有孙桥帮助建设的各类现代温室大棚,已经在全国推广 200 多公顷,并且成功地出口日本、印度和非洲;同时孙桥还为上海对口支援地区四川都江堰、新疆莎车、西藏日喀则规划,并与当地合作建设现代农业园区,有效促进了当地农民增收。

孙桥农业园区发展,受到国内外广泛的关注。时任中共中央总书记胡锦涛等中央领导及 100 多位国外元首和部长都来过孙桥农业园区考察指导,并对孙桥农业园区的发展给予充分肯定。各地来孙桥学习观摩的人群也络绎不绝,高峰时每年达到 50 万人次。

还有一个是奉贤现代农业园区。

奉贤农业园区目标是建成全国一流的农产品精深加工专业园区和现代农业服务业集聚区,提高产品附加值,向着高品质、精细化的方向发展。在招商引资中始终坚持引大、引强、引外、引品牌企业,在项目落户上坚持把握高投入、高产出、节能减排、无污染、节约土地等准入条件,真正成为集聚效应明显、辐射带动显著、科研力量强劲的国家级农业产业化示范基地。

奉贤现代农业园区

通过近年来的努力,奉贤农业园区集聚效应逐步形成。众多农产品加工、流通、服务领域的大公司、大集团和国家级农业龙头企业落户园区,形成了乳制品加工、蔬菜食用菌加工、水产品加工、肉类制品加工、生物科技五大产业链。农业园区先后集聚了光明乳业、晨冠乳业、雪榕生物、丰科生物、大山合集团、伽蓝集团、塞翁福食品、中绿集团、科立特农科、海利生物科技等众多企业。在促进农产品加工企业集聚发展的同时,也注重农业服务业的发展。如农业要素交易中心,充分发挥农业要素市场交易和配置功能,并积极利用示范基地现有资金扶持和融通平台,延伸产业链条,形成产销平台、产权交易平台、资金融通平台相互促进、共同发展的新格局。

至2011年,奉贤农业园区已有实业企业115家,其中农业产业化国家重点龙头企业 4 家、农业产业化市级重点龙头企业 3 家、规模以上龙头企业 20 家,2012 年实现产值 34.5 亿元人民币,税收收入 7.7 亿元人民币。凭借农业龙头企业集聚效应,园区显现出强大的辐射带动功能,带动市内面积 40 万亩,市外面积 110 万亩,辐射带动农民 1500 多万户。农业园区先后被授予"全国农产品加工业示范基地""上海国家生物产业基地""国家科技兴贸创新基地""国家农业产业化示范基地",并成功通过了 ISO9001/14001 国际质量环境双体系认证。

农业先行区:现代农业让城市更精彩

2006 年年初,根据中央农村工作会议精神,结合上海实际,市政府提出了建设现代农业先行区的工作要求。先行区建设是在现代农业园区基础上的扩展和提升,目标是在现代农业园区、特色优势农产品基地、设施粮田和菜田建设,以及农村骨干河道治理、农田拆违整治和复垦灭荒的基础上,按照现代农业先行区建设要求,采取分步实施的办法,力争用 3 年时间,使 150 万亩左右的基本农田初步建成区域布局合理、基础设施配套、产业优势突出、生态环境优良、科技应用领先、服务体系健全的现代农业样板,使之成为效益农业的集聚区、安全农产品的生产区、现代农业的示范区。

2006 年 7 月,时任市长韩正在推进新郊区新农村建设现场会上专门考察了嘉定、松江、金山、南汇等几个现代农业先行区,并对本市现代农业先行区建设提出了要求。郊区上下各级都把现代农业先行区建设作为推进本市社会主义新郊区新农村建设的重要抓手和切入点,相应成立了领导小组,由区县政府主要领导或分管领导担任组长,明确了责任单位及其工作职责,并都安排了专项经费。

　　根据市政府领导要求,市农委专门下发了关于推进现代农业先行区建设的指导性意见,确定建设重点与内容,即加强农田基础设施建设、拓展现代农业园区产业功能、发展旅游休闲农业、提升水环境治理水平、构建和谐人居环境,明确现代农业先行区建设要做到改善设施条件与提升农艺水平相结合,提高生产能力与转变经营方式相结合,塑造现代农业形象与改变村容村貌相结合,发挥示范带动功能与提高农业效益、增加农民收入相结合。

　　当时全市规划建设 5 个扩展型先行区,7 个提升型先行区。其中 5 个扩展型先行区包括南汇、奉贤、金山、嘉定、松江等现代农业先行区。主要依托航空港、深水港、汽车城、化学工业区、大学城等市重大项目建设基地,以现代农业园区为基础,向周边延伸、扩展,推进先行区建设。规划建设面积由原园区的 17 万亩扩展到 30 万亩。7 个提升型先行区包括孙桥、闵行、青浦、宝山、崇明、农工商和上实园区,主要在原有规划区域内,重点进行规划完善和提升,并对原有项目实施点与点之间的有机连接。同时,按园区功能定位和产业特点加快新项目引进,配套进行区域内水系河坡、农居村落改造,充分体现先行区功能特色。7 个提升型先行区规划建设面积为 29 万亩。

　　各区县在规划和建设过程中,注重与区域产业发展规划及城镇建设体系规划相衔接,坚持以现代农业园区为基础、产业发展亮点为依托、区域品牌产品为特色,通过串点成线,以线带片,功能互补,改造升级,形成了各自特色。其中南汇区以两港大道为轴心,以书院镇为重点,突出“农家乐”和设施粮田(菜田)建设。奉贤区在庄行镇结合宅基地置换,推进设施粮田和菜田建设,成为全区粮食高产示范基地、水稻种子统供基地和专业农民培训基地。金山区举全区之力,项目、资金向廊下镇集聚,农业产业、农民居住、镇村道路河道得到全面改造提升。嘉定区在华亭镇建设集规模连片设施粮田和菜田、村宅改造、观光旅游于一体的现代农业先行区。松江区则在浦南沿叶新公路两侧建成设施农业(花卉、菜田、粮田)集聚区。

当然,现代农业先行区在推进过程中也面临了不少问题,其中最主要的还是规划和土地指标问题。如奉贤区有 3 个农产品加工项目,市场前景看好,并对当地农业生产具有带动作用,当时项目论证已经通过,需要250 亩配套建设用地,但由于得不到建设用地指标,使得项目难以落实。又如青浦区建设 1200 亩粮食种子特约繁殖基地,配套建设了 1000 平方米仓库和 3000 平方米晒场,但未获得临时性用地指标,被规土部门列为违章建筑。

在农业先行区建设中,值得一提的是金山廊下现代农业先行区。

廊下抓住市、区"聚焦廊下",发展现代农业先行区的机遇,积极优化完善发展思路,形成了"举农业旗,走旅游路,唱文化戏,打廊下牌"的新农业工作思路。

首先是做强现代农业。廊下累计投入农业基础设施建设资金 6.9 亿元,建设各类项目 104 个,建成农业生产示范基地 37 个。水系、道路、沟渠、场地、水电设施等农业基础设施建设得到全面推进。其中较有特色的是两个方面,第一,建设万亩设施粮田。为推进万亩设施粮田建设,廊下镇制定出台了土地流转补偿政策,并采取三种土地流转方式。一是农户将土地流转到村,村流转到金土地公司,金土地公司再租赁给项目经营者。二是农户将土地流转到村,由村租赁给规模经营者。三是农户之间流转,即小户向大户流转,并做到层层签约。这样,既保护了农民利益又规范了土地流转程序,为规模化经营提供有力保障。同时,通过平整土地、平复还耕,修筑水泥道路、沟渠、翻建危桥、疏浚河道、配建灌溉机口等工程,基本形成"田成方,林成行,渠成网,路通畅、机能耕、土肥沃"的旱涝保收的高产粮田,并配套建设了粮食仓库、烘干房、种子仓库、粮食加工厂、育苗工厂、农机服务站等附属设施。基本实现从土地整理、水稻育秧、植物保护、水利灌溉、稻麦收割、粮食烘干、加工、包装等全程机械化,促进了农业生产向规模化、产业化方向发展,使该区域成为金山区水稻生产全程机械化的示范基地、优质稻米生产加工基地。第二,发展种源农业。建成了 EP 凤梨组培项目、枫彩木本植物组培项目、优镭蝴蝶兰组培项目等为重点的三个植物组织培养项目,建成了蔬菜工厂化育苗基地、申漕虾苗繁育基地、光明乳业 6000 头种奶牛基地、彩叶树苗繁育基地、农科院节水抗旱水稻育种基地等 10 多个种源项目。产品涵盖花卉、蔬菜、粮食、树木、动物五个大类。

其次是做大农产品加工业。廊下依托农业园区的地理、交通和资源等方面的比较优势,从规划入手,将原廊下工业区定位为农产品加工区,依托农产品加工区,大力发展以"中央厨房"为核心的农产品和食品加工企业,着力引进产业链上下游优质企业。先后有鑫博海农副产品加工有限公司(净菜)、舜地食品加工公司(冷冻干燥农产品)、永优生物(植物营养提取物)、贝蒂鲜等 9 家企业入驻农产品加工区。入驻企业依托园区逐步做大做强。2010 年世博会期间,鑫博海经过多次选拔成为世博园农产品供应商,最初每天的净菜、副食品等配送量为 5 吨,很快赢得园区众多餐饮单位的认可,日配送量上升为 30 吨左右,占到了世博园区所需食材的 1/3。

再次是做亮农业旅游。廊下镇从创建"中华村农家乐"入手,不断加大投入力度,先后建起新天地、生态园、农业科普馆、采摘园、果蔬园艺、盛姆桃园等农业旅游设施和景点;成立了旅游管理发展公司,开发了农家生活体验、现代农业观光、特色产品采摘等旅游项目和旅游线路;开通了直达上海地铁车站的公交车线路,使"吃、住、行、游、购、娱"六大旅游要素不断得到完善。由此廊下农业旅游逐渐成为金山滨海游、古镇游、休闲游中的一大特色,越来越多的市民来到廊下,呼吸田野的芬芳,体验农活的乐趣,看晚霞中的炊烟袅袅,或者与三五好友在农家小厨比拼厨艺,在阿婆指点下学做菜饭,制作印子糕等小吃,品尝地道的农家菜。

浦东国家现代农业示范区:打造都市现代农业典范

2009 年,农业部为积极探索中国特色农业现代化道路,加快现代农业建设进程,决定在全国开展国家现代农业示范区创建工作。2010 年 8 月,浦东新区被国家农业部批准为首批国家现代农业示范区。浦东的试点工作为后来上海整建制创建国家现代农业示范区创造了良好的条件。

浦东新区着眼于统筹城乡发展的大局和实现农业发展方式转变这一主题,高起点顶层设计、高标准功能定位、高势能统筹推进,确定了"以点引路、以点带面,辐射发展、协调推进"的发展思路,2011 年起先行重点规划建设以"五大基地"为载体的国家现代农业示范区,努力在"十二五"时期把现代农业示范区建设成为"全国示范区中的示范区"。按照"农业发展区域相对集中、'三农'要素相对适应、功能定位相对长远合理"和"规划重点、建设亮点、突出示范点"的设计理念,确立了"两个农业重点发展区域",即在东部确定了以合庆、老港两镇为主体的农业功能发展区域,在南部确定了以大团、书院两镇为主体的农业功能发展区域;落实了"三个国家级农业发展项目",即祥欣国家级生猪核心育种场基地、多利农庄国家农业物联网试验基地、国家有机蔬菜质量价格认证标准体系建设基地;重点规划推进了"五个现代农业示范基地",即东滩 5 万亩现代农业综合开发示范基地、孙桥种源农业老港示范基地、浦东农耕文化旅游体验示范基地、曹路设施菜田循环农业示范基地、祝桥名特优农产品示范基地。基本形成了浦东推进国家现代农业示范区建设和发展现代农业的规划框架体系。

浦东新区国家现代农业示范区的创建,推动了我市都市现代农业的发展。2012 年 4 月,全国都市现代农业现场会在浦东召开,这是农业部第一次以都市现代农业为主题,专门面向大中城市召开的现场交流会,是对浦东现代农业示范区创建的充分肯定。现场会安排考察了孙桥现代农业园区、鲜花港、多利农庄、红刚青扁豆农民专业合作社,另外还有奉贤和松江的几个点。来自全国数十个大中城市的农业部门负责人就如何发展都市农业广泛交流意见,与会代表认为,都市现代农业正在成为中国农业现代化的新"引擎"。韩长赋部长在出席会议期间,十分关心浦东现代农业示范区建设,参观了浦东新区曹路镇种都种业科技有限公司和浦东新区孙桥现代农业园区,他对浦东的做法予以充分肯定。他指出,现代农业示范区要十分重视农业技术推广、农民培训、农产品质量安全、政策支持保护、农业基础设施等体系建设,不断提高示范区的支持保障能力。上海发展都市型现代农业得天独厚,应率先突破、率先实现,为全国现代农业发展发挥示范引领作用。

【口述前记】

邵林初,1960 年 2 月生。现任松江区政协委员会主席。1983 年 5 月参加工作,先后担任共青团青浦县委副书记、书记,青浦县朱家角镇党委副书记、镇长,青浦县莲盛乡党委书记,青浦县莲盛镇党委书记、镇人大主席,青浦县华新镇党委书记、镇人大主席,青浦区华新镇党委书记、镇人大主席,嘉定区副区长,市委农办副主任、市农委副主任等职。

标准化畜禽场建设和水产养殖

口述：邵林初

采访：刘金才

整理：刘金才

时间：2016 年 4 月 16 日

上海畜牧业在 20 世纪 90 年代曾出现过短暂的快速发展和辉煌时期，进入 21 世纪，因遇到城市化进程加速、老百姓环境意识增强和区县政府积极性下降等问题，发展明显遇到了瓶颈。当时，市农委对畜牧业到底要不要、要多少进行了深入研究，标准化畜禽场建设就是在那时提出来并实施的。这项政策的实施，最终推动了郊区畜牧业的转型发展，应该说是上海畜牧业发展史上比较重要的事情。我基本经历了标准化畜禽场建设的全过程。还有就是上海的标准化水产养殖场，也大多建于 20 世纪七八十年代，为解决当时市民"吃鱼难"问题，丰富菜篮子，提高农民收入作出了贡献。

下面，我就给大家回顾一下标准化畜禽场和标准化水产养殖场的建设情况。

三件大事,催生标准化畜禽场建设政策

2002 年开始,上海郊区畜禽养殖业就开始出现大幅下滑。2004 年初,全国范围发生高致病性禽流感疫情,上海南汇康桥地区也发生一起疫情,对上海畜牧业而言更是雪上加霜,家禽业从此踏上了没落之路。那时,生猪养殖也减量,从之前的 390 多万头一路狂减到了 252 万头。奶牛养殖量虽然有所减少,但相对比较稳定。如果按照这样的势头下去,上海畜牧业能否生存都是问题。还好当时发生的两件大事,暂时引起了各级领导的重视,扭转了生产大幅下滑的势头,也催生了标准化畜禽场建设的政策。

第一件事情就是全国范围发生的"猪高热病"疫情。2006 年,国内养殖业"冰火两重天",先是经历了上半年的价格低谷、深度亏损,紧接着下半年便是价格暴涨,部分地区突破历史最高价位。造成猪价暴涨的一个主要原因就是当年在全国 20 多个省份相继发生"猪高热病"疫情,这种病以猪体温升高、皮肤发红和呼吸急促等临床症状为主要特征,大部分发病猪场患猪发病率在 50% 以上,死亡率高达 50%—90%。由于这次疫情来势汹汹,在病原确定和疫病防控上难度很大,给猪场和养猪户造成了严重的经济损失,有些猪场因此而破产。为了恢复母猪存栏,确保生猪市场供应,国务院次年就连续出台了两个稳定畜牧业发展的意见,其中一个是支持畜牧业方面的,另一个是专门针对奶业方面的。市政府对这两个文件也很重视,跟着就出台了配套文件,其中就明确提出要发展标准化规模养殖,开展标准化畜禽场建设。

接着一件事就是南方地区的低温雨雪冰冻灾害。2008 年春节前后,我国南方近 20 个省(区、市)遭受历史罕见的低温雨雪冰冻灾害。当时,上海包括猪肉在内的"菜篮子"供应也出现了十分紧张的情况。在外省市动物和

动物产品无法运入的情况下,郊区一些养殖场积极配合政府做好地产生猪的应急供应工作,一些主要的规模化养殖场实行肉猪提前上市。这场持续20多天的自然灾害,也让政府对"菜篮子"供应有了更为清醒的认识。3月份,国务院就召开了全国农业和粮食生产电视电话会议,时任市长韩正同志在上海分会场明确提出,上海农业要有一定的保有量,这是中央的明确要求,也是上海的实际需要,是上海必须承担的政治责任。当年,市农委立即开展了专题调研,形成关于上海地产畜禽最低保有量的对策建议,向当时分管农业的胡延照副市长进行汇报,最终确定了2009—2012年上海第一轮主要畜禽产品的最低保有量指标,同时还明确了主要品种的规模化率要求。

当时,畜禽养殖业还有一件轰动世界的事,那就是2009年发生的三鹿婴幼儿奶粉事件,也就是"大头娃娃"事件。党中央国务院对这件事高度重视,国家有关部委随即在全国范围开展奶业生产和奶站清理整顿工作。经历这件事情后,国内奶业好多年一蹶不振。但上海由于完全实现了奶牛规模养殖,当时119家奶牛场规模都在百头以上,而且几年前都彻底取消了奶站这个中间的收奶环节,奶牛场全部使用管道式挤奶设备,从而杜绝了在原料奶生产、收购和运输环节非法添加的风险。可以说,上海在这起食品安全事件中能够独善其身,也是从奶牛标准化规模养殖中尝到了甜头,得到了回报,农业部和市委市政府领导对此也给予充分肯定,随后好多兄弟省市的领导也纷纷来上海学习经验。

其实,在这几件事情发生的前夕,也就是2006年,我们就开始考虑畜牧标准化生态养殖基地建设政策了。时任市委常委、市农委主任徐麟同志对标准化畜禽场建设很重视,在政策出台的过程中,要求畜牧办邀请人大代表和政协委员参与研讨,广泛听取市发改委、财政、规划、经委、房地、质监和环保等部门的意见,最后在标准化畜禽场建设方面达成了一致。2007 年,市农委和市财政局联合印发了《关于本市畜牧标准化生态养殖基地建设的实施意见》。这项政策的指导思想是转变畜牧业养殖观念,调整养殖模式,依据"种养结合,适度规模,规范养殖,生态平衡"的要求,开展规模化标准化生态养殖基地建设。在资金投入方面,按照"重在引导,多方筹资"的原则,采取由市、区县财政和建设单位共同投入方式实施,区县级建设单位的自筹投入比例不低于 25%,根据不同区县承担任务和财力状况,财政资金实行差别政策。建设的内容包括生态环境建设、防疫消毒隔离设施和饲养新技术应用设施。

各显神通,探索不同都市畜牧业发展路径

政策出台后,各区县和光明食品集团结合自身特点,积极推进畜牧标准化生态养殖基地建设。市农委通过举办现场会等形式,让各区县之间互相交流学习,共同推进这项工作。

2007 年,我们在松江区召开了上海市推进标准化养殖场建设工作会议,重申到 2010 年,通过规模化、标准化、生态化畜牧业建设,形成 400 家左右的标准化生态养殖场,以保障城市公共安全,使本市的畜牧业养殖规模保持在年上市 250 万头优质商品猪、年饲养 6 万头优质奶牛、年上市 8000 万羽优质家禽。2008 年,市农委在奉贤区组织召开标准化建设推进会议,与会人员先后参观了光明食品(集团)有限公司所属的上海市种猪场原种场和上海申星奶牛场的动物防疫、粪污处理和种养结合设施等标准化建设情况。2009 年我们又在松江区召开现场会,参观松林标准化养殖场。时任副市长胡延照出席会议,指出上海畜牧业能否稳定发展,关键要做到几条。第一要总量控制。我们上海地区就是 250 万头猪,或者上下浮动 10% 左右,数量太大承载

有问题。第二要种养结合,循环养殖。上海畜牧业能不能稳步发展,关键是能不能解决污染问题。因为从上海的大局来说,环境问题是头等大事,你污染环境,你这个产业是一定不可能在上海有发展的。我们真想发展畜牧业就必须要走种养结合、循环养殖的路子。第三要实行标准化生产。标准化就是最大程度上的科技进步,最大程度上的科学普及,我们要把成熟的科学技术大面积推广就是通过标准化。第四要走出一条品牌化路子,它是绿色的,它是安全的,是品牌化的路子。

松江区种养结合家庭农场养猪模式可以说走出了一条种养结合生态循环的新路子。为了解决种植与养殖生产经营分离、粪尿还田利用难、畜禽养殖污染和农田化肥用量的问题,松江区2004年起开展了种养结合生态畜牧业建设试点,取得成功。2008年又在"粮食家庭农场"基础上,探索发展"种养结合家庭农场"养猪模式。这种模式以松江区开展的农村土地流转为前提,还主要依靠了上海松林工贸有限公司。这家公司是松江区唯一保留的集种猪繁育,肉猪生产,饲料加工和产品销售于一体的大型养猪产业化基地。这家公司下属有四个大型种猪场,饲养生产母猪近6000头,同时公司还建有现代化的生猪屠宰加工厂,每小时屠宰400头,年屠宰能力100万头。我当时在分管畜牧工作时就提出,畜牧业一定要走产业化道路,在生猪养殖的上下游之间要建立利益链,只有这样才能规避市场大起大落,否则就无法摆脱"多了多了、少了少了"的怪圈。应该说,松林工贸有限公司是上海郊区私营企业中,生猪产业化做得最成功的企业。松江区种养结合家庭农场养猪模式通过这家企业给带活了。这种模式的主要做法是,种养结合家庭农场占地120亩左右,配套建设猪舍一栋,农场主代养的生猪由松林公司回收屠宰上市,并按饲养成绩支付给农场主代养费。区政府对每上市一头生猪还给予 10 元的粪尿还田补贴,并为种养结合家庭农场全额免费投保生猪保险。同时,鼓励种养结合家庭农场还加入合作社享受分红。采用"公司+农户"的经营模式,猪场由政府投资建设,区、镇兽医部门提供技术服务。在经营模式上,采用"公司+农户"的方式,即由生猪企业松林公司为农户提供苗猪、饲料、技术等服务,并以支付代养费的方式收购肉猪,农户不承担市场风险,保底收入。至 2012 年末,全区建成种养结合家庭农场 53 家(该区计划建设 100 个家庭农场养猪场)。这种模式得到农业部、市级相关领导的充分肯定,兄弟省市参观考察团络绎不绝。2012 年农业部在上海召开首届"全国都市现代农业现场交流会",会议也组织与会领导对家庭农场进行了现场参观。这种模式后来也被写入 2013 年"中央一号文件"中。

松江区种养结合家庭农场养殖场

　　光明食品集团作为本市大型国有企业,在郊区和域外也积极发展标准化养殖基地。奶牛方面,那几年,由于郊区城镇化进程加快以及奶牛微利亏本等原因,上海郊区的奶牛存栏数逐年下降,本市奶源存在缺口。为保障2010年世博会期间的乳制品需求和质量安全,光明食品集团提出要在苏北发展奶牛规模养殖,选择位于江苏大丰市的上海海丰农场作为上海新鲜奶奶源基地和世博会特供基地。时任市委常委、市农委主任徐麟对此也作出重要批示。当时,上海市没有这么大规模的奶牛场,从动物防疫的角度考虑,我们一开始还是存在顾虑的,担心万一发生口蹄疫等烈性传染病,那后果不堪设想;另外,在苏北建设奶牛场,牛奶如何供应上海市民的问题,毕竟上海到苏北还是挺远的。经过论证和综合权衡,还是支持了光明食品集团在苏北发展奶牛养殖的建议。海丰农场当时有土地25万亩,其中有10万亩的良种水稻田,不仅有丰富的土地资源,而且有良好的防疫环境,再加上苏通长江大桥与沿海高速公路那年要建成,从上海到海丰农场距离缩短到了250公里,车程不到3小时,也基本符合鲜奶运输条件,这为发展规模化奶牛养殖提供了得天独厚的条件。海丰农场项目建设将分三期实施,一期总投资预计3亿多元,当时市农委就将海丰养殖奶牛项目列入上海市畜牧养殖基地,并在该项目基础设施建设、奶牛饲养设备设施、奶牛引种、有机肥加工及青饲料种植农机配置给予一定的政策扶持。2010年6月,上海首家万头生态奶牛养殖示范基地在海丰农场建成。这个奶牛场引进了美国的48位大型转盘式挤奶台、意大利的牵引式TMR全混合日粮饲喂系统、以色列的牧场管理软件等先进的现代化奶牛养殖硬件设施和软件管理系统,具有生产效率高、安全保障高、产品质量高等特点,人均养牛数达70头。这个现代化的奶牛养殖场造好后,让人眼前一亮,前来参观学习的领导同行络绎不绝,应该说这个项目的建设是很成功的。

政策融合,推动现代化和高水平养殖场建设

标准化畜禽场搞了几年后,我们也听到了一些不同的声音和建议。那就是政策支持力度太小了,有点"撒胡椒粉"的味道。

由于畜牧标准化生态养殖基地建设政策的初衷侧重于改扩建,加上财政资金支持的力度控制的比较紧,项目总投资普遍不大,所以大多数养殖场都是在现有条件下进行改造提升,虽然也改善了养殖场的基础条件,提升了郊区畜禽养殖业的总体水平,但大的面貌改观难以实现,尤其是现代化的设施装备难以应用。于是,市农委和市财政在政策实施过程中,就开始研究政策和资金的整合和聚焦问题。一个就是和财政部的现代农业生产发展资金项目整合,一个就是争取市发展改革委的高水平养猪场扶持政策。

我们是从 2009 年开始搞财政部现代农业生产发展资金项目的。那一年,由中央财政、上海市财政及上海牛奶集团自筹资金共同投资 3400 多万元,启动建设了上海长江奶牛二场(上海瀛博奶牛场)改造项目和 TMR 中心建设项目。该项目在原长江奶牛二场基础上进行了大规模的改扩建,同时采用了国际上最先进的牧场设备及技术。比如,采用牛舍隧道通风系统,使用进口大型风机,最大限度地降低了夏季热应激对奶牛的影响,在夏季极端高温天气下,里外温度相差 10 度以上。从美国进口的 50 位转盘式挤奶设备可同时容纳 50 头奶牛挤奶,大大提高了挤奶效率,提高了牛奶卫生。另外,配备的刮粪系统等先进设备,大大减轻了工作量,提高了劳动生产率,人均养牛由 20 头提高到 60 头。同时,项目还建成了国内首个实现 TMR 饲料配

送的处理中心,使饲喂技术处于国内领先地位,这在当时影响力还是很大的。该中心可提供 2 万头奶牛的 TMR 饲料配送,不但可以满足自给,同时可辐射到本市和全国,提高了饲料利用效率和改善营养均衡化水平。通过这一个项目的实施,把 TMR 饲喂技术、机械化收割青玉米、信息化管理等新工艺、新技术和新设备应用等融为一体,大大地减少了南方地区高温高湿引起的应激反应,使奶牛性能得到最大程度的发挥,体现了更具现代化的养殖水平,实现了高效养殖。随后,郊区一些牧场也根据自身条件,逐步采用这些先进的牧场装备和技术,奶牛平均单产也一直保持上升态势。

生猪方面,2011 年我们又碰到了新一轮的猪肉价格暴涨。针对国内生猪供应紧张,猪肉价格持续大幅走高的严峻形势,市政府领导高度重视,根据贯彻国务院办公厅的文件,下发了《关于促进生猪生产平稳健康持续发展防止市场供应和价格大幅波动的实施意见》,明确提出要支持生猪标准化规模养殖,尤其是支持光明食品集团发展生猪规模养殖。

这一年,财政部的现代农业生产发展资金项目需要重新考虑支持哪个行业。我们和市财政局商量后,决定由支持奶牛生产转向支持生猪生产,一方面是市政府要求发展生猪,生猪产业以往获得的财政资金支持都比较小;另一方面是郊区再新建奶牛规模养殖场的可能性不大。当然,在讨论的时候,也有人提出要将支持重点转向蔬菜或者农机等,但财政局的同志认为蔬菜上财政资金已经支持 20 多亿了,蔬菜生产的基础条件已经不错了,而郊区的猪场基础条件普遍还比较差,所以当务之急还是要支持生猪产业。所以整个"十二五"期间,财政部现代农业生产发展资金项目,在上海都是围绕支持生猪养殖基地的。

另外一个政策就是市发改委的生猪养殖基地建设补贴政策。2011

年,市政府召开全市生猪生产工作会议,下发支持生猪发展的实施意见后,市发展改革委也很重视生猪生产,力求在支持生猪生产上能有所为。在和市农委商量后,他们委托投资咨询公司,针对上海猪肉消费需求、郊区生猪养殖规模和可以发展的空间等进行了研究,最终形成了关于支持上海生猪储备能力建设情况汇报,给市有关领导进行了专题汇报。当时的考虑,一方面是郊区农民散养的几十万头生猪终究还是要整治的,所以要有一定的产能储备;另外一个考虑就是在江苏大丰有丰富的农田可以发展生猪规模化养殖,而且当时上海农场和川东农场已经由市司法局转交由光明食品集团管理,他们在生猪养殖方面有几十年的经验。就这样,市发展改革委的高水平生猪养殖基地建设政策就聚焦在了江苏大丰域外农场,而且是按存栏 1200 头母猪和 2500 头母猪规模进行设计建设,资金实行先建后补、定额补贴的方式,从而简化了项目管理上的流程,解决了项目资金上的困难。这两项政策的实施可以说,对实现光明食品集团"十二五"期间出栏 100 万头的发展目标至关重要,也彻底改变了上海农场的生猪养殖条件和生产效益。

说到上海农场,2002 年,上海市畜牧业梯度转移的时候,启动建设了 7 个畜牧场。2007 年达到满负荷生产,2010 年出栏达 16 万头。"十二五"期间,根据上海养殖业布局规划和光明食品集团"五三"行动计划,在市农委、市财政局和市发展改革委的政策支持下,大丰地区农场养猪规模快速提升。一大批现代化养猪场先后建成,全部应用国际先进的饲料饲喂、粪污清理、环境控制自动化集成系统,真正体现了国内一流的水准,成为上海猪肉供应的域外基地。

突出优势,着力聚焦都市种源畜牧业发展

种畜禽是保持生物多样性、培育新品种、实现畜牧业可持续发展战略的重要生物资源。在本市各级政府和有关部门的大力支持下,上海种源畜牧业发展喜人,产值约占种源农业总产值的 70%,在都市现代农业中具有重要地位。

生猪方面,值得一提的是上海祥欣畜禽有限公司。为进一步提升生猪良种繁育水平,保障地产生猪最低保有量指标的完成,本市在浦东新区国家现代农业示范区,规划建设了 5 万头规模的国家级核心种猪生产基地。项目新建 1200 头规模的祖代种猪生产线,年提供纯种猪和商品肉猪 2 万头;同时新建 1600 头规模的父母代种猪生产线,年提供二元杂母猪和商品肉猪 3 万头。这个项目的先进性在于,一是采用强化选种选育和适时外血导入相结合的方法,实现三大美系外来猪种的遗传进展与国外同步,力争成为国内高端纯种猪的育种、供种基地;二是通过采用 5 万头种猪场的一体化规划、分区域养殖设计,展现规模化、集约化养猪的理念,体现养猪技术的新跨越与新突破;三是通过实行集中、间隔配种,多段式流水线生产操作流程,采用大栋舍小单元、按批次全进全出的饲养工艺,彻底颠覆传统的养猪模式;四是通过配置全程同步自动喂料系统、自动环境控制系统、母猪电子饲喂系统等智能化设计,大幅度降低劳动强度,提高生产效率;五是通过安装隔离消毒设施、空气过滤净化温控系统,有效抵御动物疫病的病源传播;六是通过采用雨污分流、水泡粪工艺,对产生的全部废弃物进行集中收集、科学处置,利用管网输送至东滩 5 万亩农田,变废为宝。

这个项目除了政府和有关部门大力支持外,还凝聚着公司负责人的精

雕细琢和艰辛付出。项目借鉴美国成熟的种猪饲养和管理经验,在国内外同行中产生了极大的轰动效应,美国、法国、丹麦等发达国家的养猪同行纷至沓来,《解放日报》《文汇报》《东方城乡报》,以及国外著名养猪杂志《PIG PROGRESS》等多家媒体给予了重点报道。农业部畜牧业司司长王智才、副司长陈伟生、王宗礼,上海市副市长姜平、赵雯,浦东新区人大常委会主任唐周绍等领导前来视察指导工作。2012 年 12 月 20 日,上海市畜禽标准化规模养殖现场会在东滩召开,2014 年"猪场之旅百家盛典""美国养猪新模式新科技研讨会(上海站)""现代化猪场建设工艺现场研讨会"等国内重要学术和技术交流活动在东滩举办。

接着,上海农场建成了上海市光明种猪场。2015 年,光明原种猪场也被遴选为国家级生猪核心育种场,纳入《全国生猪遗传改良计划(2009—2020年)》,为光明食品集团所属大丰地区近百万生猪养殖基地及周边地区提供优质种源,成为国家和本市生猪良种繁育体系的重要成员单位。

奶牛方面,上海奶牛育种中心是我国著名的专业奶牛育种公司,具有 40多年的育种经验,先后培育出数头全国知名的优秀公牛,年销售 380 万支优质冻精,约占全国 24% 的份额,改良全国约 135.7 万头泌乳牛。该公司建立了我国较为完善的育种体系,在奶牛育种基础、硬件设施、冻精质量控制、公牛选育强度、生产性能测定、奶牛外貌鉴定、后裔测定体系、良种登记、育种科研科学研究和技术服务体系等 10 个方面,连续多年位居全国前列。2009年,在标准化畜禽场政策的支持下,公司投资 3000 多万元,建设一座全新种公牛站,成年公牛存栏规模 200 头。首次采用湿帘降温系统,饲养模式处于世界先进水平。

家禽方面,随着郊区家禽饲养量的逐年快速下滑,上海家禽育种企业寥寥无几,育种工作停滞不前,已基本丧失 20 世纪 90 年代种禽生产在全国的荣耀和地位。但特种禽养殖日益受到市场的追捧。上海红艳山鸡孵化专业合作社是我国知名的美国七彩山鸡育种和生产基地,目前合作社饲养种山鸡约 7 万羽,年提供优质种苗达到 400 万羽以上,占据国内同类市场的 30% 以上,纳入了国家科技基础条件平台,是中国农科院雉鸡种质资源共享平台唯一承担部门。

上海市标准化水产养殖场的建设情况

再谈一下上海标准化水产养殖场的建设情况。

上海水产养殖业始于 20 世纪 80 年代中期。当年,市委市政府为解决市民的"吃鱼难"问题,做出了重要决策,通过财政资金扶持,利用本市郊区的低洼地、滩涂和农田的边角地开挖鱼塘,建立商品鱼生产基地,大力发展水产养殖业。资料表明,"十五"期间水产养殖产量基本稳定在 20 万吨左右,约占全市水产品总产量的 30% 左右,为市场提供了大量优质的养殖水产品,有效地缓解了市民"吃鱼难"的矛盾。

但是,这些 20 世纪建造的鱼塘,基本沿袭了传统养殖方式的结构和布局,仅具有提供鱼类生长空间和基本的进排水功能,现代化、工程化、设施化水平低。且由于长期缺少维护,大多数鱼塘已出现塘埂坍塌、沟渠毁坏、底泥淤积的状况,严重影响了养殖水产品的质量安全,已不能满足都市现代渔业发展的要求,制约了本市水产养殖业的健康发展。

针对上述存在的问题,市农委在研究制定"十一五水产发展规划"时开展了大量的调查研究工作,认为要发展都市现代渔业,必须按照科学发展观的要求,走环境友好型、资源节约型之路,切实转变水产养殖业的增长方式,促进水产养殖业高效、生态发展,因而决定结合老鱼塘改造,于 2005 年启动新一轮"标准化水产养殖场"建设。它既是保持地产水产品自给率,确保食品供应安全的需要;又是发挥鱼塘天然湿地功能,维护大都市生态环境的需要。

建设标准化水产养殖场的理念一经提出,便得到了市农委领导的重视和市财政部门的支持。袁以星同志在听取专题汇报时指出,上海在建设国际大都市的过程中必须要有与之相适应的都市现代农业,渔业作为大农业的重要产业,也必须具有符合现代化标准,形态先进、功能齐全、代表上海水平、并能供人观摩的水产养殖场。徐麟主任到任后也特别强调要加强水产养殖业的基础设施建设。

市财政局领导对我们的想法也表示支持。在市农委和市财政多次协调沟通下,2007 年 12 月市农委、市财政联合发布《关于推进本市标准化水产养殖场建设的意见》,出台了相关政策。

我们还邀请了上海水产界的水产养殖专家、渔业工程专家,以及具有实践经验的本市大型水产养殖企业负责人,多次召开研讨会和专家论证会,对"标准化水产养殖"的可行性进行研讨论证。经过对所要达到的目标和现有科学技术一一比对,专家们一致认为,标准化水产养殖完全具有可行性。并对标准化水产养殖应包含的内容进行细化,包括需达到的具体标准、每亩需投资的金额以及建设操作程序等。

开展标准化水产养殖场建设,把标准化与生态型结合起来是上海在全国率先提出并组织实施的一项渔业基础设施建设项目,也是一项重要的支渔惠渔政策。

标准化水产养殖场体现了三大特色。创新型:水产养殖场的建设引入了事先设计理念,从以前池塘、进排水沟等"拍脑袋"式的安排转变为注重科学的全方位工程设计。生态型:养殖场留出一部分池塘或沟渠作为人工湿地,对养殖用水进行处理,以达到养殖用水内循环和养殖污水达标排放的要求。标准化:养殖场的建设严格按照《上海市标准化生态型水产养殖场建设规范》和《上海市标准化水产健康养殖场建设规范》进行,标准化的池塘及沟渠使整个养殖场的环境更显优雅和整洁。

与此同时,我们还多措并举,以严格管理促质量提升。

一是制定《标准化生态型水产养殖场建设规范》和《标准化水产健康养殖场建设规范》(以下简称《建设规范》)。根据所要达到的目标和实际情况,标准化水产养殖场分为豪华版和普及版,即投资额1万元/亩的标准化生态型水产养殖场和投资额为0.5万元/亩的标准化水产健康养殖场。在调查研究的基础上,结合本市水产养殖业的发展现状,组织有关专家起草了《建设规范》,对标准化水产养殖场的资质条件、环境条件、规模和基本建设内容、人员和管理等都作出了具体规定,分别于2006年6月6日和2007年4月23日正式试行。

二是成立标准化水产养殖建设推进办公室,明确统一管理、统一设计、统一建设标准。在全面推进建设的过程中,市农委水产办负责编制年度建设计划,指导标准化水产养殖场建设。同时,下设了上海市水产重点项目推进办公室,具体负责推进标准化水产养殖场建设的日常工作,强化项目建设的规范管理,确保建设项目的有序推进、全面完成。标准化水产养殖建设推进办公室协助水产办编制项目实施方案,制定项目管理流程,组织开展相关培训、立项评审、督查推进、预验收指导、归档材料审核等。为体现标准化水产养殖场建设高标准、高质量的建设宗旨,合理布局,重点突出生产经营功能,优化生态环保功能,兼顾旅游休闲功能,委托中国水产科学研究院渔业机械仪器研究所进行统一工艺设计,分Ⅰ型和Ⅱ型,在建设面积、建设内容、建设标准等方面根据《建设规范》进行统一设计。

三是开展业务培训,细化、完善项目管理流程。2010年5月,市农委和市财政联合下发了关于印发《上海市标准化水产养殖场建设项目验收管理办法(试行)》的通知,规范项目验收管理程序。推进办公室也在实施推进的工程中,定期开展相关培训,强化规范意识。2009年2月27日,在嘉定举办了上海市标准化水产养殖场建设项目管理培训班,邀请上海市农业综合开发评审中心、中国水产科学研究院渔业机械仪器研究所和上海市水产研究所有关专家,就建设项目实施方案的编制、工程质量管理及工艺设计流程等方面进行了专题讲座。2010年起,每年都要定期开展工艺设计与施工质量监管培训、验收及档案管理培训等,为项目的规范管理和有序推进奠定了良好的基础。

上海市标准化水产养殖场建设通过依规范设计、按流程实施、定期培训督查、及时提出整改要求等有效的监管措施,规范了项目实施的全过程,截至目前未发现截留资金、贪污腐败等问题。

接下去,我们就示范带动,全面推进标准化养殖场建设。

一是进行先期试点建设。以《建设规范》为实施依据,确定了养殖场建设的五大原则,即符合各区县的发展规划、具有养殖证、符合连片要求(生态型水产养殖场300亩以上、健康型水产养殖场100亩以上)、具有法人资质、有实施主体。根据这五大原则,2006年分别选择了松江的浦南、新浜,金山的廊下、吕巷和青浦的沙田湖等5个养殖场作为标准化生态型水产养殖场建设的试点单位,共改造面积1600亩,市财政投资1495万元。在试点建设的过程中,我们发现有的项目承担单位的同志对建设标准化养殖场的认识不正确,片面地认为标准化养殖场就是池塘整齐一点,塘埂道路平直一点,房子漂亮一点,而对生态性这一关键技术要点没有很好地领会,因此有的在项目建设中忽视人工湿地的建设,有的人工湿地的面积不够起不了多少作用。发现这些问题后,我们及时进行了纠正,但也考虑到生产的适用性,提出充分利用围河或断头浜改造为人工湿地,尽量减少对池塘的占用。其中,松江区的浦南标准化水产养殖基地已成为整个上海水产业的一大亮点,获得了市内外各级领导的一致好评,成为其他养殖企业学习发展的榜样,成为展现上海水产风采的舞台。

二是制定标准化水产养殖场建设规划。各试点单位的建设成功,充分展现了水产科学技术在水产养殖业的充分运用,不仅充分发挥水产养殖功能,而且对生态环境保护起到了重要作用,同时也增强了我们在全市推广标准化水产养殖场的信心。2007年4—5月,连续召开3次会议,讨论和决定2008—2010年标准化水产养殖场的建设规划和落地进度。按照规划,至"十一五"期末,我市将改造建设2.6万亩标准化生态型水产养殖场和11.7万亩标准化水产健康养殖场。

三是重前期规划,抓过程督查,严后期验收。在推进实施过程中,注重项目的前期规划设计,组织专家到现场踏勘,论证项目工艺设计的科学性、预算编制的合理性。在实施推进过程中,定期进行项目督查,以便及时发现问题、解决问题;定期召开现场会,交流成功的建设和管理的经验。如2009年5月21日在崇明县召开了第一次现场交流会,组织实地考察《崇明县水产良种场标准化Ⅰ型养殖场改造》和《新三河水产标准化养殖场建设》两个项目的建设现场;2009年9月10日在松江区召开了第二次现场交流会,组织实地考察了《洙桥标准化生态型水产养殖场改造》和《松江区水产良种场(北区)健康养殖基地建设》两个项目的建设现场。交流会上与会代表讨论了项目建设在组织落实、管理、设计、招投标、施工、资金管理、审价审计、验收等各环节的经验,特别是在进排水闸、渠道、护坡等方面的改革和创新,作了重点介绍。并对标准化水产养殖场改造前后养殖品种、产量及效益进行了分析,说明了通过标准化水产养殖场改造,养殖场经济效益有了很大提高,水产品质量安全得到了保证,同时也减少了对外部水域的影响。

四是深化发展,开展良种场建设和标准化Ⅲ试点。在标准场实施推进过程中,结合《上海市种源渔业中长期发展规划》,构建我市国家级水产原良种基地、市级水产良种场、特种水产良种场(水产保种基地)三级水产苗种体系,以发挥上海苗种生产技术开发优势,扩大生产规模,提高苗种繁育能力,满足养殖生产需求,引进了良种场改造项目,完善良种保种和育苗生产等设施。如海南文昌的南美白对虾良种基地,通过扩建,大幅增加了淡化苗种的供应量,满足市郊养殖户的生产需要。松江水产良种场通过改造,提升了硬件条件,取得了国家级良种场的认证资格。随着标准化养殖场建设的持续推进,建成后的标准场经济、社会、生态效益日益凸显,养殖户要求扩大水产养殖场改造覆盖面的呼声越来越高。为此,市农委积极调整政策,满足市郊农户养殖生产需要,将100亩以下30亩以上的家庭养殖场也纳入了改造的范围,受到了渔(农)民的欢迎。

上海标准化水产养殖场建设取得了显著成效,生态、高效、健康养殖新模式逐步形成。截至2015年底,共批复立项项目310个,总面积约18.52万亩,总投资约19.21亿元,其中市财政投资约9.8亿元、区财政投资约2.1亿元、建设单位自筹约7.3亿元。310个项目中,已开工项目289个,开工率93.2%;已建成270个,建成率87.1%;已验收231个,验收率74.5%。

海丰标准化养殖场全貌

2013 年,市农委委托第三方评估单位——上海玄钥管理咨询有限公司对标准化水产养殖场建设的成效进行了科学的评价。此次评价以 2012 年完成验收的 42 个项目为重点评价对象,适当兼顾其他项目。评价内容包含标准化水产养殖场建设的项目决策、项目管理和项目绩效 3 个部分,评价结果显示,建成后的标准化水产养殖场设施完善,产值增长率高,效益显著;标准化水产养殖场建设工作组织制度健全,各部门各司其职,确保了建设工作的有序进行;政策导向注重社会效益,标准化养殖场项目在生态环保、带动农户共同富裕等方面起到了重要推动作用。

随着标准化养殖场建设的持续推进,建成后的标准场经济、社会、生态效益日益凸显。如占地 6460 亩的光明海丰标准化生态型水产养殖场,在改造前池塘都是沿海滩涂框围的大面积粗养鱼塘和少部分人工开挖的中小池塘,淤积严重,经济效益低下,改造后集中连片、设施优良、环境优美,全面改善了养殖的设施和条件。改造后调整了养殖品种的结构,以南美白对虾、罗氏沼虾、河蟹、名贵淡水鱼等名优水产品养殖生产为主,年目标产值达到5500万元,年目标利润可达1100万元,是原先的2.5倍。企业效益和员工收入均增加2倍,新增就业岗位80个。通过改造,规范了养殖管理,养殖用水经湿地处理做到达标排放,保护了周边的养殖水域环境,确保了养殖水产品的质量和安全,经济、社会和生态效益十分显著。

口
述
前
记

项冠凡,1949 年 10 月生。1986 年任松江县人民政府副县长。1991年任上海市蔬菜公司党委书记。1992 年任奉贤县人民政府副县长、代县长、县长。1994 年任市农业机械化管理局局长（1995 年机构改革中"撤局建办"，改任市农机化办主任）。在十多年的农机工作中,切身经历了农机化事业改革创新发展的每一步。

农业机械化助推农业现代化

口述：项冠凡

采访：胡栋梁

整理：胡栋梁

时间：2016 年 4 月 18 日

1994 年 11 月经市委组织部决定，我从奉贤县人民政府主要领导岗位调任上海市农业机械化管理局局长、党组书记。局主要职能是负责本市农业机械化发展"规划、管理、监督、协调"。1995 年 9 月实行机构改革，实行"撤局建办"，即撤销农机化局，改为上海市农业委员会农业机械化管理办公室，属委内处室（增挂上海市农业机械化管理办公室牌子），人员编制从原来的 26 人精简核减至 8 人，明确职能不变。我在这个岗位上干了 15 个年头，直至退休。我亲身经历了农业机械化的快速发展阶段。尤其是进入 21 世纪，迎来了农机化事业发展的春天。我切身感受最深的是，通过改革推动、创新驱动、政策拉动"三管齐下"，都市农业机械化有了长足发展，有力推动了本市农业现代化进程。我亲身参与其中，这期间有几项重点工作记忆犹新。

探索水稻生产全程机械化

种田人都知道,在水稻生产整个过程中,拔秧(育秧)、插秧和收割三个环节都必须弯腰劳作,俗称"三弯腰"。"面朝黄土背朝天,弯腰曲背几千年",可见农民劳动辛苦程度,也是历史写照。

20 世纪末,我们市农委农机化办牵头从国外引进了高性能稻麦联合收割机后,经过反复试用、对比、选型,数量逐年增加,逐步实现了水稻机械化收割。到 2012 年全市高性能自走式联合收割机拥有量达到 2603 台,水稻机收率近 100% ,"一弯腰"已经基本解决。

进入 21 世纪后,我们又把解决拔秧(育秧)、插秧这两个环节的"弯腰"问题提上了日程,最终从根本上解决"三弯腰"。当时,虽然郊区水稻种植已经有了人工直播和机械直播两种新型方法,但还有一定面积仍然靠人工插秧常规方法种植,所以能否通过机械化育秧、插秧机移栽是摆在我们面前的一个课题。为了解决这个难题,2003 年我带队市、区农机管理、推广和科研部门负责人前往中国台湾地区考察水稻机械化情况,先后考察了台北、花莲、高雄等市县。我们深入农机生产企业、农场和农户生产现场,参观了种子精选机、机械化流水线育秧、起秧设备、秧苗运送机械、机插秧现场演示、谷物烘干机械设备和大米加工厂的大米恒温保鲜库等,考察他们水稻生产全程机械化的整个流程。当地人称大米为"不落地米",确实,我们看到了台湾地区水稻生产机械化水平很高。考察回沪后,我们进行了认真讨论,感觉到既要学习借鉴,更要因地制宜,体现上海高起点、高水平、高效率的农业生产和农机作业特点和能力。我们针对本地实际,提出"三套技术方案"。首先,水稻育秧改变常规大田育秧方式,采用机械化流水线育秧,引进了久保

水稻机械化收割

田农业机械(苏州)有限公司的播种流水线机具;其次,育秧塑料盘不用软质秧盘,改用硬质塑料秧盘,从江苏省盐城市阜宁塑料制品厂采购;再次,插秧机选型确定不用低效率的手扶式二行机,而采用乘坐式六行至八行高速插秧机,先后从洋马农机(中国)有限公司和久保田农业机械(苏州)有限公司购买机具。

技术路线确定之后,2005 年我们选择宝山区横沙乡农技服务中心进行了 850 亩小面积水稻机械化育秧、配套机插秧的种植试验。当年机收后核产亩单产达到 1120 斤的高产,试验取得了成功。接下来在全市范围内介绍和推广宝山区横沙镇的做法和经验,要求各区县搞 1—2 个点进行试验示范。区县农机管理部门和部分农机合作社积极响应,2006 年全市水稻机插秧面积就达到了 3.2 万亩,平均单产都在千斤以上,基层反响良好。为进一步推动机插秧工作,我们与农艺部门加强协调配合,编写了《水稻机械化育秧技术规范》《水稻机插秧技术规范》《机插秧水稻田间管理技术规范》等技术资料,印发给农机手和农民群众。为宣传水稻机械化种植的优势成效,我们利用农机展览会、"3.15 农机消费者维权活动""技术培训班""农机快讯"和农机化信息网络等各种平台,并通过"三夏""三秋"现场会,树立作业典型、发布作业信息、总结经验做法、开展示范引导。2009 年 5 月,在松江区泖港镇黄桥村举行了全市机插秧"大比武",组织机手观摩作业过程,互相学习借鉴,提高操作技能水平。我印象最深的是 2003 年,当时"非典"肆虐,本市人员严控流出,外来人员严控流入,导致郊区国营农场农忙期间插秧工人严重短缺,纷纷要求市农机部门提供插秧机械。为切实解决他们的难题,我们及时为海丰农场配置了 80 余台高速插秧机,完成了当年的插秧任务,解了燃眉之急,可谓"雪中送炭"。跃进、长江、大丰农场也先后购置了高速插秧机,明显缓解了劳动力、农时季节和作业任务的矛盾。到 2012 年,通过"以点带面、示范推广、逐步扩大、稳步发展",全市水稻机械化种植面积达到 38.82 万亩,是 2006 年的 11 倍,突破了粮食作物全程机械化的一个又一个瓶颈,为解决"三弯腰"跨出了可喜一步。

研发新型农机产品

随着农业种植结构调整,到 20 世纪末,上海的油菜种植面积减少到 60 余万亩,但全国油菜种植面积高达 1 亿多亩。油菜割倒、搬运、摊晒、脱粒(敲打)仍然依靠人工作业完成,劳动强度高、作业条件差、花费人工多,且菜籽损失率一般都在 10% 以上。遇到连续阴雨天气,容易造成油菜籽霉变,损失更大。同时,若田间出茬不及时,还会影响下茬农作物的农时季节。当时国内还没有真正意义上的油菜联合收割机,少数农户只能利用现有的稻麦联合收割机进行油菜机收,收割速度慢,损失率更是高达15%以上。油菜籽破损明显,大部分农户接受不了,所以难以推广。

为了解决这一难题,填补国内油菜收割机的空白。我们提出了从国外引进机具,走消化、吸收的路子,并萌生了制造上海品牌的油菜联合收割机的想法。这一想法得到市农委领导和基层农机管理部门同行的首肯,尤其是得到了市农委科技处(项目办)和市财政局农财处负责人的支持,同意申报科研攻关项目,安排项目经费,为引进国外机具提供了条件。于是我们收集了国外油菜收割机生产企业相关资料,查阅了技术参数,最后确定从德国黑格农机公司购买了一台"黑格-160型"油菜联合收割机。该机采用大马力驱动和轮式行走,整机采用左右两边配置侧割刀,底部配置底割刀的结构,具有操作方便、调整灵活、性能可靠的优点。作业效率高(6—8亩/小时)、损失率低(≤5%)、含杂率低(≤0.5%),虽然单机价格高(138万元/台),但我们学到了他们的设计理念,看到了他们先进的技术参照,真可谓"他山之石可以攻玉",受到了极大启发,增强了研发信心。我们明确以市农机研究所为主进行图纸设计,上海向明机械厂进行试生产,市农机推广站、检测站负责数据测试,奉贤、崇明等7个区县分别选择1—2个试验点配合现场操作试验,利用各自优势特长,整合资源,联合研发,走"产学研推"一体化的路子。为了节约原材料和降低制造成本,在整机设计上我们减少了一把侧割刀(因为第一趟收割时需用两侧割刀,之后只需一侧割刀)。根据上海实际,降低动力配置,轮式改为履带式,制定了作业效率、损失率、含杂率、破损率等技术参数。先安排生产了两台样机,进行实地生产性测试,基本达到各项技术参数指标,在"三夏"农机现场会演示时,几个当地老年村妇连声称好,还用当地话讲:"哪能格呷札(聪明)啊!"

"无巧不成书",当我们进行样机测试时,农业部农机化司副司长王明洲带队视察上海农机化工作情况。他看了油菜收割机现场操作演示,肯定了我们所做的工作和取得的成果,提出了改进意见,并建议我们申报农业部"跨越计划"农机科研攻关项目,为全国油菜生产机械化作出贡献。领导一席话点明了方向。2002 年我带队,市农机化办刘明华处长、金英副处长、刘建政总工程师等赴京申报项目。到了北京后,我们四个人加班加点,连夜整理修改完善申报材料,直到凌晨 3 点才休息。第二天我看到江苏省农机局王峰副局长也带队参加油菜全程机械化攻关项目申报,遇到了强有力的竞争对手。两省市申报小组分别向项目评审专家组陈述了申报材料后,专家组一致认为上海市生产出了样机,现场测试数据翔实,项目工作基础扎实,配套经费得到落实,组织协调工作有力,在全国先行一步。最终各位专家采用无记名方式投票评审,确定上海市承担农业部"跨越计划——油菜机械化生产技术与机具中试"项目,实施时间从 2002 年 7 月至 2004 年 7 月。经过两年的努力,项目实施顺利,全面完成了各项考核指标,通过了项目验收组的验收,并获得上海市优秀发明一等奖、上海市科技进步二等奖和农业部农牧渔业丰收奖三等奖。2004 年,我们又承担了国家科技部、农业部"十五科技攻关计划项目——油菜生产机械化成套装备研究",实施时间从 2004 年 10 月至 2006 年 10 月,重点研制油菜播种机、油菜籽烘干设备等成套装备。油菜籽烘干设备我们利用在沪台资企业三久公司的谷物烘干机进行改良得以解决,油菜播种机由市农机所设计,浦东张江农机公司生产。经过两年改进完善,研制成功了集开沟、浅耕、播种、施肥、复土为一体的复式作业机,成套设备"播种、收割、烘干"三合一,该项目获得了农业部"神农中华"农业科技二等奖。

在项目实施的 5 年中,由于上海向明机械厂主要领导的三次变动,由国有企业转为民营企业等原因,导致油菜联合收割机的生产得不到数量和质量上的保证,逐步走下坡路。而浙江、江苏、山东等多家农机企业多次上门学习考察,转而模仿生产,异军突起。浙江湖州联合收割机厂尤为突出,从技术上不断改进提升,生产出既能收割油菜又能收割小麦水稻的多功能联合收割机。他们还注重质量和价格优势,生产销售数量不断增加,从 2006 年产量不足千台,到 2010 年产量达到 8000 多台。销售市场不断扩大,从刚开始的江浙沪地区为主,逐步拓展到东北三省、中原地区、华中东南等地,可谓"一枝独秀"。在油菜联合收割机的研制过程中,出现了"墙内开花墙外香"的结果,但我们上海确实也为全国推进油菜生产机械化进程作了一定的贡献,填补了国内这一空白。

实行事企分开

1996 年,根据实际情况,我认为市级层面农机服务需要加强,提出了新组建上海市农机技术服务中心的意见,主要职能是农机技术培训、农机维修、农机具租赁和供应服务。明确其对外是窗口(国内农机系统交流窗口),对内是实体,通过经济创收增强发展实力,并书面报告郊区党委、市农委。市委领导非常重视,调研并征询市财政局、市人事局相关部门意见,同意成立该中心。该中心为事业编制,经济上实行独立换算、自收自支。筹建工作将近 10 个月,1997 年 12 月"中心"正式挂牌并开始运作。实践证明,中心在农业机械化服务中发挥了积极作用,深得区县农机管理部门、农机手的欢迎和肯定,同时引起了国内农机同行的关注,先后有广东、江苏、浙江、山东、北京、天津等省市农机系统领导来沪参观交流,并效仿成立类似单位。2008年,国家审计署驻上海办事处会同市审计局派员进驻中心进行审计。审计结论认为该中心性质为事业单位,其日常工作中有农机租赁、配件供应等商业经营活动,属于"事企不分",必须实行脱钩剥离。这个结论意见引起了市委农办、市农委主任孙雷的重视。他亲自主持办公会、协调会,明确要求必须用改革之举实行事企分离,把经营活动剥离出来,切实做好转制工作。他指出转制过程中确保思想不乱、人心不散、工作不断、平稳过渡。决定成立转制工作领导小组,由市农委副主任殷欧同志担任组长,我负责协调工作。当时从内心讲,想到好不容易组建运作了十多年的单位要进行剥离,我有些依依不舍,但也意识到形势所迫,只能忍痛割爱。改革本身是利益调整,下级必须服从上级,自觉执行两委决定,认真负责做好协调工作,确保转制工作顺利平稳。在随后的3个月转制过程中,先后召开了8次党政班子会、职工大会、民意测评会(推荐会)等,相继对班子成员和半数以上职工进行访谈,开展思想摸底,消除思想疑虑,听取解决办法,了解个人走、留意愿,推荐改制后新企业领头人的建议人选,修改完善分流人员安置方案和补偿办法等,协调好每一个环节步骤,落实好每个人的切身利益,衔接维持好原来的营销业务渠道。功夫不负有心人,2009年9月28日,新成立的"上海昊燊农业机械设备有限公司"正式挂牌。原市农机服务中心副主任陶磊同志辞去职务后担任公司总经理,原市农机服务中心办公室主任吴洁同志辞去职务后担任副总经理,原11名合同制工人全部转为公司员工,标志着转制工作顺利完成。昊燊公司成立后,开拓创新,用心经营,农机服务范围不断拓展、服务能力不断提高、员工队伍不断扩大,成为我市首屈一指的农机经销商、维修商和配件供应商,代理经销了诸多农业机械名牌产品,在农业生产和农机社会化服务中发挥着重要作用。

提高托底保障水平

随着上海地区农业产业结构的大幅度调整,质优价高的高性能、多功能农业机械逐年增加,一旦发生农机事故,高额修理费用和经济赔偿费用远远超出农机手的经济承受能力。有风险意识的农业机械所有人急盼管理部门出台农机具保险补贴政策,为农机手提供保障机制。在21世纪初,由于没有合适的保险条款,上海地区除从事运输作业的拖拉机按规定投保机动车第三者责任险外,只有极少的联合收割机依据中国人民保险公司特种车辆保险条款参加保险,再无其他农业机械参加保险。全年参加保险的拖拉机、联合收割机在4000台左右,只占总数的1/3。2004年10月召开的上海市"三秋"农业工作会议上,听着上海安信农业保险股份有限公司开展农业保险业务的情况介绍,不由自主地唤起了我将农业机械保险列入政策扶持范畴、帮助解决农机手后顾之忧的念想。我与时任上海安信农业保险股份有限公司副总吴学峰进行沟通,认为农机手还是农民,农业机械是重要的生产工具,为农业生产服务的农业机械参加保险也应该享受政府补贴政策。这一提议得到了安信负责人的理解和认可后,我立即向市农委、市财政局相关领导汇报,得到了他们的支持。2004年底,我牵头上海市农机安全监理所与上海安信农业保险股份有限公司进行对接,介绍农业机械化发展现状及保险实情,达成了共识。我们又在区县农机管理部门和乡镇农机管理服务组织座谈会的基础上,详细探讨了上海地区开展农机具保险的必要性和可行性,反复研究后提出了农业机械参加保险享受财政补贴30%投保费的政策方案。上海安信农业保险股份有限公司按照不增加农业机械所有人经济负担、增加保险保障额度和扩大保险覆盖面的原则制订了农机具保险条款。2005 年 7 月,中国保监会批准上海安信农业保险股份有限公司《农机具综合保险条款》,上海在全国率先实施了农机具综合保险财政补贴政策。市财政局决定从 2006 年 1 月 1 日起,本市的农民机手在投保时,投保费享受 30% 的财政补贴。补贴对象是专门从事农业生产的拖拉机及配套农具、联合收割机,以及既从事农业生产又从事运输作业的拖拉机。与原商业保险相比,补贴后投保费用减 30%、保额增加 50%,优势明显。2006 年农机具综合险投保费超过 500 万元,投保率达 70.93%,专门从事农业生产的大型拖拉机和自走式联合收割机的投保率首次达到 50% 以上。2007 年和 2009 年两次农机具保险扶持政策的调整,农机具保险投保率以每年 10 个百分点的增速提高,到 2012 年底,全市农机具综合保险补贴比例提高到 50%,投保率更是达到了 95.1% 的历史高位。农机具保险进一步增强了农机驾驶人员的风险意识,实实在在解决了投保人的后顾之忧,保障了受损方的权益,一定程度上发挥了稳定社会的作用。如 2005 年我市奉贤区一名驾驶员,驾驶上海- 500 型拖拉机在耕田作业后回家途中,路经沪杭公路时将一横穿马路男子撞死。驾驶员负事故的全部责任,保险公司支付了第三者责任险理赔金 9 万元,超过当时农民人均收入的数倍,很大程度缓解了驾驶员的经济赔偿负担,有助于事故的善后处理。

促进农业生态循环发展

由于郊区农民生产作业习惯、认识程度和作业成本等诸多因素,农作物秸秆田间地头露天焚烧成为普遍现象,连片火点和漫天烟雾一度成为市民关注和投诉的热点。为解决大气污染问题,我们也进行了一系列的尝试:如带队赴英国学习考察秸秆制板技术、引进日本世达尔农机公司方圆捆打捆机进行秸秆收集、开展秸秆粉碎作有机肥填充料的试验、划定机场和高速公路禁烧范围等。特别是从 2000 年起，我市制定并先后执行三轮"三年环保行动计划"，积极推进秸秆机械化还田与综合利用，在划定禁烧区域内成效还是比较显著的，但禁烧区域外，秸秆焚烧现象还时有发生。总体感觉是管理部门花了很大的力气，但农民作业习惯难以改变，禁烧收效不大，每逢"三夏""三秋"期间，郊区火点仍此起彼伏，浓烟滚滚，影响了周边的生态环境，也埋下了交通安全隐患。2010 年上海市举办世博会，万众瞩目，成为全国和全市的一次盛会。为切实保障世博会期间上海的空气质量，市政府发布了《关于加强对秸秆露天焚烧和利用管理的通告》，要求管理部门加强工作，消除和减少农作物秸秆露天焚烧现象，拓展综合利用途径。我感觉到市政府是下定决心根治这一顽症，这虽是一场硬仗，但我们必须认真落实市政府通告精神。经过多次的调查研究，我们制订了工作方案，确定以秸秆全量机械化还田作为杜绝秸秆露天焚烧的主要途径。在装备上，配置大马力拖拉机，规定联合收割机下田需安装秸秆粉碎抛撒装置。在技术上，制定和完善了以"二耕一耙"为主的技术路线。在政策上，市级财政下达定额补贴资金，对在本市范围内实施秸秆机械化还田的补贴 45 元/亩，对收集秸秆的补贴 200元/吨。对部分区县的有机肥、食用菌、燃料棒等秸秆综合利用项目给予固定资产投资额 30% 的资金补贴，拓展秸秆在能源化、饲料化、基料化、秸秆青贮、有机肥和食用菌基质料生产中的利用规模。在舆论上，利用报纸杂志、电视广播、横幅标语等方式开展宣传教育，使秸秆禁烧深入人心，成为自觉行动。在监管上，利用卫星遥感监测等先进科技手段，强化技防和人防结合。发动基层干群力量，组织田间巡查，及时发现和制止秸秆焚烧行为。建立秸秆禁烧逐级考核奖惩制度，工作不力的予以通报批评。通过"五管齐下"的配套措施,起到了明显成效。世博会期间基本避免了秸秆露天焚烧现象,上海天更蓝水更清,实现了"空气质量优良率、秸秆综合利用率"两个明显提高,创造了"三个最",即火点数历史上最少、机械化还田面积历史最大、巡查检查人数历史最多。当年秸秆机械化还田率达到79.5%,较往年提高约13个百分点。有一次,我在南汇实地查看农机作业情况,看见一位70多岁的老太太正在麦田里收集秸秆,便迎上前问:"老太太,为什么要捡拾秸秆啊?""今年上海搞世博会,秸秆不能烧哦,烧了秸秆不仅拿不到政府的补贴,还污染环境哦!"老太太脱口而出。这令我感到无比的欣慰,农民禁烧意识的提高表明农机管理部门付出的努力没有白费。世博会期间空气质量持续良好,我们农机人发挥了积极作用,作出了应有的贡献!

秸秆综合利用

在十余年的农机化实际工作中,我深深感悟到,要在其位谋其政,发挥主观能动性,有事业心和责任感。要善于观察分析不同时期郊区农民在想什么,农机手最急需要什么,自己又能为他们做些什么,这样才能理清发展思路,抓住工作重点。十五年的农机化工作,正处于全国和本市农机化发展的"黄金期",各级领导高度重视,政策好、人心齐、技术强,工作环境好,得天时、地利、人和之优势,为推进的几个重点工作创造了有利条件。当然,发展过程中也遇到过这样那样的困难,但我们并没有畏难止步,而是发扬克难攻坚、迎难而上的精神,积极探索、主动创新、不断改革,主动争取上级领导的支持和相关部门的配合,注重内因与外因有机结合,达到了预期的工作目标,促进了农机化健康发展,加速了农业现代化进程。

【口述前记】————

　　陈德明，1957 年 7 月生。曾任上海市食用菌技术推广站副站长，上海市农业技术推广服务中心副主任，兼农业部（上海）农药质量检验检测中心主任、上海市农药检定所所长。2001 年至 2005 年，任上海市蔬菜科学技术推广站站长，兼上海市特种蔬菜良种繁育场场长，2003 年至 2014 年，任上海市农业委员会蔬菜办公室副主任、主任。2015 年起任中共上海市委农村工作办公室、上海市农业委员会副巡视员。

"菜篮子"工程和区县长责任制

口述：陈德明

采访：叶胜舟　翟　欣

整理：叶胜舟

时间：2016 年 3 月 13 日

我从 20 世纪 80 年代初大学毕业后，走上农业科学技术推广和生产管理工作岗位。进入 21 世纪后，从事蔬菜科技研发、推广服务和蔬菜生产行政管理工作，亲身经历这 10 多年上海蔬菜生产发展方式转变、蔬菜品种结构调整和优化，蔬菜产销服务模式的变化过程。特别是 2002 年至 2012 年，我们围绕如何适应社会主义市场经济新形势，进一步推进上海郊区新一轮"菜篮子"工程建设，如何稳定和提升上海郊区蔬菜生产，进一步使地产蔬菜在稳定市场供应和保障市民生活中发挥更好的作用，全市上下进行了积极的探索和实践。

"区县长责任制"的提出

上海是一个有近 2500 万人口的超大城市，新鲜蔬菜的生产和供应一直是市委、市政府高度重视的一项民生工程,20 世纪 80 年代开始,就实行"菜篮子"市长负责制。在历任市长的领导下,上海的"菜篮子"工程进行一轮又一轮的生产设施建设和流通管理体制的改革,取得明显成效,改变了蔬菜供应短缺、品种单调的局面。随着市场完全放开,全国性的蔬菜大市场大流通格局的形成,20 世纪 90 年代中后期,上海蔬菜供应的状况发生显著的变化。原来以市郊生产和供应的蔬菜量占绝对优势的局面,逐步被来自全国各地的耐贮运蔬菜大量进入上海市场所打破。随着农村经济体制的改革放开,市郊蔬菜种植面积迅速扩大,大量外来农民承租农田种菜的规模也不断扩大。2002 年,市郊常年菜田面积突破 55 万亩,还有季节性菜田 60 余万亩次,当年蔬菜上市量超过 400 万吨。由于市郊蔬菜面积的扩大,供应数量的增加,蔬菜价格出现剧烈波动,给市郊生产基地的生产稳定、质量提高、效益提升和农民收入的增加带来一些负面的影响。

我作为在蔬菜产销服务一线工作的专业人员,经常被蔬菜的数量和质量问题所困扰。那个时候,两大问题非常突出。第一个问题是阶段性的(季节)、结构性的(品种)严重过剩或严重短缺矛盾突出。经常出现供过于求的品种价格大跌,菜贱伤农,而以绿叶菜为代表的地产蔬菜有时由于供应数量不足而价格大涨,菜贵伤民。后来,市郊菜农利用塑料大棚反季节栽培的番茄、黄瓜、茄子、辣椒等,作为一年蔬菜生产经营主要收入来源的当家品种,当这些品种上市时,经常遇上外省市输入上海的这些蔬菜品种供应旺季而价格大跌,加上市郊蔬菜生产成本高,这些品种的竞争优势不强,导致生产者效益下降,甚至亏损,出现生产基地不稳定的现象。21 世纪初,市郊蔬菜种植的品种结构基本上还是以茄果类、豆类、瓜类、甘蓝类、白菜类、绿叶菜类等传统品种为主,各类绿叶菜的种植面积约占生产总面积的 1/4 左右,上市量占地产蔬菜上市量的 1/3 还不到。但城市人口的增加,加上上海市民对绿叶菜的消费有着特殊的嗜好,需求量不断上升。当遇到台风暴雨或冰冻雨雪等灾害性天气影响而供应不足时,菜价大幅度上升。鸡毛菜零售价达 8 元以上也曾有过,这个价格对当时的消费者而言,大多数难以承受,出现市民对菜价不满的现象。

第二个问题是蔬菜质量安全事件时有发生。20 世纪末和 21 世纪初,因食用农药污染的蔬菜而造成群体性中毒事件,经常被各大媒体报道。不规范的生产经营模式,尤其是一些外来种菜人员还会把在上海郊区早就禁用的高毒、剧毒农药从他们的老家带来,在蔬菜上滥用农药。1998 年到 2000 年,我组织市农技中心、市蔬菜科学技术推广站等单位,联合对市郊蔬菜农药残留情况进行摸底性检测,检测结果是,有机磷高毒农药的残留量超标率高达 40% 左右,这种状况令人担忧。

在蔬菜市场放开之后,如何平衡好生产销售和消费之间的关系,使市场相对均衡有序;在蔬菜供应紧张的矛盾得到缓解之后,如何通过有效的质量监管,使蔬菜质量安全有保证,让市民吃到"放心菜"。这些问题引起市农委、相关部门和广大群众的关注,特别是引起市委和市政府的高度重视。为了进一步落实"菜篮子"工程市长负责制的各项措施,进一步夯实上海郊区"菜篮子"工程的工作基础,确保上海蔬菜生产、供应的数量安全和质量安全,市政府从上海的实际情况出发,提出"菜篮子"工程区县长责任制。

"区县长责任制"的践行

我从实际工作中体会到,"菜篮子"工程区县长责任制是"菜篮子"工程市长负责制的延伸、完善和提升,是在充分发挥市场机制作用的同时,充分运用市区两级政府在引导、调控蔬菜市场中的积极作用,更好地造福于市民和农民的关键性工作措施,在实践中也取得满意的结果。具体表现为以下几个方面:

第一,设施菜田建设市区两级财政一起投。

过去市郊保障市区蔬菜供应的基地设施建设,主要由市级财政投入、市级管理。21 世纪初,上海城市建设迅速发展,产出能力较强的大片设施菜田被城市建设占用。菜田迫切需要由近郊向中远郊地区转移,以保障城市新鲜蔬菜的供应。菜田设施与一般农田不一样,它对灌溉系统、防渍防涝、土壤保育、病虫防治、保温避雨以及采后整理、包装贮运都有较高的要求。每亩地的基本配置投入约 4 万元。2002 年开始,上海新一轮设施菜田建设调研、规划和设计,2004 年形成 1000 公顷保护地栽培设施菜田建设方案。这个方案于 2005 年付诸实施,当年施工建设,当年投入使用,很快形成生产能力。在此基础上,经过科学论证,提出"十一五"期间上海市郊建设 20 万亩设施菜田的规划,即 5 万亩保护地设施菜田、15 万亩露地设施菜田。到 2010 年全面完成"十一五"规划目标。进入"十二五"期间的头三年,为了进一步增强菜田抵御自然灾害的能力,增强市场抗波动能力,再建 2 万亩高标准设施菜田。从 2002 年到 2012 年,全市设施菜田建设投入资金 30.4 亿元,其中市级财政投入 19 亿元,区级财政投入 11.4 亿元。这一轮设施菜田建设能够大规模推进、高质量完成,特别是菜田姓"菜",设施为"菜"服务能长期有效坚持,就是得益于区县长责任制。

这一轮的设施菜田建设由市区两级共同投入,不仅减轻市级财政对农业投入的压力,而且调动区县财政投入菜田建设的积极性。建设的过程、建成后的设施管理明确以区县为主体,增强了各区县用好管好设施菜田的责任心。

绿叶菜机械收割

当然,我们在调查研究、制定实施方案的过程中,从各涉农区县的实际情况出发,制订了一些差别政策,如浦东新区和闵行区财政支持农业资金较多的区,区级配套比例高一些,金山区、崇明县财政支持农业资金较少的区县,配套比例低一些。方案出台后,各区县都积极支持,财政状况比较紧张的区县,克服困难落实配套资金,没有拖设施菜田建设资金投入的"后腿"。对新一轮设施菜田建设所形成的资产,各区县都制定相应的管理制度和实施细则,加强各项制度执行情况的监督检查,保证了这一轮设施菜田建设所形成的300多个规模化设施化生产基地的稳定运行,为上海市绿叶菜为主的地产蔬菜稳定供应作出了贡献。由于生产设施条件的改善,加上科技进步,上海郊区蔬菜生产抗灾能力显著增强,为"藏菜于田、藏菜于技"奠定了基础。

第二,"产销对接"让市民、农民两得利。

根据"菜篮子"区县长责任制的要求,城区的区长主要任务是建好菜场,管好"菜摊子",减少流通环节,降低经营成本,控制菜价大幅度波动。市郊的区县长主要任务是抓好"菜园子"的建设和管理,保证地产蔬菜,特别是绿叶菜有充足的数量和均衡的供应,有丰富的品种和安全的质量。所以促进市郊蔬菜的产销对接也是区县长责任制的一项重要内容。

2002年至2012年的10年间,正是上海蔬菜生产发展方式从传统农业向现代农业转变,从分散生产向规模生产转变,从粗放经营向集约经营转变的关键性10年。涉农区县长们把促进蔬菜生产标准化和经营品牌化作为重要抓手,建成一大批国家级、市级和区县级的蔬菜龙头企业,形成一大批蔬

市民在超市选购绿叶菜

菜专业合作社和蔬菜标准化生产基地。在此基础上,大力推进市郊蔬菜的"产销对接",2001 年率先成立蔬菜行业协会,在商务部门和中心城区支持下,开展"农标对接""农超对接""农社对接""农校对接"和"团购直销"(简称"四对接一直销"),涌现了"弘阳蔬菜""鑫博海""城市超市""正义园艺""银龙蔬菜"等品牌。这些品牌和企业集产加销于一体,从田头到客户终端,减少流通环节,降低经营成本。2012 年,全市形成各类配送服务 146 个,配送销售占地产蔬菜总量的 50% 左右。闵行区政府专门发了促进地产蔬菜进社区产销对接的文件,还对"四对接一直销"出台配套政策,很快形成园艺场与社区直销的 100 多个点。光明集团"都市生活"的"农标对接""农社对接"点曾达到 300 多个。嘉定区、奉贤区、宝山区、崇明县拿出专项资金支持产销对接,搭建各种各样的服务平台,畅通流通渠道,支持地产蔬菜打品牌,进社区、进超市、进标准化菜场、进大中小学校、进团购直销。产销对接让生产者和消费者都从中获益。

我对此感触极深。上海土地资源紧张,有些基层干部认为用于"菜篮子"的用地用电,没有 GDP 的贡献,也没有增加税收,而只有奉献,甚至还增加本地负担。但是青浦区、金山区的领导从讲政治、讲全局的高度,认真履行区县长责任制,帮助郊区蔬菜合作社解决蔬菜的收贮、整理、加工等需要,积极协调用地用电指标,为弘阳蔬菜贮运中心、鑫博海中央厨房基地建设解决了用地用电难的问题。弘阳蔬菜配送中心建成后形成一万余吨的贮存量,日均配送量达 200 余吨,带动销售面积上万亩。青浦区领导说,弘阳蔬菜贮运中心虽然对当地财政和 GDP 的统计指标没贡献,但与老百姓的日常生活有密切关系,对保供应稳菜价,解决菜农卖菜难有贡献,对农民增收有帮助,所以我们要算社会和谐的政治账,要算农民、市民得实惠的全局账。

第三,"生产保险"保护菜农,稳定菜价市民得益。

新鲜蔬菜,特别是以青菜为代表的各类绿叶菜不耐贮藏,经不起长距离的运输。它的生产又受自然条件的影响极大,生产的波动、供应的波动,导致价格大幅度的波动。"多了多了,少了少了",菜贱伤农和菜贵伤民的现象时有发生。菜价就像跷跷板,一头是菜农的"钱袋子",一头是市民的"菜篮子"。我们在组织生产中经常会碰到这种情况。一旦灾后大面积抢种,遇到适宜的气候条件,速生叶菜大量上市,会造成菜价大跌,甚至大量的菜烂在田里,菜农往往因蔬菜的产量高而收入减少。如果对农民不进行有效的保护,会降低种菜的积极性,意味着后续的供应会减少,随之而来的蔬菜价格会猛涨,这种大起大落对农民和市民都不利。

所以,在区县长责任制中,加大对蔬菜生产保险的力度,是保护农民生产积极性的重要一招。我们在蔬菜生产的设施保险,生产中自然灾害对蔬菜生长影响的保险等一系列产品的基础上,从 2008 年开始,在蔬菜生产重点基地探索"价格指数"保险。这个保险机制就是当市场蔬菜销售价格低于前三年平均数时,以"价格指数"的形式对菜农实行价格理赔。2010 年秋冬季节,由于市郊绿叶菜的生产面积增加,气候条件又相当有利,蔬菜供应量上升,导致青菜等绿叶菜价格大幅度下降。当时田头收购曾跌到 5 分钱 1 斤,菜农出现严重的亏损。对农民种菜的积极性是否要进行保护,这个没有什么争议,原因很简单,如果不保护,生产面积的稳定,责任制的落实将会落空。关键是怎么保护农民的种菜积极性? 采用计划经济时的"统购统销"方式显然已不适应。各区县政府,以及财政、农业、安信农业保险公司等形成了三个共识:要尊重市场经济的规律,要发挥政府宏观调控的作用,要对承担为稳定市场供应而种足种好绿叶菜任务的生产基地采取保护机制。各区县全面推广在国内尚属首创的"绿叶菜生产成本价格指数保险"。这个保险产品的保费除了投保人承担 10%，市级财政给予 50% 的专项补贴，相关区县财政给予 40% 的补贴。

在实施过程中，我们不断完善保险方案，在"冬淡"2 种绿叶菜(青菜和杭白菜)的基础上，又开发了"夏淡"5 种主要绿叶菜(青菜、鸡毛菜、杭白菜、生菜、米苋)的价格指数保险。在理赔金额的计算公式中充分考虑前三年的蔬菜价格和农资价格变化等因素，用"蔬菜价格和农资价格变化幅度"替代 CPI 价格指数，使理赔标准更加科学合理。尤其是通过定品种、定田块、定时间段的方法，引导农民合理安排种植茬口布局，从源头上防止盲目种植而导致采收和供应过于集中现象的出现。

由于及时细致地组织宣传、动员投保和理赔，使价格暴跌而收益受损的菜农得到一定补偿，菜农的生产积极性得到稳定。这个绿叶菜生产成本价格保险产品被市政府授予"2011 年度上海金融创新成果二等奖"。到 2012 年，在各区县政府的支持下，上海已形成一个比较完善的绿叶菜"保淡"供应生产保险机制，投保面积达到 21.2 万亩次。上海地产绿叶菜的结构布局和茬口安排，在保险机制的引导下，基本实现均衡生产和均衡供应。蔬菜生产者抗风险能力，市场供应抗波动能力显著增强。

第四，民以食为天，菜以"安"为先。

21 世纪初，由于大量外来菜农涌入、蔬菜质量安全监管制度还不健全、工作措施落实还存在很多的困难，在蔬菜生产中使用高毒农药和违禁农药时有发生，甚至因食用的蔬菜农药残留超标而导致群体性中毒事件。2005 年初夏，奉贤区一位外来菜农在一块不到半亩的空心菜地上，超大剂量喷施高毒农药甲胺磷，造成吃了这批空心菜的 88 人中毒入院抢救。蔬菜质量安全问题引起各方面的高度关注。因此,在前一轮"菜篮子"工程建设的过程中,除了抓好硬件建设,更注重蔬菜质量安全监管的硬件建设。在落实区县长责任制中,把确保质量安全作为一项重中之重的任务,蔬菜质量安全指标作为一项重要的考核内容一起下达。区县与乡镇、乡镇与村组层层签订"蔬菜质量安全责任书",为上海蔬菜质量安全提供有力的组织保证,也为各项安全监管措施的落实提供有力抓手。2012 年,市郊蔬菜产区对菜农发放的"安全使用农药告知书",蔬菜专业合作社和种植户签订的"蔬菜质量安全承诺书",覆盖率几乎达到 100%。"责任书""告知书"和"承诺书"不仅使各级干部质量安全监管意识得到加强,而且对广大菜农也是普及科学合理使用农药知识很好的宣传形式。

我作为"上海迎世博 600 天行动计划"的亲身经历者以及"确保 2010 年上海世博会期间蔬菜质量安全实施方案"的具体执行者,对区县长责任制在推动蔬菜质量安全各项措施的落实过程中的作用,对蔬菜质量安全"八项制度"全面贯彻到位所产生的积极意义深有体会。这"八项制度"是:蔬菜生产投入品检查和管理到位;对菜农安全使用农药的宣传教育到位;蔬菜标准化生产技术规程执行和标准化生产技术培训到位;蔬菜生产过程的田间档案记录执行到位;上市蔬菜的农残检测到位;地产蔬菜产地准出和市场准入制度执行到位;蔬菜生产基地分级管理、划片负责的网格化监管机制运作到位;定期检查督办和整治到位。世博会前市郊建成的 158 家"世博蔬菜重点基地"不仅满足"世博会"的蔬菜供应,而且通过以点带面,推动整个面上的标准化生产水平提高。

2010 年以后,我在组织市和区蔬菜系统巩固 158 家重点基地的基础上,把"世博会"期间形成的一些好经验、好做法和好制度转入常态化工作机制。

在各区县政府的大力支持下,市郊蔬菜标准园、绿叶菜核心示范区建设迅速推进,蔬菜标准化生产和信息化管理不断提升,蔬菜质量安全可追溯工作推进加快。经过"上海世博会"的考验,上海市郊蔬菜质量安全监管工作上了一个新的台阶。

2002 年至 2003 年,上海市郊蔬菜生产面积达到高峰,以后逐年有所下降。为了保障市场供应,2008 年市农委在调查研究的基础上,从上海市场需求和市郊实际生产能力的实际情况出发,提出市郊蔬菜生产最低保有量的任务。经市政府批准,把最低保有量的任务,特别是绿叶菜种植任务上市量,以及质量安全的指标下达到各区县和光明食品集团。2010 年 11 月和 2013 年 8 月,韩正市长和杨雄市长分别与郊区 9 个区县,以及光明食品、上海实业两个企业集团签订《确保蔬菜生产保障市场供应工作责任书》,明确要求全市种植面积不少于 50 万亩,其中绿叶菜面积不少于 17.5 万亩,地产绿叶菜的日均上市量不少于 3000 吨。2011 年 6 月,市政府常务会议进一步要求在"夏淡"季节,市郊绿叶菜的种植任务达到 21 万亩。时任市长韩正同志指出"民以食为天,菜以安为先",上海以绿叶菜为主的地产蔬菜不仅要在数量上保证供应,而且在质量上要确保安全。7 月,韩正市长和杨雄、屠光绍、姜平等副市长分别带队对市郊绿叶菜生产供应情况进行检查评估。在这次检查评估的基础上,为了更好地落实区县长责任制,确保蔬菜数量安全和质量安全,市政府进一步完善与"菜篮子"区县责任制相配套的绿叶菜考核奖励制度,建立绿叶菜考核奖励资金专项。对经过考核完成当年蔬菜(特别是绿叶菜)的生产面积,上市数量、质量安全等任务指标的相关区县,由市财政在主副食品价格稳定基金中,每年拿出 1 亿元专项资金予以奖励。

区县长责任制的成效

从蔬菜市场的放开,到新产销模式的形成,从蔬菜价格的大起大落到基本趋于稳定,显示了"菜篮子"区县长责任制的成效,我认为主要体现在以下七个方面:

农民生产积极性的保护更加有力。除了加大对生产设施的建设投入,对菜农生产自然风险、市场价格风险的保险支持力度外,还加强了对蔬菜产销服务体系、产业技术支撑体系、农民培训和综合补贴等支持力度。

品种结构的调整更趋于合理。市郊绿叶菜的种植面积由 2002 年的25% 左右,2012 年增加到近 50%。各类绿叶菜的花式品种由 2002 年的400—500 个,2012 年增加到近 1000 个,几乎比 2002 年翻了一番,更好地满足了市民的消费需求。

菜田面积保持基本稳定。2012 年市郊蔬菜种植面积 190 万亩次,年上市蔬菜 345 万亩,其中绿叶菜达 170 万吨,占整个市场供应的 90% 左右。

蔬菜产出能力显著提高。各类设施装备的投入,提高了蔬菜生产抵御自然灾害的能力,新品种新技术的开发应用,实现绿叶菜一年四季基本能够均衡生产。

蔬菜产销更加顺畅。充分发挥市郊蔬菜就地生产和供应的优势,大力推进"四对接一直销",产销渠道更加顺畅,减少了流通环节,提高了综合效益。

市场价格稳定可控。2012 年,青菜的最高周均价和最低周均价分别为4.9 元/公斤和 1.0 元/公斤,比上一年的 6.4 元/公斤和 0.8 元/公斤价格波动范围明显缩小。青菜价格的稳定,对其他蔬菜价格的稳定有风向标的作用。

蔬菜质量安全提升。2002 年质量安全监管刚起步,仅检测有机磷农药就超标达 20% 以上,到 2012 年检测农药达 40 多种,超标率在 1% 左右。

2002 年至 2012 年的 10 年间,正是"菜篮子"区县长责任制从形成到全面落实的关键性阶段。在这 10 年中,我作为蔬菜科技推广和蔬菜行政业务管理方面的负责人,不仅感受到各区县在探索和实践区县长责任制过程中的艰辛和付出的努力,而且我自己在日常生活中也享受到"菜篮子"工程的成果。通过"菜篮子"区县长责任制,促进了城乡配合,共同推进"菜篮子"工程建设,形成郊区的"菜园子"和市区的"菜摊子"品种更丰富、数量更充足、质量更安全的可喜局面。通过区县长责任制,增强了"两手"发力,一起维护菜价的稳定,就是既要充分发挥市场机制在蔬菜产供销资源配置中的决定性作用,又要更好发挥政府在宏观调控方面的重要引导作用,提高上海蔬菜生产和供应的抗波动能力。把"无形的手"和"有形的手"更好地协同起来,一起为理顺蔬菜的流通渠道,维护蔬菜价格的稳定发挥作用。

口述
述
前
记

陆鸣,1958 年 7 月生。1975 年至 1984 年,历任上海市崇明县水产养殖场团总支书记,畜牧水产局团委副书记、书记。1984 年至 1998 年,历任上海市崇明县政府办公室秘书、副主任、主任,县政府党组成员。1998 年至 2006 年,任上海市崇明县政府党组成员、副县长。2006 年至 2009 年,任中共上海市南汇区委常委、副区长。2009 年至 2015 年,任中共浦东新区区委委员,区政府党组成员、副区长,区行政学院院长。2015 年 10 月任中共上海市委农办、上海市农委副主任。

我与浦东"三农"工作

口述：陆　鸣

采访：尹　寅

整理：尹　寅

时间：2016 年 4 月 1 日

　　经历了 20 余年的变迁，浦东从芦苇荡里的江南农村，变身为高楼鳞次栉比的改革开放"试验田"。无论是农业发展、农村建设、农民增收，还是农村产权制度改革，浦东一直走在全市的前列。

　　2006 年 11 月，我从崇明县副县长岗位调任南汇区委常委、副区长，分管"三农"工作。2009 年 8 月，南汇区与浦东新区实行两区合并，我担任副区长，仍然分管"三农"工作。2015 年 10 月，我调任上海市委农办、市农委副主任。在长达 10 年的工作中，我对浦东"三农"工作的感情与日俱增，与浦东"三农"战线广大干部群众也结下了深深的友谊。其间我亲身经历并见证了浦东"三农"工作的许多重要事情，如全国首届都市现代农业现场会在浦东召开、成功创建国家现代农业示范区、完成 20 万户农户村庄改造任务、农民增收从 2010 年起连续保持"两高一快"(农民收入的增长高于全市城乡居民收入增幅、农民收入的增长高于新区 GDP 的增幅、农民收入的增长快于城镇居民收入的增幅)等。许多"三农"工作走在了全市和全国的前列,浦东也因此获得了许多荣誉。回忆浦东都市现代农业走过的历程,我不禁心潮澎湃,心存感激。我想从"农业、农村、农民"三个方面来谈谈一些经历和实际感受。

农业:从"三品"战略到国家现代农业示范区成功创建

两区合并之前,南汇本身是个农业大区,农业有比较好的基础。两区合并后,整个浦东新区的农业体量就更大了,耕地面积达 50 万亩以上,农业总产值 66.5 亿元。市政府下达给浦东的粮食、蔬菜、畜禽、水产品等主要地产农产品生产最低保有量任务,有的占到全市的 1/3,有的占到 1/4。

如何使浦东的农业与浦东的地位和形象相匹配,做好先行者中的先行者,排头兵中的排头兵,对于我来说,这是个不小的考验和挑战。根据上级要求和浦东特点,通过调研思考,浦东新区确立走"高科技、高端、高附加值"的都市现代农业发展路子,大力实施品牌、品质、品种"三品"战略,这也是浦东农业的目标定位,成为我们工作的发力点和突破点。我认为作为大上海郊区的农业生产要有强烈的品牌意识,要打响品牌,品牌是引领;品质是关键,品质好才能让市民吃得放心;品种是基础、是根本。这三者相互关联、相互促进,现在讲农业供给侧结构性改革,其核心是实现农产品由低水平供需平衡向高水平供需平衡的跃升。

根据浦东农业发展路子和目标定位,着重推出"四大重点"工作。一是市场引农,围绕市场需要,调整浦东农业产业结构,生产适销对路的地产农产品;二是科技兴农,大力推进科技兴农工程,提升农业科技创新能力和农业科技推广程度;三是组织强农,发挥龙头企业、合作社和家庭农场对农户辐射带动作用,经过多年实践和探索,根据浦东农业生产特点,形成了以"农民合作社(涉农企业)+生产基地+农户(家庭农场)"为基本模式的现代农业生产经营主体发展模式,覆盖全区 40%—45% 的农业生产区域;四是服务保农,大力培育发展多元服务主体,构建农业社会化服务体系,为浦东农业发展提供有力保障。

围绕"四大重点"工作,还适时提出了五大抓手进一步推进"三品"战略的实施。一抓搭建平台。建立农产品展销平台,通过每年举办的浦东农博会,让城市和农村互动,让市民和农民牵手,打品牌,扩市场,赢得各方好评和欢迎。为了把优质农产品推销出去,在市场零售环节上,浦东以大卖场、专卖店、专业店三条线同步推进"农超对接",区域内的优势农产品辐射到了上海全市百余个大卖场和 1000 多个标准超市,同时,还通过专业代理等模式,把农产品输送到中心城区的重点社区和主要商业网点。在产地环节,浦东将农业与农村旅游资源相结合,建立特色农产品原产地"田头超市",帮助合作社扩大农产品的销售面。以"南汇水蜜桃""南汇 8424 西瓜""南汇翠冠梨"三个品牌合作联社为服务平台,成立全市首家农产品产销联合会和首家农产品品牌合作联社,引导和支持合作社参与品牌整合和产地合作,经过不断实践,浦东品牌瓜果形成了"六个统一",即统一技术、统一标准、统一质量、统一商标、统一包装标识、统一零售指导价,推进了标准化生产和管理、人性化销售和服务,消费者、生产者都得益和满意。二抓资金整合。积极争取并得到市财政、市农委的支持,将农业资金整合使用,不仅使农业投入年年增加,而且在保重点、创亮点以及资金的规范使用方面有了突破性进展,做到市、区、企业资金统一到位,列入专户,减少拨付环节,提高了资金效率。并建立完善了一系列规章制度,做到了统一申报立项、统一组织实施、统一协调建设、统一资金管理、统一竣工验收的"五个统一",实行全过程阳光操作,并向社会公开,接受社会监督。三抓科技培训。进一步加大科技合作和良种的引进、培育力度,强化农业科技支撑。建立了上海桃子研究所,建成水蜜桃、西甜瓜等农业标准化示范项目,与日本山梨县开展果蔬合作研究。大力实施"科技入户"工程,与农业科研院校合作,建立了上海交大教授工作室、博士后工作站,组织开展对农民种养新技术和农村各类实用技术培训。合理设置培训内容,科学选择培训对象,丰富拓展培训形式,按照"五个一批"(保障、转移、提高、吸纳、服务一批)要求,广泛开展各类新型农民实用技术、生产常规实用技术、经营管理技术等各类培训,着力培训新型农民和职业技能农民以及农民合作社高级经营管理人员,每年培训达 1.9 万人(次)。四抓队伍建设。紧紧围绕浦东"三农"发展大局,着力打造一支拉得出、打得响、过得硬的"三农"工作团队。加强复合型人才、领军人才、专业技术人才、农村实用人才和村级组织带头人队伍培养力度,发挥农发集团、农协会、农联会、重点涉农企业等在"三农"工作的重要作用。与此同时,认真贯彻落实国务院关于农业技术服务体系改革实施意见,将区镇农技中心人员纳入规范化管理,解决编制,保障经费,确保其为农服务尽职到位。五抓典型引路。建设 5 个现代农业示范基地(东滩现代农业综合开发示范基地、浦东农耕文化旅游体验示范基地、孙桥—老港种源农业示范基地、曹路设施菜田循环农业示范基地、祝桥名特优农产品示范基地),并着力扶持 5 万头规模的东滩祥欣国家核心种猪场、2 万平方米大地花卉种苗种源、杰隆"人乳化"奶山羊等一批装备设施和技术在国内行业领先的重点现代农业发展项目。评比出

"红刚青扁豆生产专业合作社"等 10 个红旗单位。在农村产权制度改革方面,浦东相继成立了农村集体资产管理办公室、农村土地承包纠纷调解仲裁中心,推进农村集体经济组织产权制度改革,其中,浦东在农村土地承包纠纷调解仲裁方面的工作经验获全国先进,还被国家农业部认定为全国农村集体"三资"管理示范区。

随着"三品"战略的不断推进,西甜瓜和水蜜桃产业成为浦东农业的"名片","阿强"蛋和"祥欣"猪被评为中国品牌农产品,"申凤、石笋、圣牌"水蜜桃和"绿妮、田博"西甜瓜分别被评为上海市名牌产品,"清美、张小宝、一只鼎、君安、申凤"农产品商标被列为市级著名商标。至 2009 年底,整个浦东区域内拥有无公害农产品上百个、绿色食品 13 个、有机食品 17 个,至 2012 年底,全区农产品"三品一标"(无公害农产品、绿色食品、有机食品和地理保护标志)认证覆盖率达 60% 以上。2010 年 8 月,浦东新区作为全国首批上海唯一参加国家都市现代农业示范区创建,创建工作涉及 6 大类 19 个方面,经过努力,取得重大进展,2014 年国家现代农业示范区建设水平监测评价报告显示,浦东新区位列全国 153 个示范区第 1 名。2011 年底,农业部部长韩长赋到浦东调研后,对浦东农业定位及举措给予充分肯定和积极评价,并明确表示,要在浦东召开全国首届都市现代农业现场会。不久,在市政府及市农委的重视支持下,2012 年 4 月 26 日,全国首届都市现代农业现场交流会在浦东召开,市政府主要领导到会致辞,分管领导代表上海市在会上发言,来自国家有关部委领导和全国 50 个城市的市政府分管领导、农业行政主管部门的主要负责同志参加了会议。

从"三品"战略到国家现代农业示范区的成功创建,浦东不断推动农业集约化发展,提升农业产出率、资源利用率、劳动生产率,努力建成与上海国际化大都市相匹配的都市现代农业。在浦东工作的这些年中,还有一件事让我记忆深刻,值得一提,那就是东滩5万亩滩涂的复垦。

为了缓解耕地紧张的压力,2008年8月,东滩5万亩滩涂农业综合开发项目第一期1.5万亩工程启动,具体工作交由我来负责,沧海桑田有限公司负责施工。滩涂淤陷严重、天气寒冷、土壤含盐量较高,复垦难度大,而要在短短10个月时间里完成滩涂复垦与改良,于来年5月顺利插上秧苗,面临的难题可想而知。接受任务后,我们将工程指挥部搭在了第一线。整个围垦过程中,泵站建设和农田灌溉系统的实施成为工程建设的重中之重。泵站建设倒计时列出计划后,全体人员克服施工环境恶劣,夜以继日地加班赶工。我清楚地记得,那年春节临近,施工人员纷纷请假要回家过年,工程部很着急,生怕大家返乡影响泵站建设的进展。我们反复做思想工作,小年夜当天我还特地与工人们一起吃了年夜饭,晓之以理、动之以情,大伙终于肯留下来春节加班,这让我们也松了一口气。在复垦过程中,大家大胆探索,创新性地建立了一套高低水位农田灌溉系统,利用自然落差实现灌溉水源的流动,有效减少电力资源的消耗,极大地提高了滩涂土地的淋盐洗碱效率,还获得了专利。

2009年5月,绿油油的稻秧被插入了一期新复垦的1.5万亩土地,与此同时,新围垦出来的土地发展种植业、养殖业和稻米加工业,把农业生产与农业旅游等有机结合起来,成为集生态示范和旅游观光为一体的现代农业园区。同年10月15日,浦东新区东滩农业综合开发基地1.5万亩水稻迎来首个“开镰日”。时任上海市委常委、浦东新区区委书记徐麟,上海市政协副主席、浦东新区区长姜樑及市、区有关部门和单位的领导以及参与基地开发的张正权等200多名建设者,共同见证了这个滩涂变粮田的丰收日,实现了

"当年垦复、当年种植、当年丰收"的历史性突破。同年 11 月,二期 3.5 万亩工程也启动垦复。东滩 5 万亩滩涂复垦成功,既为国家贡献了粮食,更为上海的建设用地解决了占补平衡指标,同时也为全国滩涂开发创造了成功的范例。

农村:村庄改造中的"五个不通过"

2005 年,浦东新区被国务院赋予综合配套改革试点任务之后,便开展了村庄改造,对农民最关切的农村道路、桥梁、河道整治、污水治理、低水压改造、村宅整治、绿化、公建配套等八大方面进行全面综合整治改造,到 2009 年,连续几年的村庄改造行动,浦东向"率先消除城乡二元结构,实现城乡经济社会一体化发展"的目标迈出了扎实一步。

2009 年两区合并后,域内已经没了农业大镇的浦东新区,一下子多了 17 个涉农镇,基本农田达到 50 多万亩,基本农田区域内的行政村达到 230 个,"三农"比重大幅度上升。为加大城乡一体化发展力度,浦东新区区委、区政府制定了《浦东新区村庄改造五年(2010—2014 年)行动方案》,计划通过 5 年时间,完成基本农田保护区域 17 个镇 230 个行政村约 20.3 万户农户的村庄改造。

村庄改造工作做到了几个坚持:一是坚持在基本农田保护区域内实施,避免重复建设和浪费;二是坚持规划优先、统一计划、分批推进的原则,在新区总体规划、土地利用规划的指导下进行村庄改造的编制,逐年分批组团式推进;三是坚持因地制宜、注重特色、分类指导的原则,不搞大拆大建,重在保护修缮,改善环境,完善功能,保持自然生态景观,传承历史文脉;四是坚持村庄改造与农业产业发展、农民增收以及农村改革发展相结合原则,坚持政府引导、农民自愿、社会参与的原则。通过村庄改造,将基本农田区域永久保留的村庄打造成为浦东特色的"江南水乡、田园风光",达到路宽敞、河清洁、岸整齐、桥安全、宅干净的基本标准,让农村居民享受到与城市生活同质的生活环境。

但是,村庄改造也不是一帆风顺的,让我记忆最深刻的是村民对"五个不通过"提出前后的态度变化。开始实施推进村庄改造不久,我们到村里与群众访谈,一些村民不但不肯定村庄改造,还提出许多不满,这让我们感到十分意外。于是,我们冷静地梳理分析,感到村民的不满不是没有道理,他们也不是反对村庄改造本身,而是对一些具体工作有意见。于是,我们下决心在完善机制上下功夫,加以弥补完善,最终形成了在全市首创的村庄改造建设"五个不通过",即村庄改造方案没有村民户代表大会75%以上代表同意,项目申报不通过;设计方案与现场存在较大差异,评审不通过;建设方案不公示或公示后群众意见较大,立项不通过;项目建设期间引起群众不满,反映较大,验收不通过;决算与审计结果有较大差距,资金清算不通过。在"五个不通过"原则基础上,又进一步研究推出"1+10"管理制度,即1本《浦东新区村庄改造工作手册》,使村庄改造由"无标"实现"区标"乃至"市标";10项主要工作制度,即长效管理制度、监督管理制度、建设形成资产管理制度、差别化财政扶持制度、招投标制度、资金和财务管理制度、绩效评估制度、造价咨询制度、跟踪审计制度和复合验收制度。在"1+10"综合管理制度监督下,形成了统一的村宅整治、河道整治等方面的工作标准和要求,实现了项目操作管理的标准化,形成了专业管理与村民自我管理相结合的长效管理模式和"专业监管、部门监管、巡查监管、群众监管、社会监管"的立体监管网络。

正是有了组织机构和体制机制的保障,广大村民的态度也随之发生根本性转变,从之前勉强介入到积极参与,从不满意到很满意。自 2010 年以来,新区新农村建设联席会议 9 个成员单位的相关同志在村庄改造期间,没有收到一封反映不良行为的人民来信,也没有接到过一个举报电话。2012 年上海财经大学绩效评价中心对村庄改造前三年的工作进行了整体的绩效评价,评价分为 89.87 分。市政府在浦东召开现场会上,肯定并介绍了浦东的经验和做法。

至 2014 年底,浦东新区已完成对基本农田保护区域 17 个镇 20 万农户的村庄改造工作,浦东农村呈现出了水清、岸洁、宅净、路平、桥安的新农村

村庄改造后的浦东新区祝桥镇星火村

风貌。许多村民笑着说:"村庄改造后,断路危桥修好了、河道治理了、污水纳管了、村子比以前更美了,我们村里人的生活和城市居民没有什么两样。"

更为可喜的是,村庄改造不仅改变了村容村貌,还使村庄真正"活"了起来,凡是村庄改造时涌现的示范村,几乎都有农业特色产业支撑,比如,牌楼村的猕猴桃、旗杆村的葡萄、塘北村的 8424 西瓜,水蜜桃产业成就了大团桃园、城北桃花村等,连续 5 年的上海桃花节开幕式都在大团镇举行,大团特色农业产业和生态旅游业附加值得到有效开发。2011 年以来,浦东新区有 5 个村申报住建部"中国人居环境范例奖",有 2 个村创评农业部"美丽乡村",有 3 个村获评上海市十大"我最喜爱的乡村"。

农民:"八字工作法"促进农民增收奔小康

农民增收,是广大农民的迫切愿望,更是全面建设小康社会的需要。小康不小康,关键看老乡。作为承担先行先试使命的浦东,探索新形势下农民增收的有效途径,有着更加特殊和重要的意义。为此,新区区委、区政府不断加大农民增收政策的顶层设计和制度创新,提出了从 2009 年起到 2015 年农民收入实现翻一番的目标,人均收入从 12401 元增加到 2.5 万元左右。作为主抓"三农"工作的区政府领导,我深感责任和压力之大。经过学习和深入调研,我发现基层干部和农民难以搞懂统计学意义上所说的经营性收入、工资性收入、财产性收入、转移性收入等这类专业术语。为此,我提出"农民增收八字法",即"种、养、转、工、租、改、连、补",供基层干部去指导不同家庭、不同农户的农民实现增收。村干部们都说,这八个字简洁明了、好懂易记,为基层干部和农民开辟了"赚钱"的渠道。

"种"和"养":就是在调整种养结构,转变农业发展方式上下功夫,通过组织化,带动规模化、标准化、集约化和产业化,为市场提供优质高效安全和更加适销对路的产品,从而提高农民经营性收入。"转"即一方面鼓励农民流转土地承包经营权,发展多种形式的适度规模经营,另一方面按照"三品"战略,鼓励龙头企业发展异地种养实现优势互补、互利双赢。"工"即鼓励合作社、龙头企业吸收本地农村富余劳动力,实现农民就近、就地就业,解决农民就业;同时鼓励和扶持农民自主创业,以创业带动就业,以就业促进增收。"租"即鼓励农民依法依规利用原有的房屋进行出租,开展个体经营等,从而增加农民财产性收入。"改"即一方面推进集体经济组织产权制度改革,使农民变成股民,每年有分红;另一方面对集体土地进行整理,用整理出来的结余指标发展集体经济,从而保证农民有一个稳定的、长期的财产性收入。"连"即接二产连三产,大力发展观光农业、体验农业、休闲农业,延长农业产业链,促进农民增收。"补"即主要是政策扶持补贴,比如我们适时出台了人头、田头、村头、拳头、龙头的"五头政策",还有就是制定完善农保、镇保和其他保障政策,加大对农村困难户的扶贫帮困力度。

在坚持运用"农民增收八字法"的路径和方法指导农民增收的过程中,浦东新区建立健全了"逐户建卡、因户施策、一户一策"的农民增收工作机制,避免简单的"一刀切",既体现了政府的政策扶持,又充分发挥了农民的主体作用。成立了由区长担任组长,区农委、区财政、人保局等区级相关部门主要领导为成员的浦东新区促进农民增收工作领导小组,全面实施农民增收计划,政策补贴落到"人头"(户籍务农农民)"田头"(基本农田及农民流转承包土地)"村头"(村级组织)"拳头"(名牌农产品和营销体系)和"龙头"(涉农企业及经济合作组织),使全区近30万户籍农民直接或间接地得益。

"农民增收八字法"的实施,赋予农民更多权利和好处,为实现区党代会提出的浦东农村居民人均可支配收入"两高一快"目标提供了有力保障。2011年,新区农民收入增长14.1%,高于GDP增速3个百分点,高于全市平均水平0.3个百分点,快于新区城镇居民0.2个百分点,在全市9个郊区县中增速最快。2009年至2012年间,浦东农民转移性收入年均增长39%,四年增长了2倍,使两区合并以后的浦东农民共享了浦东改革发展的成果。"农民增收八字法"的成功经验在全市和全国得到推广,在市委、市政府召开的农民增收专题会上,由我代表浦东新区作了专题发言,农业部《农村工作通讯》《农民日报》等也对此进行了介绍推广。

口述前记

　　李维良，1954 年 8 月生。曾在黑龙江省呼玛县插队。后历任上海市星火农场办公室副主任、主任、场长助理，上海市农场局工业外经处副处长，上海星火工业区管委会主任等。1997 年 5 月起任上海市农委外经外事处处长。2013 年 5 月任中共上海市委农办、上海市农委副巡视员兼市农委综合发展处（财务处）处长、市农委三峡移民协调服务办公室主任。

支农惠农政策体系的
建立和不断完善

口述：李维良

采访：叶炽瑞

整理：叶炽瑞

时间：2016 年 6 月 15 日

我是 2007 年 1 月份担任市农委综合发展处（财务处）处长的。之前建立本市支农惠农政策体系的工作我虽没有直接参与，但也有一定的了解。2002 年至 2012 年这 10 年，恰是上海支农惠农政策体系建立与不断完善的时期。要详细说上海支农惠农政策体系的发展，可能需要很大篇幅，因为作为支农惠农的政策体系，不仅包括上海市级层面，还上至国家的政策，下至各个区县及乡镇的政策，这是从纵向来看。从横向来看，还包含了粮食、蔬菜、水产、农机、农业基础设施、农村金融等不同范围。

我想着重谈谈在这 10 年中几件有特色的阶段性大事，能让大家对上海支农惠农政策的发展有个大致的了解。

两个文件引领上海支农惠农政策体系的建设

其实,我们上海支农惠农政策体系的构建,概括起来就是"紧紧围绕率先实现农业现代化目标和建设都市现代农业的任务"而开展的。在贯彻落实中央一系列"一号文件"的同时,形成了鲜明的地方特色。

我印象最深的是 2004 年和 2008 年出台的两个文件。2004 年出台了《上海市人民政府关于本市扶持农业和粮食生产政策措施的通知》。该通知强调,要坚决实行最严格的耕地保护制度,加大土地整治力度;加强"三高"粮田建设,提高粮食生产能力,在 60 万亩"三高"粮田的基础上,用 3 年时间,继续投资建设 40 万亩"三高"粮田;对种粮农户实施直接补贴,调动种粮农民积极性;大力推广先进适用的增产技术,继续实施优质水稻良种补贴;加强农田地力建设,实施粮田换茬绿肥补贴;深化农村税费改革,减轻农民负担;对重点粮食品种实行最低收购价,及时发布粮食价格信息;加强农资市场管理,稳定农资价格等。对上海构建支农惠农政策体系而言,2004 年的市政府文件是一个风向标和加速器。

2008 年,《上海市人民政府关于进一步加强本市农业和粮食生产的政策意见》出台。该《意见》强调,要加大农资综合直补力度;增加水稻、麦子良种补贴;提高粮食最低收购价、加大农业基础设施投入力度;强化重大动物疫病防控体系;实施鲜活农产品运输专用车辆免通行费政策;加大金融对农业支持力度;加强农资市场调控;实行最严格的耕地保护制度;加强农产品市场管理和调控。在当时政策调研、酝酿、协调、制定的日日夜夜里,市农委、市财政局领导亲自动手,协调各方,市财政局农业处朱玮祺处长和处室同志加班加点,完善政策。文件出台后,得到市郊农民和兄弟省市的广泛好评,称之为"含金量高""操作性强"的好文件。

2008年以后,农资综合直补力度进一步加大了。其中,市级财政对种植水稻的农户按种植面积每亩补贴到100元,对种植10亩以上蔬菜的农户按种植面积每亩补贴80元。按照科学精量播种要求,统一免费向农户发放水稻、麦子良种,发挥良种增产潜力。这些补贴政策的实施,大大提高了农民种粮种菜的积极性,保障了农民的基本收益,增加了农民的收入。

支农惠农政策体系有力度、有特色

第一,率先停收农业税。我们知道,中央在2004年取消屠宰税,2005年取消农业特产税,2006年全面取消了农业税,终结了在我国实行了2600多年的"皇粮国税",全国农民由此每年可减轻负担1335亿元。各地的实际进程比中央的部署快一些。在2004年,上海就已成为全国首个暂停征收农业税的省级区域,从对农民"少取"到"不取"是一件划时代的事。

第二,财政支持力度大。这是"多予"。除了市级财政支持外,还有区县一级财政的支持。仅就农业基础设施建设而言,上海在设施粮田、设施菜田、标准化畜牧场、水产养殖场改造和特色农产品基地建设等方面不断加大资金扶持力度,10年间投入上百亿资金,建成了较高标准的130万亩设施粮田、30万亩设施菜田、20多万亩设施鱼塘、400多家标准化畜禽场,还加强了全市节水排灌等农田水利设施建设。10年累计投入的财政资金总量虽然比不上农业大省,但如折算到亩均水平,则是相当可观的,这充分显示了市委、市政府对建设上海现代农业的高度重视。

第三,政策创新有特色。主要是围绕建设现代都市农业的大目标,提升保障服务能力。主要有这样几个方面。

一是加快冷链、烘干设施建设。农业既受制于气候,也受制于市场。比如上海每年种植 150 万亩的水稻和 80 万亩的麦子,如果收割后全靠自然晾晒,遇到连续阴雨天气,粮食就会霉变;又比如上海种植的水蜜桃、水晶梨、葡萄、西甜瓜和绿叶菜口味不错,但大多集中上市而销售不畅,果农亟盼冷藏、冷链设施。因此市里在 2010 年创设了现代农业发展专项资金,重点扶持建设区域性的冷链、烘干设施。这些年来,本市农业的冷藏和烘干能力有了显著的提升。

二是大力促进生态农业发展。举一个例子,就是引导对畜禽粪便的处置和利用,变废为宝,实现种养循环。市农委与市发改委一起,对利用畜禽粪便生产商品有机肥的项目给予扶持,共扶持了十多个项目建成投产。市农委和市财政局一起,对农民购买商品有机肥的,每吨补贴 200 元,约占买价的 50%,全市每年补贴 20 多万吨。市农委每年监测商品有机肥生产厂家的质量情况,对达标的厂商纳入目录,凡购买目录内厂家的商品有机肥可享受补贴,目录内的厂家由农民任选。此项政策实行十多年来,畜禽粪便得到有效收集和利用,农业农村生态环境显著改善,化肥使用量明显减少,耕地得到有效养护。我也一直感慨万千,每年商品有机肥补贴约 4000 多万元,却促使发生了这么大的转变,真是"四两拨千斤"呀!此外,上海还陆续实行了绿肥种植补贴、秸秆综合利用补贴、病死猪无害化处理补贴等,在生态农业发展的政策配套方面走在全国前列。

三是大力加强食用农产品安全监管。支持所有涉农乡镇建立农产品安全监管机构,扶持必要的检测仪器,努力做到产地监管全覆盖。大力支持农产品质量标准的制修订工作。支持农业企业、农民专业合作社建设无公害、绿色食品生产基地,对获得无公害农产品和绿色食品认证的企业给予奖励补助。按照市委、市政府"上海要成为食用农产品安全监管最严格、最有效地区"的要求,多年来上海食用农产品的抽检合作率都在99.7%左右,无公害基地认证率也达到了80%左右。

创新思路,率先实施绿叶菜淡季价格保险

在每个上海市民每天食用的食品中,绿叶菜是不可或缺的。由于绿叶菜鲜嫩水分高,不耐长途运输,因此"客菜"来沪少见绿叶菜。本市90%的绿叶菜供应来自"郊菜"。稳定绿叶菜的生产、供应和市场价格,连接着菜农和市民的心,也牵动着市领导的心。

我们知道,一年里有两段时间种菜比较艰难,我们称之为"夏淡""冬淡"时期。2008年,本市出台了一个农业保险新险种,可以说是全国首创,那就是"绿叶菜淡季价格保险"。虽然上海已经在全市范围内对种植绿叶菜的常年种植农户,实施绿叶菜种植保险,市区两级财政补贴保费的80%左右。这使菜农如遇上持续高温、台风暴雨等自然灾害时,可以通过保险获得理赔。但是还有另一种情况,就是遇上风调雨顺或绿叶菜大面积种植时,绿叶菜就会大量集中应市,菜价就会大跌,甚至会出现卖价不足于支持收割费用的情况,菜农只能让菜沤在地里作肥料,造成血本无归。"绿叶菜淡季价格保险"就是在这样的背景下应运而生的。

"绿叶菜淡季价格保险"办法规定,在约定"夏淡""冬淡"期间上市的绿叶菜成本价格的基础上,凡是绿叶菜零售价格低于前3年平均价格水平的,按降低幅度赔偿农户种植成本。这让绿叶菜种植户有了"双保险",吃了"定心丸",也让市民对绿叶菜价格有了"稳定感"。

当然,我们的"绿叶菜价格保险"还有一条很重要,这就是受理价格保险的菜田面积是有控制的。如"夏淡""冬淡"时期的受理保险面积分别为13万亩和8万亩。这是经过测算能够基本满足城市供应的面积。办法规定一旦投保面积达到了13万亩或8万亩时,即"保满为止",不再受理。这就给菜农一个明晰的信号,如果没有获得"绿叶菜价格保险",种植绿叶菜就意味着盲目和有风险了。由此尝试了政府通过市场化保险的"手",引导和调节了绿叶菜生产量,做到均衡种植、均衡上市、保障供给、稳定菜价。这项"绿叶菜价格保险"实施以来,发挥了很好的作用,受到中农办、农业部、保监会和兄弟省市的高度评价,也得到了广大菜农的由衷欢迎。

另外,为了减轻菜农的负担,从2008年起,上海对"菜篮子"工程专用车辆免收高速道路通行费,减半收取贷款道路车辆通行费和养路费,并新增120辆"菜篮子"工程专用车。同时切实加强了"菜篮子"工程专用车管理,做到专车专用。

抓好财政资金使用的监管和绩效评价工作

随着财政支农资金总量的不断增长,对财政支农资金使用的监管也必须不断加强。作为市农委的职能部门而言,既要争取更多的财政资金发展现代农业,更要自觉地抓好财政资金使用的监管。这是一把"双刃剑",两者不可偏废。

坚持支农惠农政策的规范设计和公开透明。在市财政局相关部门的指导下,对每一项拟实施的支农惠农政策,都必须配套"政策指南""实施办法"和"监管细则",并且在实践中及时调整和完善。同时,在每年年初,将当年的支农惠农政策梳理明细,以"告全市农民公开信"的形式,在媒体上广泛发

农机站工作人员带领农民使用农机开垦土地

布、和盘托出,受到广大农民群众的热烈欢迎。他们纷纷表示,"公开信"对利用好政策、执行好政策和监督好政策实施很有帮助。

坚持让支农惠农政策实施情况置于全市农民的监督之下。近年来,中央和地方都把"三农"工作作为重中之重来落实,各级政府投入的资金、项目在不断增多。如何把强农惠农政策落到实处,特别是管好用好资金,确保资金运行安全已经成为各级的一项重要工作。为积极探索强农惠农资金监管的新方法、新途径,上海市于 2010 年底正式开通运行涉农补贴资金监管平台。该平台具备宣传、公开、查询、管理、咨询、投诉等功能,水稻种植补贴、农机具购置补贴等 42 项普惠制涉农补贴政策在"农民一点通"上公示,实现了"三公开一细化",即公开政策、公开标准、公开结果,细化公开到个人(合作社),农民群众只需在本村"农民一点通"上点击几下,就知晓"本人应得、本人实得,别人应得,别人实得",如有疑问,可以随时咨询投诉。2012年,监管平台就完成2011年度数据,导入1107814条,补贴资金达到38.31亿元,涉及农户数290365户,合作社数3133家,行政村数1742个。

坚持运用信息化手段加强监管。这里讲一个有关渔民柴油补贴的案例。大家知道,由于2005年开始国际市场上汽柴油价格不断上涨,造成捕捞渔船捕鱼成本越来越高,国家从2006年起对捕捞渔船实行柴油补贴,这是大好事。但是补贴如何具体发放呢? 在当时条件下,我们就依据渔船资质是否完备及其功率大小发放补贴。当时就有一批渔船在禁捕期以外的时间里,也从未出海或极少出海作业,但也如数享受了补贴。于是正常出海作业的渔民不干了,纷纷写信和上访要求解决苦乐不均的事。当时我们很纠结,国家关心渔民收益发放柴油补贴,但是如何发好补贴成了令人头痛的一件事。因为怎样才能盯准每一条渔船出了几次海? 出去了多少时间呢? 在市财政局的支持下,我们下决心用信息化手段解决好这个问题。先后在芦潮港等全市25个渔港、渔船集中停泊点安装了44路全球眼视频探头和60套RFID固定式读取设备,实现了对港内渔船的实时监控并录像。在作业区域超过30海里的260多艘渔船上安装北斗卫星监控和通讯系统的终端设备,在本市部分渔政执法船及600多艘渔船上安装了AIS船舶防碰撞系统,解决了渔船与渔船之间、渔船与岸上中心平台之间的信息互通问题,实现了对本市渔港、渔船全天候、全方位、组合式实时监管,为提高本市渔业生产管理以及合理发放柴油补贴资金打下良好基础。

利用社会第三方力量加强监管。为确保所有病死猪无害化处理,中央和本市财政出台了病死猪无害化处理专项补贴,按 80 元/头发放给养殖户。在补贴审核过程中,我发现流程设计控制点不够,容易产生个别农户虚报冒领财政资金的风险。为解决这个问题,我和畜牧办一起寻求新的机制,引入安信农业保险公司作为第三方力量进行数据核查比对,消除道德风险。同时,按照养殖成本不同,将补贴标准细分为大猪 80 元/头、小猪 40 元/头两档,结余部分资金用作购买第三方服务费用,委托保险公司利用生猪和能繁母猪保险承保和理赔信息库资源,结合生猪正常死亡率,定期对病死猪无害化处理数据进行抽查核实。在试点区县畜牧部门的积极配合下,安信农保开展此项工作,并取得了一定成效。具体体现在:一是建立了风险预警机制。信息系统会根据病死猪只理赔数据和进行实时监测,当申领补贴的病死猪数量和生猪承保数量、简单赔付率等比较发生异常情况时,系统发出预警信号,保险公司会及时对针对该养殖场或养殖户进行监督检查,做到及时督促整改,发现骗保行为或存在道德风险行为的,并视情况向公安机关报案。二是节省了财政支出。实施两年来,安信农保公司会同当地畜牧部门、收集人员或单独参与核实工作计 3887 次,核实病死猪计 125273 头,其中生猪计 63553 头,仔猪计 48034 头,经核实剔除流产、死胎和木乃伊胎共计13047 头,减少政府财政支出约 52 万余元。三是保障了食品安全。病死猪无害化处理数据核实工作可从源头上解决病死猪丢弃、漂浮死猪和流入市场现象发生,保障了市民食品安全,有助于建立食品安全保障体系。同时促进生猪产业健康发展,提高养殖户的投保积极性,增强农户生猪养殖过程中抵御风险的能力。

另外,我还想说说做好财政支农惠农政策后评估,以及绩效评价工作。开展政策后评估和绩效评价,是支农惠农政策体系的自觉完善;是遵循实事

农民热爱学习农业知识，蜂拥领取农业书籍

求是、一切从实际出发原则，以实际绩效检验政策水平的必要环节。2010 年 3 月至 5 月，市农委对农作物良种补贴、农机具购置补贴、农业保险保费补贴、商品有机肥补贴、渔业油价补贴等五项支农惠农政策开展政策后评估工作。后评估报告客观反映了补贴政策实施情况与主要成效、存在问题，进行了原因分析。针对后评估中发现的问题，分别提出了完善与整改对策措施及相关政策建议。例如，针对出现的部分区县收取商品有机肥推广费的问题,市农委明确各区县农业技术推广部门强化公益性服务职能,加强对商品有机肥生产和推广过程中的质量监管和技术指导,严禁在推广过程中以任何名义向企业收取服务费用。针对出现的个别补贴农机具倒卖问题,市农委先后出台《上海市补贴农机具非法倒卖监督管理办法》《上海市农业机械更新报废办法》等,加强了补贴农机具日常管理。针对农作物良种管理方面出现的问题,市农委调研出台种源类农业保险补贴和稻麦良种储备制度。后评估总体工作效果较好,得到了市人大常委会预算工委、市财政局等部门的好评。2011 年 2 月至 4 月,市农委又选择绿肥种植补贴、蔬菜农药补贴、重大动物疫病强制免疫、农民培训、科技入户和科技推广等六项政策开展后评估工作。2011 年 8 月,市财政局印发《关于贯彻落实〈上海市财政支出绩效评价管理暂行办法〉的实施意见》,根据市财政局的统一安排,市农委认真开展了财政支农资金的绩效评价工作。2012 年,我们通过邀请招标方式,选择第三方绩效评价机构对市农委组织实施的农民专业合作社扶持项目和农产品质量安全监测项目 2 个专项开展了财政资金项目绩效评价,涉及资金 5809 万元,主要围绕财政资金使用情况、财务管理状况和资产配置、使用、处置及其收益管理情况,为加强管理所制定的相关制度、采取的措施,绩效目标的确定及实现程度,包括是否达到预定产出和效果等方面进行绩效评价。通过绩效评价,市农委逐步建立完善了各类财政项目的绩效目标指标体系,为今后合理科学使用财政资金打下了基础。

2014 年底我退休了。回顾上海支农惠农政策体系的建立和不断完善的过程,深深感受到市委、市政府对上海建设都市现代农业的高度重视;也深深感受到市农委、市财政局领导及各兄弟处室的戮力同心;更深深感受到市农委综合发展处、市财政局农业处全体同仁的不懈努力。当然,在具体工作中,也存在着这样那样的不足。我高兴地看到,这两年对财政支农资金进行了有力的整合,减少了项目类别,适当下放了审批事权,提高了财政资金的使用效率,进一步加强了监管和绩效评价工作。我深信,上海的支农惠农政策体系会更有力度、更趋完善,为上海率先实现农业现代化发挥更大的支撑作用。

　　严胜雄,1951 年 8 月生。先后在上海星火农场、燎原农场、上海农场局党校和上海市农委工作。1992 年至 2001 年,任中共上海市农村工作党委委员、宣传处处长、秘书长。2001 年至 2012 年 2 月,任上海市农委副主任。2012 年 2 月以后,任市委巡视组组长。任职期间,经历了上海农业合作交流的发展过程。

携手共推上海农业合作交流和
对口支援工作

口述：严胜雄

采访：肖志强　曹亚娟

整理：肖志强　曹亚娟

时间：2016 年 4 月 12 日

上海农业发展与全国紧密相连。全国的农业发展支持了上海的城市建设和发展，而在上海农业的合作交流和对口支援工作中，上海农业的服务功能得到充分显现。

2001 年至 2012 年，我担任上海市农委副主任期间，曾分管上海农业合作交流和对口支援工作。当时正值上海农业的大发展期，上海作为国际大都市，吸纳了全国各地的农业资源，而上海农业在与全国各地农业的合作交流中，也充分利用自身的市场优势、科技优势和产业优势。在中央和市委市政府的领导下，搭建各种平台，在服务农民、服务市民、服务全国的过程中，开始从传统农业向都市现代农业的转型。为此，我们走遍了全国千山万水，深入到农田、基地和市场。我们真心实意携手各地农民脱贫奔市场,真抓实干推动外地优质农产品在上海市场热销,满怀热情和兄弟省市,包括台湾农业条线人士做朋友,一起见证了上海农业对外合作交流的精彩。

响应中央号召,到西部开展对口支援工作

20世纪末,中央提出了西部大开发的战略,上海积极贯彻中央战略,与云南四个地州、西藏日喀则地区、新疆阿克苏地区(后为喀什地区)、三峡库区等建立了对口支援关系;"5·12"汶川特大地震发生后,又对口援建了四川省都江堰市。在多次赴对口支援地区实地考察后,我们提出了对口支援的思路,就是用产业扶贫、智力扶贫和市场扶贫等方式,多方面帮助对口支援地区发展农业经济,培育自己的产业,培训当地的人才,想方设法增加当地农民收入。

产业扶贫是我们对口支援工作的重要手段,着力帮助对口支援地区发展自己的农业产业,培养自己的造血能力,受到了当地农民的热烈欢迎。这里有几个故事。

帮助云南思茅地区(现普洱市)发展肉牛业的故事。根据调研情况,云南思茅是"昆明—曼谷大通道"在中国边境的第一个城市,也是澜沧江水运通道的口岸之一。泰国对中国肉牛的年需求量达几十万头,而思茅每年只能提供1000头左右。思茅大力发展肉牛产业可以大有作为。上海的南德温种牛是国际优良肉牛品种,在思茅推广南德温肉牛,既有利于上海种源农业的发展和辐射,更有利于思茅改良品种,扩大肉牛养殖和出口规模。上海金晖公司把南德温种牛的冻精给当地配种,使肉牛个体比当地品种大出30%。通过技术指导,为当地脱贫开启了一道门。2005年至2006年,我们免费提供南德温肉牛冻精

数万支,在当地集中布局了几个配种站,受到了当地农民的欢迎。

帮助新疆阿克苏地区发展奶牛业的故事。在新疆阿克苏地区,原来农牧民都去市场购买普通冻精,奶牛下一代品种杂,产奶量低,成年乳牛奶产量只有3000公斤左右。从2005年起,为了改良阿克苏地区的奶牛品种,我们与光明荷斯坦公司合作,为阿克苏地区的农牧民提供荷斯坦优质冻精。每支冻精,我们补贴5元,光明荷斯坦公司让利5元。阿克苏地区的农牧民仅付5元,就可以买到价值15元的荷斯坦优质冻精。上海对口支援措施大大改良了阿克苏地区的奶牛品种,推动了阿克苏地区的奶业发展,奶产量提高了1倍以上。2007年整个阿克苏地区已全面使用了上海荷斯坦优质冻精,农牧民增收显著。

帮助三峡库区发展食用菌产业的故事。在三峡库区(宜昌夷陵区和重庆万州区)合作开发了食用菌产业,上海免费提供食用菌种,上海大山合集团派出技术人员,指导当地农民开展种植,产品由大山合集团包收,解决了农民销售难的问题。2005年开始,上海大山合集团从办厂到收购再加工,形成一条新的产业链;2007年食用菌产业链已从重庆万州延伸到湖北宜昌,年产值从2006年的7000万元增加到上亿元,极大地增加了当地农民收入,成为上海对口支援的典型案例。

建设沪滇农业示范基地的故事。1997年起,市农委投资1300多万元在云南红河州建设沪滇农业示范基地,为当地提供良种、良畜和良苗,使得这个基地成为辐射全云南的农业先锋队。目前,上海产的梅山猪(国家级优良品种)已在云南12个地州全面推广。上海的反季节蔬菜——冬甜椒在云南种植总面积超过10万亩,亩均增加总收入达到4000多元。上海推广的酿酒葡萄品种种植超过万亩,成为云南主要红酒产业基地。

建设都江堰市现代农业科技示范园的故事。为了更快地帮助都江堰灾后恢复农业生产,我们邀请上海孙桥现代农业园区,按照高标准建设了都江堰市现代农业科技示范园项目。2009 年 5 月 12 日上午,时任中共中央总书记胡锦涛视察了都江堰市现代农业科技示范园,并高度评价上海援建都江堰工程体现了上海速度、上海水平。据四川省委农办介绍,上海市农委援建的都江堰市现代农业科技示范园,是总书记在灾后恢复生产工作会上唯一一举的成功事例。

建设西藏日喀则农业设施的故事。为了贯彻落实农业部援藏工作会议和时任上海市委书记俞正声提出的援藏工作中农业支援要"面向基层,面向农牧民"的指示精神,我们深入农牧民住处及生产基地调研,在西藏日喀则地区投入数百万元进行农业设施建设,特别是建设了一批适应西藏气候的大棚以种植西瓜和蔬菜,使高原人民能常年吃上新鲜的蔬菜和瓜果,带动更多区域的种植农民增收。

我们主要采用远程教育和培训两种方式进行智力扶贫。在市合作交流办的支持下,我们与云南省农业厅签订了沪滇合作备忘录,先后多次前往云南实地商议,制定白玉兰远程教育项目方案,在云南四地州安装卫星接收设备等设施,让农民能在所在区域通过远程网接受各种农业课程的培训。2007 年、2008 年、2009 年,分别投入资金 300 万元、250 万元、200 万元,在云南省红河州、文山州和普洱市建设白玉兰远程教育网。每个州地区建成州级中心站 1 个,县级分站各 1 个,100 多个乡镇级站点各一个,基本做到州、县、乡镇全覆盖,成千上万的农民通过远程网上起了农业培训课。

为对口支援地区培训农业生产、经营、管理人才,是智力扶贫的重要内容,我们采用当地办班和到上海来培训等方式来开展。10 年来,约培训了各类农业基层干部和农业企业技术、销售人员达 2000 多人。培训课程内容多样化，既有农业技术推广方面的知识，也有农业企业销售方面的学习；培训中不仅邀请了上海农业领域事业单位、企业、超市等专家授课，还组织到上海近郊甚至江浙等地进行实地考察。因课程安排和培训方式贴近实际，深受学员欢迎。

此外，我们还有市场扶贫，就是千方百计为西部地区农产品拓展上海市场。自 2002 年开始，我们每年协助对口支援地区，在上海举办各类特色农产品展销活动，并在我们连续举办 10 年的新春农副产品大联展上，为对口支援地区免费设立摊位。据初步统计，累计协助西部省（自治区）在沪举办 120 多场农展会或推介会，累计现场销售额达 20 多亿元，累计签约金额达 2000 多亿元。新疆阿克苏的苹果、都江堰红心猕猴桃、云南石榴等农产品，都是通过这种方式进入上海市场，成为深受上海市民欢迎的名牌农产品，逐步解决当地农民销售难、增产不增收的问题。

对口支援工作中的累和苦磨炼了我们的意志，一批从事这项工作的同志们也真可歌可泣。如经贸处的肖志强同志，曾去云南 40 多次，与种猪一齐坐火车上云南，成为佳话。经商处在对口支援中是牵头处室，在 2012 年全国扶贫先进集体评比中，因云南省给我们打了高分，我们获得了全国扶贫先进集体的荣誉，处长王德弟同志还随时任上海市市长韩正、副市长姜平等市领导一起赴京领奖。与同志们一齐为扶贫、对口支援吃苦受累，我也感到无上光荣和自豪。

搭建农展平台，服务全国，走向全国

作为国际大都市的上海，尽管农田面积有限，地产的农产品不能满足整个城市的需求，但是上海的区域位置，决定了上海是长三角地区乃至全国农产品进出口的集散地之一。我们主动搭建农展平台，为外省市农产品拓展市场。除了连续 10 年举办新春农副产品大联展，还协助新疆、云南、广西、江西、江苏、浙江、安徽等地政府，在上海举办各类特色农产品展销活动。我们协助各省组织邀请上海各大超市、外国驻上海贸易代表以及各大高校、企业集团、宾馆、酒家等 1000 多家采购商洽谈采购。据统计，各地农民和企业通过我们上海农展馆和其他场馆举办会展，每年拿到的订单也超过 200 亿元。这既丰富了上海市场供应，又带动了农民增收。

为了搭建长期的平台服务全国，从 2007 年开始，我们在青浦区华新镇建设上海西郊国际农产品交易中心和展示直销中心（简称"西郊国际"），于 2010 年开业。"西郊国际"采取高起点、高标准、高科技的战略定位，立足上海、辐射长三角、服务全国，连接海内外，作为具有示范作用的现代化的农产品交互市场，为全国农产品流通搭建五大平台，即交易平台、展示平台、信息平台、检测认证平台和物流配送平台。西郊国际市场招商和经营情况良好。西郊国际批发交易区共设 1000 多个摊位，目前整体出租率达 80% 以上，近几年全年农副产品交易量 60 多亿元。展示直销区共设 52 个国内外常年展销场馆，11 大类近万种农副产品进场展示交易，近几年全年交易额突破 1 亿元。

我们搭建的平台对老少边穷、革命老区意义更大。因为当地农产品销售困难，利润低，无人牵线难以进入上海市场。怀着对老少边穷、革命老区的特殊感情，我们积极开展对革命老区延安、江西等地农产品进入上海的协调工作。如延安的洛川苹果质好味美，就缺销路，我们在新春大联展帮着设摊位、在西郊国际设立专馆、在上海市区设立专卖店，从零开始，一步步逐渐做大,使洛川苹果在上海打开了销路。2013 年,洛川苹果被上海果蔬协会评为最受上海市民喜爱的十大果蔬品牌,卖出了好价钱。

针对上海农业资源相对少的特点,让上海农业走出去也是合作交流的重要内容。我们搭建平台为农民服务,组团赴外地参展考察,推动经济合作。我们每年组织参加全国各地 10 多个农展会,如北京农交会,吉林农博会,广州农博会,杨凌农高会,厦门海峡两岸农博会,中国-东盟十国博览会,江苏、安徽、浙江等省的农博会,甘肃白银东西部经济洽谈会等。2005 年,在杨凌农高会上有一位农民来到"农民一点通"平台,与上海专家直接对话,咨询今年苹果树得了一种病怎么办,专家了解后告诉他病因、用什么药。这位农民非常激动,对我们工作人员说,他家种了 15 亩苹果树,今年苹果出现一些问题,找不出原因,今天上海专家在千里之外就给他指出病因,并教了防治方法,这个东西太神奇了! 河北省电视台的记者也在旁边看了全过程,最后表示一定要写一篇文章向省领导反映,让河北的农民也能用上这一平台。温家宝总理在南宁视察上海展区时,还专门点了农产品市场信息;回良玉副总理也在农交会上花了 10 分钟了解"农民一点通"的情况,并作出高度评价。现在许多省市都要求上海帮助他们搞好这一平台,为全国农民提供各项服务。

在我们牵线搭桥下,上海的不少企业找到了商机,开始走出上海,将业务做到全国。如上海华联吉买盛负责人通过参展活动,引进了浙江省兰溪市农产品进入超市设立专柜,并举办了兰溪市农产品展销周。利用 2006 年参加江苏农博会的机会,上海农科院把双低油菜新品种在江浙两省全面推广,种植面积超过 1000 万亩;在浙江搞香菇推广,使磐安县成为产值超亿元的食用菌之乡。高榕公司在江苏徐州建立了出口蔬菜加工基地,在四川、吉林投资建立 6 个工厂,成为全国最大的新鲜食用菌企业。农工商肉食品公司一半以上的爱森牌猪肉,也来自长三角的基地。上海市已为江浙两省多个养猪场发放了进入上海市场的通行证。农工商大米 90% 以上来自苏北,上海市场 4 个鸡蛋中就有 1 个来自苏北。南汇"阿强蛋"还在南通建立了大型养鸡场,带动周边 1000 多个农户加入,把产品再打入上海。崇明的中华绒毛蟹首次外出养殖就在洪泽湖,成为走出上海的第一步,点燃了崇明人外出养蟹的热情,现外出养殖的水面积超过 100 万亩。上海农业合作经济组织在全国 30 个省市区(除西藏外),都已建立了外延基地和合作项目,总项目数超过 400 个,累计投资额 12 亿元,基地面积超过 220 万亩。农业对外合作由政府推动转变为上海农民的自觉行动,形成了上海农业新的亮点。

因为长年累月的对口支援中以"携手共建、共同发展"的理念服务全国、服务市民,我们与各地也建立了良好的农业合作关系。我常说"合作"就是携手并进,上海是全国的上海,上海离不开全国人民,服务全国也是题中之意了。

沪台农业携手交流,台湾农民得实惠

沪台农业合作意义深远,是国家战略,我和我的同事们努力做好对台农业合作交流工作,学习台湾农业的先进技术和管理经验,帮助台湾农社进入上海市场并在长三角打开销路,以此赢得台湾农民对大陆的信心。

2005 年 4 月 29 日,胡锦涛总书记会见时任国民党主席连战,跨出了两岸关系历史性的一大步。为响应中央提出的"早日实现两岸三通、加强两岸农业合作"建议,由农业部、国台办、商务部联合在上海举办了首届"海峡两岸农业合作展暨台湾农产品展销会",并在人民大会堂举行了新闻发布会。

我担任了上海协调组组长,负责展会的具体筹备工作。当年 7 月,上海展会盛况空前,时任上海市市长韩正同志在展会上讲话,国家各部委多位部长到会,台湾农产品热销,展会首次开创了台湾水果零关税进入内地的记录。我们第一次作为东道主,接待了大批台湾参展的农民和企业家,并在随后的活动中结下了深情厚谊,大大推进了沪台农业合作的步伐。

接下来,2006 年 10 月,在厦门举行的海峡两岸农业博览会,上海也闪亮登场。时任副总理吴仪还视察了上海摊位。同年,我们召开了"沪台农业合作与发展研讨会",30 多位来自台湾的农业企业家和专家学者莅临大会,重点探讨沪台农业合作的领域、方式、愿景等。2007 年,又召开"沪台农民专业合作组织研讨会",70 多位沪台业界人士参加了研讨会。我出席研讨会并发言。"2007 年台湾优质农产品巡回展览"上海主展场,于 2007 年 7 月在上海农业展览馆举行。我再次担任组长协调了展会工作。农业部、国台办、商务部、中国进出口银行等单位的分管领导和胡延照副市长出席开幕式并讲话,活动非常成功,许多台胞留下深刻印象,也得到农业部、国台办和市有关领导的好评。2009 年 7 月,在我们的精心筹备和协调下,首届"两岸乡村座谈——大三通背景下两岸基层农业交流与合作"活动在上海举行。时任国台办副主任叶克冬、农业部副部长危朝安、上海市副市长胡延照和唐登杰等多位领导出席了活动。会上,叶克冬副主任和危朝安副部长还专程为"上海台湾农产品交易中心"揭牌,这在国内也是唯一的一家。本次活动邀请代表600 余人,其中台湾代表 300 人,大陆代表约 150 余人。活动中,双方就新农村建设与乡村旅游、农民合作经济组织与农产品运销、农业实用技术培训与服务等 3 个议题进行座谈。选择双方农业优势产业相似、血缘相近、文化历史渊源相通的 30 个乡村,在"两岸乡村座谈"活动中结成对子。

为进一步加强海峡两岸经贸交流与合作,扩大台湾鲜活农产品在大陆销售,使上海成为台湾农产品重要的集散之地,遵照国家和上海市有关领导的要求,我们积极推进上海台湾农产品交易中心的建设。2010年,时任上海市市长韩正同志参加上海-台北合作会,正式与台湾农会签约建立上海台湾农产品交易中心。在国家质检总局以及市政府的支持和关心下,于2010年6月26日试营业。中心成为协调台湾地区各县市农会及台商入驻销售农产品的平台,取得了较好的政治和经济效果,在台湾地区各农会中引起较大反响。目前,该中心在海关和出入境检验检疫局等相关部门的大力支持下,已全面落实了"一次开箱、快速通关、现场查验放行"的要求。中心内专门增设了建筑面积1000平方米的台湾农耕文化展示馆,并于2010年9月27日开业,目前经营状况不错。为运营"上海台湾农产品交易中心"的上海高雄农产品开发有限公司开张,我与台办原副主任顾洪辉同志在工商注册时签字。中心的建立使台湾南部农社生产的农产品源源不断地进入上海,特别是在2011年,台湾爱文芒果严重滞销,在我们的帮助下,结果全部销光。台湾高雄县农会总干事、台湾屏东县广成青果运销合作社、来义乡芒果产销班和枋寮乡果树产销班的代表们,还特地写了感谢信。

回忆这10年的农业国内合作与交流工作,这些美好的回忆,将永远留在我的脑海里!

【口述前记】

　　施兴忠，1954 年 11 月生。1973 年 7 月参加工作。中央党校研究生学历。1990 年 3 月任崇明县副县长，1992 年 6 月任崇明县委副书记、县长。1995 年 8 月任崇明县委书记。1998 年 8 月任上海市农委副主任。2006 年 7 月任黄浦区人大常委会主任。

上海农业保险的发展历程

口述：施兴忠

采访：陆　卫

整理：陆　卫

时间：2016 年 7 月 15 日

　　上海组建专业性农业保险公司,在全国算是最早的。我作为当时市农委分管农业的副主任,与上海市保监办、市金融办、市财政局、市体改办、市人保分公司等部门的有关领导一起,共同参与和见证了推进上海农业保险事业发展以及安信农保公司的筹建过程和公司运作,欣喜地看到了通过农业保险给上海"三农"工作带来的成果。今天回想起来,仍历历在目。

上海农业保险的前世今身

　　大家都知道,农业保险是政府支持农业、化解农业生产风险的有效手段。由于农业生产从种到收的各个环节,都容易受到各种自然灾害影响,特别是随着上海农业结构战略性调整的深入推进,高投入、高产出的都市现代农业发展迅速,一旦遭受自然灾害,风险程度会进一步加剧。尽管上海在农业保险方面起步较早,作了一些有益探索,但由于农业本身是一个弱质产业,农业保险完全沿用商业性保险公司代理模式很难长期运作。为此,上海市人民政府经过认真研究,决定探索建立具有政策性特点的专业性农业保险公司,也就是2004年建立的安信农业保险公司。

我先来和大家回顾一下2004年之前上海农业保险的大致情况。

早在20世纪50年代,上海就试办过农业保险。六七十年代因多种原因出现停办。改革开放后,农业保险逐步恢复,大致经历了三个阶段:一是从1982年恢复办理农业保险,到1991年实行农业保险经营机制的改革。这9年,处于探索阶段,规模小、险种少、保障范围窄。二是从1991年开始到2003年,为促进农业保险发展,进行了经营机制改革试点,实行了以区(县)为单位,保险单独立账、独立核算,由地方政府组织推动,保险公司进行代理的经营方式,结余留地方作为农业保险风险基金。在这十几年间,上海农业保险实现了四大跨越:第一是农业保险险种从1991年的11个到2003年底达到22个;第二是保险收入规模从1991年的1618万元到2003年底的6864.3万元;第三是理赔金额从1991年的811万元到2015年的3241万元;第四是风险资金积累从1991年的1536万到2003年底近1.74亿元。三是从2003年6月1日起,由于中国人民保险公司实施股份制改造,正式终止与地方政府的代理农险业务,上海市人民政府经过认真研究,决定建立专业农业保险公司,也就是由现在的安信农业保险公司承担。

上海组建专业农保公司是有条件的

上海组建专业农业保险公司的条件,归纳起来主要有三条:一是国家和上海市政府的要求;二是保险公司本身改制转制的需要;三是上海已经具有建立专业农业保险公司的基础。

多年来,上海农业保险在市委、市政府的关心下,在市有关职能部门的支持下,得到健康发展,为上海农业发展提供灾害损失补偿,促进产业发展和提升,确保农产品市场稳定,推进农业结构调整,发挥了重要作用。但在改革和发展中也遇到了一些新的情况和新的问题。比如,2003 年 4 月,接到中国人民保险公司报告,该公司目前正实施股份制改造,将终止与上海地方政府的代理农业险业务。鉴于人保公司不能代理,农业保险不能中断,过渡时期又不能太长这一现实情况,必须尽快探索一种新的经营模式。为此,市农委在会同市保监办、市金融办、市财政局、市体改办、市人保分公司等部门在大量调研分析的基础上,提出了组建上海农业专业性保险公司,以确保本市农业保险稳定、健康发展的设想。

那么,上海组建专业的农业保险公司是不是有条件呢? 我们认为是有的。

上海农业保险经过 10 多年实践,已经培养了广大农业生产者的保险意识和习惯。当时水稻、奶牛、生猪的投保面已分别达到了 84%、76% 和 56%,并且保险需求在逐年上升。

组建公司具有一定的资金来源和财力支持。2002 年底,上海农业保险累计积累风险资金 1.73 亿元,实物资产(原值)2100 万元,达到了组建公司注册资本最低限额 2 亿元人民币的规定条件;同时,十多年来上海农业保险得到了政府财力的有力支撑,随着农业保险的不断发展,仍将得到政府一如既往的支持。

上海农业保险已培育形成了一支熟悉本行业务的干部和职工队伍。当时,上海农业保险共有市、区(县)两级农险干部、职工 54 人,50% 左右具有中级以上职称和 5 年以上专业经历,可成为组建农业保险公司的基础力量。

上海农业保险在探索中已经形成了一套相对规范的业务运行机制和操作管理办法,并通过多年来的实践而显得越来越成熟。

组建农业保险公司符合国家法律、法规和 WTO 规则。1996 年 6 月 20 日,国务院总理办公会议讨论并原则同意《国务院关于农村金融体制改革的决定》第五条规定,"在已具备条件的省(市、自治区)、县(市),可由财政投资建立地方农业保险公司;国家农业保险公司由国家财政出资,在中国人民保险公司原有农业保险机构的基础上组建"。《农业法》第四十六条规定:"国家建立和完善农业保险制度,逐步建立和完善政策性农业保险制度,鼓励和扶持农民和农业生产经营组织建立为农业生产经营活动服务的互助合作保险组织,鼓励商业性保险公司开展农业保险业务。"《保险法》第七十条规定:"保险公司应当采取下列组织形式:(1)股份有限公司;(2)国有独资公司。"同时,第一百五十四条又规定:"国家支持发展为农业生产服务的保险事业,农业保险由法律、行政法规另行制定"。WTO《协议》第六款第二项明确:"可以大力发展政策性农业保险,使农民的生产投入通过保险手段得到国家补贴。"

以上情况说明,上海是具备组建专业农业保险公司的基础和条件的。

我们还对农业保险公司设想了一个基本框架,包括公司名称、注册资本、资本金来源、公司性质、经营范围、运作机制以及人员编制等。公司组建后,设想公司的经营按商业化方式运行,独立核算,保本经营,其经营行为接受中国保监会监管,组织关系隶属中共上海市金融工作委员会,业务经营由上海市农业委员会、上海市金融服务办公室实施协调和指导。

农业保险公司的组建过程

组建专业性农业保险公司,在全国尚属首家。为了取得保险监管部门的支持,市农委会同市保监办、市金融办、市人保分公司等先后三次进京,办理相关事宜。

第一次进京是 2002 年,主要是向中国保监会汇报我们打算建立农业保险公司的意向。上海市人民政府也已就组建上海安信农业保险股份有限公司,向中国保险监督管理委员会提出了申请。

第二次进京是 2003 年 6 月 5 日,我和市保监会副主任邓雄汉、市金融办副主任马弘、市人保公司经理助理程孙霖等一行七人,赴京向中国保监会作汇报。一是转达市政府领导对中国保监会多年来对上海保险工作、特别是农业保险工作关心支持的感谢,转达市政府领导与中国保监会领导在适当时候进行互访的意愿;二是具体汇报上海组建农业保险公司的基本设想,包括组建基础和条件,公司的基本框架、名称、注册资本、资本金来源、公司性质、经营范围等;三是转达市政府对组建农业保险公司的基本态度,市政府将在政策、财力等方面给予全力支持,争取组建全国首家农业保险公司。

中国保监会副主席冯晓增在听取了我们的汇报后表示:第一,上海这几年积极推进农业保险工作,既化解了农业生产风险,又积累了资金、培养了人才、积累了经验,做得很好;第二,上海提出建立专业性农业保险公司,符合全国农业保险改革和发展的大趋势,上海以城市化为大背景,探索为城市化服务的农业保险很有意义,中国保监会支持这一试点和探索;第三,希望上海先考虑把机构组建起来,待机构组建后,再共同来探索和争取一些与政策相关的问题,具体批办事宜由中国保监会研究后报国务院,请上海加快步伐,为全国探索农业保险经营机制改革多出经验。

第三次进京是在 2004 年,主要是去领证,形象地说就是去领"出生证"。回上海后,市政府常务会议专门听取了我们的汇报。

2004 年 9 月 18 日上午,上海安信农业保险股份有限公司在上海国际会议中心举行开业典礼,正式挂牌开业。市政府副秘书长吉晓辉宣读了韩正市长的重要批示:"向全国第一家农业保险股份公司的成立表示祝贺。安信农业保险公司的成立对促进我国农业保险具有积极意义。公司要牢固树立服务'三农'、笃守诚信的服务经营理念,坚持基本保险、补充保险、商业保险相结合,探索农业保险新机制,拓展农业保险新领域,努力走在全国农业保险的前列。"

市委常委、副市长冯国勤,中国保监会主席助理周延礼,市金融党工委书记吴明,市农委主任袁以星,上海安信农业保险公司董事长兼总经理李中宁等领导在典礼上先后致辞。市保监局局长孙国栋等市、区县有关负责人 300 多人出席。在开业典礼上,上海安信农业保险公司副总经理周伟国与市畜牧办主任赵子琴,签订了第一份关于家禽基本保险的保单,李中宁与中国再保险公司总经理戴凤举签订了再保险保单。

安信农业保险公司办公楼

上海推进农业保险的基本做法和初步效果

作为探索我国政策性农业保险制度的一个试点,公司采取的是"政府扶持推动、市场化运作"的经营模式,业务范围涉种植业、养殖业、农村建房保险三大产业,涵盖农业生产各主要领域,其基本做法是做到几个实行。

实行农户投保补贴。本市从 1996 年起,先后对水稻、生猪、奶牛、家禽、水产、蔬菜、西甜瓜、小麦、经济果林、农机具、渔船作业保险提供保费补贴,其中,对水稻、生猪、奶牛、家禽四大类险种政府按保费的 35% 给予补贴,其他险种按保费的 30% 给予补贴。2006 年市、区两级财政补贴总额 3200 万元。2007年起,本市将扩大五个险种列入补贴范围,补贴标准从原来的30%—35%提高到40%—50%。

实行以险养险。本市从1992年起,将农村建房险纳入农业保险经营业务范围,2004年又扩大涉农财产险和健康险等,通过营利性商业险种弥补农业险可能出现的亏损。1992年至2005年,农村建房险累计保费占总保费的49.78%,平均赔付率仅10.68%,成为稳定和壮大农业保险的重要支撑。

实行巨灾补偿。2006年起本市建立了特大灾害补偿机制,规定当农业赔付金额单次超过5000万元,全年累计赔付金额超出公司当年全部赔付能力时,政府启动补偿机制,对公司无力补偿部分由政府财力予以补偿。

实行"基本保险+补充保险"运作方式。为确保全市粮食总量、确保城市鲜奶供应、确保猪、禽生产,本市对水稻、奶牛、生猪、家禽四大险种,按保费的35%由政府为每一农户提供普惠制基本保险,农户受灾按该险种全额赔偿的35%进行理赔。同时引导农户积极补足全额保险,由此充分提高了农户投保覆盖率。

上海推进农业保险以来,取得一定的成效。一是化解了农业自然风险,稳定了农业生产基础。1991年至2005年,全市农业生产遭受自然灾害累计获得农业保险赔款3.5亿元。1999年,上海郊区60万亩水稻遭受涝灾,保险公司支付赔款1912万元。2002年,"威马逊"台风造成蔬菜、西甜瓜受损,保险公司赔款1000万元。2005年,上海遭遇"麦莎""卡奴"台风袭击,农作物受损面积达60万亩,保险公司在一周内预赔8200万元,有效化解了自然风险,农户及时恢复了生产。二是促进了资源合理配置,加快了农业结构调整。通过对全市主导农产品和其他一般农产品实行差别投保补贴政策,对农户选择种植品种发挥导向作用,对推进农业结构优化起到了调节作用。

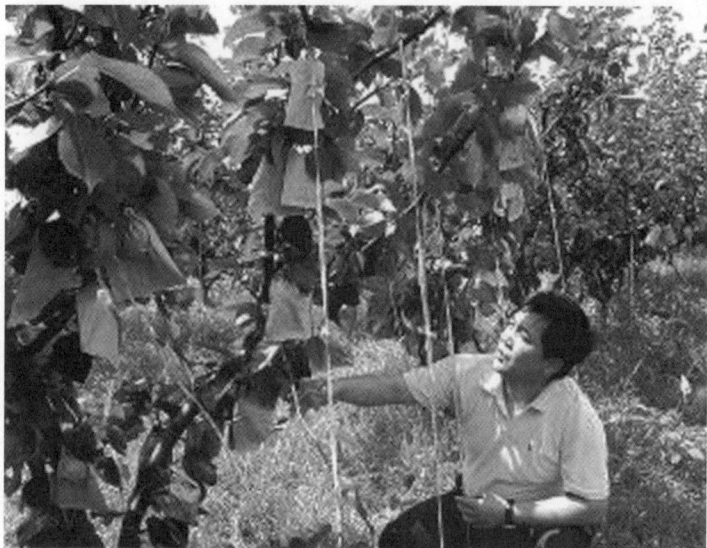

安信农业保险公司工作人员正在现场勘察受灾情况

2007 年,蔬菜、西甜瓜等高效经济作物占种植业产值的比重已超过 60%,粮食生产继续稳定在 20 亿斤以上。三是保障了农业投资安全,促进了农业信贷增加。有了农业保险的保障,农民可以放心地增加农业投入,扩大再生产。"十五"期间,本市农民家庭型生产总投入由 2000 年的 11 亿元增加到 2005 年的 16.5 亿元,增长 50%。同时,由于农业信贷的安全性相应提高,农民也更容易得到贷款。5 年间,农业银行、信用社的年农业贷款规模从 15 亿元增加到 30 亿元,翻了一番。四是注重防赔结合,发挥了社会综合管理效能。农业保险部门一方面从资金上支持投保户做好预防工作,如从 1996 年起对生猪投保户支付防疫费,有效控制了疫情的发生。另一方面,与市和区县有关技术监督管理部门建立防灾防损防疫业务咨询合作关系,实施有效的灾前预防指导,灾后及时施救查勘,促进了面广量大的农业生产基地、农户的防灾抗灾管理,控制了农业生产损失。

实践证明,推进农业保险对上海"三农"发展发挥了重要作用:第一,经济补偿作用。农民因自然灾害遭受的损失,通过农业保险取得经济补偿,保障了农民利益。第二,产业导向作用。通过保险这种手段、杠杆来引导产业结构的调整和优化。第三,生产稳定作用。通过保险减少农民的收入波动,确保农业生产稳定发展。第四,市场保障作用。产业发展,产品丰富,市场就有了保障。

进一步完善政策,合力开创推进农业保险新局面

回顾历史,可以清晰地看到,上海农业保险事业的发展轨迹是与郊区都市型现代农业发展历程紧密相连、互相促进的。20 世纪 80 年代初,农业保险公司为配合市政府实施的"菜篮子""米袋子"工程,恢复办理了农村种植业和养殖业保险,逐步开办了奶牛保险、生猪保险、水稻保险、小麦保险、油菜保险等。20 世纪末,围绕新一轮农业结构战略性调整,相继推出了蔬菜保险、淡水养殖保险、林木保险、水果收获保险、食用菌保险等新险种。

虽然上海农业保险取得了明显成效,但还有较大的拓展空间。按照 2006 年保费规模 9477 万元,保险责任 43 亿元测算,占全市农业可保资源 25% 左右,也就是说还有 3/4 的农业生产风险尚未纳入风险保障体系之中。因此,要真正建立起广覆盖的农业风险保障体系,并走在全国前列,上海必须在现有基础上再上一个新台阶。于是,我们在市财政的大力支持下,从 2007 年起,又形成了一个政策性意见。一是扩大险种补贴范围。从 2007 年起,本市再扩大五个险种(白山羊、肉鸽、鲜食玉米、食用菌、草莓)列入财政补贴范围;二是提高保费补贴比例。市区两级政府对投保农户的补贴,从原

来按保费的 30%—35% 提高到了 40%—50%,其中水稻、生猪、奶牛、家禽、水果、西甜瓜、蔬菜补贴标准为 50%,其他为 40%。据此测算,全市农业保险责任将到 80 亿元,占全市农业可保资源 45% 左右。

那些年,我们几乎每年都要召开农业保险工作会议,总结回顾年度工作,针对存在问题,研究落实进一步推进农业保险的各项措施。记得在 2007 年 2 月,在我调离市农委工作前的那次推进农业保险工作座谈会上,我还特别谈了几点意见。一是要深刻认识农业保险在建设都市现代农业中的功能和作用。上海农业已进入转轨变型阶段,既有良好的发展基础,又有突出的制约因素。上海农业在生产条件、结构布局、经营方式、增长动力、功能作用等方面发生了积极变化,但在如何应对经济全球化对农业带来的负面影响、如何抵御各种灾害对农业的侵袭、如何有效保护农民主体参与投入都市农业的积极性等方面,尚需寻求突破。在各项应对措施中,建立保险机制是有效举措之一。因此,各级政府和农业主管部门必须将其放到应有的位置来思考和谋划。二是要正确把握农业保险在新形势下面临的希望与挑战。主要来自三方面,一是来自中央及地方各级党和政府对农业保险工作的重视,要求上海农业保险要走在全国前列;二是来自国家有关部门和兄弟省市对上海的支持和期望,即国家有关部门要求上海为全国提供经验,作出示范,兄弟省市都到上海来取经;三是来自郊区种养户投保热情的高涨,农户对农业保险的知晓率达到 92%,赞成率超过 70%,我们要更好地顺应农民期盼,把工作做好。三是扎实推进农业保险在更高起点上健康有序发展。下一步,必须由农业和农保两家携手合力推进。农业部门要利用好农业保险这个平台,建立农业风险分散机制,来保护农民利益,促进产业发展。农保公司要主动争取政府重视和部门配合,利用农民热情高涨的有利时机,把农业保险继续往前推进。为此,我们还提出了一些设想,包括进一步完善财政保费补贴、经营费用补贴及以险养险、巨灾风险补偿等扶持政策,研究扩大险种、提高覆盖率的工作措施,并通过地方规章等,建立扶持农业保险的长效机制;设想通过财政资金注入或增资扩股,充实公司资本实力,壮大保险公司规模,增强公司参与市场竞争的能力;根据农业、农村、农民风险保障需求,支持保险公司扩大农业保险服务范围,拓展特色农业保险和涉农保险业务,为农村基础设施建设、城镇化建设以及农民医疗保障等提供更多的配套保险服务等。

口
述
前
记

李维良，1954 年 8 月生。曾在黑龙江省呼玛县插队。后历任上海市星火农场办公室副主任、主任、场长助理，上海市农场局工业外经处副处长，上海星火工业区管委会主任等。1997 年 5 月起任上海市农委外经外事处处长。2013 年 5 月任中共上海市委农办、上海市农委副巡视员兼市农委综合发展处（财务处）处长、市农委三峡移民协调服务办公室主任。

回顾上海农村合作社的发展

口述：李维良

采访：金　尧　顾继淳

整理：金　尧　顾继淳

时间：2016 年 5 月 31 日

2002 年至 2012 年，是上海农民专业合作社从小到大、从弱到强大发展的 10 年，也是不断规范、完善、创新的 10 年。作为千千万万的亲历者之一，回顾那段波澜壮阔的发展历程，我心潮澎湃不已。我们曾为国家颁布《中华人民共和国农民专业合作社法》而欢呼；为上海发布扶持农民专业合作社的专项文件而高兴；为市人大常委会开展贯彻实施《合作社法》情况的执法检查而鼓舞；为市农委领导和农业战线各方面同仁重视合作社发展而振奋。作为推进合作社发展的职能部门，市农委综合发展处暨农业产业化办公室的全体同志为此作出了不懈的努力。

合作社的起步发展阶段

我是 2007 年 1 月担任市农委综合发展处处长的。此前的 2002 年至

2006 年的 5 年间,是本市合作社的起步发展阶段。2003 年末,本市有农民专业合作经济组织 24 个,其中专业合作社 17 个,专业联合社 7 个。当时的沪郊蜂业联合社和青西禽蛋生产联合社,已被农业部列为农民专业合作经济组织的试点单位。当时的市农委领导及职能部门同志,怀着极大的热情大力推动农民专业合作经济组织快速发展。他们敏锐而深刻地认识到,作为农业新型经营主体之一,农民专业合作经济组织在推动适度规模经营,提高农民在购买农资、产品销售价格的话语权、创立品牌、带动农民增收等方面,具有不可或缺的重大作用。

当时我们做了几件十分重要的事。

一是赋予农民专业合作组织市场法人资格。鉴于当时的《中华人民共和国公司法》未把合作经济组织列入可登记范畴,农民专业合作经济组织无法获得市场法人地位的情况,市农委积极会商有关部门探索解决这个问题。2004 年 5 月 24 日,市农委、市工商局发出《关于做好农民专业合作社工商企业登记工作的通知》,明确农民专业合作社可以比照《中华人民共和国公司法》登记注册为合作社有限责任公司,其名称可以核准登记为"上海+品牌名+产品名+合作社+有限公司"。由此上海农民专业合作社拥有了合法的法人资格,上海成为全国第一个为合作社进行工商注册的省级行政区域。

二是大力宣传发动,推动农民专业合作社快速发展。2004 年 6 月,市农委发出《关于加快发展农民专业合作社的若干意见》,就扶持、培育、管理农民专业合作社提出指导性意见。2004 年 12 月,市农委召开了推进合作社建设工作会议。上海红刚青扁豆专业合作社等 50 个农民专业合作社作为首批试点单位,每家获得 20 万元试点经费补贴,并获赠笔记本电脑 1 台。若干年后,红刚青扁豆合作社已发展到种植面积 2.2 万亩,带动青扁豆种植户 1.4

上海市"农超对接"推进会暨农民专业合作社年会

万多户,其红刚青扁豆在上海市场占有率达到97%。该合作社理事长王红刚遇见我时,仍深情回忆起当年从领导手中接过笔记本电脑的情景,表示永远感怀在初创时得到的支持和鼓励。这当然是后话了。

三是对农民专业合作社给予财政专项资金扶持。2006年,对56家合作社经区县农业和财政部门的推荐,市有关部门组织评审,给予1900万元扶持资金,并且对财政资金使用实行公示和报账制,这在全国是率先的。截至2006年底,本市农民专业合作社发展到510家。

合作社的快速发展阶段

随着2006年10月《中华人民共和国农民专业合作社法》的颁布,从

2007 年至 2010 年的 4 年间,本市农民专业合作社进入快速发展阶段。我印象很深的有这样几件事。

第一件事是深入调研,充分协调,促成市政府出台了《关于本市扶持农民专业合作社发展若干政策的意见》。那次调研采取企业调研和行业调研相结合,座谈和走访相结合,先后深入 10 个区县,召开座谈会 10 次,实地走访合作社 21 家,与 107 名合作社成员面对面交流。调研发放和回收合作社情况统计表 900 余份,抽样调查问卷 285 份,采集数据 30 余万条,掌握了比较详实的材料。其间,市农委主要领导、分管领导亲自参加调研工作,孙雷主任还带队赴浙江省考察了当地农民专业合作社的发展情况。2008 年 12 月市政府出台了扶持合作社发展的文件,从财政扶持、税收优惠、金融支持、用地用电扶持、吸引优秀人才、搭建服务平台多方面推出一系列扶持举措,得到时任国务院副总理回良玉同志和农业部领导的充分肯定,被公认为是省级人民政府扶持合作社力度最大、含金量最高的政策性文件。文件出台后,市农委会同市有关部门狠抓各项政策措施的贯彻落实,切实解决合作社在发展过程中遇到的各种问题。

第二件事是狠抓政策落地,放大政策效应。在项目扶持方面,2007 年至 2010 年,市级财政共安排 11595 万元资金,对 345 个合作社项目给予扶持,主要用于帮助合作社添置加工、冷藏、运输等固定资产,改善农业基础设施,明显提高了合作社设施装备水平。同时安排了 1520.31 万元用于合作社贷款贴息,做到"应贴尽贴"。市财政其他各类支农资金也向合作社倾斜,在设施粮田、设施菜田、标准化养殖场、水产养殖场和特色农产品基地等农业基础设施建设中,约 70% 的项目建设主体和受益者为合作社。在税收、用电优惠方面,按照国务院批准的有关对合作社的税收优惠政策,本市区县税务部门开展对合作社自产自销农产品的数量核定工作,并按核定数量免征增值税。本市有 1167 个合作社获得了自产自销数量的认定。上海电力公司作为央企,给予本市农民专业合作社特别的用电优惠,即对合作社的农业用电,允许享受分时电价政策。由此使一大批使用冷库和大棚夜间补光的合作社得到实惠,市电力公司为此每年补贴上千万元。在人才支持方面,鉴于合作社普遍处于成员年龄老化,缺少信息化年轻人才的状况,市人力资源管理部门给予了很大的支持。从 2009 年起,将"合作社助理"岗位纳入本市"三支一扶"计划。2009 年、2010 年两年间,累计有 641 名应届高校毕业生到 300 多家合作社工作,他们的工资性收入和各类社会保障费是市、区财政支付的,合作社仅支付一定的伙食、交通、通信补贴。这批大学生受到合作社的热烈欢迎,为合作社在设计广告、品牌宣传和市场营销方面做了许多实事。尽管"三支一扶"一般以两年为时限,绝大多数"合作社助理"期满时另谋岗位,但他们对合作社信息化开发的贡献应充分肯定,他们也表示会加倍珍惜在合作社工作时培养的"三农"情结。

第三件事是大胆创新,在全国首创"银保联合项下合作社贷款信用保证保险"新品种,切实解决合作社贷款难问题。农民专业合作社需要贷款,但"贷款难"是个老大难问题。因为合作社是新事物、家底薄,虽然合作社成员有承包地和宅基地等物权,但在当时国家金融政策是不允许作为贷款抵押物的。因此合作社纷纷反映这个问题的解决是"雷声大雨点小"。根据市政府领导的指示,市农委、市财政局、市金融办以及市农商银行、上海安信农业保险公司通力合作,提出了切实可行的解决方案。这个方案的突破点在于:由市财政安排 5000 万元、区县财政安排 2000 万元作为贷款专项担保资金,专门用于农民专业合作社贷款提供担保。按照可放大 5—7 倍的金融规则,可为合作社 4 亿元左右的贷款提供担保。这个方案的创新点在于创新了担保方式。由安信农保公司开发了合作社贷款信用保证保险新品种,由上海农商行提供合作社专项贷款,因此统称为"银保联合项下合作社贷款信用保证保险"。合作社向银行提出贷款申请,并提交必要的送审材料;银行将相关材料及时送达安信农保公司;银行与安信农保各在 3 个工作日内,并联完成审批手续;各方在一个工作日内,签订贷款合同和保险合同,并办妥放款手续。此类贷款对象为贷款金额在 100 万元以下的合作社,适用基准利率。这项金融扶持政策受到各地各方面好评,发挥了很大作用。到 2010 年末,合作社贷款信用保证保险项下的贷款余额达到 3.1 亿元,因为每家合作社此项下的贷款金额控制在 100 万元以内,因此受益的合作社数量不少。尤其令人欣慰的是,此项下贷款坏账率极低,有关金融机构称为"信用最良好"的贷款和保险品种。

第四件事是配合做好市人大常委会对贯彻实施《合作社法》的执法检查。2010 年,市人大常委会确定开展贯彻实施《合作社法》情况的执法检查,充分体现了市人大常委会对本市合作社发展的重视和支持。2010 年春夏之际,我们陪同市人大常委会执法检查组多次去合作社调研,召开了多次座谈会听取意见。时任市人大副主任杨定华同志参加了调研。2010 年 10 月,在市人大常委会全体会议上,市政府委托市农委领导作了贯彻实施《合作社法》的情况汇报。随后,市人大常委会发出执法检查报告。

市人大常委会的执法检查报告充分肯定了本市合作社发展的成效,指出了存在的问题,提出了进一步规范发展的要求。截至 2010 年 5 月底,本市经工商登记设立的合作社共有 3043 家,总出资额 32.1 亿元,经营土地面积 126.41 万亩,实有入社农户 88979 户,带动非农成员 17 万户。合作社入社农户和带动农民约占本市务农农户的 43%，由合作社经营的农田面积约占全市农田面积的 42%。合作社快速发展，促进了农业组织化、规模化生产，推动了农业经营方式的转变，提升了农业标准化、品牌化水平，增加了农民收入。据抽样调查，有 98% 的合作社成员认为入社后增加了收入，普遍反映比一般农户增收 10% 以上。

在合作社快速发展的同时，也存在着一些问题和不足。

一是登记注册的合作社与运作的合作社数量不匹配。2010 年 5 月经工商登记设立的合作社有 3043 家，但实际运作的为 1850 家左右，约有 40% 的"空壳"合作社。由于工商登记门槛太低，一些人出于各种目的登记成立了合作社，但登记注册后很少运作或根本不运作。现行合作社登记条例又没有设置年检要求，"只进不出"，"休眠沉淀"。

二是合作社内部管理不够规范。有一部分合作社未按合作社财务制度编制会计账目；未按章程和制度运作；未建立合作社成员账户和未按交易额返还盈余；在民主管理、社务公开、盈余分配等方面不规范。

三是合作社自身发展能力不强。受到生产区域小等限制，大部分合作社生产规模小，产品单一，农产品加工、储运能力较弱，成员年龄偏大、文化偏低、人才严重不足，合作社自身发展能力不强。

合作社的规范发展阶段

2011 年以来，是本市农民专业合作社的规范发展阶段。规范发展合作社与本市率先基本实现农业现代化，建设国家级都市现代农业试验区相得益彰，任重而道远。在此侧重回顾 2012 年底前所做的几件事。

第一件事是组织培训，引进人才，强化合作社示范社的引领作用。一是大力组织合作社理事长培训。市、区两级农业部门将合作社理事长的培训纳入财政扶持农民培训范围,每年组织不少于 500 名的合作社理事长参加培训。培训既讲授政策运用、市场营销等内容,更侧重于健全财务制度、民主管理制度等重点。市、区两级农业部门领导和专家亲自到合作社培训班授课,与合作社理事长互动交流,取得了显著的培训效果。二是引进人才。积极鼓励合作社采用多种形式培养领军人才,聘用职业经理人。探索合作社吸引人才、留住人才的机制建设和政策扶持。市农委与市社保部门一起,积极为合作社经营管理人才搭建"城保"平台和提供政策扶持。那两年间,一批新生代合作社带头人脱颖而出,如红刚青扁豆合作社理事长王黎娜、上海永胜瓜果专业合作社理事长周瑜等,都是在名牌大学毕业和金融、IT 行业工作后,听从合作社召唤,登上合作社"舞台"的。三是强化合作社示范社的引领作用。截至 2012 年底,我们在粮食、蔬菜、瓜果、花卉苗木、畜禽、水产、农机、农业旅游等不同行业,共认定 258 家市级农民专业合作社示范社。这些示范社的共同特点是:生产和销售规模在本行业领先,创立品牌、管理规范,实行对成员二次分配,理事长贡献突出和享有较高威信。在此基础上,我们在示范社中再树立了 20 个标兵合作社。在 2012 年 2 月 22 日召开的上海市农村工作会议上,时任市委书记俞正声、市长韩正向身披红绶带的 20 个标兵合作社带头人颁发奖牌,由此树立了标杆,在全市合作社中产生了强烈反响。我们还与三农宣传主流媒体《东方城乡报》开展深度合作,向全市农民专业合作社赠阅《东方城乡报》,在该报开辟示范社典型专栏,连续专题介绍示范社及其优秀带头人的典型事例,收到很好的效果。

第二件事是聚焦各种手段促进合作社规范发展。首先是创造条件搞好监测。2012 年上半年建设完成了合作社财务和信息管理系统,将合作社各项规范化指标纳入其中,并做到实时更新。信息平台系统首先覆盖市级示范社,以及享受各类扶持政策的合作社。信息化手段的完善,推动了合作社内部管理的完善。其次是发挥好区县、乡镇农民专业合作社联合会的监管和辅导作用。本市合作社面广量大,管理和监测必须下沉。市、区两级农业部门都将合作社规范化建设作为区县、乡镇合作社联合会的主要工作任务。许多联合会的同志不辞辛劳,在合作社规范化建设中做了大量的工作,取得了可喜的成效。市农业、财政部门对工作达标的联合会给予适当奖励和资助。再次是通过对财政扶持项目进行审计促进合作社规范化建设。市农委、市财政局明确,凡是实施财政扶持项目的合作社,一律进行审计和绩效评估。我们委托第三方机构进行审计,不仅审查项目资金使用是否符合规定、建设内容是否符合项目要求,而且审查该合作社是否落实了合作社财务会计制度,是否设置了成员账户和实施了二次盈余分配,是否按规定编制和报送会计报表。对审计出来的问题一律要求整改,并且暂停有关合作社申请财政扶持项目的资格。这些措施都有力地促进了合作社规范化建设。

第三件事是积极支持合作社做大做强。

一是搭建合作社年会平台,鼓励做大做强。2010 年、2011 年、2012 年三年中,我们每年召开一次示范合作社理事长大会,并邀请区县、乡镇农业部门负责人参加。市农委领导每次到会讲话,合作社同仁一起促膝交流,相互借鉴启发。每次年会都围绕推动合作社做大做强的总目标确定相应的主题。2010 年年会的主题是市级部门现场设摊办公,为合作社发展服好务。会议邀请了市财政、税务、工商、商务、金融、银行、保险、电力部门与 100 多位合作社理事长面对面交流沟通,解疑释惑,既阐述政策又了解合作社的需求和呼声,现场气氛十分热烈。2011 年年会以"农超对接"为主题。会议邀请了家乐福、乐购、世纪联华、吉买盛等 20 余家超市卖场代表到会,一批合作社与之现场签约。年会特设互动访谈环节,特邀《农超对接怎么做?》作者、中国农科院胡定寰研究员主持,与合作社和超市代表现场沟通交流。100 多位合作社理事长身临其境,切磋农超对接路径,反响很好。2012 年年会以科技兴农为主题,邀请"上海农科热线"的专家到现场为合作社解答生产中的各类技术问题,搭建技术专家与生产者之间沟通的桥梁,现场交流踊跃。会议还邀请农业部经管总站赵铁桥副站长就合作社如何做大做强作报告。

二是鼓励创建合作社联合社,即支持生产同类产品的合作社联合起来,做大规模做大品牌,以此推进做大做强。截至 2012 年底,全市已建立合作社联合社 18 家,涌现了一批行业规模的"佼佼者"。如青浦春鸣蔬菜合作社种植面积 8070 亩,其品牌叫得很响;又如松江鱼跃水产合作社养殖大闸蟹面积 5000 多亩,其"三泖"品牌,享誉沪上,崇明、青浦等水产合作社按照其养蟹技术流程,大大提高了产品质量,昔日"崇明小毛蟹"如今完全可与正宗阳澄湖大闸蟹媲美。再如崇明芦笋种植专业合作联社由 7 家种植芦笋为主的合作社组成,芦笋种植户 314 户,种植面积 3500 多亩。"白狗"牌芦笋已成为上海著名商标和上海市名牌产品。还有嘉定区在粮食生产上,积极探索"机农合一",组建了若干个大型农机与粮食生产"合二为一"的合作社,经营近 5 万亩粮田,配套建设了相应的仓库和粮食烘干设备。其显著特点是提高了劳动生产率,合作社成员平时管田,忙时开机,利益高度一致,显著提高了经济效益和规模化、机械化水平。再有上海彤瑶果蔬专业合作社建立示范基地 512 亩,签约基地 3753 亩,直接带动产地农民 5643 户、合作社 12 家、农业企业 5 家,76 个蔬果品种进入了上海家乐福、大润发、沃尔玛、华润万家等 8 大卖场的 159 家门店。

三是为合作社搭建营销平台。组建区域农产品产销联合会,打造农产品公共推介平台,拓展从产地、中介到市场终端完整的营销体系。在农产品产地通过田头超市、后勤配送、社会团购等方式,引导企事业单位和生产基地对接;在中间环节依托批发市场、专业配送、代理商分销,促进农产品批量交易和分类销售;在零售环节加强与销售型龙头企业的合作,帮助农产品直接进入标准化菜市场。

合作社道路会越走越宽广

2014年底我退休后,仍然对如何促进合作社在发展中规范,在规范中发展也有一些思考和建议。一是通过适当途径,向全国人大常委会提出修订《合作社法》的有关建议。如应对合作社实行年检机制。因为合作社也是市场主体之一,就应该像其他市场主体一样接受监管。登记注册设立合作社门槛低是必要的,但放任自流是不行的。通过年检的监管手段,可以对不遵照法律规定运作或根本不运作的合作社予以注销。又如《合作社法》规定,合作社成员超过150人的方可成立代表大会,而合作社普遍不具备大型会议场所,召开成员大会有一定困难,容易发生不经成员大会决策重大事项的情况,因此建议降低合作社成立代表大会的人数要求,鼓励合作社成立代表大会并发挥代表大会的民主管理、决策作用。二是各级政府有关部门进一步加强对合作社的指导和服务。要构建各类服务平台,为合作社提供科技服务、信息服务、法律服务、财务服务等。要充分发挥区县合作社联合会和乡镇合作社辅导站(员)的作用,开展好统计分析、教育培训、信息咨询、营销对接等活动,帮助合作社做大做强,使合作社这一新型经营主体在转变农业发展方式、建设都市现代农业中发挥更大作用。

　　王东荣,1948 年 12 月生。中共上海市委农村工作办公室、上海市农业委员会副巡视员。1984 年至 2008 年,先后任奉贤县青村乡党委书记,松江县委常委、政策研究室主任,上海市农委工业贸易处处长,主要从事上海郊区第二、第三产业改革和发展工作的研究、协调和提出指导意见。2009 年至今,任第五、第六届上海市农村经济学会会长。

农村社会保障体系建设迈入快车道

口述：王东荣

整理：王东荣

时间：2017 年 3 月 12 日

    21 世纪初以来，中央对三农工作的支持力度加大，实行"多予、少取、放活"的政策，开展了农村税费改革，出台了许多惠农强农政策，增加了对三农的各项扶持措施，促进了农业和农村经济社会的快速发展。根据中央的精神，上海在围绕城乡一体化推进过程中，出台了许多破除城乡二元结构，促进农村新发展，增加农民收入等方面的新政策，其中开展农村社会保障体系建设，是这一阶段郊区农民得到实惠最多的政策之一。从 2001 年开始，我担任上海市农业委员会副巡视员，主要协助市农委主任分管农村政策法规等工作，有幸目睹和亲身参与了在市政府领导主持下，与市社会保障局、市医保局、市发改委、市房屋土地局等有关部门一起，开展调研、政策制定、政策协调和具体推进上海农村社会保障体系建设的全过程。回顾这一幕幕的场景，至今仍感到十分振奋人心。

农村养老保险的起步和探索

中华人民共和国成立以来,我国城乡面貌发生了翻天覆地的变化,人民的生活水平得到了极大提高,但是由于长期以来受城乡二元结构的影响,在相当一段时间内,城乡居民的收入差距没有得到根本改变。在农民看来,城乡差别体现在社会保障上特别明显:城市居民有养老金和医疗保障,农村什么都没有,老年农民的养老主要靠家庭赡养。农民要解决社会保障问题,唯一的办法是改变身份,把农民的身份变为城市居民。一个时期以来农民把改变自己身份,追求城市社会保障作为自己终生奋斗目标。

改革开放以后,上海郊区开始探索建立农民社会保障制度,但是基本处于单一的、低水平的养老保障探索阶段。到了21世纪初,特别是党的十七大提出城乡一体化发展之后,上海农村的社会保障开始迈入了快车道,并进入了体系建设发展阶段。上海农村养老保险开始起步是有点自发性质,20世纪80年代,随着改革开放的深入,乡镇企业异军突起,上海郊区农村集体经济快速发展,郊区农村一些经济比较发达的乡镇,如嘉定县的马陆镇、南翔镇、奉贤县的青村镇等开始考虑自筹资金搞农村社会养老保障,通过乡镇企业单位和职工缴费筹措资金,以乡镇为单位建立农村养老保险试点。1986年3月,经全国人大六届四次会议审议批准了国民经济"七五"规划,明确提出要抓紧研究农村社会保险制度,并根据各地的发展情况进行具体研究。上海这些先行乡镇的探索和试点引起了领导部门的重视。1987年,国家民政部领导到嘉定县的马陆镇、南翔镇调研,召开座谈会,并要求进一步规范和深化试点工作。上海市政府根据国务院要求,确定由市民政局、市农委和部分专家组成上海市农村社会养老保险制度改革课题组,并结合上海的特

三级甲等医院——新华医院崇明分院

点,初步拟定了上海农村社会养老保险试点方案,并继续在嘉定马陆、南翔试点,并于1991年底在嘉定全面推广。1992年8月,在嘉定试点的基础上,经市政府批准,由市民政局、市农委、市财政局、市体改委、市劳资委等部门联合下发了《上海市农村社会养老保险制度的试点基本方案》,据此郊区各区县全面开展了试点工作。1996年,上海市人民政府正式颁发《上海市农村社会养老保险办法》,并在1996年、1997年两年,把该项工作作为市政府实事工程,使这项工作在郊区农村全面推进。上海农村养老保险(简称农保)工作经历了试点、扩大、全面推进几个阶段,参保人数从试点时的20万人,发展到 2003 年为高峰期,参保人数为 164 万人。到了 2006 年,上海郊区领取农村养老金的人数为 25.54 万人,月平均养老金水平为 127 元。

上海农村养老保险是趁着党的十一届三中全会改革的东风,在乡镇企业异军突起,农村集体经济飞速发展情况下发展起来的,它的基本制度实行的是以劳动者自我缴费积累为主,企业集体补贴和互济为辅,以社会保险与家庭养老相结合。乡镇企业职工一般以工资总额的 15% 缴纳养老金,企业缴费不低于个人缴费的 40%;其他参保人员按上年度劳动力平均收入的 5% 缴费。因此,农村养老金的发放也按照务工、务农两个标准发放。由于农村养老保险在这一段时间内都是以乡镇为单位统筹,一些经济比较发达的乡镇还拿出了一部分以工补农资金补充到养老基金内。因此,各区县和乡镇对退休农民的养老金发放差异也比较大:到了 2006 年,近郊地区的乡镇务工人员的每月养老金发放已达到 200—300 元,有的甚至还要高一点。一般区县仍停留在 100 多元或者几十元。其中,养老金水平最高的是闵行区,人均每月 289 元;最低的是崇明县,人均每月 52.3 元。务农人员最低的区县养老金发放每月只有 5 元。

上海是全国第一个建立农村社会养老保险制度的省市,虽然这一制度在刚刚建立时还不完善,水平比较低,但广大农民还是比较欢迎的,因为农民养老的体制有了变化,农民的养老已经从家庭赡养转变为社会保障养老。农民从这种变化中看到了希望,农民以前是祖祖辈辈养儿防老,如今他们梦寐以求的社会养老保险制度终于得以实现。

100 多万失地农民和小城镇社会保险

1992 年邓小平同志南方谈话后,上海郊区的经济发展出现了改革开放以来的第二轮大发展,各种合作经济、外资企业、民营经济、私营经济出现了强劲发展的势头,各类经济园区、工业园区应运而生,农村建设用地大量增加,征用土地后失地农民也越来越多。在经济大发展中增加了非农就业岗位,广大农民的非农收入、工资性收入大幅度增加,受益颇多。但是,到了21世纪初,随着企业的技术进步,特别是许多跨国公司落户郊区经济园区后,企业对用工要求越来越高。而郊区征用土地后失地农民年龄主要集中在40岁以上,平均接受教育程度只有8年左右,缺乏城市化和产业升级后市场所需要的职业素质,制约了他们进一步走向市场。有的即使找到工作,但就业岗位也很不稳定。

另外,郊区征用土地后失地农民的社会保障问题矛盾也开始突出起来。据不完全统计,自改革开放以来到2003年底,上海郊区共征用土地177万亩,涉及失地农民170万人。其中办理农转非户口的农民103.4万人(劳动力70.56万人,养老人员32.84万人);另有70.56万人为用地后失地农民,户籍没有农转非。当时出现了四种情况:一是1992年之前征用土地后劳动年龄段的失地农民,一般都将户口转为城市居民户籍,并由征地单位作为土地工安排进本单位工作,其社会保障已经与城市居民同步,情况比较稳定。二是1992年之后,各种所有制经济成分的企业,大量征用农民土地后,无法消化吸收征地农民工,于是出现市场化安置的政策,即不再安排劳动年龄段农民工作,而是由征地单位进行货币安置,给农民一笔钱(大约2—3万元)后,农民自找门路就业,这种做法称为一次性买断。在经过一段时间实践后,这种做法的矛盾开始暴露了出来,不少农民用完这笔钱之后,成了无地、无业、无保障的农民,成了影响社会稳定的隐患。三是1992年之前的乡镇企业用地后失地农民,由于这属于集体经济组织自己用地,用地后失地农民户籍不转性,仍旧是农业户口。当时一般都采用安排到乡镇企业工作的办法进行安置,因为进工厂打工比务农收入高许多,对这种安置办法,当时农民也比较满意。但是,到了1996年乡镇集体企业改制后,工厂开始大幅度裁员,许多用地后失地农民也成了无地、无业、无保障的农民。另外,1992年之后,除了乡镇企业用地外,也有一部分乡镇为了降低商务成本,对一部分混合所有制企业、私营企业,甚至是外资企业也采用用地的办法,这部分农民也没有落实社会保障。四是不管是1992年之前或者是1992年之后的征地农民,已经到退休年龄的为养老人员,按政策规定都要由征地单位发给养老金,但在1992年之后由于征用土地的数量大幅度增加,因此改为由征地单位一次性上交给当地乡镇统筹,由各乡镇统一发放。随着养老金逐步上涨和养老人员平均寿命的提高,征地单位一次性上交给当地乡镇统筹金缺口增加,又加上各乡镇的财政情况不一样,一部分财政情况比较困难的乡镇开始出现拖欠被征地农民养老金现象,解决失地农民社会保障的矛盾日益突出。

还有已经进入外资企业以及多种所有制企业的郊区农民工,社会保障金的缴纳情况也不一致,企业为了降低商务成本,一般都参加农村养老保险,缴纳农村养老保险金。于是在一些外资企业,也出现一个企业两种制度,即城市户籍的职工缴纳城市养老保险,农村户籍的职工缴纳农村养老保险。

在这种错综复杂的情况下,急需要从全市角度对农村养老保险政策进行统筹研究,解决几个相关的重大问题:一是上海郊区农村工业化、城镇化和农村现代化和农村经济已经发展到了相当水平,而农村的社会发展相对滞后,农村的社会保障体制建设急需全面提升。二是上海的社会保障体系建设需要提高层次,不能继续由各乡镇统筹,应该按照城乡一体化的要求逐步由市和区级统筹。三是农村养老保险不能停留在原来有缴费能力的人群,而应该对农民全覆盖。

解决这些问题的机遇终于来了! 2001 年之后,党中央连续每年都发一号文件,提出了新农村建设,破除城乡二元结构,推进城乡一体化等一系列决策和意见。上海市委、市政府在贯彻落实中央精神的同时,研究了加快推进农村社会保障体系建设原则意见:上海郊区应该建立广覆盖、多层次的社会保障体系,按照当时上海郊区的经济发展水平,提出对失地农民和农村务工人员的社会保障,应该新建一种介于城市和农村中间的社会保险;另外需要进一步研究提升现有农保水平;对农村的无保人员要研究最低生活保障线和托底保等多层次的社会保险制度,实现广覆盖。

经过研究,对失地农民和农村务工人员的社会保障,根据中共中央国务院《关于促进小城镇健康发展的若干意见》中积极探索小城镇社会保险的精神,上海提出新建一种社会保险,定名为小城镇社会保险。

上海从 2002 年开始探索小城镇社会保险,2003 年颁布了《上海市小城镇社会保险暂行办法》。从此,拉开了社会农村社会保障体系建设序幕。小城镇社会保险的建立,在上海农村社会保障体系建设中,具有里程碑的意义。它是第一次对郊区农民建立的全市统筹的社会保险,安全性高,可靠性强。参加小城镇社会保险的农民退休后,可以依靠上海市社会保障局统一发放的社会保险卡到银行直接取养老金,解决了原来统筹层次低而多元,容易拖欠保障金的现象。小城镇社会保险对失地农民实行强制参保,由征地单位和农民土地补偿金中扣缴,对已经征地的农民则由政府和农村集体经济组织帮助,另外从留给农村集体经济组织的土地补偿金中补缴一部分,短短几年之内,就解决了上海郊区 100 多万失地农民的社会保障问题。据不完全统计,到 2006 年 11 月底,上海全市有 136.8 万人参加镇保,其中征地人员为 90.35 万人。领取养老金人数 19.3 万人,月均养老金为 432.73 万元。到 2009 年,镇保参保人数为 155.39 万人,其中,领取养老金人数 37.12 万人,月均养老金 688 元。在郊区农村建立了城乡一体的社会养老保险机构,原来只建在城市街道的社会保障中心,在推进小城镇社会保险中延伸到了每个乡镇。在小城镇社会保险推进阶段,市政府建立了"上海市镇保工作协调推进联席会议"制度,由市政府副市长周太彤负责,由市劳动和社会保障局、市农委、市医疗保险局、市房土局、市财政局组成联席会议办公室。市农委由主任袁以星挂帅,具体由我负责参加联席会议办公室工作。周太彤副市长工作非常扎实细致,为解决小城镇社会保险实施过程中的政策,他带领我们到一个一个区县调研、听取意见。为了解决实施中的一些难题,他都亲自开会协调解决。如果没有他的努力,很难想象那时的郊区小城镇社会保险会取得这么大的成就。

在实施小城镇社会保险中,不仅解决了郊区的失地农民和务工农民参保问题,而且还解决了农村中的许多历史遗留问题。根据周太彤副市长的要求,涉及与失地农民相关的一些历史遗留问题的人员解决镇保的问题,基本都是由市农委牵头调研,提出政策意见。如:"小城镇户籍"人员、"自理口粮"户人员、按规定办理各类家属"农转非人员"、"农来农去"人员、郊区渔业村队"社(人民公社)统销"户籍人员、青浦等太浦河开挖失地农民的参加镇保问题等,都是在推进小城镇社会保险中,各区县提出来的比较难处理的问题。这些问题社会各界关注度高,市政协也有不少这方面的提案。我接受任务之后,与有关同志一起,查阅了大量的历史上的政策性文件,根据小城镇社会保险的政策要求,平衡了各类人员之间利益关切点,本着既要解决历史遗留问题,又不能引出新的矛盾的原则,合情合理地设计了相关政策方案。初步方案出来后,又反复听取各区县和有关乡镇的意见。因此,政策经过联席会议讨论,送市政府讨论通过后下发各区县,实施过程都比较平稳,反映比较好。现在回想起来,这些历史遗留问题涉及几十万人,能够在推进小城镇社会保险中合理解决,对这些农民来讲,是十分幸运的,他们赶上了好时间。

郊区农民社会保障水平的全面升级

小城镇社会保险推出后,上海农村的社会保险进入了广覆盖、多层次的体系建设阶段。

农保提升为新农保。2003 年上海推出了小城镇社会保险办法后,解决了被征地失地农民和郊区农民在企业中的从业人员社会保险问题,农保参保人员逐步回归到务农农民。为此,农保参保人数出现急数下降,从 2003 年的 169 万人下降到 2009 年的 72 万人,净减 100 万人。农保制度的局限性也逐步凸现:统筹范围狭小,农保实行以乡镇为统筹,虽然兼顾了乡镇经济发展的不平衡,但基金规模小、统筹层次低、基金增值难度大、抗风险能力差,且基金的互剂性层面小,调剂机制不强;保障水平偏低,上海农保相对于城保而言,一直维持低标准征缴、低水平发放,使养老金给付水平总体偏低,且缺乏稳定的增长机制,使老年农民不能分享经济社会发展的成果,难以真正保障老年农民的基本生活;缺乏公共财力支撑,长期以来,农村社会保障体系不列入市级公共财政支出范围,有些乡镇政府给予少量支持,但主要依靠农民个人投保和集体经济补贴,运行风险较大。2007 年开始,在建立镇保的基础上,对农保进行了完善,将农保的统筹层次提高到区级,形成了区县和乡镇两级财政共同承担基金的机制。基金由区县集中管理,纳入财政专户,更加严格、规范;建立养老金合理稳定的增长机制,每年予以调整。2009 年,上海农保月平均养老金已经达到 309.3 元。2009 年 9 月,国务院制定下发《关于开展新型农村社会养老保险试点的指导意见》后,上海的农保又转入了新农保制度,新农保在参保人群、参保范围、缴费标准、待遇标准、领取年龄、基金管理等方面较之老农保更加合理、完善。经过 2010 年试点之后,2011 年全市实施新农保制度,到 2013 年,全市参加新农保的农民有 71.52 万人。领取养老金的人数为 41.51 万人。

农村最低生活保障制度进一步完善。1994 年上海建立农村居民最低生活保障制度,1997 年实施《上海市社会救助办法》,进一步规范了农村居民最低生活保障制度。2001 年,将郊区原来分近郊、远郊、海岛三条最低生活保障线标准归并为全市农村统一的农村居民最低生活保障标准。2005 年,又进一步提高了郊区农村居民最低生活保障标准,缩小了与城市居民的差距。农村与城市居民按 1∶1.5 的比例实行城乡联动机制,城市居民最低生活保障水平提高,农村居民也按比例提高。2005 年,郊区最低生活保障的标准已经调整到年人均 2560 元,全郊区享受最低生活保障救助的对象有 9 万多人,年人均救助额为 1069.9 元。

新增了老年农民养老金托底保障。在实行以上三个层次的养老保险后,郊区农民社会保障基本上已经达到"应保尽保"了,但低收入家庭、贫困家庭、老年务农无收入家庭农民保障水平仍然较低。郊区享受最低生活保障救助的计算办法是以家庭(包括儿子家庭)为单位计算的,一般一对老年夫妇如果生了两个儿子,基本上是享受不到最低生活保障救助的。我在崇明县调研的时候就碰到过一个腿已伤残的老年农民,由老伴用劳动车推着来反映,他们生了两个儿子,都在务农,家庭也比较困难,老两口已超过退休年龄,而且已丧失劳动能力,但由于最低生活保障救助计算时把两个儿子家的收入也算在内,他们享受不到。另外,还有一些长期务农的老年农民,由于自己无法缴纳农保费,退休后只能享受到每月5元左右的退休金。了解到这种情况之后,我们积极向领导反映,并且把苏州昆山市建立农民养老金托底保障经验写成专题报告送市领导,得到了市委市政府领导的重视和支持。2004年,经市领导同意,由市农委会同财政局、市劳动和社会保障局颁发了《关于提高本市老年农民养老水平的实施意见》,决定从2004年1月1日起,凡具有本市常住户籍,年满65周岁(含65周岁)以上的农业人员,每人每月实际领取养老金低于75元的提高到75元,差额部分由市、区两级财政补贴。到2006年,全市共有22.72万人享受老年农民养老金托底保障。2007年,农民的托底保障金又提高到每月85元不等。由于各区县对建立农民的托底保障的积极性很高,事实上,农民的托底保障金提高到每月85元后,只有财政条件较差的崇明县按85元标准发放,其他区县都提高标准发放,最高的浦东新区和嘉定区达到每月190元。一些老年农民拿到托底保障养老金后高兴地说,"共产党又给我多生了一个儿子,有了老年农民养老金托底保障后,我们可以放心地安度晚年了"。

通过以上措施,到2009年上海郊区农村户籍人员养老保障覆盖面已经达到98%。

新型农村合作医疗添保障

合作医疗是农民的基本医疗保障制度,上海农村合作医疗创始于1958年,是全国最早建立合作医疗制度的地区之一,至今已经有接近60年的历史。合作医疗发展到 21 世纪初,遇到了三大问题。一是合作医疗筹资水平低,特别是 1996 年郊区乡镇集体企业改制后,原来主要依靠农村集体经济组织提供合作医疗基金的渠道受到影响,筹资难、水平低,跟不上农民对医疗保障日益增长的需求;二是乡村医生待遇低,人员老化、后继乏人;三是管理层次低、就医环境差。当时,中央也提出了要求,要在全国加快推进新型合作医疗建设。在市委市政府的重视下,经过市农委和市卫生局的多方努力和协调,基本解决了长期以来困扰上海郊区农村合作医疗发展的这三个问题。政府加大扶持力度,进一步提高筹资水平,并建立了新型合作医疗筹资的长效机制:即加大政府扶持力度,继续发挥农村集体经济组织和相关组织作用,确保农民个人缴费同步增长。规定农民个人缴费按不低于当地当年农村人均纯收入 2% 的水平,区县两级政府的扶持资金按农民个人缴费 1∶1 配套。而且随着每年农民人均收入提高,建立按规定比例逐年增长的长效筹资机制。同时继续发挥农村集体经济组织在筹资中的作用,民政、慈善基金会、残联等组织继续对农村困难群众参加合作医疗给予补助。2004 年,郊区 257 万农业人口中,有 234 万人参加了合作医疗,参保率为 85%。加上参加其他医疗保险的人数,农民获得医疗保障的比例达到 99.12%,基本做到"应保尽保"。加强了乡村医生队伍建设,74% 的乡村医生获得了执业医师或助理执业医师资格,21% 获得乡村医生执业注册资格。更为重要的是,解决了农村合作医疗乡村医生的小城镇社会保险,稳定了队伍,人心振奋。加强了农村合作医疗卫生室的标准化建设,2006 年有 300 所村卫生室标准化建设列入市政府实事工程,并用 3 年时间完成了全市 1000 所村卫生室标准化建设。加强了农村新型合作医疗的管理体系建设,建立市合作医疗管理办公室,区县完善了合作医疗管理委员会,加强了对合作医疗制度建设,建立了资金的监督管理制度,使上海郊区新型合作医疗制度走上了规范化、制度化的可持续发展道路。

最初,上海和全国一样,在推进农村改革,围绕破除城乡二元结构,构建城乡一体化的体制机制方面做了大量突破性的工作。而且,上海在农村社会事业发展中,率先破除城乡二元结构,建立农村社会保障体系方面的工作,是具有里程碑意义探索,并对全国建立城乡一体农村社会保障体系建设产生了重要影响。我本人已经于 2009 年退休,回顾这一段工作,至今仍久久不能忘怀。

【口述前记】————

张汉强，1957 年 3 月生。长期从事农业生产与管理岗位工作，现任光明食品集团副总裁，兼任上海市农学会和上海市农村经济协会副理事长。

光明食品集团的现代农业

口述：张汉强

采访：陆　卫

整理：陆　卫

时间：2016 年 4 月 27 日

　　光明食品集团的现代农业代表了上海农业的发展水平，是上海都市现代农业的一个缩影。我自参加工作以来，长期从事农业生产和农场管理工作，亲身经历并见证了上海农业的变化，特别是近十年来，光明食品集团农业上发生的翻天覆地的变化。作为国有农业，光明食品集团发展现代农业，始终是围绕"保障供给"这一根本目标任务，努力构建现代农业产业体系、生产体系和经营体系，承担国有企业的社会责任和发挥好现代农业的示范引领作用。

　　一座城市的主副食品保障，依靠市场供给是基本的要求；但是让市场自然形成，还是培育若干主体发挥主导作用，是有不同观点和认识的。上海市政府决策意图十分明确，就是培育像光明食品集团这样的大型市场主体，来促进和带动中小市场主体形成，共同为特大型城市的主副食品供给和市场稳定服务。

近十年来,市政府把国有属性的农工商集团、益民食品一厂集团、糖酒集团、锦江集团部分资产、劳教农场、蔬菜集团、良友集团先后归并入光明食品集团,形成了特大型集现代农业、食品制造和市场营销于一体的现代都市产业集团。这样一来,我们对全市主副食品的保障功能有了很大提升,我们肩上的担子也更重了。

目前,我们光明集团在上海的粮油市场份额达到70%,蔬菜市场份额达到75%,肉类市场份额达到50%,奶制品达到70%,其中生鲜奶超过90%,已经名副其实地成为上海主副食品供应的主力军,对保障城市供给和维护市场稳定作出了应有贡献。我们光明食品集团的发展目标,就是要建成上海城市居民主副食品供应的底板;安全、优质食品的标杆;具有世界影响力的跨国食品控股集团。当然,这一切离不开市委市政府的全力支持。

坚持第一、二、三产业融合发展,是现代农业的不二选择

现代农业是光明食品集团的核心基础产业,是光明食品全产业链的起点。多年来,我们光明食品集团现代农业的发展,始终坚持产业化、科技化、品牌化、生态化发展战略,走出了一条第一、二、三产业融合发展道路。

我们光明食品集团下属农场区域面积近100万亩,耕地面积45万亩,林地面积12万亩,水产养殖场区域10万多亩,主要分布在市郊崇明、奉贤、浦东和江苏大丰、安徽黄山等地。这是光明食品集团现代农业相比于其他企业的一个重要的基础和优势。通过自有基地的经营,既保障了农产品质量安全,又积累了现代农业发展的经验。

上海农业不能再是传统农业发展模式,一切要围绕城市功能服务。上海城市第三产业高度发达,2015年超过60%,土地和劳动力的稀缺,决定了

上海农业特别是城郊型农业，一定要走设施化、装备化、产业化、品牌化、服务化发展道路。农业要充分体现出她的立体、生态、高效功能。所以，我们决策的思维，就是从问题导向和市场入手，使农业与加工和市场连为一体，并放大农业的品牌效应。比如我们生产的优质稻米，1斤原粮也不卖，都通过加工和品牌包装进入市场。目前，我们的海丰、瀛丰五斗等品牌大米，占市场份额已达30%以上。又如我们生产的星辉蔬菜、爱森猪肉、瑞华瓜果等，也都通过加工和包装进入市场，在市民中形成良好的口碑。

随着市民市郊农业旅游需求的增加，近几年，我们加大都市休闲农业的投入力度，每年有超过50万以上的游客参加我们的鲜花港郁金香节、丰收节、荷花节、葡萄节、蔬菜节等，既满足了市民休闲娱乐观光度假需求，又提升了光明食品品牌的知名度。

上海鲜花港郁金香展示园

在第一、二、三产业融合发展方面,上海鲜花港可以说是一个典型的案例。上海鲜花港占地只有1500亩,已经建成为一个集高端花卉和种苗生产研发、鲜花观赏、科普教育的基地,年利润达到1500万元,也就是1万元一亩。特别是通过创意栽培,每年四五月份举办"郁金香节",游客10余万人次,门票收入1000余万元,花期结束后,种球又可以出售,可以说是生产、娱乐、收入三不误。未来农业发展就是要把农业田园化、工厂化、装备化、产业化与教育、休闲、娱乐有机结合起来。

现代农业生产的三驾马车和"三化"

国内外农产品价格出现倒挂,归根结底,还是我们的装备、科技水平比较低,劳动力成本居高不下,再加上过度地依赖化肥、农药,产品质量欠佳,当然缺乏竞争力。所以,要提升现代农业的发展水平,必须首先在装备、科技和生态上下功夫;还要实现产业的规模化、组织化和品牌化,这是现代农业效益的保证和支撑。

装备既是现代农业的物质基础,也是现代农业生产的重要手段。随着我国农业劳动力的结构性短缺,装备在发展现代农业中的作用越来越凸显。集团农机总动力18万千瓦,粮食日烘干能力3200余吨,粮食耕种收综合机械化水平达95%以上。特别是在机械化种植方面,农场从2009年开始试验机直播,并不断总结和完善,取得重大突破,与人工撒播相比,机直播解决了均匀性问题和通风透光问题,产量比较稳定。与机插秧和人插秧相比,机直播解决了劳动力紧张和成本高的问题。农场目前推广的8米宽幅水稻直播机每天可以播种400亩,而一般的插秧机在70亩至80亩;在成本上,机直播比机插秧每亩成本要节约100元至150元。

现代农业,无论是种植业还是养殖业,一旦插上科技的翅膀就会远航高飞。光明食品集团始终致力科技创新,现有国家级创新平台5家,省级创新平台17家,3家院士工作站和3家博士后工作站,产业技术创新联盟5家。产量水平和种源农业可以说是科技的集中体现。我们的水稻单产达到620公斤/亩,麦子单产达到450公斤/亩,比郊县分别高50公斤/亩和100多公斤/亩。我们的奶牛单产,从2006年的7.6吨,提高到现在的10吨,处于南方最高水平,也是历史性突破。我们的生猪养殖,全程成活率在92%,生产母猪年提供上市商品猪达23头,技术参数国内一流,接近欧盟水平。在稻麦种源方面,我们推进"育繁推"一体化,10多个品种通过审定,年销售近10万吨,辐射种植面积1000万亩。我们奶牛冻精占全国市场份额超过20%,位居全国第一。另外,在花卉、蔬菜种苗等细分市场上也都具有较高的知名度。

农业还有个问题就是生态的问题,这点已经成为共识。光明食品集团在发展现代农业过程中,始终注重与生态环境的协调,这不仅是因为我们深知,只有好的生态才会有好的产品,更觉得这是必须要承担起的社会责任。这些年,畜牧养殖环保问题,越来越成为制约畜牧业发展的瓶颈问题。我们上海农场生猪养殖可以说是走出了一条生态发展道路。为顺应上海畜牧业梯度转移需要,上海农场从2002年开始新建上海域外生猪养殖基地,从一开始就采用欧盟模式,按照5头猪1亩田进行配比,通过猪粪尿产沼发电、沼渣制作有机肥、沼液通过管网生态还田的模式,实现资源循环利用、畜粪无害化处理变废为宝,颠覆了养猪就是污染的传统观念。以5万头上市肥猪配置1万亩承载农地为例,只种1万亩耕地,稻麦两茬,净收益约1000万元左右;而如果配置养猪5万头,猪粪还田可节约化肥20元/亩,1万亩即20万元,但养猪产出3年平均150元/头/年,5万头1年750万元,加上节约化肥20万元,即770万元,每亩增收770元,如果每头猪盈利200元,即亩增收1000多元,翻倍增收。所以,我是积极倡导农牧结合发展模式的,可使土地的资源利用率、土地产出率大幅度提高,这样,既解决了环保问题,又增加了效益。目前国家也在大力推进种养结合模式的发展。

此外,规模化、组织化、品牌化,是现代农业效益的保证和支撑。

农业的效益是经营出来的。我国农业生产仍以小规模分散经营为主,生产成本高、比较效益低、现代生产要素引入难等问题突出。光明食品集团在现代农业发展过程中,就是不断提高规模化、产业化和品牌化水平,从而取得良好的经济效益。

规模化是现代管理设施应用和高效组织的前提。在土地方面,我们将原来大大小小有20多个农场进行归并整合成4大农场。这几年投资10多亿元,完成40多万亩各类设施粮田改造及配套水利建设,实现农田条田化、林网化、路渠硬质化,人均管理土地由100亩提高到500亩。在养殖业方面,大力推进标准化改造和现代化规模养殖场建设,投资20多亿元完成近80万头生猪、6万多头奶牛、7万多亩水产标准化改造和建设,建成2个万头生态奶牛场。新建猪场人均养殖超过1000头,比传统的高1倍;万头奶牛场人均养殖超过60头,是传统养牛的3至4倍;水产标准化改造后,产量翻一番。

农业产业化是市场化的前提。集团通过打造农业产业化龙头企业,来推动农业产业化的发展。目前共有"良友集团""光明乳业""都市农商社""上海鲜花港""牛奶集团""蔬菜集团"等8家国家级农业产业化重点龙头企业;有"长江现代农业""上海农场""海丰米业""星辉蔬菜""瑞华果园""光明渔业""西郊国际""爱森肉食""大瀛食品""光明森源"等22家市级农业产业化重点龙头企业,分别占到上海市的 1/3 和 1/4。集团农业产业化龙头企业集群集聚发展,发挥了很好的带动作用。

品牌是质量的体现。集团积极开展无公害、绿色、有机产品认证,以及良好农业规范、ISO9001、ISO22000 和 HACCP 质量管理体系认证,加强农业投入品的准入和农产品的准出管理,全面建立了农产电子质量追溯体系,农产品质量安全得到广大消费者的认可,培育出了光明系列米、"星辉"蔬菜、"爱森"优质肉、"光明"牛奶、森源"九道菇"、"大瀛"休闲食品等一批深受上海市民信赖的名牌产品。

未来农业的发展之路

我觉得,未来农业的发展方向,在于几个方面,包括搞好供给侧改革、创新模式、拓展功能,以及把农场建设成"殷实农场"。

光明食品集团现代农业发展,也有个结构性供给侧改革问题,必须适应市场变化,根据消费者的需求变化来调整我们的供给,也就是要更多地向高端供给发展。比如,我们正在进一步增加优质大米的种植力度,1200 万羽的冷鲜鸡屠宰线已经建成。

农业发展也有个商业模式的问题。在这方面,我们已经有了些探索。比如,在奶牛饲料方面,集团鼎牛饲料公司,是依托自身奶牛养殖,于 2007 年组建的。初期为牛奶集团奶牛饲料供应内部配套服务,2010 年饲料采购供应只有 35 万吨。然而,他们看准国内奶牛养殖缺少大型饲料企业供应商的商机,按市场化、产业化思路转型发展,上控国外原料资源,中抓核心牛饲料TMR 配方技术,下拓展全国奶牛饲料高端客户,几年来快速发展,奶牛饲料销售超过 100 万吨,成为全国最大的奶牛饲料供应商和集成商。随着我国广大农村规模化水平的进一步提高,农业生产、经营性服务的需求会越来越大,这也为大型农业企业的转型,提供了广阔的空间。

今天,农业已是一个宽泛的概念,是生产、生态和生活高度融合的产业,具有从产品——产业——第六产业的叠加和乘数效应。未来,随着互联网、物联网信息技术的应用,农业产业将有更大的飞跃,其内涵和外延也将发生更大的变化。中央最近下发了一个关于农场发展的指导意见,提出垦区集团化、农场企业化、行政属地化。可以说,上海早在15年前就完成了。上海在这个基础上还要走前一步,结合美丽乡村建设,发展生产、生态、生活协调发展,第一、二、三产业高度融合、完美统一的"殷实农场",这是光明食品集团提升农业发展水平的方向之一。

什么是"殷实农场"呢?现在也许还没有现成模式,但一定是生产先进、环境优美、生活优越、宜产宜居宜乐的"产城结合"的模式。它将以农业为底色,高起点规划设计、高水平开发,充分挖掘、整合、提升农场特色资源,板块化、集群化、主题化发展创意农业、农业旅游、养生休闲、健康养老、体验消费产业的农场,通过"殷实农场"的推进建设,要加快形成具有光明特色的健康休闲时尚生活的大产业,创建光明都市农业旅游的大品牌,拓展农场服务城市生活功能。

未来的城市要进一步转型创新,而农场要为城市转型创造空间。农场的农业要进一步转型升级,成为城市的道具、色板、花园,能留得住人的一个乐园、公园。以后的农业,再也不是传统农业,包括水稻种植、林木,还有渔业等,都要有文化底蕴,要有艺术,让人赏心悦目。可以结合新市镇建设和旅游业,把农场搞成迪士尼那样的模式,能承接大客流市民观光。农场可以不再以农业收入为主,而是以食宿、旅游收入为主。

万亩良田

农业：我一生钟爱的事业

我长期从事农业生产和管理工作，经历了滩涂开发、抗御特大自然灾害、农场管理体制改革、现代都市农业的飞跃发展等过程。我学的是宏观经济，接触的是微观经济，管理的是中观经济。我的职业生涯可以说一生就是干一件事，那就是"悟农"。

我觉得搞农业很有乐趣感和成就感，农业发展无止境。要想成为有作为的农业工作者，我有以下几点体会。

一是要勤思考，才能跟上时代发展的节拍。社会发展有阶段性特征，不同阶段有不同的战略和对策举措，研究透了，就不会落伍。当前就是要把

"五大理念"和工作实践有机联系,这样就不会走偏路。

二是要重实践,形成自我发展特色。任何理论来源于实践,并在实践中得到丰富和发展,但世界上没有千篇一律的实践,路是靠自己走出来的,差异性是一般普遍规律。因此,具有自我特色的发展目标、发展内容和发展模式才是最具生命力的,当然借鉴别人成功之路,也是不可缺少的重要条件。

三是强队伍,这是发展的第一要素资源。人才及其团队决定企业发展的成败,尤其是企业分层分级的团队构成,缺一不可,要有有效的激励和约束机制跟进。

四是顺规律,立于发展不败之地。尊重规律、把握规律、顺应规律太重要了,规律看似看不见,但是可以在路线方针中去把握,在行业发展现状中去分析,在积小胜中去察觉,在挫折中去感受,等等。顺势而为,可达到事半功倍的效果,就是过程中有所失误,也不妨碍前进的方向。

总之,光明集团的现代农业是一项天地广阔、大有作为的事业,我愿为此贡献我的一生!

【口述前记】

吴爱忠,1956 年 4 月生。现任上海市农业科学院党委书记。1988 年
7 月至 2001 年 3 月,曾任上海农学院植物科学系主任、科技处处长、院长助
理、副院长;上海交通大学助理巡视员、农学院院长;2001 年 4 月至 2002 年 1
月,曾任市农委秘书长;2002 年 1 月,任上海市农业科学院党委副书记、院
长;2005 年 9 月,任上海市农业科学院党委书记、院长。

市农科院助推农业科技创新

口述：吴爱忠

采访：李林峰　曹红亮

整理：曹红亮

时间：2016 年 4 月 22 日

　　我是 2002 年从市农委来到上海市农业科学院的，至今在此工作已十余年。我见证了这些年来，上海市农科院在农业科技战线上不断开拓创新的历程。而其中基因中心的成立及其节水抗旱稻的研究、上海首例克隆猪的诞生、国家食用菌工程技术研究中心的组建、上海市农科院新的试验基地——庄行综合试验站及"南繁基地"的诞生，让我尤为印象深刻……

基因资源路，节水抗旱情

　　在上海，提起农业种质资源的保护，必然会想起上海市农业生物基因中心，而提到"基因中心"，则必然会想到节水抗旱稻。今天，上海在种质资源保存与研究以及节水抗旱稻研究方面，已取得了骄人的成绩，这都应归功于各级领导审时度势的正确决策,更归功于专家学者们的艰辛努力。

上海市农业生物基因中心的成立,是上海农业科技发展史上的一件大事。早在 20 世纪 90 年代,老专家们就疾呼:种质资源是农业发展的原动力,一旦失去,就很难找回,希望各级领导对此引起高度重视,制定条例,规范管理,及早建立上海农业种质资源库。但促成"中心"的成立,似乎是来自"天意"。

1999 年 7 月 16 日,一场暴雨将我院 1 万多份育种材料淹于"汪洋"之中,此次被淹的材料也是用传统方式种植后收获的种质材料,或培育新品种,或封存留种。在上海警备区、武警部队、闵行区、农科院各部门全力抢救下,最后总算有惊无险。此次事件引起了市政府的高度重视,同年 11 月,市政府专题会议决定由农科院起草筹建基因库的可行性报告,并列入 2000 年市重大工程。2000 年 12 月,投资 4177 万元的农业基因库大楼破土动工。2001 年 5 月,中国水稻所罗利军研究员领衔的团队一行 11 人,作为成熟人才引进来到我院,投入到基因中心的筹建之中。2002 年 7 月,基因库大楼建成,命名"上海市农业生物基因中心",中心占地面积 7635 平方米,可保存各类种质资源 20 余万份。

新成立的上海市农业生物基因中心将以怎样的姿态与世人见面?基因资源库究竟该如何定位?今后的发展方向是什么?如何将保存的资源更好地运用于理论研究和应用研究呢?……此时我刚刚来到农科院,需要面对的问题太多太多,幸好当时得到了很多领导、院士和专家的支持和帮助,他们出谋划策,不吝指导,共同为基因中心明确了定位——立足上海、面向全国、接轨世界,为我国农业的可持续发展准备物质与技术基础。

基因资源库的首要任务是资源的收集和保存。中心一成立,团队成员就马不停蹄地开始资源考察和征集工作。通过努力,我们提前顺利完成了上海地方品种资源的收集保存工作。随后,通过承担国家"863"重大项目,大量收集保存一些有重要应用前景和重要科学意义的基因资源,与国家种质库的保存类型互补并形成特色。截至目前,保存资源已经达到 93 科 360 种,总数超过 20 万份资源,其中除一些重要的农业基因资源如水稻功能基因资源外,还包括了许多珍贵的藏药、苗药资源。

有了资源这一根本,中心首席科学家罗利军等人研究分析,作为一个地方性基因资源库,我们的任务难道就是单纯的收集保存,作一些常规的评价就可以了吗?地方基因资源库的运作完全靠地方财政的支持,是否可以持续发展?我们保存了那么多宝贵的资源,最终是希望得到利用,我们应该寻找出路,必须将科学研究与国家重大需求相结合,立足于粮食安全、生态安全、水资源安全,立足于农业的可持续发展,有的放矢地进行有利基因的发掘、创新基因资源研究、促进基因资源的有效利用,力争在种质创新上为大家树立一个示范。节水抗旱稻的研究就是从这样的理念出发开始进行的。

节水抗旱稻的研究是由基因中心首席科学家罗利军率领的团队进行的。据我了解,20 世纪 90 年代中期罗利军还在中国水稻所工作期间,他的团队就参与策划并加入了以利用亚种间杂种优势的超级稻计划,并育成我国第一个三系法亚种间杂交稻"协优 413",曾在浙江安吉种植亩产达到 759 公斤,获国家发明专利并被列为农业部"七五"重大科技成果。

然而,"协优 413"要取得高产,必须要有充足的水分与肥料保证。而一个严峻的事实是,我国是贫水大国,水稻是用水大户,水稻生产消耗了总用水量的 50% 以上。同时,由于干旱,使占我国 70% 以上的中低产田水稻大幅度减产,每年稻谷损失惨重。显然,要节水、要稳定中低产田的水稻产量,增加水稻品种的节水抗旱性能已成为当务之急。这之后的几年来,罗利军和他的团队一直在思考节水抗旱稻的研究,与众多专家对水稻抗旱性研究的技术与方法进行了探析。

罗利军和他的团队真正将研究目标盯在水稻的抗旱性研究上,是从前面我说的如何利用基因资源库开始的。在确定了研究目标后,经过多年的努力,罗利军团队在全球范围内广泛收集节水抗旱基因资源,建立抗旱性鉴定的设施与标准。在32个国家(地区、国际研究机构)和我国有旱稻分布的省份收集各类抗旱资源3200多份,获得了一批抗旱性表现明显多态性的资源,为下一步构建节水抗旱核心种质、功能基因发掘与育种利用打下了坚实的材料基础。

育种队伍

鉴于发展节水抗旱稻在保障我国粮食安全、水资源安全、生态安全和食品安全等方面具有重要的意义,罗利军团队的相关研究从一开始就高屋建瓴,试图系统地从基础理论到品种选育,最后到成果转化与产业发展三个层次上深入研究节水抗旱稻,力求实现三个方面的重大突破。

理论上,系统地构建节水抗旱核心资源、研究节水抗旱的形态特征、生理特性以及遗传与分子生物学基础。目前,已获得了一批与抗旱性紧密连锁的分子标记,克隆了50余个抗旱相关基因,开始进行多组学的系统生物学分析,申报与获得了一批专利,发表了一批高水平的论文。这些研究将极大地丰富作物节水抗旱的理论。

应用上,罗利军团队不断地将理论研究的结果应用于实践,在抗旱水稻育种上取得了卓有成效的进展,先后育成多个节水抗旱稻品种、世界首个籼型节水抗旱不育系"沪旱1A"、世界首例粳型节水抗旱不育系"沪旱2A"、育成一批苗头新品种(组合),同时,利用分子标记辅助选择,获得了一批聚合抗病虫、氮磷肥高效利用、节水抗旱的新种质。目前,节水抗旱稻的多个系列品种在生产上大面积推广应用,不仅遍布中国不同的生态区域,而且依托"盖茨基金"的资助在亚洲的越南、缅甸、孟加拉国、印度尼西亚和非洲的尼日利亚、莫桑比克、马里、塞内加尔、乌干达等国试种,表现出明显的节水抗旱、高产优质特点,普遍增产20%以上,展示良好的应用前景。

成果转化上,逐步做大做强转化自主知识产权的种子产业。为加快节水抗旱稻在全国范围的推广应用,由上海市农业科学院、基因中心科学家团队与企业家团队共同发起的上海天谷生物科技股份有限公司于2011年3月成立,注册资金3150万元,是国内外唯一致力于培育和开发节水抗旱稻等绿色超级稻新品种(组合)的种业企业。"天谷科技"以在全球推广种植节水抗旱稻等绿色超级稻为己任,打造绿色农业,造福社会,保障粮食安全和生态安全。

上海农业生物基因中心从落地生根、初芽绽放,到现在硕果累累,我有幸见证了其成长过程。今天,中心已先后获得国家技术发明二等奖 1 项,上海市科技进步一等奖 3 项,上海市技术发明一等奖 1 项、二等奖 1 项。节水抗旱稻的理念已经深入人心,推广到全世界。每当看到这些进展,我都感到无比喜悦,也倍感农科院的责任重大,我们农业科研院所有责任也有义务为我国早日走上产出高效、产品安全、资源节约、环境友好的农业现代化道路作出更大贡献。

上海首例克隆猪诞生

克隆技术是当代广受关注的一项技术。国际上动物克隆技术的研究极其活跃,相继获得了克隆牛、山羊和小鼠等体细胞克隆动物。我们上海农科院开始从事该项技术研究,起于 1998 年畜牧所动物胚胎课题组与上海第二医科大学附属新华医院合作开展的克隆猪研究,但该项研究一开始就备受争议,学界和有关部门对我们能否担当此任表示很大的质疑,我们科研人员自己也信心不足,研究只能停留在断断续续的尝试阶段。

真正的转变起于 2005 年,中国农业大学国内首例克隆猪诞生。这对我们触动很大,因为早在 2001 年,我们在上海市科委"实验用猪克隆育种平台技术的建立和应用"立项支持下,已经在实验室里成功获得克隆胚胎,之后迟迟没有取得突破性进展。在与畜牧所动物胚胎课题张德福研究员等人的交流中,最后明确要下定决心,一定要让克隆猪在上海诞生!

尽管有很多人认为这项研究难以取得实质性成果,但我是学生物的,深深明白体细胞克隆技术具有重要的研究、应用价值。而克隆猪的研究,又显得更有意义。一方面是因为猪是中国人餐桌上的主要肉食来源,另一方面是因为猪与人类的遗传结构最为接近。在畜牧生产上,克隆技术理论上可使家畜育种工作实现无限生产基因型完全一致的后代,从而极大地提高育种效率,加速猪遗传改良进程;克隆技术还能用于濒危猪种种质资源的保存;将克隆动物技术与转基因动物技术有机结合起来,可实现常规育种方法无法实现的选育目标。在医学上,利用体细胞克隆技术有助于纯系实验动物(猪)的培育;利用转基因克隆技术生产剔除免疫排斥基因的克隆猪,有望提供大量廉价的器官以进行异体器官移植的临床和应用研究。因此,我从一开始就对这项研究持坚决支持的态度,鼓励科研人员要有敢为天下先的攻坚精神。市农委听取我们汇报后,非常支持并立项,2005 年支持以张德福研究员为首组建团队,联合新华医院,建立实验室,志在必得,要获取上海的克隆猪。

研究首先遇到的是选择猪种问题。经多方论证,最终选择巴马香猪作为克隆对象,而"代孕妈妈"则选择了上海大白猪。这是因为考虑到巴马香猪成年体重在 50 公斤左右,其内脏器官的生理功能和形态大小也与人体器官相似,被认为是开展人异种器官移植的理想供体。而且巴马香猪是近亲交配的猪,遗传性能稳定,有利于提高实验的准确性。而上海大白猪母性温柔,奶水充足,一窝能产十多头小猪仔,最适合"借腹生子"。

而在技术上,相比较于克隆牛和克隆羊,克隆猪的技术难度更大。为此,我们先后派遣张德福等技术骨干至德国、美国等国际一流实验室学习深造,从而扎实地掌握了相关技术,并创新采用了一种"纺锤体观测系统"新技术,大大提高了卵母细胞的去核效果,从而提高了克隆猪的生产效率。

项目研究的过程中,我曾多次去张德福实验室和南汇的养猪现场去了解研究进展,亲眼见证了研究中遇到的许多细节问题,而其中每一个细节都关系到试验的成败。比如不管是胚胎获取还是植入,都需要给猪做手术,但是,我们的手术成功率很低。后来派人去德国学习考察,发现他们的猪舍和手术室建得跟人的居所一样干净整洁,而我们的猪舍和手术室简陋无比。因此我们建设专门的手术室,改善条件,以提高手术成功率。又比如麻醉剂是国家严控药物,研究试验过程中需要反复给猪做手术,因而需要大量麻醉剂。为此畜牧所党总支书记施建春等积极与有关方面协调,市公安局武装押运麻醉剂送到我们实验室,保障了我们的研究得以顺利进行。而在麻醉的过程中,由于国内没有建立像对人一样的剂量标准,我们反复试验,才基本摸清了猪麻醉剂量的基本情况。在这过程中,有几次手术做到一半猪就醒了,还有几次麻醉之后,那猪就再也没有醒过来。更有一些猪,对麻醉剂反应不灵敏,在注入正常的剂量之后它还是不能进入麻醉状态,而麻醉剂是定量使用的,为了保证实验的顺利进行,只能买酒给猪喝让它醉酒入睡。还有实验猪的饲养员,我们特地请来了南汇当时最有经验的养猪能手,因为种猪隆胚成活的 10 小时内,要及时将其植入"代孕妈妈"的输卵管。此时,受孕母猪的身体状况至关重要,必须处于发情配种的第二天,才能不早不晚接好"这一棒"——受孕成功。这需要经验丰富的养猪专家提早观察判断,从几十头大白猪中,精挑细选出最佳"代孕妈妈"。

经过多次的实验,我们物质和技术条件终于完备了,克隆猪的诞生万事俱备只欠东风。而就在 2006 年 12 月 22 日,我国第二例克隆猪在东北农业大学种猪场诞生。获此消息,我们的科研人员更加铆足了劲,加快了研究进程。为迎接上海克隆猪的到来,我们先后选中了 10 头"猪妈妈"代孕,在每

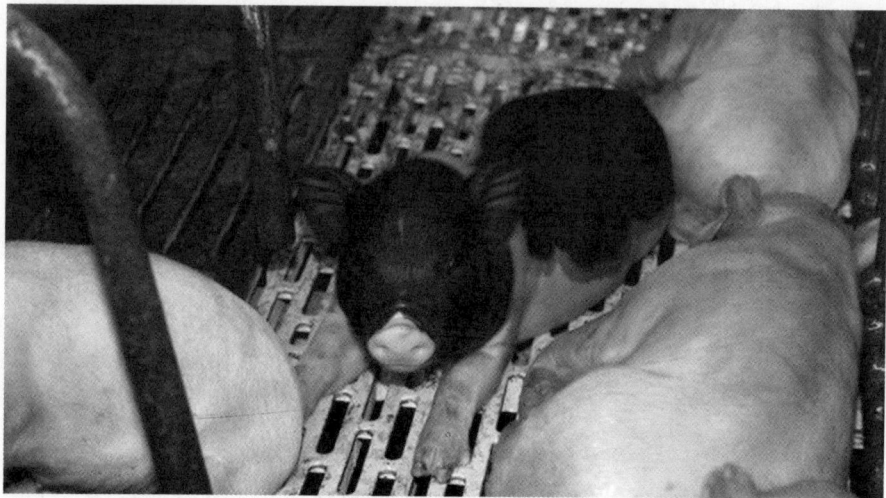

上海首例克隆猪宣告诞生

头母猪体内植入 170—200 枚胚胎。最终,近 2000 个克隆胚胎均"胎死腹中",而有一个胚胎终于成功妊娠——一只克隆猪在"猪妈妈"的肚子里健康成长着!

那些等待的日子是煎熬而又充满希望的。B 超显示,这只克隆猪在母体内健康活泼,然而在苦苦等待 3 个月+3 周+3 天后,"猪宝宝"却迟迟不肯来到这个世界。那段时间,张德福等科技人员天天为这只猪提心吊胆,最后,在过了预产期几天后,我们实在等不下去,决定以剖腹产的方式,迎接这只猪的诞生,而给猪接生的,则是新华医院经验最丰富的妇产科杨医生。

但是,好事多磨。由于我们"求猪心切",手术前给"猪妈妈"实行了"全麻",当我们把"猪宝宝"从母体中取出的时候,却发现它一动不动,只有微弱的呼吸,原来,"猪宝宝"也被麻醉了。"猪妈妈"也因麻醉和大出血离开了这个世界。当时我们感到非常地惋惜。

我们把"猪宝宝"小心翼翼放入保育箱，期盼着它能坚强挺过这一关，期盼奇迹能够诞生。是的，奇迹最后出现了。几个小时后，"猪宝宝"居然醒过来了，活蹦乱跳地呈现在我们面前。这是个特别的日子，农历猪年、公历2007年7月16日，上海首例克隆猪宣告诞生！

组建"国家食用菌工程技术研究中心"

上海可以算是中国食用菌产业和学科的发源地和启蒙地，最早一篇介绍食用菌栽培技术的文章就是于1897年发表在上海农学会的会刊《农学报》上的；20世纪50年代，上海又成立了蘑菇试验站，开始系统地研究食用菌学科。这些都为后来上海能够成立国家食用菌工程技术研究中心埋下伏笔。我常想，剥出历史的线索，很多事情都还是一脉相承的。

1960年上海市农业科学院成立之时，就同时也成立了食用菌研究所，所以这个研究所可以算是我国成立最早的食用菌专业研究所。食用菌所成立以后在第一任所长陈梅朋先生的领导下作出了不少的贡献，主要体现在三个方面：一是食用菌纯菌种开发；二是野生食用菌驯化；三是食用菌人工栽培技术体系的构建。这三个方面取得的科研成果可以说都是里程碑式的，为后来我国食用菌产业能够进入四十多年的快速发展期奠定了非常坚实的科学基础。上海食用菌科研人员实在是功不可没，食用菌研究是上海农业科技一直引以为傲的领域之一。

2002年，我来到农科院，这十几年恰逢我国食用菌产业处于一个高速发展时期，食用菌产业正在发生两个方面的变化：一方面，由"小众"行业逐步发展成为大农业中的重要支柱之一，成为各级地方政府"菜篮子工程""创汇农业""脱贫致富奔小康、建设社会主义新农村"的首选；另一方面，引进了集约化、工厂化栽培方式,在经济发达地区出现了现代化生产食用菌的企业,并逐步成为一个发展主流。但是,高速发展必然也会积累大量问题,如新品种的不断选育和菌种命名混乱、缺乏标准的矛盾、食用菌新技术研发与技术转化推广应用滞后的矛盾、生产规模不断扩大与食用菌专业人才缺乏的矛盾、食用菌工厂化生产快速发展与相关设施、设备落后的矛盾、食用菌产量不断上升与产品安全意识不足的矛盾、食用菌生产的快速发展与产品的保鲜、深加工技术不足的矛盾、食用菌产业快速发展与原料供应缺乏标准、生产工艺不规范的矛盾等。

这些现状我们看在眼里,急在心里。作为一家曾经为我国食用菌产业作出贡献的公益性农业科研机构,我觉得我们有历史责任,也有能力为服务、规范和引导行业发展做点事情。我记得是 2008 年梅雨季节的一个下午,天气潮湿而沉闷,但是我的心情却一阵畅快,因为刚刚和时任食用菌研究所的所长、现任上海市农业科学院副院长的谭琦研究员,时任食用菌研究所副所长的张劲松研究员等人商定了一件大事,那就是启动向科技部申请组建农业口的国家食用菌工程技术研究中心的工作。不过,心情虽然畅快但不轻松,这申请的道路上不知道还有多少困难在等着我们。我当时的担忧不是没有原因的,谭琦对我说过,早在 1999 年,食用菌研究所就尝试申请过组建国家级的工程技术研究中心,但是由于当时食用菌是小学科、小产业,加上我们自身没有充分准备材料,所以申请提交上去后就被一票否决了。今天我们重启申请程序,心里难免有点担忧,但是当时我的信心还是蛮足的,一是因为我国食用菌产业那些年来有了长足发展;另一个原因是我院食用菌科研实力有了大幅度提升。就在那年,我院在食用菌香菇方面的研究成果获得国家科技进步二等奖,这一奖项一扫上海 12 年在农业方面无国家大奖的阴霾,也为我们申请组建国家食用菌工程技术研究中心增添了极大信心。

有失败的经历,就有充分的准备;有对申请过程的担忧,也有必胜的信心,后来想想这多少有点像是"哀兵必胜"。方向明确了,大家又有信心了,于是便铆足劲精心准备申报材料。申报材料内容很多,仅可行性论证报告就数易其稿,为了写好这个论证材料,修改了十几次,我参加的讨论会就有五六次,最后形成的论证报告正文近70多页,4万多字。但是我们满怀期望地将申报材料递交到科技部后一直没有得到反馈,这种等候是非常让人焦虑的,最后实在是按捺不住,我和谭琦、张劲松等人便去了一趟北京,和科技部的有关领导、专家进行了交流。但是北京之行让我们的希望之火几乎被科技部领导和专家当头浇灭。他们都认为,上海是一个国际化大都市,农业比重很低,又不是食用菌产业主产区,把一个国家级的食用菌工程技术中心放在上海,不大适合工程技术中心的建设宗旨,也不符合农业发展的特点和必备条件。

这种说法不无道理,也让我们知道了症结所在,所以当时当头一盆冷水并没有使我们泄气,相反让我们更加清醒了。我和谭琦、张劲松等食用菌所领导、专家共同分析,认为要申报成功,除了要展示我们的实力之外,更重要的是要向有关领导和专家说明白现代食用菌产业的发展趋势,认识到食用菌产业生产模式已由家庭庭院式、主产区模式逐步转向企业工厂化模式方向发展,运用高新科技进行规模化、工厂化生产正在成为我国食用菌生产的主流方向,而对于上海来说,食用菌工厂化栽培正是其优势所在。努力的方向没有弄错,努力也就有了结果,让我长舒一口气的是国家食用菌工程技术中心的申请在5月份成功通过了初评,有关领导和专家对食用菌产业化、工程化发展理念有了一定的认可,渐渐转变了"上海没有农业"的固有观念。

随着申报工作进入了复评阶段,我感觉到一种更加严峻的考验,因为复评专家团成员来自不同行业,有很多都不是来自农业领域,对在一个不是食用菌主产区的上海大城市组建食用菌工程技术研究中心肯定会有很多不同想法。果然在复评第一天听取了汇报后,就有专家提出了和科技部领导相似的质疑。但是,我对我们精心组织的实地考察还是非常有信心的,毕竟眼见为实。第二天首先参观了丰科公司,这是我国第一家工厂化生产蟹味菇的企业,也是我院以技术入股并长期重点技术支持的企业。复评专家们参观了出菇车间后,唯一的感受就是"震撼",大家一致的认识就是"原来食用菌也可以有这样的生产"。我知道他们所说的"这样"就是食用菌的工厂化生产方式。随后专家们又参观了我院食用菌所的实验条件、研发环境,了解了食用菌所的发展历史。经过实地考察,专家们统一了认识,认为不能用老的眼光来审视农业,集约化、高效化才是现代农业发展的方向。上海虽然不是食用菌的传统主产区,但食用菌的科研力量雄厚,且上海人口密度大,消费观念新,健康意识强,食用菌企业总部众多,科研成果转化环境完善,同时还是国际展示的有效窗口。把国家食用菌工程技术研究中心落户上海,代表的正是食用菌产业发展的未来。

终于,尘埃落定,捷报传来,作为上海唯一的农业项目,我院申报的国家食用菌工程研究中心最终以在农业领域排名第一、综合排名第七的好成绩列入 2009 国家工程技术研究中心首批组建项目。2009 年 10 月,一个秋高气爽的日子里,我们收到科技部批复文件,同意以我院以食用菌研究所为基础组建"国家食用菌工程技术研究中心"。至此,十年漫漫奋斗路终于修成正果。

此后,国家食用菌工程研究中心进入了 3 年建设期。在此期间,国家食用菌工程研究中心积极承担起食用菌产业的各级研发项目,承担起食用菌相关领域企业委托的各类开发及合作研究,大力推进中心研发的新技术、新品种、新工艺等知识产权的推广应用和转让,为行业的生产活动提供最现实的、最富有价值的实用技术。特别是依托中心力量布局的遍布全国的食用菌中试生产基地,通过以点带面的方式,大面积带动食用菌主产区的技术升级,培训食用菌产业的技术人才,扶植地方食用菌的生产,提高企业的生产技术和效益,逐步建立起我国食用菌行业科技、生产和市场三方面的技术网络,同时推进与国外科研单位的交流与协作,加强与国外生产企业、市场的联合,为促进我国食用菌产业全面进步作出了不懈努力。

建设上海市农业科学院新试验基地

对于农业科研院所来说,试验基地与实验室具有同等重要的地位,而为支持和配合虹桥交通枢纽的建设,上海市农科院周边的试验场不得不面临搬离。2006 年开始,随着试验场被征用工作的正式启动,上海市农科院新的试验场的选择已是迫在眉睫的事情。

新试验基地的选址是一个艰难的抉择。我和当时的班子其他成员反复考察磋商。曾经考虑过川沙,也考虑过崇明,后来,鉴于我院在奉贤有一个科技孵化园,我们考虑到试验场和孵化园不宜离得太远,就打算把目标锁定在奉贤区内。恰逢奉贤区庄行镇搞农业示范先行区建设,他们希望我们上海市农科院的试验基地能落在该区域。在经过认真考察调研后,我们发现在庄行镇大亭公路与上海绕城高速夹角之间的一块相对完整的土地,面积达 2000 多亩,比较符合我们的要求,后经与奉贤区及庄行镇反复磋商后,双方达成共识,决定上海市农科院新的试验基地落户庄行。

万事开头难。试验基地的名称、功能定位、队伍建设、土地的征用、运行机制等问题,一个个摆在我们面前。那些日子我夜不成寐,脑子里总是思考着试验站的各种问题,也跑了无数次现场,以获得最直接的认识。经集思广益,我们最后定名为"上海市农业科学院庄行综合试验站",并在现任市绿化局副局长、时任上海市农科院副院长顾晓君的牵头下,成立了由王良军、张金连、余新桥、杨晓峰等人组成的工作小组,开始了综合试验站的建设。

此后的建设历经艰辛。如最直接的征地问题,因为上海市有关部门从未办理过如此大规模集体土地转变为国有土地的问题,加上一些政策的限制,使得我们的征地工作变得困难重重。幸好有市农委、市规划与国土资源管理局、市财政局、奉贤区政府等有关部门的关心支持,我和现任崇明县委副书记、县长,时任市委农办秘书长、市农委秘书长的唐海龙也多次一道同有关部门沟通协调,经过多年的努力,征地工作最终得以完成。

相比其他省市农科院的试验基地,我们在庄行综合试验站一开始规划布局上就高处着眼、独辟蹊径。坚持以服务农业科技创新的宗旨,通过汇集上海市农业科学院的优质粳稻、节水抗旱稻、大麦、双低油菜、果树、设施蔬菜、西甜瓜、种猪、种鸡、食用菌和农业生态环境治理等优势学科项目与成果,瞄准全局性、方向性、战略性的农业科技创新与示范推广和农业重大关键技术研究等开展工作。设立了优质粮油区、设施蔬菜及果树区、节水农业区、外来生物引种隔离区和标准化养殖区五大功能区以及综合服务中心,意欲将试验站打造成新品种新技术新设施的集中展示基地、农科教结合基地,成为上海农业科技创新平台,成为上海市农业科技服务与成果展示的重要载体和窗口。同时,力求创新管理体制。以前,全国各地传统农业科研单位试验地都是以课题组为单位,实行条块化管理模式,试验基地内大家各自为政,效率低下。鉴于此,我们决定庄行综合试验站必须采用新的管理模式,即试验地科研试验由各课题组独立进行,但整个试验站的土地使用、人工使用、废弃物处理、农产品品牌打造、农机使用等其他方面却实行统一管理。同时,试验站农业、畜牧业、食用菌业"三业"并举,既在空间上相对分离,又内在互通互联,"种养菌"结合,从而形成一个以农业循环经济为理念的集科技创新、成果展示、技术推广、科普教育和农业观光为一体的新型农业试验示范基地,成为上海乃至全国现代农业科研试验基地的一个亮点。

在推进庄行综合试验站建设的同时,我们还在思考另一个问题:在海南建一个配套的高水准农业示范基地。由于独特的地理、气候优势,为满足科研育种需要,全国各大农业院校、农业科研院所在海南省几乎都有"南繁基地"。我院的"南繁基地"一开始在海南三亚的荔枝沟师部农场,后来,由于当地城市化进程的加快,该基地已经不能适应农业科研的需要了。而上海农业生物基因中心在陵水县光坡镇恰好也有一个基地,我多次去考察调研后,跟基因中心的罗利军主任商量,打算将该基地扩建提升,打造成与庄行综合试验站配套的"南繁基地"。于是,经过多方努力,2007年下半年开始,我们在原有基地的基础上,征用并改造了临近北面的一个荒坡,平整出土地合计189.6亩,开始了"南繁基地"的建设,2011年全面建成投入使用。当地政府对我院将荒地变良田的工程以及基地建设水平大为赞赏,"南繁基地"被作为一个优秀榜样进行宣传,成为海南农业育种基地建设的典范。随着南繁基地各项配套设施的完善,各个课题组纷纷入驻,至此,我院的农业科研试验基地正式建成。

庄行综合试验站与海南陵水基地的建设对我院农业科研事业的发展起

着重要的支撑作用,也为当地农业产业的发展起到了很好的引领示范作用。基地建成后,国家科技支撑计划重点项目、国家科技部"863"计划课题、国家"973"计划课题、国家自然基金项目、国家环保局项目、农业部"948"重大专项、上海市科委和农委重大专项、美国洛氏基金会专项、盖茨基金项目以及许多国家级、市级产业体系都先后落户其中,每年50多个课题组在里面开展科研试验。而这些年来,先后有"高产、高抗病隐性核不育双低油菜杂交种沪油杂1号的选育""节水抗旱稻不育系、杂交组合选育和抗旱基因发掘""长江流域杂交晚粳稻恢复系申恢254、申恢1号的选育与利用"等重要科技进步和技术发明奖从这里走出,2010年世博会中国馆活体水稻的成功展示,也离不开庄行综合试验站。可以说,我院近年来获得的国家级、市级的一些重要成果奖项,绝大多数与这两个基地紧密相关。每每想到这些成果,我都感到无限欣慰。

【口述前记】

　　严胜雄,1951 年 8 月生。先后在上海星火农场、燎原农场、上海农场局党校和上海市农委工作。1992 年至 2001 年,任中共上海市农村工作党委委员、宣传处处长、秘书长。2001 年至 2012 年 2 月,任上海市农委副主任。2012 年 2 月以后任市委巡视组组长。任职期间,经历了上海农业合作交流的发展过程。

党旗在农民专业合作社飘扬

口述：严胜雄
采访：彭忠斌
整理：彭忠斌
时间：2016 年 6 月 17 日

　　农业组织化是迈向农业现代化的重要途径，农民专业合作社的建立又是推进农业组织化的一个重要举措。上海郊区农民合作社发展起始于 2004 年（最早为 1993 年成立的沪郊蜂业合作社），2006 年 10 月国家《农民专业合作社法》颁布后，合作社的建立被以法律的形式予以肯定。随即市、区县政府纷纷出台扶持农民专业合作社专项政策，合作社健康发展的法律政策基本形成。至 2010 年，上海涌现了年销售 500 万元以上的合作社 233 家，形成了 165 个市级示范合作社。

　　农民专业合作社的作用主要体现在三个方面：一是提高了农业组织化水平。在坚持家庭联产承包制的基础上，以合作社为载体把农民组织起来，变分散经营为规模和专业经营，提高了农业组织化程度。据统计，全市粮食类、蔬菜类、果林类、淡水养殖类 50% 的生产、技术、人才等资源已经集中于合作社这一平台，并通过各生产要素的联合，促使本市农业组织化水平达到60%。二是增强了农产品市场竞争力。合作社积极组织实施标准化生产，落实生产安全控制措施，逐步建立起农产品质量安全追溯制度，提高了农产品质量安全水平。同时，合作社还促进了新技术推广应用，较好地解决了农业技术推广"最后一公里"问题，加快了科技进村入户。合作社通过统一品牌和销售增强了市场竞争能力。三是增加了农民收入。合作社统一采购投入品，降低了生产成本。合作社引导农业生产者联合，实现小生产与大市场对接，提高了产品售价；合作社发展加工配送，延长了农业产业链，使农民获得更多收益。据调查，上海郊区 98% 合作社成员增加了收入，比同类未入社农户增收 10% 以上。

党的十七届四中全会提出，要探索完善基层党组织设置形式，推广在农村社区、农民专业合作社、专业协会、产业链、外出务工经商人员相对集中点建立党组织的做法。在市委组织部的指导下，作为当时分管农村基层党建工作的市委农办分管领导，我敏锐地认识到农民专业合作社代表了当前和今后一个时期中国农村经济组织形式的一个重要发展方向，正在成为乡村治理结构中的重要组成部分，也必将成为农村基层组织建设的一项重要内容。抓合作社党建工作，全国都在摸索阶段，没有现成的经验，我们就着手从开展农民专业合作社党建工作的情况调研入手，组成调研组分赴浦东、崇明等 9 个区县开展调查研究，了解了全市面上农民专业合作社党建工作的现状以及面临的问题，我们抓紧分析问题根源，认真研究对策，最终提出了上海农民专业合作社党建工作"基础工作五个建、基本工作五个抓、特色工作五个一"工作法，成为本市合作社党建工作操作实务的主要内容。中组部组

参观合作社党建工作陈列展

织二局的领导在考察奉贤合作社党建工作后充分肯定上海农民合作社党建
"方向准、思路新、方法多、导向好"。

在农村生产力最活跃的地方建立党组织

农民合作社作为农村最基层的经济组织形式,在实践中如何开展好党
建工作是一项全新的课题。针对农民专业合作社党建工作的现状和问题,
我们经过认真调研分析,提出了加强农民专业合作社党建工作总思路是:围
绕合作社的生产经营活动开展好党的工作,发挥党组织推动合作社发展的
积极作用,不断实现、维护、发展广大农民的根本利益。其中,围绕合作社的
生产经营活动开展党的工作是根本,发挥党组织推动合作社发展的积极作

用是关键,不断实现、维护、发展广大农民的根本利益是目标。

党的十七大以后,不少合作社成立了党组织。"如何发挥组织作用,推动合作社发展"已成了大家共同关注的问题。我们总结了较早建立党组织的上海敬亭蔬菜专业合作社通过党员模范带头作用"聚人心促发展"的经验,在全市合作社中推广。

上海敬亭蔬菜专业合作社的几名党员股东,来自安徽省宣城市宣州区。2004 年 6 月,他们在浦东康桥镇成立了党支部,隶属于安徽省宣城市宣州区驻浦东新区党总支。合作社于 2007 年 8 月在六灶镇注册后,于当年 10 月更名为"敬亭支部"。有党员 15 名,预备党员 1 人,入党积极分子 1 人。

有着多年党龄的理事长马志忠,既是种菜能手,也是支部书记,他说,他们党支部的党员主要是来自家乡宣州区的多个乡镇,如何开展组织活动,发挥流动党员先锋模范作用,是全体党员探讨的主要话题。2007 年国家出台合作社政策后,经过认真调研,党支部于 2007 年 8 月发起成立了"上海敬亭蔬菜专业合作社",现已发展成员 335 户,种植面积达 1650 亩。

党员是合作社的骨干力量,是党支部联系服务社员的桥梁纽带,社员富不富,关键看支部。党支部不仅承担联系、发动社员走规模化、科技化种植之路,而且合作社的组织架构理事会、监事会、联户组长都是以党员为主体,其发展思路、工作决策过程都是以《农民专业合作社法》为准绳,以支部会议的建议为主导。经过两年多努力,合作社成为浦东乃至上海蔬菜方面小有名气的专业合作社。2008 年和 2009 年,该合作社连续荣获上海蔬菜行业协会颁发的"上海市蔬菜质量诚信企业"称号;2009 年被评为上海市市级示范社和"迎世博,保安全重点蔬菜生产基地"先进单位等称号,为多家世博指定餐饮商供菜。由于在帮助困难社员以及凝聚人心促进发展上的长期不懈努力,敬亭支部多次被家乡周王镇党委和驻上海浦东总支评为先进支部。这是一个很典型的支部建在合作社上的事例,我们在全市进行了推广。这种"支部+合作社+联户组长+成员"的组织形式和集产前、产中、产后服务为一体的经营管理模式及发展理念也得到了上海各级有关领导的重视和肯定。

支部建在合作社上,找到了农村党建工作与经济工作的结合点,使党在农村的执政基础得到了巩固。党支部以农民致富为根本出发点,积极依托合作社,抓市场、抓管理、抓服务、抓发展,实现了工作方式方法的转变。在抓党建工作的过程中,不断创新工作思路,把合作社作为党员干部为民服务的重要基地,找到了基层党建和经济工作的结合点,找到了党员干部经常受教育、农民又能经常得实惠的连接点,对引导好、保护好、发挥好群众发展经济的积极性,提高党组织的凝聚力和战斗力起到了积极的推动作用,从而进一步巩固了党在农村的执政基础。

支部建在合作社上,使农民进入市场的组织化程度得到了提高。由于把党组织的组织优势、政治优势、发动群众的优势和合作社的技术、信息、市场、资金优势有机结合起来,把分散的农户组织成为一个有机的整体,建立起了资源共享、生产互助、利益共享、风险共担的机制,因此大大提高了农民进入市场的组织化程度,推进了农业产业化进程。

支部建在合作社上,使农民真正得到了实惠。实践中,党组织始终把增加农民收入,发展农村经济摆在重要位置,架起了党群、干群的"连心桥"。金山区皇母蟠桃种植专业合作社党支部结合市科委研究成果,组织党员技术骨干形成了皇母蟠桃整枝、疏果、施肥、病虫防治、保鲜等一整套关键技术,在合作社社员中进行传授,采取每一名党员带动 5 个规模户,每个规模户带动 5 个种植户的方法,在合作社社员中形成蟠桃种植专项技术,让社员的蟠桃种植每亩产值达到 1 万多元,真正意义上让农民得实惠。

所以说,支部建在合作社上,是促进农村经济发展、帮助农民增收的新引擎。

党组织在推动合作社发展中突显"三大作用"

随着城市化步伐不断加快,村级组织功能逐步向社区公共服务管理转换,村第二、第三产业逐步萎缩,农民专业合作社作为新型的农村合作经济组织已经上升为村级经济的重要主体。而从实际情况看,党组织在合作社的作用也越来越明显地得到发挥。

组织引领作用。位于浦东新区书院镇的塘北村,有一个远近闻名的"田博"牌西甜瓜。但也许大家还不了解,以前的塘北村由于地理位置偏僻,交通非常不便,招商招不进来,相当一部分农民生活比较贫困。近年来,塘北村党总支针对村民群众想致富、盼技术、要服务的需求,不断创新党建工作理念,走出了一条支部抓合作社、引导农民种,帮助农民销,使农民得实惠的新路子。村党总支在广泛倾听群众呼声后深切地感受到,影响农民收入增加的主要因素是"种植难""销售难"。按照"宜工则工,宜农则农"的思路,由村党总支创建小农场,作示范,引导农民种,利用村里集体的 18 亩土地和通过"夏统秋分"从农民手中流转来的 20 亩土地办起了村级集体小农场,由村干部负责承包经营,开始种植西甜瓜。在小农场发展初期,村干部们身先士卒,哪里最困难、最艰苦,那里就有村党总支一班人的身影。没家底,缺资金,许多村干部毫不犹豫地带头拿出家里的积蓄,投入到小农场的建设中去。没经验,缺技术,村干部利用休息日坐公交车,自费到区农委、区农校参加农业实用技术培训,学到了先进的种植方式和技术,再手把手传授给村民。瓜果成熟时,村干部义务轮流值班在田间,全身心扑在小农场上,顾不上自家自留地种植的西甜瓜。由于村干部们的无私奉献,辛勤耕耘,小农场种植规模也由最初的38亩发展到200亩,年产瓜果3万余箱,年销售突破了300多万元,被上海农科院等科研单位列为"上海市农业科技示范基地""上海市农业标准化基地",并打出了"田博"品牌,成了上海市民喜爱的农产品品牌。

引导农民如何种的问题解决了,但如何帮助农民销,又摆上了村党总支的议事日程。只有把分散生产经营的农户组织起来,才能使之真正成为市场竞争的主体。为此,村党总支确立了"内抓质量,外树品牌"的工作思路,建立了上海田博瓜果合作社。村党总支主要负责指导、制定发展规划和具体目标,确保合作社在规范中运行。由于有党总支的领导,即使市场价格发生变化,合作社也不得撕毁与农户的"定单",从而确保了合作社以高于市场价30%—50%的价格收购农户优质的西甜瓜,这不仅减少了农户的市场风险,也保证了农民的收入。目前,西甜瓜种植户户均纯收入提高到每亩1万余元,达到了脱贫致富的目的。

技术指导作用。阿强禽蛋专业合作社是2010年上海世博会鲜鸡蛋的供应商。这是一个典型的"龙头企业+合作社"运行模式的合作社。产品研发、产品销售主要由企业构架的公司承担,生产环节则由合作社与之形成配套的产业链,如何使农民组建的合作社通过龙头企业的引领,不断走上规范健康发展的轨道,是合作社党支部工作的重点。2008年,沪郊家禽养殖业受到疑似禽流感病例侵袭,市场风云突变,连续3个月合作社禽蛋销量只有原来的15%,价格急速下降,农户每销售一吨鲜鸡蛋直接亏损800元至1000元。在这样的严峻形势下,合作社各基地农场、农户都人心惶惶,不少养鸡户流露了放弃退出的念头。此时,党支部一方面将禽流感对郊区家禽养殖业带来的致命打击,联合其他合作社上报市有关部门,争取到了上级部门的补偿措施,并号召农户生产自救;另一方面,召集全体党员商量对策,迅速组织了83名技术员、饲养员实行封闭式管理,坚持每天消毒,实行标准化管理,确保万无一失地安全渡过难关。

事后合作社社员深有感触地说,在这种时候,我们真正看到了党组织的力量,特别是党支部的技术引领作用。因为阿强禽蛋合作社的特点:一是产业链较长,从业人员达2000多人;二是点多面广,有24个基地场,社员单位有427户,党员28名,地区涉及浦东、奉贤以及江苏通州、海安、启东等地;三是社员的文化程度普遍较低,有些经验丰富的社员缺乏基本的管理知识,难以从传统养殖向现代管理转变。针对上述特点,合作社党支部采取两大举措加大技术引领:一是专门建立了标准化生产的技术培训系统,由党员技术骨干组成的专业队伍,分3年时间分批分期对直属场和基地场的"土专家"、专(兼)职管理人员和生产一线人员进行全员技术培训和生产技术指导,培训后实行竞争持证上岗。二是党支部通过订阅行业杂志,组织党员和专业人才组成"信息小组",在全市农口系统聘请了两位专家顾问,定期对国内外市场、管理和技术趋势进行分析,将国内外先进技术和管理手段导入合作社生产全过程。经过几年努力,合作社产业链每一环节都形成了统一的生产技术标准和统一的防病防疫技术措施,为助推合作社健康发展打下了基础。

协调关系作用。有些合作社的社员全是外来人员,他们背井离乡在上海郊区落脚,更渴望有组织作为依靠。这几年,上海郊区城市化发展速度较快,在郊区承包土地种植蔬菜流动性很强,有时甚至一年不到就要搬家。2005年,合作社社员在浦东新区康桥镇叠桥村的土地被征用,近百户菜农需要在短期内动迁,当地政府的动迁任务的急迫性和菜农补偿要求的矛盾凸显。当时,菜农只能拿到搬迁费,而菜地受损作物补偿费拿不到。社员情绪都非常激动。党支部看到这一情况后,一方面发动党员骨干做好社员思想工作,防止过激行为;另一方面以合作社党支部名义,与当地党委进行了直接沟通,与开发商进行协商与调解。当地党委十分重视,当即派出一名副镇长牵头紧急磋商,最终达成了每户社员既得到搬迁费,又有每亩地 1000 元的作物受损补偿费。社员在最短的时间内搬迁到了六灶镇,很快恢复了再生产。

党支部除了在生产上为社员做好服务工作,生活上也十分关心社员群众。支部建立了党员联系种植户制度,定期到种植户家中上门走访,了解社情民意。2005 年 5 月 11 日,有一位菜农家因液化气泄漏引发火灾,家里所有财物付之一炬,本人也严重烧伤,生活陷入了困境。支部得知这一情况连夜召开党员大会,讨论有关救助事宜。短短两天,支部就筹集了 4000 元善款送到这位菜农手中,他激动得不知说什么好。

合作社党建工作成为推动合作社发展的新动力

据调查,2012 年为止,上海市合作社中单独建立党组织的有 51 个,有党员 4416 名,约占合作社总人数的 6%。从上海的实践来看,支部建在合作社上这种农村党建新模式表现出强劲的生命力,与传统的一般以村为单位建立党支部相比,最主要的好处是能实现农村党建工作和经济工作的同频共振和互动共赢。

农民专业合作社是一个非常活跃的新型经济组织,它是一个以"线"为纽带、相同生产方式的人自由组合的社会活动空间。合作社需要党的组织

上海市农民专业合作社党建工作现场会

作为主心骨,而党的基层组织需要以新型的经济组织为依托。可以说,支部建在合作社上这种党建模式,既是时代和产业发展的必然结果,也是一种加强农村党组织建设的必然选择。农村党支部的工作与合作社的价值初衷和目标归宿点是一致的,甚至许多具体事务性工作也是"重合"的,因而支部建在合作社上这种模式,在实际运行中也是非常顺畅的。

在农业产业化发展中,还是要注重发挥好合作社党组织的战斗堡垒作用和党员的先锋模范作用。针对农民合作社党员在产业链上流动性大、党组织对党员教育管理监督难和党员发挥先锋模范作用比较难等现象,在综合考虑产业、地域、市场的因素后,我们及时指导区县"三农"部门在具备条件的农业产业链(合作社)上建党组织,扩大基层党组织在合作社中的号召力和影响力。

全国林业系统劳动模范马金林是一位有着 30 多年党龄的老党员。5 年前,他带头成立上海皇母蟠桃种植合作社后,下大力气完善蟠桃生产一条龙的发展体系,迅速带动吕巷镇的蟠桃产业实现规模化、市场化。皇母蟠桃种植合作社 142 户果农的 8000 多亩蟠桃,平均亩产值近 1 万元,成为吕巷镇乃至金山新农村经济发展的新亮点。正是因为金山的农村基层党建工作脚踏实地,像马金林这样的党员科技带头人在全区农村经营制度创新方面的重要作用才得以凸显。

为适应新形势下农村经济组织及党员分布新的变化,奉贤金汇镇在全市率先试点合作社党建工作新模式。目前,全镇 31 家合作社中,有 4 家合作社成立了党支部;9 家合作社成立了党员学习小组;剩余的 18 家合作社全部由镇里选派"党建工作指导员"入社。2010 年 5 月,全镇规模最大、产业链最长、党员人数较多的华日合作社率先成立了独立党支部。党支部成立伊始,合作社便提出了党员与致富能人"结对子"方案,明确每个党员和致富能手帮扶 2—3 家困难户。陆保昌作为支部领头人,为一家患病困难户进行了蔬菜栽培技术指导并帮助他们销售,使困难农户直接受益 1 万多元。2010 年,镇里安排了财政专项资金 70 万元,以"以奖代补"的方式对发展潜力大、带动能力强的合作社进行奖励,以提升合作社的综合实力。此外,镇里还先后举办了多个农产品推介会,像支持华日合作社设置田头超市、携汇群葡萄合作社参加马陆葡萄节等,放大合作社品牌效应等。

党建工作深入合作社,有利于支部和合作社的人才培养,使支部保持活力。按照"把合作社中有潜力的农民培养成生产经营大户,把优秀的经营大户培养成党员,把党员生产经营大户培养成合作社理事成员和支部班子成员"的思路,合作社和支部都会培养出合格的带头人。嘉定区马陆镇大裕村组建的4家合作社领头人都是党员中的致富能手。2000年,山东籍葡萄种植能手、共产党员单传伦来到嘉定发展。村党支书葛品元看到了老单种植的葡萄品质好,便于次年流转出一块土地请他在大裕村生了根,并让他带动村民一同种葡萄。2004年,老单把全村421户葡萄种植户组织起来,成立了"马陆葡萄合作社"。经过近10年的发展,"马陆"成了上海葡萄响当当的代表,老单的合作社也成了沪郊名气最响的合作社之一。

"惠娟巾帼葡萄合作社"领办人金惠娟是村里人人都夸的种养能手,她曾获得全国"双学双比女能手"等荣誉称号。在合作社组建的时候,村党总支感到她是一个"好苗子",把金惠娟列入了入党积极分子的培养范围。合作社成立后,金惠娟一直把帮带村里的困难群众作为自己的目标,通过走村入户把13名下岗无业、家庭经济拮据的妇女吸纳进了合作社,并手把手教她们种植葡萄。如今,惠娟巾帼葡萄合作社吸纳的下岗女工每天都能接到十几批来自企业和个人的订单,葡萄每斤能卖出20元的好价钱。2010年,金惠娟三次蝉联巨峰葡萄金奖,她毫不犹豫地拿出1万元奖金设立了一个贫困学生助学金,让村里的困难学生能够如期上学,感受党组织的温暖。

在探索创新中提高

合作社党建工作如何,直接关系到合作社党组织和党员的作用发挥,关系到合作社的发展壮大。多年的农村工作实践,使我深刻地认识到,虽然支部建在合作社的作用正在日益凸显,但如何在现有成果基础上进一步推进合作社党建,还有许多新情况、新问题需要研究探索,从而不断增强党建工作的成效。

有的村干部认为,合作社建不建党组织无所谓。他们认为,合作社的党员关系大多在村党组织中,党员的思想状况和活动情况基本被村党组织所掌控,没有必要再在合作社中建立党组织,也没有必要单独把合作社党建列为新领域。有的基层干部认为,合作社只是一个松散型的经济组织,建不建党组织、搞不搞党建工作无关紧要。还有一些村干部担心合作社建立党组织后的归属问题,如果直接归属乡镇党委领导,与村组织平级,会减弱村党组织在村里的威信。事实上,合作社这种新型的合作经济组织,其凝聚群众、服务群众、带动群众共同致富的作用较"两委"来得更直接、更明显。不重视合作社党建工作,说明部分基层干部思想认识还不到位。

另一方面,由于合作社吸纳的党员来自各个方面、各个领域,打破了原有的区域界限和以村为单位设置党组织的方式,部分党员甚至跨区县流动加入合作社,出现了组织关系在村,生产活动在社的"双重管理"的党员,导致"看得见管不着,管得着又看不见"的尴尬局面。大部分合作社没有单独成立党组织,无法管理。而这些党员由于在合作社没有充分"亮牌",合作社理事长一般也不对党员压任务,加上又未能过上正常的组织生活,党员的责任和荣誉感缺失,较难正常发挥党员的作用。据调查,不少合作社的领办人是技术能手或业务骨干,而对搞党建工作兴趣不大,或担心没精力、没能力抓好这一工作。部分理事长认为合作社主要精力是搞好经营发展,党建工作抓不抓无所谓。思想上的认识,实践上的矛盾,给合作社党建工作的推进带来不少困难。

客观地说,合作社党员基本都在镇、村党组织的覆盖之中,因为加强合作社党建工作的重点是解决党的工作覆盖问题,即如何让合作社党员在政治思想上保持先进,在业务技能上发挥专长,在各项工作中起到先锋模范作用,进而团结凝聚社员群众共同推进合作社的发展壮大。加强合作社党建工作,重点是党建,而不是形式上追求在合作社中组建多少个新的党组织。研究推动合作社党建工作,有利于在家庭联产承包经营长期不变的前提下,让合作社承担起目前村级集体想"统"而统不起来,农民一家一户想办而办不成事情的任务。

千言万语归结为一句话:合作社党建工作的落脚点还是要关心农民群众的生产生活、凝聚农民群众的意志力量、解决农民群众的致富问题。

　　房忠桥，1957 年 9 月生，1976 年 2 月参加工作，先后担任市纪委、市监察委副处级纪检监察员，市纪委、市监察委研究室副主任、主任，市纪委、市监察委纠风室主任（副局级）。2010 年 3 月起，任市纪委驻市委农办纪检组组长，市委农办、市农委副局级领导等职。任职期间，经历了加强农村党风廉政建设的过程。

完善农村基层党风廉政建设

口述：房忠桥
采访：杜小强
整理：杜小强
时间：2016 年 4 月 20 日

　　加强农村基层党风廉政建设是加强党的建设的基础性工作，是保障农村社会稳定、推进农村改革发展的重要保证。我在市纪委研究室工作期间，就感到中央对农村基层党风廉政建设非常重视。2006 年 10 月，中共中央办公厅、国务院办公厅印发了《关于加强农村基层党风廉政建设的意见》，2011年 5 月，中共中央办公厅、国务院办公厅印发《农村基层干部廉洁履行职责若干规定(试行)》。这两个文件是农村基层党风廉政建设的指导性文件，明确了农村党风廉政建设的各项工作任务，以及农村基层干部廉洁履职的"41个不准"，为基层干部制定了廉洁履职的行为规范。我记得，上海市纪委也高度重视，市纪委经过充分调研、并广泛征求了意见，制定了贯彻落实文件。上海的贯彻落实文件明确了农村基层党风廉政建设由各级党委和政府负责实施,建立健全相关体制、机制,完善考评激励,加强监督检查,建立纪检、组织、公安、民政、财政、人事、农业、审计等部门各负其责、相互配合的工作机制。我们农业部门,高度重视村务监督工作,多次下发文件,强调要健全村务监督机制,切实开展村务监督工作,以全面推进村级财务管理规范化建设、农村集体"三资"管理为抓手,村务监督工作取得了一定成效。

当时,为了解基层贯彻落实情况,我们到基层监督检查,检查发现基层各单位根据部署要求,建立了重大事项集体决策、村干部述职述廉、村级民主决策、村务公开、民主监督、任期和离任经济责任审计等制度,并通过组织编发学习挂图和辅导读本、举办师资培训班、建立工作联系点等措施,迅速抓好贯彻落实工作。

采用"制度加科技"手段加强监管

2010年,我从市纪委调到市委农办工作后,为切实加强农村基层党风廉政建设,积极争取市纪委市监察局的支持,运用制度加科技的方法,着力推进"三大平台"建设,规范涉农权力运行,推进公开透明,有效预防涉农腐败。

涉农补贴资金监管平台。涉农补贴资金监管平台是最早推进的,是在总结嘉定区经验做法的基础上推开的。市委农办、市农委高度重视,依托各村的农民一点通,开发了具有宣传、公开、查询、管理、咨询、投诉等功能的补贴资金监管平台,水稻种植补贴、农机具购置补贴等42项普惠制涉农补贴政策在"农民一点通"上公示,农民群众只需在本村"农民一点通"上点击几下就知晓"本人应得、实得,别人应得、实得",如有疑问,可以随时咨询或投诉。监管平台已在全市所有涉农行政村推广应用,实现了全覆盖。我记得2011年市纪委书记董君舒亲自出席了开通仪式,中央纪委副书记干以胜专程进

驻市委农办纪检组、监察室研究工作

行实地调研,对上海运用"制度加科技"手段,推进涉农补贴资金监管平台建设的做法给予充分肯定。中央纪委驻农业部纪检组在上海召开全国农业系统纪检监察工作会议,总结推广上海的做法。

农村集体"三资"监管平台。上海市狠抓农村集体"三资"规范管理和使用,农村集体"三资"监管平台,就是在总结涉农"三资"监管经验的基础上建立起来的。该平台包括资金管理、资产管理、资源管理、合同管理、报表分析、预警预报、"三资"公开和领导查询等八大模块。结构上分为市、区县、乡镇、村四级,各级功能各有侧重。乡镇一级是农村集体"三资"监管平台的核心,负责六个方面的具体操作管理;市、区县两级设置了查询分析功能,村级设置了公示功能,农民可利用"农民一点通"查询到本村的资产概况、收入支出情况、集体土地收益、预决算、农龄公示、农村分配、经济合同和政策文件等 9 个方面的内容。

农村土地承包流转信息管理平台。农村土地承包流转信息管理平台始建于 2010 年,系统已在全市 9 个区县 74 个涉农乡镇实现全覆盖。该平台建有土地承包、土地流转、纠纷调解仲裁和政策管理四大功能。目前全市农村62.5 万份承包合同(占总承包户的 91.4%)已建立了电子档案,录入了 1.27万份流转合同,实现了对全市农村土地承包经营权合同和流转的前置监管和执行监管。

通过推进"三个平台"建设,我深深地感到,面对千家万户的涉农补贴、面广量大的集体"三资",社会各界高度关注的农民土地,必须运用信息化的手段,或者说是要有互联网思维,才能有效地把资金管住、才能把政策落到实处,切实维护农民权益,遏制涉农违纪违规,确保农村的风清气正、和谐稳定。

加强农业系统政风行风建设

我在市纪委、市监察委任纠风室主任时就提出,管行业必须管行风的要求。调到市委农办工作后,我更是注重加强农业系统的政风行风建设。多年来,上海农业部门为适应形势发展的要求,开展了形式多样的政风行风建设,在依法行政、规范行政行为、强化服务等方面做了大量卓有成效的工作。同时,积极贯彻中央"八项规定"精神,不断转变作风,密切联系群众,切实把"三严三实"落到实处。

首先,加强监督检查,促进惠农政策落实。我要求监察室会同综合发展处、种植业办、蔬菜办、农机化办、水产办、畜牧办等处室,严格执行中央及本市各项强农惠农政策,建立健全抓落实的机制,积极协调市财政局农业处,形成工作合力,加强对中央及本市强农惠农政策落实情况的监督检查,保证政令畅通、执行有力。连续三年对全市涉农项目类、涉农补贴类资金项目进行全面检查,全面了解各类涉农补贴资金操作办法的完善性、科学性、合理性,了解各项政策的操作执行情况,以及政策宣传、公开公示、监督检查等情况,切实纠正各种违纪违规行为,加强督促整改工作力度。

其次,不断规范行政行为,推进政风行风建设。我高度重视政风行风测评工作,农业系统连续两年在全市的行风测评中名列第一,对我们农业系统的干部职工总体上是满意的,认为我们能够为他们做点事情。我们注重采取多项措施推进政风行风建设,深化政务公开的内容和形式,规范行政行为,并强化服务意识,以实际行动落实以人为本、执政为民的要求。高度重视窗口形象,通过加强教育,让窗口部门的每个工作人员认识到个人的形象素质和工作质量,代表了一个单位对外的整体形象,来不得半点的马虎与疏忽,作为一名对外服务的窗口工作人员,要从思想上真正树立服务意识,严格要求自己,开展"学、创、建"活动,学专业知识,创文明岗位,建满意窗口,不断取得服务于"三农"工作的成效。

再次,切实加强专项治理,营造新风正气。我们每年都按照农业部、市纪委的部署要求,围绕农民群众关心关注的事项开展专项治理。我们曾围绕农民负担、农资等,按照中央及本市提出专项治理的要求,切实开展专项治理工作。包括切实抓好经济审计、专项检查等发现问题的整改工作,狠抓公务员收受礼金礼券购物卡问题,加强公务用车配备使用管理,加强公务员离职后从业行为管理,开展举办庆典、研讨会、论坛活动治理工作,并总结推广世博会农产品质量安全监管工作经验,做好农产品产地准出和市场准入工作,强化农产品质量安全可追溯,积极开展农资打假专项治理行动,对销售假冒伪劣农资等问题进行深入治理。

此外,还开展"千村万户"调研,密切与群众的联系。为密切与农民群众的联系,市委农办根据农业部关于开展"百乡万户调查"活动的通知精神,扎实开展"千村万户"调研工作,历时 4 个月。整个上海农业系统全面行动起来,采取交流座谈、问卷调查和入户访谈相结合的方法,共出动近 2500 人次,走访了 9 个郊区县的 97 个乡镇、1006 个行政村,调查了农户 10169 户,通过与农民群众面对面、心连心,宣传了政策、掌握了实情、发现了不足、密切了联系,也提出了下一步工作的举措。

有效促进惠农政策落实

中央对"三农"工作高度重视,出台了多项补贴和扶持政策,直接补贴农民,是国家对农业补贴政策的重大调整,体现了国家对农业和农民的重视和关怀,引起了极大社会反响,产生了积极效应,提升了党和政府的形象,增加了农民的收入,调动了积极性,增加了产量。通过深入基层调研,受理群众咨询、投诉,以及查处涉农补贴案件过程中,我们发现,在涉农补贴执行过程中,存在惠农政策宣传不全面,知晓率还不够高、惠农政策落实有不足,政策还不完善、惠农资金监管有差距,存在违纪违规现象。有的对部分惠农政策资金监管力度不够,出现有的政策资金监管失位,违规违纪现象;有的地方将办公、招待、订阅报纸等费用列入补贴资金开支;有些享受实物补贴的人,违反规定将享受补贴的实物进行转让,获得差价等。针对上述问题,我们会同相关处室采取多项措施推进惠农政策落实,维护农民权益。

首先,我们采取告知式地宣传政策,切实贯彻"三公开"原则,即坚持向农民群众公开,让广大群众知晓政策;坚持实施过程公开,对享受补贴政策的农民登记造册;坚持向社会公开,自觉接受社会监督,保证真正让农民受益。不断深化惠农政策公开的形式和内容,不仅要公开各项政策内容,特别是补贴对象、标准、程序等内容,还要围绕农民关心的热点、重点、难点问题,以问答的形式解读政策。注重公开方式。在强化传统的网上公开,会议公开的同时,强化告知式地公开,把各项强农惠农政策明明白白地写出来,以公开信、明白纸的形式,翻印张贴到每个自然村,同时利用广播电视、报刊、网络等各类媒体及手机短信、墙报、黑板报等形式,进行广泛宣传,确保农民看得到,看得懂。同时,还编制了上海推进"三农"工作百问百答,广泛地解答农民疑问,宣传"三农"工作。

其次,我们要求严格操作程序。对强农惠农政策分政策制定、操作执行、监督管理等,明确各级、各项工作的责任人、责任内容,确保出了问题能够追究到人。制作涉农补贴流程图,严格操作程序。涉农建设类项目,严格执行项目招投标、监理、预决算、审计审价、竣工验收等程序。上海农业部门的纪检监察组织对农业建设项目进行全程监督,严把项目招投标、资金运作、审计审价、竣工验收等关口。对涉农补贴都要经过分户统计,归类合并造册,经农业行政主管部门、财政部门审核后,将补贴资金拨付到区县财政,经村委张榜公示后,再将补贴资金通过"一折通"或现金直接拨付享受补贴的农户和单位。

在执行过程中,我们渐进式地完善政策。对各项支农惠农政策要在充分听取相关部门、基层干部群众意见的基础上,进一步完善,增强可操作性,减少漏洞。一是完善补贴对象、标准。对可享受涉农补贴的对象、标准进行统一,从源头上防止不公平现象。如上海市为规范粮食补贴资金管理,确保补贴资金及时落实到位,采取了加快建立种粮农户电子档案资料库,粮食补贴资金全面实行"一折通"拨付,规范补贴资金发放公示工作,明确责任主体的方法来促进政策落实。要求在补贴资金发放前做好村、组公示工作,公示地点要醒目,公示内容要翔实具体,公示时间不少于 15 天。从 2009 年起,对水稻种植补贴,不分种植规模,实行差别政策,市财政实行定额补贴,统一为80 元/亩。二是细化操作办法。制作涉农补贴流程图,严格操作程序。三是强化责任,明确分工。对强农惠农政策分政策制定、操作执行、监督管理等,明确各级、各项工作的责任人、责任内容,确保出了问题能够追究到人。

此外,我们还加强监督检查。各级政府的有关部门统一思想,达成共识,形成合力,采取综合措施,加强监督查处,确保惠农政策得到切实贯彻执行。加大查纠力度。严格把好资金拨付、工作程序、审核验收、情况核查等关口,切实纠正不规范行为。如 2012 年,市农委、市财政局、市纠风办等形成合力,对全市涉农补贴类、涉农建设类资金开展大检查,全面了解各类涉农补贴资金操作办法的完善性、科学性、合理性。各项政策的操作执行情况,以及政策宣传、公开公示、监督检查等情况。

在政策执行后,积极开展政策评估。对各项涉农补贴政策进行定期评估,及时评估政策的完善性、操作的可行性、成效的明显性,并针对评估中发现的问题,采取针对性的措施,不断提高政策的成效。如 2010 年,上海对良种补贴、农机具购置补贴、渔用柴油补贴、有机肥推广使用补贴、农业保险费补贴等政策进行后评估,并针对后评估中发现的问题采取了针对性的措施,如制定《上海市渔业成品油价格补助专项资金管理暂行办法事实细则(试行)》《关于精制商品有机肥料正式登记证办理的试行办法》等,进一步规范资金运作和审批程序,证照办理等工作。

建设特色廉政文化

农村基层廉政文化建设是一项系统工程,不是哪一个单一部门可以承担的任务,需要调动各方面力量,齐抓共管,整体推进。农业部门因工作的对象、范围、内容都与农业、农村、农民紧密联系,是一支不可或缺的重要力量。根据农业部的部署要求,在市纪委的领导下,各郊区县党委政府加强组织协调,我们农业部门积极参与,有效推进农村基层廉政文化建设,取得了一定成效。

围绕中心,服务大局。我们注重把农村廉政文化建设融入新农村建设的大局当中,紧紧围绕"生产发展、生活宽裕、乡风文明、村容整洁、管理民主"的目标要求,通过加强民主建设、民主管理、倡导文明新风,提高农民素质,促进现代农业发展,把廉政文化的各项工作寓于农村经常性的工作之中。我们要求各区县农委会同民政部门以廉政文化进农村为契机,进一步建立健全村务公开、民主议事、述职评廉等制度。大力推进村务公开,解决好群众反映强烈的热点难点问题,切实维护农民群众的经济利益和民主权益。浦东新区高桥镇开展廉政文化建设"八个一"活动,努力打造高桥廉政文化品牌。闵行区浦江镇结合古镇修复改造,建立了"清风廉韵召稼楼"廉政文化教育基地。

突出重点,强化建设。我们注重把普及廉洁文化、推进制度建设、弘扬先进典型作为重点。通过加强农村廉政文化建设,以健康向上、生动有效的文化形态,传播清正廉洁的价值取向,从而使廉政意识和廉政观念化为农民群众特别是农村党员干部的思想道德准则,在广大农民群众中形成诚实守信、依法维权、有序监督的普遍信念。奉贤区青村镇李窑村成立全市首家

"农家廉政书屋",藏书主要以廉政教育和纪检监察业务书刊为主,有效增强了村民反腐倡廉方面的监督意识。

实事求是,因地制宜。农业部门的工作职责是为"三农"服务,经常深入农村、农户之中,熟悉农村、农业和农民情况,深得广大农民群众的认可和信任,是我们的优势所在。我们要求各区县农委用好用活地域文化资源,努力使廉政文化融思想性、艺术性、知识性、趣味性于一体,打造亮点、闪光点,拿出拳头产品,创造出叫得响的品牌,增强廉政文化进农村的影响力和吸引力。金山区发起农民画廉政作品征集大赛,活动历时半年,各街镇、工业区、区委办局和村镇农民踊跃参加,有 96 幅作品初选入围,63 幅作品汇编成了《金山农民画廉政作品集》。

形式多样,注重效果。文化的核心是价值观,文化的载体多种多样。各郊区县在开展廉政文化进农村工作中,从自身的职能和职责出发,采取多种形式逐步推进。以契合上海农村实际为要点,采取集中培训、发掘正反面典型、送戏下乡、举办廉政书画展、征集廉政公益广告、建设廉政文化一条街和廉政文化示范点等多种形式,大力开展廉政文化进农村活动,进一步筑牢了基层干部拒腐防变的思想防线,取得了实效。

严惩涉农违纪违规

据不完全统计,2008 年以来,本市农村职务犯罪案件 300 多起,涉及犯案人员 400 多人,犯罪金额最高 3000 多万元,涉案主体有乡镇机关工作人员、事业单位工作人员和村干部,村干部则主要是村党支部书记和村主任。涉农案件呈现高发态势,为遏制涉农案件高发态势,我们采取了系列措施,并取得了显著成效。

政风行风建设开展执法检查

首先,畅通监督渠道。畅通市农委主任信箱、举报电话、信件、监督信箱等各种监督投诉渠道,确保农民发现涉农补贴中的违纪违规行为找得到投诉部门。特别是,我们在每个村的"农民一点通"上公开了市农委、区县纪委、农委的投诉电话,确保农民有问题找得投诉方式,并且电话有人接、问题有人管。

其次,建立奖励举报制度,鼓励群众举报骗取涉农补贴资金的违法违规行为。我们制定了《涉农补贴资金发放中违法违规行为举报奖励办法》,群众举报涉农补贴违纪违规行为,并经查证属实的,可以获得600—18000元不等的奖励。该政策的出台,有效调动了社会各界,特别是农民群众监督涉农政策执行的自觉性,遏制了个别基层干部骗取涉农补贴的冲动。

最后,加大查纠力度。我高度重视查处纠正涉农违纪违规行为,严格把好资金拨付、工作程序、审核验收、情况核查等关口,切实纠正不规范行为。如针对虚报冒领种植补贴、倒卖享受国家补贴的农机具等,及时进行查处,追回违规骗取的资金及实物,纠正违纪违规行为。积极与公安、检察等部门形成合力,共同查处违纪违规行为,严肃追究责任,增强威慑力。如我们与市检察院建立了联席会议制度,及时向市检察院通报惠农政策执行情况,不定期地与市检察院分析涉农补贴政策执行过程中可能产生职务犯罪的问题和重点环节,以及案件查处中暴露出的问题,有选择、有重点地做好政策的跟踪,检察院积极向市农委反馈,努力从源头上遏制和减少涉农职务犯罪,确保农村风清气正。

　　方志权,1966 年 1 月生。现任中共上海市委农办研究室主任,上海市
农业委员会政策法规处处长,农村经营管理处处长。2001 年曾任上海市农
业委员会政策法规处(农村经营管理处)副处长,副处长(正处级),上海市农
村经营管理站站长。任职期间,经历本市农村集体产权制度改革的全过程,
是推进这项改革工作的主要设计者和实施者之一。

农村集体产权制度改革

口述：方志权

整理：方志权

时间：2016 年 4 月 26 日

　　养好母鸡，下蛋；一部分蛋可以吃，一部分再孵小鸡，养大成为能下蛋的母鸡。如此，会下蛋的鸡会越多，可用于吃的蛋也会越多。这是生活中一个朴素的常识，作为一门学问被上海运用到了农村集体资产改制中来。从2001 年起，我经历本市农村集体产权制度改革的全过程，深深感到这项改革的艰难。

　　为什么要推进这项改革？农村集体资产是自 1956 年农业生产高级合作社成立以来广大农民群众长期共同积累的财富，而且随着城市化进程的加快不断增值。当前农村集体资产遇到的主要问题是集体产权不明晰，如同一道挡在农民和集体资产间的"围墙"。改革就是要推倒这面"墙"，通过建立制度，通俗易懂的讲就是要搭一个鸡棚，分清这些鸡的归属，确保归属清晰，让农民看得清，摸得着。在整个过程中，不能把集体经济组织这个老母鸡分掉吃光。鸡下了蛋,按照效益决定分配的原则,让集体经济组织成员公平公正地分享收益。

在全国,上海是最早推进农村集体经济组织产权制度改革的省市之一,可追溯到20世纪90年代,历经20多年的探索,全市改革的步子"急不得"却也"慢不得"。我的总体感受是在细致调研和认真谋划中谨慎推进,创新方法,渐渐找到了一条适合自己的特色之路。在推进过程中,我们倡导的"五个坚持"非常关键,就是坚持集体所有、坚持因地制宜、坚持以农龄为主要依据、坚持公开公平公正,坚持效益决定分配,得到了基层农民群众的普遍认可。据统计,到2012年底,全年150个村启动了改制,完成了60个;启动了7个镇级改制,完成了5个。在国内各省市中,上海率先全面完成了集体经济组织成员界定和农龄统计工作,得到了中纪委、中农办和农业部的肯定。在这过程中,我写的不少材料,被中农办编印成大参考,送中央、国务院领导参阅。

产权制度改革的历史沿革

上海的农村产权制度改革历经20多年,我的感受是摸着石子过河,走了一条不断探索、勇于攀登之路。

回顾这条探索之路,必须要提的有两个先行者。"一个红旗村,一个虹五村,成为第一批吃螃蟹的村,当时大家都在猜想,这两面'红旗'到底能打多久?"20世纪90年代初,为适应社会主义市场经济体制需要,近郊普陀区长征镇红旗村、闵行区虹桥镇虹五村等在全国率先实行了村级集体经济股份合作制改革,将集体资产以股权形式量化到人,按股权进行收益分配,并建立完善现代企业治理结构。由此,上海和北京、广州三地,成为全国最早实行产权制度改革的城市。

当时,随着城市化进程的加快,近郊一些地区开始"撤村建居委","泥腿子"刚刚上岸,连"游泳"都不会,该如何应对开放的资本市场? 如果把集体产权制度改革简单归结为"分资产"肯定要出乱子,"一拆就分"的后果很可能是"一分就光"。改革了,集体资产不能"一分了之",集体经济更不能"散伙"。

从90年代初开始起步,一直到2010年,上海都处于探索阶段。在我的印象中,最深的有这样几个关键时间节点,我们通过调查研究,制定了一系列政策文件:2003年,市农委会同市发改委出台了《关于开展村级集体经济股份合作制试点工作意见》,2009年,市农委会同市发改委、市工商局等部门下发了《关于本市推进农村村级集体经济组织产权制度改革工作的指导意见》等文件,分别对不同时期产权制度改革的基本形式、关键环节等作出了规定。随后,闵行、嘉定、宝山以及部分中心城区有集体资产的乡镇所属的村按照文件精神,结合实际情况陆续开展了村级集体经济组织产权制度改革试点。

直到2010年,全市一共才有40多个村完成改革,为什么改革的步子迟迟没有迈大迈宽? 其中一个重要的原因在于现行体制下,股份制改革后的新经济组织大多是实体经济组织,有限责任公司也好,社区股份合作社也罢,不可避免的是,其股东按股份享受分红还要缴纳20%的红利税。

2011年,为了支持和鼓励基层开展农村产权制度改革,减轻改制负担,我参加了市委常委吴志明牵头的市委重点调研课题。在广泛调研的基础上,2012年,上海市委、市政府出台了《关于加快本市农村集体经济组织改革发展的若干意见(试行)》,创设了社区经济合作社这一改革形式,由政府颁发证书,并可凭证明书申领组织机构代码证,建立财会制度进行实体化运作。采取这种形式后,社区经济合作社中的成员可参照农村集体经济组织收益分配的形式,按份额享受收益分配,无需缴纳 20% 的红利税。正是有了社区经济合作社这一新型经营主体,促使该问题得以"破冰",真正加速了改革的进度。市委、市政府对这项工作高度重视,我记得从 2012 年起,市委连续将农村集体经济组织产权制度改革作为全市重要工作任务进行部署。市委、市政府每年都召开全市推进农村产权制度改革工作推进会,出台了《关于推进本市农村集体经济组织产权制度改革若干意见》和《上海市农村集体经济组织产权制度改革工作方案》等文件,明确了改革的路线图和时间表。全市各区县都分别成立了产权制度改革领导小组,出台了政策文件和推进方案,并积极稳妥推进改革。

还权于民的"五个坚持"

从两面"红旗"到"红旗"高高飘扬,对于上海而言,这条路走得既慢不得又急不得。"慢不得",因为经过多年发展,村镇集体积累了巨额资产。这份资产不能继续产权不清下去;"急不得",是因为对于具体操作而言,改革的复杂性,没有亲身经历过,就无法切实体会到。在这一点上,我感到我们准确把握了一个度。

一是坚持集体所有,推进改革的底线就是保持农村集体经济所有制的性质不能变,不能改小、改虚、改垮甚至改没了。

目前,上海已经明确城市化地区采取股权形式量化集体资产。其他地区,则采取份额形式赋予农村集体经济组织成员合法权益。为此,上海始终坚持两个"防止",防止集体经济由内部少数人侵占支配,防止农村集体经济被外部资本"大鳄"吞并控制。集体经济组织要牢牢管住集体土地和不动产等资源性资产,确保成员权益不受损害。

2008 年起,松江区在新桥镇、中山街道开展农村集体经济组织产权制度改革试点,在总结试点经验基础上,全区面上稳妥有序地推进产权制度改革,将农村集体资产以份额形式量化到每个符合条件的集体经济组织成员,并加强集体"三资"监管。通过五年改革,松江区 14 个涉农街镇已全部完成改革,成立了 14 家镇级农村集体经济联合社和 107 家村级集体经济合作社,共量化集体资产 328.2 亿元,涉及社员 570141 人,在本市乃至全国率先以区(地级市)为单位完成了镇村两级农村集体经济组织产权制度改革工作。松江的做法是农村集体资产由街镇统筹经营管理。比如新桥镇对漕河泾在新桥的园区进行开发,近年来镇资产经营公司的总资产翻了近十倍,实现工农互惠、城乡一体、集约发展、合作共赢,促进集体经济的可持续发展。

二是坚持因地制宜,让村级经济有可持续发展能力。

闵行区早在 20 世纪 90 年代就开始了探索实践,是上海推进农村产权制度改革的先行区。自 2011 年被批准为全国 24 个农村改革试验区以来,进一步加大改革力度。到 2014 年底,闵行区共有 120 个村完成了村级集体经济组织产权制度改革工作,占全区 174 个村级集体经济组织的 69%。通过改革,有 29 万农民变成股民,持有集体资产 55.7 亿元;分红总额 3.85 亿元;农民财产性收入占到农村居民家庭人均可支配收入的 18.3%,促使闵行区城乡居民收入比达到 1.48∶1,成为本市郊区城乡居民收入差距最小的地区。闵行区推进农村改革试验任务成效显著,受到中农办、农业部、国务院发展研究中心等有关领导的充分肯定。2014 年,闵行区又被批准为全国农村改革试验区(第二批),试验的核心内容是赋予农民集体资产股权权能。

像闵行九星村,并没有搞土地出让这样的"一锤子买卖",而是守住村里的集体用地,"不建洋房建厂房",为发展村级集体经济留下最为珍贵的土地

七宝村十届四次村民代表大会暨七宝村集体经济组织成员第二次代表大会

资源。随着上海近郊深度城镇化，九星村在土地和厂房资源的基础上开办了赫赫有名的"九星市场"。九星村在土地和厂房资源的基础上经营市场，就像是"种砖头"，一茬接一茬，让村级经济就有了可持续发展能力。

三是坚持农龄为主要依据，充分尊重历史。

农村集体资产资金是其成员长期劳动积累形成的成果。农龄既涵盖了现在的集体经济组织成员，也包括已过世的集体经济组织成员。为此，上海始终坚持新型集体经济组织要以农龄为主要依据确定成员所占集体资产的份额，并以此作为收益分配的主要依据。

农龄统计要考虑农民各种各样的情况，包括共性的，也包括个案的。单单这一项基础工作，就要对应许许多多历史情况、家庭情况甚至是"千奇百怪"的特殊情况，还要经过反复核查、张榜公示、签字确认等手续和程序。上海在确定股权的具体设置方法上力求涵盖不同群体，实现人户结合，以户为单位发放社员证,并相应明确户内每个成员的股权(份额),为下一阶段探索农村集体资产股权流转打好基础。

四是坚持公开公平公正,阳光下运作,让每个农民看得见。

农村集体资产涉及千家万户的利益。法律法规明确的,必须依法依规;已有政策的,要按政策认真执行;没有政策依据的,通过召开集体经济组织成员代表大会民主决定。对此,上海始终坚持程序的合法性与公开性相结合,将成员资格认定的决定权交给农村集体经济组织成员,由他们充分协商、民主决定。

五是坚持效益决定分配,要让鸡下蛋,不能图一时利益而"杀鸡取卵"。

集体资产收益分配不是改革的唯一目的,最根本是要建立产权明晰的集体产权制度。新型集体经济组织要建立成员的收益分配机制,年度收益分配要依据当年的经营收益情况,确定合理的分配比例,并建立以丰补歉机制。同时反复强调严禁举债分配。

推进产权制度改革的成功奥秘

改革是一项复杂的系统工程,说到底是利益的再调整。我感到我们上海的做法大致可以归纳为三点:一是形式多元化;二是充分利用信息化手段;三是牢牢把握"党委领导负责制"。在推进集体产权制度改革中,不断化解思想认识问题,逐步凝聚改革共识是至关重要的关键所在。

郊区区县经济发展水平不一,推进改革的基础工作也不相同。在推进过程中,我感到必须因地制宜,倡导改革形式应该多样化。大家知道,我们上海先后探索了有限责任公司、社区股份合作社和农村社区经济合作社三种改革形式。在城市化地区,一般选择有限责任公司和社区股份合作社。

在农村地区,主推农村社区经济合作社。为促进改制后集体经济发展,上海明确村级集体经济组织要形成以物业租赁为主的盈利模式,乡镇集体经济组织在自身发展的同时,可受托管理村级集体资金资产,鼓励村集体经济组织以入股等形式参与经济开发,实现集体经济抱团发展。

在"三资"监管平台上,点击率最高的还是农龄、村干部报酬等有关产权制度改革的关键要素。2011年,上海首创的农村集体"三资"监管平台正式开通,通过该平台,农民群众可查询到本村的资产概况、收入情况、支出情况、集体土地收益等内容,为制度插上信息化的"翅膀",真正实现农村集体"三资"在网上公开、网上监督。

任何改革,领导重视很关键。这一点,作为推进这项改革的实施者,我的感受尤其深刻。现阶段推进农村集体产权制度改革,由下而上自发形成改革动力是不现实的,不能干等着基层干部主动要求改革。必须自上而下不断统一思想,形成改革压力传导机制。在推进产权制度改革过程中,闵行、松江形成了一套可复制、可推广的经验和制度安排。在业务操作层面坚持"四个原则":因地制宜,选择符合自身实际的改革形式;程序规范,改革关键环节都严格遵照农业部和本市政策文件确定的程序予以推进;决策民主,坚持依法依规依政策,没有政策依据的事项可由村民集体经济组织成员代表大会民主决策;操作阳光,充分保障了成员的知情权、参与权、决策权和监督权。在工作推进层面建立"四个机制":主要是实行"一把手"工作机制,区委、区政府主要领导高度重视农村集体经济组织产权制度改革工作,并亲自挂帅推进改革工作;建立目标考核机制,把推进农村集体经济组织产权制度改革作为区委、区政府的重点工作予以推进,并纳入对乡镇经济社会工作的重要考核内容;形成工作联动机制,建立了各级、各部门协同配合、共同推进的联动机制;建立财政保障机制,对完成改革的实行奖励和补助,并探索由财政对村级组织运转经费予以合理保障。

产权制度改革后,在新型集体经济组织内部的治理结构上,我们也下了一番功夫:一般提倡村党支部书记兼任经济合作社理事长,但不提倡村委会主任担任村经济合作社理事长。如果村党支部书记不是本集体经济组织成员,村集体经济组织可依照章程,聘村党支部书记为外部理事,通过选举担任理事长。为避免任务过重难以履行村民自治事务和社会管理服务的职能,村主任则不建议担任经济合作社负责人。

在新型集体经济组织和村党组织、村委会之间的关系上,完成改革后,在村委会和村社区经济合作社共存的地区,应形成在村党组织领导下,村委会自治管理、村社区经济合作社自主经营、村务监督管理委员会监督管理的新格局。村党组织要强化其在村级各类组织中的核心作用。而村委会要尊重并支持集体经济组织发展壮大,逐步退出招商引资等经济经营业务领域,回归村级自治管理。村级集体经济组织自身要充分行使集体资产自主经营管理权,负责集体资产经营收益类事务,经营和管理好集体资产。

虽然上海市在发展农村集体经济方面做了一些探索,但总体来看,农村集体经济发展在不同程度上都受到一些体制、政策因素的制约,要让改革的成效继续维持并扩大,关键在于找到可持续发展的动力。

农村集体产权制度改革是农村生产关系的又一次重大变革,是一场静悄悄的革命,这场变革给"四化同步"中的农业农村农民带来了翻天覆地的变化。未来,应及时总结2002—2012年农村集体产权制度改革工作成效、经验和做法,切实加强工作指导,着力研究解决改革工作中的历史遗留问题。

　　王国忠，1962 年 9 月生。曾先后担任市农林局农业处副处长，市农业技术推广服务中心主任，市农委种植业办主任，市委农办研究室主任、市农委政策法规处（农村经营管理处）处长等职，现任上海市农委总经济师。

农产品最低保有量制度的实施

口述：王国忠

采访：杨清悦

整理：杨清悦

时间：2016 年 6 月 22 日

我 1989 年 7 月参加工作，长期从事农技推广和农业行政管理工作。近年来，上海依托特大型城市的综合优势，统筹城乡发展，创新体制机制，努力在城乡一体化进程中走在全国前列。在此过程中，上海在确保年产 10 亿公斤粮食生产能力的基础上，实施本地鲜活农产品最低保有量制度，确保上海地产农产品有效供给。

记得在 2008 年 3 月 28 日，国务院召开了一个全国农业和粮食生产电视电话会议。时任总理温家宝在会上强调，要进一步加强对农业和粮食生产极端重要性的认识，进一步加大政策支持力度，促进农业和粮食生产发展。时任市委副书记、市长韩正在随后召开的上海分会场会议上也强调，一定要把国务院会议精神贯彻好，把中央新出台的十项支农惠农新政策抓紧落实到位,切实加强"三农"工作,促进农业和粮食生产。也就是在这次会议上,上海提到了农产品的"保有量"问题。韩正市长指出,上海农业要有一定的保有量,这是中央的明确要求,也是上海的实际需要,是上海必须承担的政治责任。我们丝毫不能因为大市场、大流通而忽视本地农产品的生产,丝毫不能因为农业比重小而轻视农业,丝毫不能因为粮食比较效益低而放松粮食生产。

在这次会议基础上,为认真贯彻《中共中央、国务院关于切实加强农业基础建设进一步促进农业发展农民增收的若干意见》精神,结合上海实际,2008 年的 4 月 24 日,市委、市政府制定并下发了本市贯彻实施意见,明确要求:"加强主副食品市场供应对策研究,确保蔬菜、猪肉、禽蛋、牛奶、水产品等地产鲜活农产品的最低保有量,确保粮食等主要农副产品不断档、不脱销,保障市场供应。"为此,本市正式开始实施主要农产品最低保有量制度。

20 亿斤粮食为农产品最低保有量制度奠定基础

虽然上海真正提出农产品最低保有量的概念是在 2008 年,但实际上,关于粮食生产,我们从来没有松懈过。

事情可追溯到 1996 年。当年,市政府转发了市农委、市计委关于到 2000 年本市粮食年生产总量稳定在 200 万吨(40 亿斤)的实施意见,围绕 40 亿斤粮食生产任务,通过稳定种植结构,提高粮田复种指数,建设百万亩"三高"粮田,推进中低产田改造等措施,到 1999 年,本市粮食播种面积稳定在 500 万亩次以上,年粮食总产量保持在 40 亿斤以上。

1999 年,国家又出台了关于当前调整农业生产结构若干意见,并明确提出了从 2000 年起,南方冬小麦退出保护价收购范围,全国的农业结构调整全面推进。由于粮食种植效益低,减少粮食种植面积成为这次结构调整的主要方向。2003 年,全国粮食面积跌进了 15 亿亩,粮食总产量不到 9000 亿斤。上海与全国一样,2000 年后也取消了 40 亿斤的粮食生产任务。在全国农业生产结构调整的大背景下,上海就启动了新一轮种植业结构调整,调整的主体是"减粮、扩经、调优、增林",全面提高农业经济效益和生态效益。到 2003 年,全市粮食播种面积和产量跌至改革开放以来最低谷,粮食播种面积 222 万亩,粮食总产量不到 20 亿斤,全市的粮经比从 1999 年的 60∶40 到 2003 年的 35∶65。

2003 年,在耕地、粮食播种面积、粮食总产量、人均粮食占有量"四个连年减少"的背景下,10 月 28 日,国务院召开了农业和粮食工作会议,这次会议的主题是保护和提高粮食生产能力、确保国家粮食安全。10 月 31 日,市委常委会专题听取了国务院农业和粮食工作会议精神与本市贯彻落实会议精神等有关情况的汇报。会上,市领导明确,本市要不折不扣贯彻落实好国务院会议精神,保质保量完成本市 20 亿斤粮食生产任务。11 月 3 日,市政府常务会议专题听取了市农委、市农林局关于本市贯彻落实国务院农业和粮食工作会议精神打算的情况汇报,韩正市长提出要高度重视粮食生产、高度重视耕地保护、高度重视农民增收。11 月 7 日,市政府在嘉定召开了推进"三个集中"和秋季农业工作会议,传达国务院农业和粮食工作会议精神以及市委、市政府主要领导有关本市粮食生产的指示精神,市农林局对稳定本市粮食生产作了工作部署。会上提出了本市粮食生产工作目标:"稳定生产总量,保持生产能力,提高质量效益。"为落实国务院农业和粮食工作会议精神,市农委、市财政局、市农林局等三部门围绕保护本市粮食生产能力,稳定粮食生产总量,研究本市粮食补贴政策,当年12月10日,出台了本市首个种粮农户直补政策。

针对农民增收困难,特别是种粮农民收入下滑等突出问题,2004年中央出台了促进农民增收若干政策意见的中央一号文件。一号文件的主要精神是降低农业税率、实行粮食直补、良种补贴和大型农机具购置补贴。为贯彻中央一号文件,并按照市委、市政府提出的工作目标,2004年1月12日,原市农林局下发了稳定本市粮食生产工作意见,明确全年粮食播种面积确保200万亩次,粮食总量20亿斤,水稻单产在前5年的基础上提高3%,优质水稻品种覆盖率达到90%以上等,并将2004年粮食播种面积和总产任务分解到各涉农区县和光明集团等单位。2004年1月14日,农业部又下发了《关于恢复发展粮食生产的意见》,下达了2004年各省粮食生产面积、产量目标,上海的粮食目标是粮食面积223万亩,产量20亿斤。同年3月23日,根据国务院第44次常务会议决定并经党中央同意,国务院再次召开农业和粮食工作会议,温家宝总理在会上作重要讲话,主要讲了四点意见:一是必须认清当前粮食面临的严峻形势,增强做好粮食工作的紧迫感和责任感;二是落实政策、强化措施,千方百计增加粮食生产;三是精心调控,严格管理,确保粮食市场稳定;四是统一思想认识,进一步加强领导,把各项工作落到实处。2004年的3月26日,市委常委会专题听取本市贯彻落实国务院农业和粮食工作会议实施意见的汇报,提出了上海在粮食生产和储备上要做到"四个确保":即确保160万亩粮田,确保100万吨粮食生产总量,确保种粮农民收入增加、确保地方粮食储备160万吨的规模。按照市委、市政府领导要求,结合上海实际,市发展改革委会同市农委、市经委、市财政局等部门共同研究,提出本市做好农业和粮食生产工作政策措施。3月29日,市政府出台了

海丰设施粮田

《关于本市扶持农业和粮食生产政策措施的通知》,在稳定粮食生产方面提出了8项含金量高、操作性强措施,其中有粮食生产能力建设、种粮农户直补、水稻良种补贴、绿肥补贴、农村税费改革等。这些政策措施的出台极大地调动了农民种粮的积极性。2004年,本市粮食生产呈现恢复性发展,完成了农业部下达的20亿斤粮食生产任务。

根据农业部对本市粮食生产的要求以及市委、市政府20亿斤粮食生产总量底线目标,在分析前5年各区县和光明等单位粮食面积、产量情况的基础上,市农委于2004年10月下达了2005年粮食生产目标,将20亿斤粮食总量和160万亩水稻面积任务进行了分解。粮食生产目标任务的下达,为本市农产品最低保有量制度的实施奠定了基础。

从 2004 年本市实施种粮直补、绿肥补贴、水稻良种补贴、粳稻谷收购补贴以来,在此后 5 年间,又先后实施了水稻农资综合补贴、商品有机肥补贴、测土配方施肥补贴,水稻重大病虫害防治药剂补贴、农机购置补贴等多项补贴。这些补贴政策的实施,有力地调动了农民种粮积极性,本市粮食种植面积从 2004 年的 232 万亩,提高到 2008 年的 262 万亩,提高了 12.9%,超额完成全市 20 亿斤粮食生产总量。

农产品最低保有量制度的实施及其背景

2008 年 4 月 24 日,市委、市政府制定并下发了贯彻《中共中央、国务院关于切实加强农业基础建设进一步促进农业发展农民增收的若干意见》的实施意见。"意见"明确要求:"加强主副食品市场供应对策研究,确保蔬菜、猪肉、禽蛋、牛奶、水产品等地产鲜活农产品的最低保有量,确保粮食等主要农副产品不断档、不脱销,保障市场供应。"按照市委 4 号文件要求,市农委着手制定本市主要农产品最低保有量。经与相关区县沟通协商,2008 年 12 月,市农委下发了《关于确保本市主要农产品最低保有量的工作意见》,明确了 2009—2012 年本市粮食、蔬菜、生猪、家禽、鲜蛋、鲜奶、淡水养殖产品等主要农产品最低保有量目标。其中,粮食生产能力 20 亿斤,水稻面积不低于155 万亩,设施粮田面积 120 万亩;蔬菜上市量 164 万吨,设施菜田 28 万亩,这里面包括绿叶菜基地为 10 万亩;生猪年出栏 250 万头,80% 出自千头以上规模化猪场;家禽年上市 5000 万羽,50% 出自万羽以上规模化禽场;鲜蛋年上市 5.8 万吨,包括鲜蛋 50% 出自万羽以上规模化蛋鸡场;鲜奶年产 26 万吨,奶牛存栏 6 万头,全部出自百头以上规模化奶牛场;淡水养殖产品年生产能力 16 万吨,保持 30 万亩池塘养殖面积。为此,上海也正式开始实施农产品最低保有量制度。

实际上,这个农产品最低保有量的目标数据设定,是有充分依据的。一是宏观调控。按照国家关于粮食主销区的要求,在国家对上海有新的调控指标前,仍需确保 20 亿斤粮食生产能力,确保 20% 的粮食自给水平不下降。二是根据产品特点。对鲜活度高、不耐长途运输或长途运输不经济的产品,自给率相对较高,如绿叶菜为 80% 以上。三是运输条件。对周边省市易于调入的产品,保有量可适当降低。如淡水养殖产品自给率为 30% ;四是国际经验。参照国际上一些大城市的做法,将生猪、家禽和鲜蛋按照 3 个月的消费量作为最低保有量,自给率 25%。其中,考虑到本市生产基础,将家禽自给率调高为 50%。

上海为什么要实施农产品最低保有量呢? 大家都还记得,2008 年初,上海经历了一场百年难遇的大雪灾。当时正值蔬菜上市淡季,由于自然灾害造成的上海周边交通瘫痪,导致从外省市进口的很多农产品都进不来上海。当时,韩正市长特别关心地产蔬菜的生产情况,关照我们要认真做好地产农产品的供应。同样的情况在 2003 年"非典"期间也曾遇到过。

我们实行农产品最低保有量制度的背景,可以归纳为以下三个方面。一是从农业产业本身看,进入 21 世纪以来,本市大部分农产品产量持续下降,部分农产品产量跌幅较大,许多领导和专家认为,从农业产业本身可持续发展的内在要求出发,主要农产品生产能力应该确保一个阶段性底线。二是从保障城市安全看,考虑到突发疫情或其他重大自然灾害的可能性,借鉴国际经验,地产农产品拥有一定保有量,对确保城市安全是非常必要的。三是从保障市场均衡供应看,由于农产品生产具有年度周期性和季节波动性,确保适度地产农产品保有量,对保障淡季和重要节日供应、调解和平衡特定时段市场供求矛盾具有重要作用。

农产品最低保有量制度内涵丰富成效显著

2009—2012年,主要农产品最低保有量制度实施四年来,本市圆满完成了中央下达的20亿斤粮食生产任务,基本农田得到有效保护,农业基础设施水平和农业科技水平不断提高,蔬菜、肉类、牛奶等主要农产品市场供应充足、价格基本保持稳定。这充分说明,主要农产品最低保有量制度的实施,对保障城市安全和主要农产品的有效供给,对稳定以绿叶菜为风向标的蔬菜市场供应价格,对强化区县、乡镇政府推进现代农业发展的责任意识,对构建强农惠农富农政策体系,发挥了重要作用。

在粮食生产方面,2009—2012年四年间,本市粮食总产保持在23亿斤以上,水稻种植面积在157万亩以上,水稻单产年年创历史新高,2012年达到565公斤,完成120万亩设施粮田建设任务,并推进18万亩高水平粮田设施建设。这期间,市委农办、市农委做了不少工作。一是不断调整完善稳粮政策。实施定额补贴,补贴内容、补贴资金不断增加,水稻直补、良种补贴、农资综合补贴、重大病虫害防治药剂补贴等"四项补贴",水稻平均每亩补贴从2009年的185元提高到2012年的237元。二是积极培育粮食经营主体,推进粮食适度规模经营。以发展种粮大户、粮食专业合作社和松江粮食家庭农场为重点,积极培育粮食经营主体,不断扩大粮食规模经营。2012年本市30亩以上粮食规模经营达到70%。三是提高粮食生产科技水平。以粮食高产创建为抓手,集成推广高产技术。稻麦良种实行统一供种,良种覆盖率接近100%。大力推广杂交稻种植,推广面积逐年扩大,2012年达到34.8万亩,四年累计推广面积为115万亩。实施良种良法配套技术,大力推进水稻全程机械化,2012 年水稻机械化种植面积达到 57.2 万亩,占水稻种植面积的 36.1%,四年累计推广面积为 165 万亩;实施粮食高产创建,创建面积逐年扩大,并积极推进整镇、整村整建制推进,到 2012 年稻麦高产创建实施面积为 93.2 万亩次,比 2008 年增加 74.4 万亩。通过粮食高产创建优秀示范方评比,辐射带动农户积极参与粮食高产创建;加强病虫害监测预警,扩大病虫害统防统治覆盖面,全市稻麦统防覆盖率达 80% 以上。四是强化农田设施建设。大力推进设施粮田、农田水利等农业基础设施建设项目,完成 120 万亩设施粮田建设目标,并按照本市"十二五"现代农业建设规划,推进新一轮 18 万亩高水平粮田建设。同时,根据 2011 年中央《关于加快水利改革发展的决定》的要求,积极推进本市农田水利建设,有力地提升本市粮食综合生产能力。

在蔬菜生产方面,从 2010 年开始,根据国务院相关文件精神,结合上海城市发展和地产蔬菜生产供应实际情况,上海实施了"菜篮子"区县长负责制,对蔬菜种植面积、绿叶菜种植面积、绿叶菜上市量提出了新的目标,即蔬菜种植面积 50 万亩、"夏淡"绿叶菜种植面积 21 万亩,绿叶菜年上市量 145 万吨。此外,市政府办公厅印发《稳定蔬菜生产确保市场供应工作责任制的考核办法》,对各区县工作进行考核和评定。市农委、市财政联合下发了《上海市地产绿叶菜上市考核奖励暂行办法》,对市郊蔬菜生产区县及有关单位承担的绿叶菜计划种植面积和计划上市量的实际完成情况进行考核,市财政每年安排 1 亿元专项资金用于绿叶菜上市量的挂钩奖励。在此基础上,市政府还积极完善生产扶持机制。包括推进设施菜田建设,"十一五"期间,全市共投入建设资金 30.3 亿元,新建设施菜田近 21 万亩,改善市郊蔬菜生产条件,增强蔬菜生产能力;完善农资综合补贴,2008 年开始实施蔬菜农资综合补贴,对 10 亩以上规模化生产面积每亩补贴 60 元,2011 年将补贴范围扩大到 2 亩以上,补贴标准从每亩 60 元提高到每亩 76 元,2012 年将补贴标准又提高至每亩 90 元;新增绿叶菜种植补贴,2011 年开始设立"夏淡"期间种植绿叶菜专项补贴,重点支持淡季绿叶菜生产,市级财政每亩补贴 80 元;开展标准园创建,"十二五"期间明确市、区县两级各创建 150 家蔬菜标准园,通过对规模化基地的支持,不断提升组织化水平,稳定生产面积,促进产销衔接。

在农产品最低保有量制度实施的第一个 3 年内,在"菜篮子"工程和区县长责任制的有力推动下,上海地产蔬菜生产取得了比较明显的成效。一是蔬菜生产面积保持基本稳定,尤其是绿叶菜的面积稳中有升。到 2012 年,市郊蔬菜播种面积约在 190 万亩次,年上市量 345 万吨左右,其中绿叶菜上市量达 170 万吨左右,占整个市场供应量的 90% 左右。二是蔬菜产出能力提高,抵御各种自然灾害能力和均衡供应能力明显增强。由于市、区两级财政投入建成的设施菜田大规模投入使用,产业技术体系建设不断完善,绿叶菜系列化新品种开发应用,绿叶菜周年生产能力明显增强,上海市场的绿叶菜一年四季基本能够均衡供应。三是蔬菜产销更加顺畅,市场价格稳定可控。充分发挥地产蔬菜的就地生产、就地供应的优势,大力推进"四对接一直销",使蔬菜产销更加顺畅。全市从 2010 年 12 月 1 日起,对所有通过收费公路的、装载蔬菜的车辆免收通行费,免收"菜篮子"工程车的贷款道路建设车辆通行费,进一步降低流通费用。市郊菜区配有 673 辆"菜篮子"工程车和 107 张"市区货运汽车通行证"。2011 年,对市民生活影响最大的青菜每公斤全年批发价 2.10 元,同比下降 0.9%。2012 年,青菜的最高周均价和最低周均价分别为 4.9 元/公斤和 1.0 元/公斤,与 2011 年的 6.4 元/公斤和

0.8 元/公斤相比,价格波动范围明显缩小。这几个数字不仅反映蔬菜为稳物价、保民生作出的贡献,同时也反映菜农的收入比较稳定。四是上海地产蔬菜的质量安全提升。2002 年,蔬菜质量安全监管工作刚起步。那时主要检测农药不到 10 种,农药残留检测超标现象比较严重,合格率仅 80% 左右。到 2012 年,农业部和市农委对农药残留检测范围已扩大到 40 多种,检测合格率达到 99% 以上。五是上海市郊蔬菜生产风险保障增强。随着区县长责任制的落实,市郊区县政府纷纷出台稳定蔬菜生产和供应的政策,形成一系列与市级财政补贴相配套的支农惠农政策。例如,1997 年上海在全国率先禁用甲胺磷等高毒农药,实行农药补贴;2012 年,市郊区县基本有接近 50% 的配套补贴,更好地引导农民使用安全农药。目前,对蔬菜生产的各类保险产品已增加到 5 个,每年用于蔬菜保险的市级财政补贴资金达 3300 万元、区县财政补贴达 3000 万元。这些长效机制的建立,既为减少蔬菜生产风险提供有力保障,又为蔬菜生产可持续发展提供有力支持。

在畜牧养殖方面,在实施农产品最低保有量制度之后,市政府印发了《上海市人民政府贯彻〈国务院关于促进畜牧业持续健康发展意见的通知〉》和《上海市人民政府贯彻〈国务院关于促进奶业持续健康发展意见的通知〉》;2011 年,市政府又召开全市生猪生产工作会议,并出台了《上海市人民政府关于贯彻〈国务院办公厅关于促进生猪生产平稳持续健康发展防止市场供应和价格大幅波动的通知〉》。市农委、市财政局、市发改委等部门相继出台了一系列扶持现代畜牧业发展的政策措施。据统计,2007 年以来,全市累计投入各类资金 26 亿多元,改造和建设标准化畜禽养殖场 340 多家。2014 年全市千头以上规模猪场 282 家,累计出栏生猪 222.8 万头,生猪饲养规模化率(76.7%)达历史最高水平。全市奶牛场 99 家,奶牛饲养量 7.48 万

光明集团奶牛场

头,鲜奶累计产量34.8万吨,鲜奶平均单产达9078公斤,全市奶牛存栏、奶牛单产和鲜奶总产量连续多年创历史最高水平。36家规模以上蛋鸡场存栏蛋鸡占全市的74.6%,成为地产禽蛋产品供应的主力军。

此外,松江区还利用土地集中流转契机,依托大型生猪产业化龙头企业,在全国率先推出种养结合家庭农场养猪新模式,获得中央有关领导、农业部和市区政府的充分肯定。本市农业龙头企业光明食品集团依托土地、资本、人才和科技优势,发展集约、循环、优质、高效的现代畜牧业,使之成为大都市"菜篮子"产品供应的主要承担者。目前,集团所属奶牛场28家,存栏奶牛4.57万头,占全市总存栏量61%,成乳牛平均单产达9879公斤。同时,光明食品集团按照"三自动一结合"的标准(即自动喂料、自动清粪、自动环境控制和种养结合),集中建设了一批高水平的现代化生猪规模养殖场,商品猪产能将达到 100 万头以上。更值得一提的是,在支持种源畜牧业方面,我们在域内着力打造一座国家级生猪核心育种场——浦东新区东滩种猪生产基地,同时建成一座辐射长三角的国家级种公猪站,建立健全种猪精液供应体系,推广人工授精技术,提高供种能力,加快优质种猪基因传播。在域外着力打造一座国家级生猪核心育种场——上海农场光明种猪场。标准化畜禽养殖基地建设大大改善了上海养殖业的设施装备水平和生产能力,为完成最低保有量任务发挥了重要作用,也为进一步调整优化和行业转型升级奠定了基础。

在水产养殖方面,市委农办、市农委相关部门,同样是通过多项政策及措施,确保本市水产品的自给率保持在 25% 以上,产量和面积分别稳定在 16 万吨和 30 万亩以上。一是细化最低保有量目标,制定地产水产品最低保有量实施预案。根据本市渔业生产的实际情况,当市场出现水产品供求不平衡时,以特定时期为 1 个月,确定每月上市供应 2 万吨水产品的最低保有量目标,并按 4 个季度分别提出地产水产品最低保有量供应市场方案。二是加快推进标准化水产养殖场建设,促进渔业健康养殖。按照"内循环、零排放"的要求,大力开展标准化水产养殖场的建设,从根本上改变目前水产养殖基地设施陈旧、功能退化、环境污染,养殖水产品质量下降的落后局面。至 2012 年全市已建成 12 万亩标准化、生态型水产养殖场,并作为囤塘鱼的定点基地。三是完善水产良种体系建设,大力发展种源渔业。积极发挥上海在科技、信息、人才、市场和资金等方面的优势,培育自主育种能力,提高自主创新能力,为本市水产养殖业的健康发展奠定基础,同时更好地服务全国。水产良种体系建设有序推进,至 2012 年,5 家市级水产良种场改造工程基本完成,提高本市水产良种的覆盖率。四是做好淡水养殖保险工作,提高渔民的抗风险能力。本市淡水养殖保险工作于 1999 年正式启动,至 2012 年投保面积已达 18.82 万亩,占全市池塘养殖面积的 74.33%,保险面积较 1999 年增长了 382%。其中标准化水产养殖场实现保险全覆盖,地产食用养殖水产品"准出"产品责任保险覆盖面超过 60%,市、区、乡镇和村四级保险服务网络基本形成,以水产主管部门为主导,技术推广、渔船监管和保险公司三方协同、市区镇三级联动的防灾减损工作机制初步建立,保险服务能力与质量显著提高。五是加强地产养殖水产品质量安全监管,保证"舌尖上的安全"。重点完善了地产水产品质量安全监管体系,在原三级监管网络的基础上,试点建立村级水产监管员队伍,指导和监督养殖户建立完整的档案渔业和用药记录制度,传递生产、市场和鱼病防治信息,逐步建立水产品质量可追溯制度。

按照《上海市现代农业"十二五"规划》的要求,在总结本市主要农产品最低保有量制度实施工作的基础上,结合相关产业和各区县的实际情况,再充分征求各区县和有关单位的意见,经市政府同意,市农委又下达了 2013—2015 年本市主要农产品生产最低保有量指标,继续实施最低保有量制度。

事实证明,农产品生产最低保有量制度的实施,确确实实对增加农民收入,保障农产品有效供给和质量安全,确保城市公共安全起到了不可替代的作用。

陆峥嵘，1968 年 3 月生。1995 年任上海市农业技术推广服务中心科长。2003 年任上海市农业技术推广服务中心副主任。2007 年任上海市农业技术推广服务中心主任。2011 年起任上海市农业委员会种植业管理委员会主任。长期从事农业技术推广和农业行政管理工作，见证了上海都市现代农业发展。

发展都市现代种植业

口述：陆峥嵘

采访：曲　晨

整理：曲　晨

时间：2016 年 6 月 21 日

2002 年至 2012 年这 10 年间，在上海城市不断发展的大背景下，都市现代农业不断发展。在种植业方面，贯穿这 10 年的一条主线就是种植业结构调整，通过这 10 年的调整，上海都市种植业从以粮为纲，逐步发展为保障粮食生产能力，发展经济作物种植，提高种植业效益，促进农业生态平衡发展的新格局。

1999 年，国务院出台了关于调整农业生产结构的"若干意见"，全国农业结构调整开始全面推进。同时，在 1999 年开始的承包地二轮延包中，上海本地农民受农业税还未取消和粮食种植效益较低的影响，承包土地从事农业生产特别是种植粮食的积极性出现了下降。在全国推进农业结构调整的大背景下，上海市启动了新一轮的种植业结构调整，主体是"减粮、扩经、调优、增林"。至 2003 年,全市粮食播种面积自 1999 年的 500 万亩次以上,下降至 222 万亩次,粮食总产量从 1999 年的 40 亿斤以上,下降至不到 20 亿斤,全市粮经比从 1999 年的 60︰40,变化为 2003 年的 35︰65。

2003 年,在全国耕地、粮食播种面积、粮食总产量、人均粮食占有率"四个连年减少"的大背景下,2003 年底和 2004 年初,国务院先后两次召开农业和粮食工作会议,要求保护和提高粮食生产能力,确保国家粮食安全和粮食市场稳定。上海市委、市政府高度重视,要求全市贯彻国务院会议精神,保质保量完成粮食生产任务。市农林局提出了"稳定生产总量、保持生产能力、提高质量效益"的工作目标,要求全市粮食播种面积确保 200 万亩次,粮食总量 20 亿斤。

2004 年,由市发改委牵头,会同市农委等部门,在稳定粮食生产方面出台了 8 项具体措施,包括提升粮食生产能力,开展种粮农户直补,实施水稻良种补贴、绿肥补贴,农村税费改革等,极大地调动了农民的生产积极性。自 2004 年起,本市粮食生产呈现恢复性发展。2008 年,市政府下发了《关于进一步加强本市农业和粮食生产的政策意见》,进一步加大对粮食生产和菜篮子产品的政策支持力度,本市种植业结构调整进一步深化。

自 2002 年至 2012 年,本市种植业结构调整,主要体现在了提升粮食生产能力,发展经济作物生产,推进粮田设施建设和提高农业生态水平这四个方面。

粮食高产创建

说起粮食高产创建,就得先说说当时的背景。

2006 年,全国粮食产量已接近 1 万亿斤,连续三年实现增产。当时,增产贡献因素中,政策的推动作用更多一点。但接下来,要继续通过政策推动,空间已不大,而且伴随当时全国经济的高速发展,农业资源的供需矛盾也很突出。在 2007 年初,时任农业部部长孙政才就提出:"在农业资源约束日益强化的背景下,必须走依靠科技、提高单产的路子,要在全国组织开展粮油高产创建活动。"当年,农业部先在几个粮食主产区建立了 500 个高产创建万亩示范片。2008 年,农业部才开始在全国范围内全面开展粮棉油糖高产创建活动,通过带动农民学技术、用技术,来提高技术的贡献率。

当时,我们上海市郊的耕地面积正逐年下滑。为了完成每年全市 20 亿斤粮食的生产任务,我们只能在如何提高粮食生产水平上做文章,所以在 2008 年,上海也开始实施粮食高产创建活动。

考虑到上海的实际情况,我们决定首先在水稻作物上开展高产创建。当年实施水稻高产创建面积是 18.8 万亩,占全市水稻种植面积的 7.8%,但平均产量却达到了 618.2 公斤/亩,比面上平均产量高出 12.8%。我们在向市委、市政府汇报后,这一成绩得到市领导的充分肯定。时任市委书记俞正声作出重要批示:"要在更大范围、更大面积上开展粮食高产创建活动。"

根据市领导的批示精神,2009 年,上海粮食高产创建开始从单一水稻作物向麦子作物延伸。2010 年,又从市郊开始向域外农场基地拓展。为提高高产创建的示范效果,2011 年,上海的稻麦高产创建开始实施整镇(场)、整村的整建制创建,当年建立整建制镇(场)12 个,整建制村 61 个,实现了粮食高产创建向更大范围、更大面积的扩展,带动了本市粮食整体生产水平的提高。在上海高产创建活动中,我们要求做到"六统一",也就是,统一举牌、统一种植品种、统一种植方式、统一肥水管理、统一植保防治、统一农机和技术服务,因此,增产增效十分明显。

　　经过几年的实践,上海在粮食高产创建中也积累了一些宝贵的经验,这就是:"政策扶持、品种优良、技术到位、服务细化。"

　　为了保障高产创建的顺利开展,我们首先在政策上进行扶持和鼓励。农业部、市农委都出台了专门的奖补政策,拿出了财政资金进行支持。五年来,部级高产创建专项支持经费 624 万元,市级高产创建财政专项支持经费 1428.5 万元;市级配套相关科技项目经费近 1000 万元;各区县财政支持经费约 2500 万元。政策的引导和财政的支持,给高产创建注入了强有力的推动力。市农委还出台了优秀示范方的评比办法,每年组织专家开展全市高产创建示范方的评比活动,并对选出的优秀示范方,通过发放商品有机肥的形式进行实物奖励,从 2011 年开始,实物奖励调整为现金奖励,并采取先创后补的形式,这大大激发了种粮农户开展粮食高产创建的积极性,让他们更愿意引进先进的生产技术。

　　再说品种。麦子作物上,小麦以"扬麦 11""扬麦 16"为代表的扬麦系列新品种为主,水稻选用的是秀水系列为代表的"秀水 134""秀水 114"两个常规水稻新品种,并逐步完成了对"秀水 123""秀水 128"等一些老品种的替代,以"秋优金丰""花优 14"为代表的两个杂交稻高产优质杂交稻新品种,也逐年淘汰了"秀优 5 号""申优 693"等多个易感条纹叶枯病的杂交稻品种。五年来,水稻新老品种实现有序更替,有效提升了本市水稻主栽品种的产量潜力。

　　用了好的品种,先进的种植技术也要跟上。麦子作物上,我们在区县全面推广以撒播浅耕灭茬栽培为主的浅耕麦技术,在农机装备条件较好的农场推广机条播栽培技术,并实现了全覆盖,然后逐步向市郊区县推广应用。麦子专用配方肥或复混肥,在市郊也得到大力推广。水稻作物上,全面推广机械化育插秧栽培技术,并开始应用适合常规稻机插栽培的窄行距栽插机械,水稻机械条播栽培技术也开始由农场向市郊区县扩展。另外,水稻群体质量栽培、测土配方施肥和病虫草害综合防治等技术保持全覆盖,技术到位率达 90% 以上。

最后说一说服务。好的品种加上先进的技术,要想取得好的成效,还离不开农技人员的指导服务。市、区县两级农业部门,围绕高产创建,都成立了领导小组和技术小组,并在每个示范方、示范点落实了专门的技术指导人员,实施全过程跟踪指导服务。高产创建也成为广大农业科技人员展示才华的舞台,科技人员业务能力在实践中得到了锻炼和提高。

开展粮食高产创建活动五年以来,上海的水稻单产水平连年创历史新高,并涌现出了一批先进典型。其中,松江区水稻高产创建在本市历年高产创建评比活动中,连续五年获得市优秀示范方评比"一等奖"。全区粮食高产创建主要以家庭农场为主,每个高产创建示范方由 1 个或若干个家庭农场组成。在管理上,松江区能将高产创建目标与家庭农场考核有机相结合,把各阶段管理措施落实情况,以及最终产量作为考核主要依据,实行末位淘汰和相应奖罚措施,有效调动了广大种植户种粮积极性和责任心。农场主们能在"比、学、赶、超"的氛围中,积极投入到高产创建的竞赛活动中去,有效提高了各项技术措施到位率。此外,松江区还进行大胆尝试,提出了一个新"三三制"模式,即夏熟作物三分之一耕地种二麦,三分之一种绿肥,三分之一进行深翻养护。因为"三三制"模式促进了耕地修复,起到了养地保肥的效果,这也为全市促进粮食生产可持续发展探索出了一条可借鉴、可推广的经验。

种植业结构调整

自 21 世纪初开始推进种植业结构调整起,我们各级农业主管部门就把发展经济作物生产作为一项重要工作来抓,在市郊原有经济作物产业布局的基础上,通过进一步优化品种结构、发展设施栽培、提高产品品质、推广优质品种来提升产业发展水平。2001 年起,原市农林局通过结构调整资金专项的扶持,设立了葡萄、梨、柑橘、桃等四个研究所,重点推进品种引种育种、栽培技术等方面的科技攻关。随着种植技术的不断提高,以及市民对瓜果等经济作物的需求不断提升,市郊农民从事经济作物生产的热情日趋高涨,生产模式由原有的一家一户为主的零散经营,逐步转变为以农民合作社为主要载体的规模化生产形式。随着生产规模和水平的不断提升,产品品质和经济效益不断提高。但是,受原有生产设施较为薄弱的影响,设施化栽培水平较低,抵御自然灾害的能力还较弱,影响了市郊经济作物产业的进一步发展。

2006 年,为了进一步推进市郊经济作物产业发展,我们在市级农业结构调整资金专项中,专门拨出资金,用于推进区域特色农产品生产基地建设。市郊相关区县和有关乡镇对这些工作积极性也都十分高。我们会同区县农委的同志,根据区县经济作物产业发展特点进行了专题调研,最后决定试点建设了嘉定马陆葡萄生产基地、原南汇区大团水蜜桃生产基地建设项目和奉贤区非洲菊生产基地项目 3 个项目。为了规范项目管理和资金使用,2007 年,我们和市财政局进行了会商,最后以市农委和市财政的名义联合下发了《关于推进本市区域特色农产品生产基地建设的扶持政策意见》,对项目扶持重点和主要建设内容、建设要求、扶持政策、项目申报与立项、项目管理等

现代化立体种植草莓

内容进行了明确,为相关项目具体实施和管理打下了坚实的基础。自此之后,全市区域特色农产品生产基地建设走上了轨道,发展速度不断加快。2006年至2012年,累计建设区域特色农产品生产基地近100个,总投资(含区级配套资金和相关单位自筹资金)5亿多元。有力提高了本市经济作物产业的竞争力。金山西甜瓜、青浦草莓、松江花卉、嘉定葡萄、崇明柑橘等区域特色农产品颇具规模,特色突出,市场前景好,成为当地农业生产的主导产业。提升了经营水平。通过项目扶持,建设了一批生产、加工、出口基地,培育和壮大了一批专业合作社和农业企业,提升发展了一批龙头企业,特色农产品生产的规模化、组织化程度不断提高。拓展了产业功能。依托特色产业,大力发展观光、旅游农业,形成了嘉定马陆葡萄节、奉贤青村黄桃节、浦东大团桃花节、鲜花港郁金香节、松江仓桥生梨节、金山吕巷蟠桃节、青浦白鹤草莓节等一系列节庆活动,大大拓展了特色农产品产业的服务功能。促进了农民增收。依托区域特色农产品生产基地,积极推进农业标准化,建设了一批农产品标准化示范区,挖掘区域特色资源潜力,满足了多样化、优质化的市场需求,成为农民收入的新增长点。

嘉定马陆葡萄是上海市著名的特色农产品,自20世纪80年代以来,在以单传伦为代表的一批带头人的带动下,马陆葡萄产业发展迅速,成为马陆镇果农增收致富的重要途径。2006年,依托区域特色农产品生产基地项目,市、区、镇共投资了2320多万元,用于1500亩优质葡萄生产基地、马陆葡萄主题公园的生产设施以及与之相配套的马陆葡萄交易市场的建设。2008年通过项目又投资816万元,增加铁管大棚的建设以及河道清淤、护坡等工程建设,解决了制约马陆葡萄发展的设施问题,并为葡萄交易提供了能够周年使用的市场。建设的马陆葡萄主题公园在传统的生产基础上,进一步融合了农业旅游、科普教育等功能,实现了"接二连三"、进一步促进了产业的综合提升,为马陆葡萄产业的健康发展奠定了坚实的基础。截至2012年,马陆葡萄现有葡萄种植户570多户,种植面积4800亩,全镇葡萄投产面积4646亩,葡萄总产值达到9331万元,平均亩产值达到2万多元。通过特色农产品生产基地建设项目的实施,大大提高了马陆葡萄的质量,在市民中的知名度和美誉度不断上升。2006年马陆葡萄获得了上海市著名商标,2007年马陆葡萄获得了农业部"中国名牌农产品"的殊荣,2010年还获得了农业部全国"一村(镇)一品"示范村(镇)的荣誉。

推进粮田设施建设

上海大面积推进粮田设施配套建设始于2004年,要说设施粮田建设,先得了解当时的建设背景。

21世纪初,上海在深化农业结构调整过程中,粮食生产出现了一些新情况。当时,粮食作物价格持续低迷,粮食生产效益徘徊低下,严重挫伤了农民种粮积极性,上海粮食种植面积出现了大幅度下降的情况,粮食生产能力急速下降。为了稳定粮田面积,确保 20 亿斤粮食总量,2003 年市农林局向时任副市长唐登杰进行了专题汇报,希望进一步优化粮食生产补贴政策,同时开展粮田基础设施配套建设,提高粮田抗灾能力,稳定上海粮食生产能力。2005 年市政府办公厅转发了市农委等三部门关于本市 100 万亩粮田基础设施建设的实施意见,全面启动粮田基础设施建设工作。

当时希望在短时间内改善面上粮田基础设施条件,稳定粮食生产能力。由于受资金量限制,当时粮田设施建设内容比较少,主要是配套水泥明沟、灌排渠道等农田水利设施和田间主干道路,灌溉泵站通过面上小农水项目配套建设。2005—2008 年的亩均投入标准为 1200 元,后来由于原材和人工费涨价,在原来投资标准上每亩增加了 400 元,调整为 1600 元。当时领导十分重视设施粮田建设工作,为了全面做好上海粮田设施建设工作,稳定粮食生产能力,确保 20 亿斤的粮食生产任务,2005 年还成立以市农委施兴忠副主任为组长,市发改委、农委、水务局、财政局相关负责人参与的上海市设施粮田建设推进协调小组,全面协调推进上海设施粮田建设工作。

为了规范粮田设施建设,农委和水务部门制定了粮田基础设施建设项目管理规范,在项目推进过程中通过项目现场会和工作交流会等多种形式交流工作体会,分析存在的问题,总结工作经验,不断完善粮田设施建设。到 2010 年,全市建成设施粮田 129.8 万亩(含域外农场),总投资 17.4 亿元。设施粮田建成后,田块分割更加有序,显著提高了土地、水电、农机等要素的使用效率,有效提高了农业综合生产能力,建成设施粮田的灌溉水利用系数基本都在 0.7 以上,在全国处于领先水平。

设施粮田的白色路和大明沟

在开始粮田设施建设时,我们就提出了"建管并举"的要求。为了确保建成的粮田设施长期发挥作用,2007年农委、水务、财政部门还制定了加强设施粮田的管护意见,明确设施粮田"占一补一"的管理制度。同时,对建成设施粮田按照每亩每年13元管护费的标准,根据区县财政条件实施差额财政补贴,加强建设设施的维护管理,并对建成的设施粮田编制电子地图,实行数字化管理。

现在想起来,在设施粮田建设过程中还有很多故事,特别是浦东东滩的万亩粮田建设。东滩万亩粮田属于滩涂地改造,2005年才成陆,是一片草长莺飞、芦花摇曳的处女地。当时杂草丛生、沼泽遍地,土壤条件结构不完整,透水性差,淤陷程度特别厉害,施工条件十分恶劣,施工难度之大是前所未有的。

作为经营主体的沧海桑田公司董事长张正权,对这些困难早已有所预料,但还有很多接踵而至,高难度的困难是他始料未及的。由于滩地长期浸泡在水下,数米深的淤泥、挖机等大型机械无法正常运作。许多次淤陷都不能自救,要冲出直径 100 米大坑,得动用几十块导板施救。有的地方只能用机械冲泥施工,修好的道路、挖好的沟渠不断塌方,只能重新挖掘,多次加固,许多地方还要用砖头、石灰等作为辅料,拌土加固,虽然工作量很大,但大家还是克服了土建工程中的各类难题,为东滩成功开发奠定了坚实的基础。

此外,东滩土壤盐碱度高且难以降低,是又一大难题。东滩土壤含盐碱量为 10‰,pH 值为 8.5,属于重盐碱地,由于土壤黏性重、沙粒细、通透性差,盐度很难降低。如果降盐度问题不能及时解决,水稻的种植只是美好的梦想。张正权团队为此进行了深入分析研究。根据"盐随水来、盐随水去"的原理,探索出了一套"盐碱滩涂淋盐洗碱技术",采用淡水多次反复灌、泡、翻、洗、排等综合配套方式,快速淋盐洗碱,最终使土壤的含盐碱量由原来的10‰降低到 2.5‰以下,满足了水稻生长条件。

回想最初搞粮田设施建设时,虽然当时亩均投资标准不高,但各级部门之间配合默契,从上到下,大家都真心想干事,心往一处想,劲往一处使,工作成效也比较显著。最初项目方案、田间道路、水泥沟、地下渠道的规划设计都是农业和水利部门一块自己做,图纸是手绘的,刚开始时工程建设也没有招投标、监理等程序,但施工质量都很好,很多设施现在都还在应用,农民反映也比较好。

化肥农药减量

2000 年起,上海市政府通过开展"环保三年行动"计划,推进全市环境治理。自2004年开展的第二轮行动计划起,将农业环境保护有关工作也纳入全市环保行动。以化肥农药减施、畜禽污染综合治理、秸秆综合利用为重点,以绿色、低碳和循环发展为主要目标,推进种养结合和农业废弃物综合利用,提高全市农业面源污染综合防治水平,加快环境友好型现代化农业的发展,推进新农村建设。在种植业方面,为减少化肥使用,解决畜禽粪尿对水体和环境造成的影响,按照"源头防控、过程拦截、末端处理"的原则,重点以化肥、农药减施、节水节肥等为主要内容,推进了绿肥种植、推广商品有机肥应用等工作。

2004年开始,为推进种植业结构调整,进一步培肥地力,缓解茬口矛盾,我们开始对种植绿肥进行补贴。补贴标准为每亩15元,其后逐步提升补贴标准,到2012年,绿肥种植补贴提升至每亩200元,特别是2011年"三夏"期间,受连续阴雨影响,使小麦受到较大损失,农民种植绿肥的意愿更加强烈。

我们还通过大力推广商品有机肥,增加商品有机肥使用量来减少化肥使用量,同时为畜禽养殖中产生的畜禽粪便寻找出路。2004年,第一批推广了1.5万吨的商品有机肥,主要在高产农田中使用,随后除了粮食生产,逐步推广至蔬菜和西甜瓜、果树等经济作物生产中。2004年和2005年,商品有机肥推广连续两年被列为市政府实事工程。2004年至2007年每吨商品有机肥补贴250元,至2008年起,随着商品有机肥推广量的增加和市郊农民接受程度的提升,在不增加财政负担的前提下,将补贴标准调整为每吨200元,并一直延续至今。

在化肥减施方面,我们在持续推广使用有机肥的基础上,大力推广测土配方施肥技术,进一步优化用肥结构,科学合理施用肥料,每年的推广面积保持在300万亩次左右。同时,实施农业节水节肥工程,在蔬菜、瓜果等经济作物上,通过水肥一体化技术进行节水节肥,提高肥料的使用效率。

在农药减施工程方面,我们以加强农作物病虫害预测预报体系建设为基础,重点推动农作物病虫害统防统治工作,推进统防统治示范点建设,通过推广应用大中型高效植保机械,提高防治效果,减少劳动力使用。同时,在蔬菜生产上大力推广应用高效低毒低残留农药,到2012年,基本实现了高效低毒农药的全覆盖,原有的高毒农药基本退出了使用,使地产蔬菜的质量安全得到了有效保证,基本不再出现由于食用蔬菜造成农药中毒的情况。还有一项重要的工作就是绿色防控技术的推广,各级农业技术部门通过向种植户推广应用杀虫灯、性诱剂、诱虫板等绿色防控措施,减少农药使用。同时,我们还在嘉定等区县试点开展农药包装废弃物回收处置,研究农药包装废弃物试点回收政策,加强农药包装废弃物回收处置,减少废弃物对农田环境的损害。

在农作物秸秆全面禁烧与综合利用方面,自2010年为配合世博会召开,大力推进秸秆禁烧和综合利用后,每年我们都花了大力气推进工作开展。一是推进种植业结构优化调整,通过扩大种植绿肥,推广冬季深翻制度,增加绿肥种植面积,从源头上减少"三夏"期间秸秆总量。二是大力推进机械化还田。以贯彻落实《上海市大气污染防治条例》为契机,全面禁烧农作物秸秆,以稻麦油等主要农作物为重点,坚持农机农艺结合,扶持农机户和农机服务组织,装备70马力以上拖拉机、带切碎装置联合收割机和配套机械,推进秸秆机械化还田。三是多元化综合利用农作物秸秆。推进以秸秆用作饲料、有机肥辅料、食用菌基质、建材等为重点的秸秆综合利用。

李建颖，1964 年 6 月生。2002 年 3 月至 2007 年 6 月，担任上海市畜牧兽医站副站长。2007 年 6 月到 2010 年 1 月，先后担任上海市畜牧兽医站站长、上海市动物疫病预防控制中心主任。2010 年 1 月至今，担任上海市农委畜牧兽医办公室主任。

都市现代畜牧业的转型发展

口述：李建颖

采访：沈　悦

整理：沈　悦

时间：2016 年 4 月 15 日

　　我 1984 年参加工作，至今已在畜牧行业整整工作了 32 年，也算是这条战线上的老同志了，亲身经历了上海畜牧业这 30 多年来的茁壮成长。尤其是 2002 年我踏上领导岗位后，更加深入地见证了上海传统畜牧业向都市现代畜牧业蜕变的转型过程。上海作为特大型城市，具有资金、人才、科技、市场、信息等诸多优势，但自然资源少、人力成本高、环保压力大也成了套在传统畜牧业头上的"紧箍咒"。如何扬长避短，做好上海畜牧业这篇文章，我想出路就是"都市+现代"。这里，我就回顾一下 2002 年至 2012 年间，我们在都市现代畜牧业道路上，不断探索践行，转型发展中值得细说的二三事。

现代化：上海畜牧业发展的必由之路

　　改革开放后，上海的畜牧业焕发生机，新建了大批蛋鸡场和供港猪场。

1988 年,根据时任市长朱镕基的指示,上海实施"菜篮子工程",畜牧业更是如雨后春笋,欣欣向荣。至 2002 年,全市千头以上养猪场 556 个,万羽以上蛋鸡场 62 个,10 万羽以上肉鸡场 108 个,百头奶牛场 178 个;全市上市肉猪 674 万头,肉禽 2 亿羽,鲜蛋 17 万吨,鲜奶 28 万吨,奶牛存栏 6 万头,当时上海的畜禽养殖量处于历史高位,畜牧业发展成效显著。

但成绩显著,问题同样也很突出。首当其冲的是土地资源限制。上海作为国际化大都市土地是寸土寸金,畜牧用地很快触碰到了"天花板"。其次,是环境污染问题。上海从 2000 年起就启动了三年环保行动计划并持续至今,由于畜禽粪污气味大,污染环境现象多发,大批畜禽养殖场被列为整治关停对象。还有就是生产水平问题。当初为了丰富市民的"菜篮子",规模场、散养户一齐上阵,各显神通,数量问题解决了,但生产水平不行。2002 年,全市生猪规模化率只有四成,家禽只有三成,"散兵游勇"在唱主角。即便是规模场,当时的生产水平也相对较低,比如当时百头以上规模的奶牛场比例很高,但奶产量不到 2015 年的一半。归根结底,在上海这座城市,这种拼资源、拼消耗的传统畜牧业发展模式是不可持续的,唯一的出路就是"现代化"。

为此,上海市在 2002 年发布了《上海市养殖业"十五"发展专项规划》,吹响了上海畜牧业从传统走向现代的号角。此后,又陆续出台了一系列扶持畜牧业健康稳定发展的政策文件,大力推进畜牧标准化生态养殖基地建设,利用中央、市级财政、区县财政和企业自筹资金,推动标准化畜禽场改造,明显了改善了郊区牧场的动物防疫设施、生态环境保护设施和饲养新技术设施,畜牧业现代化水平显著提升。

具体实践中,我们把"现代化"主要拆分为"五个化"。第一是抓规模化,激发产业活力。我们坚持不规范养殖整治与标准化场建设相结合,累计投入资金 20 多亿元,先后建设 300 多个标准化畜禽养殖场,扭转畜牧业生产连年下滑的局面,保障了城市地产畜产品有效供应。全市百头以上奶牛场、千头以上猪场、万羽以上蛋鸡场规模化率分别达到 100%、66% 和 92%。第二是抓设施化,激发科技活力。我们坚持科技兴牧,大力推进自动喂料、自动清粪、自动环境控制等现代畜牧设施装备建设,提高畜牧业的劳动生产率。在一批新建养殖场,生猪人均饲养量由 500 头提高至 1500 头,奶牛人均饲养头数由 15 头提高至 60 头,蛋鸡人均饲养量由 1 万羽提高至 5 万羽。第三是抓生态化,激发资源活力。我们坚持对畜禽粪尿实行减量化、无害化、生态化和资源化处理,在推广应用商品有机肥的基础上,大力推行种养结合家庭农场养猪模式、大型牧场沼气发电模式和中小规模养猪场(户)沼气工程片处理模式等,探索都市畜牧业与生态文明和谐共生的新路子。第四是抓良种化,激发品牌活力。我们坚持立足上海服务全国的理念,支持上海奶牛育种中心打造国内一流、世界知名的奶牛专业育种机构;支持国家生猪核心育种场上海祥欣畜禽有限公司建设国内一流、世界领先的种猪生产基地;巩固上海家禽育种中心蛋鸡培育品种在全国种禽市场优势地位。第五是抓信息化,激发管理活力。推进畜禽养殖场视频监控、动物标识和疫病可追溯、猪肉安全生产过程控制以及牧场管理软件系统建设,引导养殖场实施科学的饲养管理。建设上海市畜牧业管理 GIS 系统,对养殖场的空间分布、实时监控、动物疫情应急管理等提供统一网络操作平台。

无害化:严把都市现代畜牧业"善后关"

说起构建上海病死动物无害化处理体系和收集体系,是有它的历史起因和背景的。在 20 世纪 50 至 70 年代,国家经济发展相对滞后,人民的温饱问题仍较突出。因此,在相当长的一段时间内,人们对动物疫病传播途径、传播方式、危害程度等知之甚少,对猪、牛、禽等病死动物,很多情况下是被简单处理后食用,对腐败变质的动物尸体,则被随意丢弃在树林里或河道中。后来,政府在闵行区华漕地区建立了上海华漕畜禽化制站(隶属于市卫生局),主要以高温灭菌方式处理病死动物尸体。

到20世纪90年代末,上海的畜禽养殖规模达到历史高位。在几次突发动物疫情中,病死畜禽数量远超华漕化制站处理能力,大部分只能采取择地深埋方式,也出现了一些畜禽尸体被随意丢弃的现象,影响到了城市公共卫生和畜产品安全。此事引起了市政府的高度重视,召开常务会议专门研究讨论,最后计划在上海的浦南、浦北地区和崇明岛各建一座病死动物无害化处理站,同时将动物无害化处理的职能划到市农委。

1999年和2000年,原国家计委和市计委先后下发有关文件,批准建设上海市病死动物无害化处理项目。到2001年底,我国第一个专门焚烧处理病死动物的机构——上海市浦南病死畜禽无害化处理站应运而生。处理站建在奉贤区庄行镇长浜村,投资2200多万元,占地面积12250平方米,日处理能力5吨。2003年,通过二期扩建,新增了一条焚烧流水线,日处理能力扩大到10吨,年处理能力达到3000吨。2008年,借助《上海市动物防疫法》《上海市畜禽养殖管理办法》的实行和迎接北京奥运会、上海世博会召开的东风,处理站利用市财政专项拨款,购置了16辆病死动物专用收集车,提供给9个区用于每天收集养殖场病死动物,再统一运送到处理站集中处理。至此,除崇明岛外,本市的病死动物收集和处理体系基本建成,覆盖范围包括畜禽养殖场、畜禽交易市场、市境道口、海关、食药监、教学科研单位、制药生化企业、食品生产企业、宠物医院诊所等各个部门。畜牧生产"善后关"得到极大加强。

上海病死动物无害化收集体系和处理体系的建立,其主要目的是为了更好地保障畜牧生产安全、公共卫生安全、畜禽产品安全和生态环境安全,简而言之,就是要在畜牧这个行业上保障上海的安全。可以说,这是传统畜牧业遵循都市发展战略,紧跟都市需求导向,依托都市资源,采用现代技术,向都市现代畜牧业转型的重要实践。

现在回过头看,当初我们建立病死动物无害化收集体系和处理体系的理念是创新的,完全符合现在中央提出的生态文明建设要求和绿色发展理念。从实际效果看,也是极为显著的。到2012年,处理站10年间共接收处理了各类病死动物以及动物产品近4万吨。如果这4万吨的动物尸体散落在外,直接造成的疫病流行风险、食品安全风险、生态环境风险实在难以估量,间接造成的经济损失和社会影响也可能是巨大的。

还有,我必须提一下的是,病死动物无害化收集体系和处理体系能发挥显著作用,我们的职工是真正的英雄。动物无害化处理说白了就是给动物火葬,其工作场所气味之难闻、场面之不堪实难以用言语表达,更为不易的是他们还天天承受着被细菌和病毒感染发病的风险。若是遇到突发重大动物疫情,其工作的艰辛程度更是成倍增加。

良种化:打造都市现代畜牧业的核心竞争力

上海作为国际大都市,自然资源紧缺,畜牧业发展不可能搞大而全的模式。作为都市现代畜牧业的重要基础和主要标志,畜禽良种化是提高本市畜牧产业科技含金量和企业核心竞争力是必然的选择。

2002年至2012年,是上海传统畜牧业向都市现代畜牧业转型的重要抉择期和窗口期,也是聚焦主推品种,集中优势力量,打基础、利长远,做精做强上海种源畜牧业的沉淀期。10 年中,我们以《种畜禽生产经营许可证》换证验收为抓手,规范本市种畜禽生产经营行为;通过良种繁育体系建设项目和种畜禽场标准化建设项目,完善了一批国家级、市级的重点种畜禽场和畜禽良种繁育场;出台了《上海市畜禽遗传资源保护名录》,确定了 10 个畜禽品种为上海市畜禽遗传资源保护品种;建立了种猪种质动态监测实验室和种猪测定场,有力提升了选种育种的科技含量。

在这里,我有三件事情想多讲几句,既是宣传也是呼吁。

首先,做好畜禽遗传资源保护和开发是我们应尽的职责。

畜禽遗传资源是生物多样性的重要组成部分,是培育畜禽新品种不可缺少的原始素材,是畜牧业可持续发展的宝贵资源,也是世界"生物物种资源主权"争夺战的焦点之一,因此世界各国都十分重视其保护与开发利用。上海是我国畜禽遗传资源较为丰富的地区之一,2012 年时,有 10 个地方畜禽品种被列入市级保护名录,其中 5 个还被列入国家级畜禽遗传资源保护名录,其中不乏"国宝级"的地方品种。如梅山猪被誉为"世界级产仔冠军",是一个世界公认的宝贵遗传资源;浦东白猪是我国唯一的白色地方猪种;而以枫泾猪猪蹄做原料加工制作的传统卤味"丁蹄"曾获莱比锡国际博览会金质奖,具有 140 多年历史;另外,国际上一些著名的蛋肉兼用型鸡则是以浦东鸡为主要亲本杂交培育而成的。

这些年,我们每年都会同财政部门投入一定的专项经费用于地方品种的保护和科学研究,并投入资金对保种场进行标准化改造。积极引导保种场挖掘地方品种的肉质优势,在保好种的前提下,开展探索性开发利用,取得了一定的社会、经济效益。比如,浦东组建了上海绿茂浦东白猪合作社有限公司,开展地方品种开发利用,建立起商品基地加农户饲养的合作模式,同时通过产品深加工,提高浦东白猪知名度及其产品附加值,带动当地农民增收。崇明县种畜场利用沙乌头猪开发四元杂交生产体系,在下属的生产基地场进行推广,并在崇明县内建立了"沙乌头"放心肉品牌专营店,专门出售含沙乌头血统的猪肉,得到了市场的认可。

2015 年起,上海开展了轰轰烈烈的畜牧业减量提质工作。由于畜禽遗传资源具有不可再生性,一旦出问题就难以恢复。因此作为一名老畜牧工作者,希望我们的地方政府能站在国家和民族长远利益的高度,以对子孙后代高度负责的态度,重视和加强畜禽遗传资源保护和管理工作,保护好这些国家重要的生物资源。

其次,抓好奶牛育种工作保障安全优质奶源供应。

近年来上海的奶牛生产发展很快,养殖水平已经接近世界奶业发达国家水平。2012 年,全市奶牛存栏 7.26 万头,全年生鲜乳累计产量 31.97 万吨,成乳牛全年累计单产 8376 公斤,在当时创了历史最高水平。这些成绩的取得与上海的奶牛育种工作紧密相关。

在抓奶牛育种工作方面我们重点做好上海奶牛育种中心有限公司工作,使它成为上海奶牛种源工作的实施主体。2009 年,公司投资 3000 多万元,建设了一座全新种公牛站,存栏优秀荷斯坦公牛 188 头。2012 年有 101 头公牛入围农业部奶牛良种补贴项目,其中验证公牛 52 头,基因组验证公牛 49 头,入围数量位列全国荷斯坦奶牛育种企业第一。全国 CPI1(中国奶牛性能指数)前 100 名公牛中,上海奶牛育种中心培育的就有 30 头。公司冻精销售遍布全国 28 个省、市、自治区,年销售 200 多万剂,市场占有率约为 24%,连续七年全国领先。2012 年胚胎移植 200 枚,成功率达到 63%,创历史新高,超过美国水平。我们要求公司进一步抓好奶牛 DHI 测试工作,从

海丰万头奶牛场 48 位转盘式挤奶器

2009 年起上海地区 198 家牧场 DHI 测试实现了全覆盖。在技术服务体系方面,公司建立了专家库,其中 60 多人具有 10 年以上实践经验,20 多人具有硕士、博士学位或高级职称,市畜牧办每年会同市奶业协会和公司举办不同类型的培训会 60 多场,年培训人员 5000 人次,现场指导奶牛场 600 多个,覆盖奶牛 30 万头,促进了上海奶牛生产水平的大幅度提高。

再次,创建国家级生猪核心育种场打造种源畜牧业高地。

猪粮安天下。根据《全国生猪遗传改良计划(2009—2020 年)》,我们启动了国家核心生猪育种场创建工作。本市的上海祥欣畜禽有限公司认真做好国家生猪核心育种场遴选的各项准备工作,通过申报、资料准备、现场评审、专家集中评议等程序,最终顺利通过国家生猪遗传改良计划工作领导小组办公室和专家组评审,成为农业部确定的首批 16 家国家级生猪核心育种场之一,也是本市乃至长三角地区唯一当选的首批国家级生猪核心育种场。

到 2012 年时,上海祥欣畜禽有限公司已是上海地区生产规模最大的种猪生产企业,"祥欣种猪"已成为国内著名的种猪品牌,种猪销售覆盖全国 26 个省市。公司拥有生产工艺先进、设施设备精良的 5 个种猪场,存栏能繁母猪 3500 头,年供优质种猪 2.2 万头。

上海祥欣畜禽有限公司入围国家首批核心育种场,对完善国家生猪良种繁育体系,加快生猪遗传改良进程,提高生猪生产水平和种猪自给能力,促进生猪产业持续健康发展具有积极作用,对打造上海种源畜牧业高地,发挥立足上海辐射全国的服务功能具有引领和示范效应。

共享化:价格机制创新保障奶业健康发展

上海奶牛数量发展的顶峰时期是在 1991 年底,有 1992 家场(户),75567 头奶牛,但饲养管理水平、奶牛生产水平、生鲜乳质量参差不齐。为确保生鲜乳质量安全,2000 年,上海畜牧主管部门推出奶牛场规模化、机械化挤奶和直冷式贮奶罐改造,并逐步取消收奶站。通过股份合作、兼并、养殖小区等形式,到 2004 年,上海百头以上规模奶牛场达 175 家。同年,上海最后一家收奶站关闭,全部由加工厂的奶罐车直接到奶牛场收奶间进行点对点的全封闭式收奶。2006 年,上海率先实现 4 个 100%,即 100% 百头规模化养殖,100%机械化挤奶,100%直冷式贮奶罐,100%工厂到奶牛场直接收奶。

首先,我来谈谈上海生鲜乳价格机制形成。在"保供给"的同时,也要"保安全"。1996 年起,上海就实行生奶收购按质论价,开始时只按乳脂肪和乳蛋白含量计算价格,2000 年增加微生物(细菌)数和抗生素指标,2002 年增加黄曲霉毒素 M1 检测。

2002 年在市畜牧办主导、上海奶业协会推动下,上海生奶收购实行第三方检测制度。奶牛场(户)每天交售给加工厂的牛奶均要采样,统一送第三方检测机构——上海乳品检测站检测,乳品加工厂按照检测站的检测数据,按质论价向奶牛场(户)结算奶款,充分体现了公正、公开、公平的原则,又加强了政府职能部门对上海生奶的质量监管,确保乳品质量安全。2004 年又增加了冰点和亚硝酸盐检测指标,2006 年又增加了体细胞检测指标。

这样,形成了以乳脂率、乳蛋白率、细菌总数、冰点、体细胞数、抗生素、黄曲霉毒素 M1、亚硝酸盐八大指标的计价方式:前五项是质量指标实行按质论价,优质优价;后三项是安全指标,实行一票否决,只要超标,就地销毁、停收奶、整改、检测合格后才恢复收奶。上海实行生鲜乳价格机制后,极大地调动了奶牛场的积极性。奶牛场为了获得更好的经济效益,加大牧场环境改造、良种繁殖、优质饲料的投入,参加"奶牛生产性能测定"(DHI),在科学饲养管理上下功夫,生奶质量逐年提高。到 2010 年上海世博会期间,上海的生奶质量超过美国标准,接近欧盟标准。奶牛单产也逐步提高,由 1996 年全市单产 6140 公斤/头,到 2002 年达到 7985 公斤/头,到 2012 年达到 8376 公斤/头,比 1996 年增长了 36.4%,比 2002 年增长了 4.9%,创历史新高。

在上海市农委、上海市物价局和上海奶业行业协会进行成功合作的过程中,对实施第三方检测,统一执行按质论价政策,进行了积极而有益的探索,摸索出一系列从国情出发,逐步与国际接轨,体现中国特色,切合上海实际的生奶收购按质论价办法。

将第三方检测与按质论价办法相结合,其功效可谓三赢:企业可收到高

收集新鲜奶样准备 DHI 测试

质量的奶源,消费者可喝到高品质的牛奶,奶农通过努力而增加收入。

其次,上海奶价形成协商机制。2006 年 6 月前,上海的生鲜乳收购价格一直由政府物价部门确定,而且价格 10 年没变,1996 年至 2006 年 6 月生鲜乳收购价格一直是 2.20 元/公斤。随着市场粮食、饲料价格放开,粮食、饲料和青贮饲料价格连年上涨,使奶牛饲养成本越来越高,养牛处于负利润或亏损的边缘。2006 年 4 月,上海几十家奶牛场主联合起来,集体到物价局上访,要求提高生鲜乳收购价格。

经与市畜牧办、上海奶业行业协会协调后,市物价局发文,规定自 2006 年 7 月 1 日起,上海生鲜乳收购价格调整至 2.30 元/公斤。考虑到市场开放后的常态,当时的上海奶业行业协会秘书长陈新受"上海出租车价格与燃油价格联动机制"的启发,起草报告,希望上海的生鲜乳收购价格与饲料价格联动。市畜牧办和物价局对此高度重视,委托上海奶业行业协会起草"上海奶价协商机制"初稿。经市畜牧办、物价局、光明乳业、郊县奶农代表讨论修订,最终由市农委、市物价局联合发文:由市物价局成本调查队对上海11家奶牛场进行全成本调查,每半年一次,确定上海奶牛饲养成本价,加上7%的利润,参考市场因素,可上下浮动2%,确定生鲜乳收购价。

2006年至2008年,粮食、饲料市场价格一路上扬,生鲜乳收购价格随之上涨。2008年,上海生鲜乳收购价上升到3.30元/公斤。另外,乳制品市场同质化竞争激烈,加工企业面临成本压力越来越大,希望生鲜乳价格下降。物价局协调定价难度越来越大,希望由供需双方协商定价。

2008年4月,在市畜牧办支持下,市奶协组织上海各区县、牛奶集团、光明荷斯坦奶牛场,投票海选,选出19名区县级代表,再在19名中代表中选出9名市级奶农代表,由市级奶农代表与光明乳业进行奶价协商。调整后新的奶价协商机制是:由市物价局成本调查队根据各采样点跟踪调查的数据,测算出平均生产成本,加上合理利润,而得出生奶收购的基础价格。该价格可在一定幅度之内上下浮动。具体价格水平则由有关各方根据市场供求关系和成本变动情况,在充分协商的基础上合理定价。一般情况下,每年协商二次,特殊情况下可随时商议。

上海生奶质量"第三方检测"、奶价"按质论价,优质优价""奶价协商机制"的创新成果,得到农商双方的认可和支持。尽管协商过程有时很艰难,甚至为每公斤生奶增加1分钱,也要协商谈判6次才能达成一致。但从实践效果来看,这些机制的形成,维护农商双方的合法权益,共享奶业发展的红利,稳定上海的奶牛生产起到非常重要的作用。

【口述前记】

梁伟泉，1955 年 9 月生。先后在杨浦区烟糖公司、市财贸党委宣教处工作。1997 年 10 月至 2000 年 10 月，担任市商委机关党委副书记。2000 年 10 月至 2003 年 6 月，担任市水产办公室副主任。2003 年 6 月至 2005 年 7 月，担任市渔政监督管理处处长。2005 年 7 月起至 2015 年 10 月，担任市农委水产办公室（市水产办公室）主任。任职期间，亲历了上海都市现代渔业的发展过程。

亲历上海都市现代渔业发展

口述：梁伟泉

采访：田青霄

整理：田青霄

时间：2016 年 4 月 22 日

从 2000 年到 2015 年退休,我一直在水产战线工作,先在上海市水产办公室任副主任,后任上海市渔政监督管理处处长,2005 年起任上海市水产办公室主任。这段时间,正是上海渔业由传统渔业向都市现代渔业转型发展的重要阶段,也是上海都市现代渔业起步和快速发展的阶段。

上海都市现代渔业发展思路的提出

上海濒海临江,内陆水网密布,渔业历史悠久。作为一个从小渔村发展起来的国际化大都市,渔业在上海的发展史中具有特殊的意义。上海的渔业,可以用两句话概括:"麻雀虽小,五脏俱全。"2015 年上海农业的总产值占全市 GDP 的比重不足 0.5%,而渔业的产值又只占农业的约 17%,是典型的大都市、小农业、小水产。但是长期以来,上海市委、市政府高度重视渔业发展。上海渔业的方方面面,内容丰富,不可缺少。就水产养殖而言,面积虽小,但品种多样,养殖产量稳定在 15 万吨左右;就水产捕捞而言,既有内河捕捞、长江捕捞,又有近海、远洋捕捞,产量受资源、气候等因素影响较大,捕捞产量维持在 12 万至 15 万吨。

本市传统渔业在解决市民"吃鱼难"和丰富市民"菜篮子"方面发挥了重要作用,但进一步发展面临的问题也越来越突出。随着上海经济快速发展和城市化进程的加快,以及由于过度捕捞等因素的影响,本市近海渔业资源持续衰退,养殖水域和渔场面积不断缩小,淡水养殖生产后备新品种开发引进接不上,引进驯化跟不上,同时水产品质量和渔业安全生产监管方面也存在诸多薄弱环节等。担任水产办主任后,我一直在思考上海传统渔业如何转型的问题。上海是我国最大的经济中心。高度发展的都市社会经济对传统的渔业提出了新的要求。渔业的发展必须首先服从城市的需要并为此服务。都市渔业不仅是经济功能的开发,而且要进行生态、社会等功能的开发,并进而实现全功能性的大渔业。都市现代渔业建设要求我们的生产、流通和消费,渔业的空间布局和结构安排,渔业与其他产业的关系,必须首先服从城市的需要并为此服务,因此都市渔业具有与传统渔业迥然不同的新的特征。按照资源节约、环境友好和可持续发展的科学发展观的要求,在市委市政府高度重视和支持下,我们立足上海实际,积极探索,开拓创新,确定了发展上海都市现代渔业的思路,促进渔业走上了资源节约、环境友好和可持续发展的道路。

上海渔业是农业经济重要组成部分之一,发展具有上海特色的都市现代渔业,保持渔业经济的可持续发展,不仅有利于优化上海农业产业结构,提高渔(农)民收入,而且对于繁荣上海农副产品市场,稳定水产品市场供应,起到非常重要的作用。何为都市现代渔业? 我们提出,上海发展都市现代渔业的总体目标是加速实现分散型向集约型、数量型向质量型、生产型向生态型、产品型向服务型战略转型,要充分运用先进科技改造传统渔业,用市场化手段、商业化理念加快渔业产业结构调整,着重发展四大业态,即合理的捕捞业、健康的养殖业、先进的加工业、新兴的休闲渔业。上海发展都市现代渔业的主要内容包括种源渔业、设施渔业、远洋渔业、信息渔业、加工渔业、休闲渔业。种源渔业即加强水产良种体系建设,加强良种培育开发工作,提高科技成果转化运用水平,推进主要养殖种类良种化的覆盖率。设施渔业即加快现代化的水产养殖基地建设,按照资源节约、环境友好和可持续发展的要求,结合老鱼塘改造,启动标准化养殖场建设工程。远洋渔业即积极协助水产集团实施远洋渔业发展计划,重点发展公海水产品加工,确保集团核心产业之一的公海远洋渔业发展迈入国际竞争前列,鼓励和扶持群众渔业"走出去",从事远洋捕捞。信息渔业即运用现代信息技术,搭建渔业信息管理平台,提高渔业管理水平。加工渔业即扶持渔业经济合作组织、龙头企业发展加工项目,培育渔业品牌。休闲渔业即制定休闲垂钓产业发展规划,制定扶持观赏鱼生产的产业发展政策,举办观赏鱼展览会,加快市场培育,促进产业发展。

上海都市现代渔业的起步和快速发展

我在主持编制《上海渔业发展"十一五"规划》中,进一步明确了发展都市现代渔业的重点任务。我现在感到比较欣慰的是,上海在全国率先开展了"三个标准化"工作,即标准化水产养殖场改造、标准化渔船更新、标准化渔港建设,取得了明显成效,本市渔业设施现代化水平得到大幅提升。这一时期上海现代渔业发展主要表现在以下几个方面：

一是大力推进标准化水产养殖场改造。20 世纪 80 年代，市政府为解决"吃鱼难"问题，利用世界银行的贷款和财政补贴资金，在市郊利用低洼地、边角地等不适宜种粮的土地发展淡水鱼养殖，建成了 16 万亩精养鱼塘为主的商品鱼基地。经过 20 多年的运作，为解决市民"吃鱼难"作出很大贡献。但由于这些鱼塘年久失修、塘泥淤积、护坡破损、塘埂坍塌，进、排水渠道毁损严重，已严重影响水产养殖生产。有些养殖户片面追求产量，盲目增加放养密度，导致鱼病多发，便乱用药，这不仅使得生产成本增加，而且常常造成养殖水产品中药残超标，影响水产品的质量安全。所有这些因素，随着鱼塘老化，养殖生产设施的陈旧，导致鱼病多发，鱼产量下降，渔（农）民增产增收困难，已严重制约了养殖业的进一步发展。如何破解这一难题？我们组织开展了调研工作，得出了上海水产养殖业必须与上海国际大都市的形象相匹配，从水产养殖场的基础设施改造着手的结论。于是我主持制定了《关于水产养殖场标准化改造的实施意见》，得到了市农委领导和市财政局领导的同意和支持。在这个文件中，明确了标准化水产养殖场建设的七项内容：池塘整修、进排水沟渠、场内道路、人工湿地、电力配套、看护用房及库房、绿化及围栏。同时为提高组织化、规模化的水平，规定项目建设的主体必须是国有、集体或者是农民专业合作社等组织；改造建设面积必须是 100 亩以上。为确保工作的顺利开展，专门成立项目推进办公室。政策设计好后，我们于 2006 年在青浦区开展试点并取得成功，在此基础上，从 2007 年开始全面推进本市标准化水产养殖场建设。为了引导渔民开展标准化水产养殖场建设，我们协调财政部门出台了相应的补贴政策，规定市（区、县）财政安排专项资金大力扶持。按照"政府引导，多元投入"的原则，上海市标准化水产养殖场建设资金由市、区(县)政府补贴与项目建设单位自筹配套投入组成,项目建设单位自筹资金比例不低于 20%。每亩建设标准"十一五"期间是 1 万元,"十二五"期间提高到 1.2 万元。这一财政扶持政策,极大地激发了项目单位建设标准化水产养殖场的热情。截至 2015 年底,全市累计批复建设的标准化水产养殖场共达 310 个,建设面积达 18.5 万亩,总投资逾 19 亿元,其中已建成的养殖场 270 个,面积 14 万亩。实践证明,建设标准化水产养殖场的决策是正确的,效果是明显的,同时由于在改造中引进了人工湿地的理念,养殖排放水经过人工湿地沉淀过滤,再排放到外河,大大减轻了对环境的影响。目前,已建成的标准化养殖场呈现出池塘规整、沟渠连通、道路硬化、电力充足、建筑整齐、绿树成荫的景象。通过改善生产设施,提升了生产能力,水产品产量增加 20% 以上;通过调整养殖结构,产值增加更明显。由于规模化、组织化程度的提高,养殖场的管理也得到加强,保障了养殖水产品的质量安全,检测合格率达 99% 以上。同时,还解决了渔(农)民的就业问题,增加了他们的收入。

二是大力推进标准化渔船更新。随着近海渔业资源的衰退,捕捞效益的下降,渔民投入不足,造成本市海洋渔业装备落后,木结构渔船还占很大比例,安全性能较差,生产后劲不足,存在严重的安全生产隐患。2005 年,我任水产办主任,全市因渔业安全事故死亡失踪 22 个人,影响很坏,压力很大。经过分析事故原因,既有渔民安全意识淡薄、操作技术不熟等主观因素外,渔船陈旧、装备落后等客观因素也是重要的原因。当时的农业部东海区渔政局领导对上海的渔船状况有一句经典的评语,即上海的渔船是又老、又破、又小,抗风险能力很弱。如何破解这一难题?我们借鉴了标准化鱼塘改造的做法,建造标准化渔船。我们设想,本市的在册渔船从 700 多艘减少到

400 艘，对保留的渔船进行标准化更新改造，提升能级，标准要体现安全、经济、节能、环保、适居的要求。开展渔船更新改造，不仅要增加渔船的吨位和功率，提升捕捞能力，更要提高渔船的安全系数和抗风险能力，保障渔民的生命财产安全。怎样吸引渔民搞渔船改造的呢？我们同样采取了补贴制，2007 年，我们协调财政部门出台了《关于促进都市现代渔业发展的若干意见》有关政策措施，对列入年度计划更新改造的标准化海洋渔船实行定额补贴，其中近海桁杆拖网渔船市级财政补贴 40 万元/艘、沿海定置张网渔船市级财政补贴 10 万元/艘。2008 年开始启动海洋渔船更新改造项目，2009 年在渔民自愿、政府引导和政策扶持下首批更新改造了 8 艘海洋渔船，总投资 830 万元，其中市财政扶持 280 万元，区县财政 30 万元，渔民自筹 520 万元。该项目采取了由渔民自筹资金和政府给予补贴的建造模式，采用了统一设计、统一招标、统一监造、统一验收的建造方式，保证了渔船的建造质量。以往上海的渔船船况差，捕捞产量低，安全事故多。渔船改造后，经济性、安全

上海市首批标准化渔船交船仪式

性、先进性都提高了,经济效益比未改造的渔船提高 50% 以上,目前尚未发生渔船安全事故。为此,渔民看到了希望,要求更新改造的积极性很高,有的渔民不要财政补贴,在造船手续完备的前提下,按照标准化渔船的图纸自行建造渔船。至 2015 年全市共建成 107 艘标准化渔船。

三是大力推进标准化渔港建设。渔港是渔业产业链中的重要一环,由于历史等多种原因,本市渔港等设施建设相对滞后,没有专业渔港,由于渔港设施缺乏,渔民维修补给、卸货交易、停泊安全等困难很大。因此,几代水产人都有一个梦想,上海要建造现代化的渔港。从 2002 年开始,我们加强调研,研究编制渔港专项规划和建设标准规范,积极推进本市标准化渔港建设工作。此项工作得到农业部的大力支持和市政府的重视,根据市领导有关

由农业部批准立项的国家一级渔港——上海横沙渔港

本市渔港建设要"合理布局规划,减少数量,提升标准"的指示精神,通过改造、扩容、升级横沙渔港,从而推进本市标准化渔港建设步伐,形成以国家一级渔港为主体,以二、三级渔港为支撑的渔业防灾减灾体系。2010年1月21日,胡延照副市长和农业部代表出席了横沙一级渔港开工仪式。目前上海唯一的国家一级渔港——横沙渔港已建成并投入运营,基本形成了以渔业经济为中心的集商贸餐饮、旅游观光、休闲度假等为特色的渔港经济产业链,成为本市渔业发展的新亮点。为确保渔船停泊安全、提升芦潮港渔区经济、拓展浦东新区海洋产业,我们还积极配合有关部门加快研究芦潮港新渔港的建设步伐。

四是大力推进种源渔业的发展。种源渔业是都市现代渔业的重要内容,也是上海水产的优势,更是水产养殖的基础。经过多年的推进,围绕水产种源体系建设,实施市级水产良种场改造建设工程,至2015年全市已建成国家级水产原(良)种场1家,市级水产良种场8家,区级水产苗种场33家。同时,充分利用外省市的气候、土地、劳力资源,建设了上海水产研究所启东科研基地、奉贤区水产技术推广站海南南美白对虾、东海水产研究所海南锯缘青蟹、崇明宝岛射阳中华绒螯蟹等一批苗种繁育基地。"三虾一蟹"产业体系建设进展顺利。目前本市基本形成了沿杭州湾的海水虾类、长江口的中华绒螯蟹、黄浦江上游及淀山湖的淡水虾类和特种鱼类三大产业带。

五是大力促进休闲渔业的发展。随着社会经济迅速发展,人们收入不断增加,生活方式不断转变,人们休闲娱乐的时间越来越多。作为渔业经济的新兴产业,休闲渔业实现了第一产业与二、三产业的有机结合,有助于渔业产业的扩展、渔民收入的提高、渔区经济的繁荣,对促进城乡之间的交流与沟通,推进社会主义新农村建设具有十分重要的意义。休闲渔业也是上海都市现代渔业的重要内涵,近年来我们十分重视发展休闲渔业,并取得了较大成效。结合标准化水产养殖场改造,因地制宜,加快休闲垂钓场所建设,目前本市已建成初具规模、设施良好、管理规范的休闲垂钓场60余家,每年吸引了逾百万市民前往垂钓,经营收入超过1亿元。水族产业也得到了较大发展,自2006年以来,连续举办10届上海国际休闲水族展览会,国内外诸多大型水族企业发现上海具有极大的发展空间,纷纷抢驻上海,促进了相关水族器材和投入品生产的发展,年销售额超过7亿元人民币。2009年由上海市农委、市旅游局、青浦区政府联合主办了首次"淀山湖捕捞节"活动,在启动仪式上,约有2500名市民目睹了这20年来首次恢复的"人欢鱼跃"的热烈场面。集观赏、种源、科研、物流、交易、科普等多种功能于一体的上海浦东观赏鱼中心建成对外营业,吸引了一批著名的国内外观赏鱼企业入驻。

六是大力推进远洋渔业的发展。按照国家"走出去"战略要求和总体部署,稳步推进远洋渔业发展。上海远洋渔业虽然规模不大,但发展水平在全国处于前列。本市远洋渔业以国有企业上海水产集团为主,在我们的大力引导和推动下,本市唯一的一家渔业民营企业——上海和顺渔业有限公司,于2007年在金山区注册成立。近年来本市远洋捕捞产量稳定在15万吨左右。大力推进远洋船舶装备更新改造,目前上海地区已拥有8000吨级大型拖网加工船4艘、大型金枪鱼围网船9艘、大型鱿鱼钓船10艘、金枪鱼延绳钓船11艘以及其他(过洋)渔船46艘,在世界各地建立合作、合资企业和办事机构13家,主要作业渔场在中西太平洋,大西洋、印度洋公海和毛里塔尼亚、摩洛哥、阿根廷等国家的专属经济区内从事捕捞作业,按照产业外扩、产品回国的方针,每年有8万吨的高档水产品运回国内,满足上海市民的需求。

上海都市现代渔业的全面推进

进入 21 世纪以来,我们不断开拓创新,锐意进取,不断推进上海都市现代渔业快速发展,取得较好成效。2015 年全市水产品总产量达 32.39 万吨,比 2014 年减少 4.62%;渔业总产值达 58.38 亿元,同比减少 11.57%;渔民人均收入达 25739 元,同比增长 4.33%。本市水产市场货源充足,品种丰富,水产品价格总体稳定。2012 年,根据国家发改委、农业部有关文件精神,为促进上海市海洋渔业健康可持续发展,本市发改委和市农委于 2012 年 12 月制定并经市政府办公厅转发《关于本市推进海洋渔业发展和建设的若干意见》,明确了上海市推进海洋渔业发展和建设的指导思想和发展目标、主要任务以及保障措施。

本市渔业发展的不协调性问题也比较突出,比如受渔业基础生产资料、用地、用工等方面生产成本以及资源环境等诸多因素制约,虽然我们一直在积极推进,但上海水产加工业发展仍比较缓慢;如何充分发挥上海科研院所集中、科研力量雄厚的优势,进一步加强渔业科研攻关,同时切实提高渔业科技成果的转化率,需要我们进一步加大工作力度;如何有效破解和应对本市渔业进一步发展面临的瓶颈和难题,补齐渔业发展的短板,需要我们加强调查研究,持续用力推进。渔业经济发展面临诸多新老问题,面临新形势,渔业生产要发展,渔民生活水平要提高,唯一的出路是转变渔业经济发展方式,必须在新的起点上调结构、促转型,率先转变经济发展方式。这是上海都市现代渔业科学稳健可持续发展的关键,是一篇大有可为的文章。

沈佳治,1950年3月生。1984年6月上海农学院毕业之后调至上海市农业委员会工作,先后任综合计划处副处长,农业区划办公室主任(农村城镇规划处处长),上海市农产品质量认证中心主任,市场与经济信息处(农产品质量安全监管处)处长,经历了农产品质量安全建设的全过程。

亲历农产品质量安全建设
从起步到逐步完善

口述：沈佳治

采访：张　颖

整理：张　颖

时间：2016 年 3 月 30 日

20 世纪 90 年代，我在上海市农业委员会农业区划办工作，先是从事农业区划、农业环保等工作。后来，随着农产品质量安全工作广泛受到重视，2000 年 11 月，上海市农产品质量认证中心成立以后，我又兼任了中心主任。2004 年市农委成立市场与经济信息处（后来又加了一块牌子，农产品质量安全监管处），我担任处长，农产品质量安全工作依然是我处的重要工作内容，作为本市农产品质量安全工作从起步到逐步完善这段历程的亲历者，我对这段历史比较熟悉。

两个事件，震动社会

上海的农产品质量安全工作其实起步是很早的。20 世纪 60 年代，上海就有相关的技术标准,并被纳入市政府的相关工作中来。但在"文革"期间,这项工作被中止。直至 20 世纪 90 年代,农产品质量安全工作才得以逐步恢复。

当时的背景是,在 20 世纪 90 年代,我国主要农产品从长期短缺实现了供求大体平衡、丰年有余的历史性跨越,同时,随着农村改革的推进、市场经济发展,人民收入水平、生活水平不断提高,农产品安全问题由于几次突发事件闯入了公众视野,其中有两次事件给我的印象很深。

一次是过年的时候发生的甲胺磷中毒事件,当时上海很冷,年底某银行因职工晚上要加班,其食堂从当时的南汇采购了一批草头,职工用餐后,有 30 多人中毒。还有一次是上海的某运动队在参加比赛时,被查出服用兴奋剂,经过深入排查,才发现是训练时曾经食用过猪肝,其中含有的瘦肉精导致的。

这两次事件由于发生时间特殊、人群特殊,在当时引发了全社会的高度关注,农产品生产告别短缺年代,如何实现数量与质量并重,也引起了政府部门的高度重视。

两个突破,实现起步

然而,农产品质量安全工作对政府部门来说,缺机构,缺人手,也缺标准,不可不谓是一项新挑战。我们迎难而上,实现了"两个突破",都走在了全国的前列。

第一个突破是成立了农产品质量认证中心。新成立一个机构,在当时正在进行政府机构改革,人员分流编制压缩的背景下是非常困难的。后经多方协调,市里终于决定成立农产品质量认证中心(以下简称中心),20 个编制,正处级市财政全额拨款事业单位,由我兼任中心主任。2000 年 11 月,市政府召开推进农业标准化工作会议,会上,时任上海市市长徐匡迪和国家质量技术监督总局副局长李忠海为中心揭牌,这是全国首家成立的开展农产品质量认证的省市级专门机构。

第二个突破是探索建立农业标准化体系。农业标准化是促进农业结构调整和产业化发展的重要技术基础,是规范农业生产、保障消费安全、促进农业经济发展的有效措施。可以说没有农业标准化,就没有农业现代化,就没有农产品质量安全保障。

前面说过,上海的农业标准化工作起步早,1964 年 5 月,第一次全国农业标准化会议召开以后,同年第三季度,上海市计量标准管理局(上海市质量技术监督局前身)召集相关部门,传达并讨论了会议提出的"抓住两头,打好基础"的方针,由此,农业标准化工作被纳入市政府的工作。"文革"期间中断以后,从 20 世纪末起进入快速发展阶段。

1999 年 3 月,上海成立了由市政府副秘书长任组长的市农业标准化工作领导小组,市农委和市质监局共同推动此项工作。1995 年起,本市先后组建了蔬菜、园艺、粮油、农业生产资料、花卉苗木、水产、畜牧、饲料和农机 9 个农业标准化技术标委会。

2000 年 11 月,上海市农产品质量认证中心成立以后,中心组织全市 20 多位专家,经过两年多的努力,制订了种植、畜禽、水产三业的 10 大类 22 个上海市安全卫生优质农产品地方标准及技术操作规程和产地环境标准,为开展地方安全卫生优质农产品的认证工作打下了技术基础,据此在全国率先建立了具有地方特色的安全卫生优质农产品认可制度,率先开展了地方性安全卫生优质农产品认证工作。近年来,随着全国"三品一标"工作的不断深入推进,2008 年,上海市安全卫生优质农产品全面完成向无公害农产品并轨。

两次"大考",初见成效

2008 年北京奥运会(上海赛区),是我在这些年大力推动农产品质量安全建设工作之后,参与保障的最重大的一次世界性活动,上海的农产品质量安全能不能经受住考验,心里还是非常忐忑的。

8 月 7 日至 8 月 22 日,上海作为北京奥运会足球比赛的四个京外赛区之一,承办了包括 7 场男女足球预赛、2 场 1/4 淘汰赛、2 场半决赛和 1 场男足 3/4 名决赛,共计 12 场的足球比赛。总共有 8 支男足、4 支女足球队约 500 多名运动员、100 多名裁判员和官员来沪。

奥运农产品供应任务从 7 月 20 日开始,至 8 月 24 日结束。奥运期间,供奥农产品组织供应从接单、检测、采收、加工、储存到运送等各环节有条不紊运行。正义园艺有限公司、虹桥园艺场、城市超市有限公司供应蔬菜 100 个批次,62 个蔬菜品种,总量达 34496.7 公斤。南汇瓜果有限公司、上海漕泾有限公司供瓜 10 个批次、计 2560 公斤。南汇军安特种蛋鸡场供蛋 5 个批次,计 2916 公斤。奥运农产品定点生产基地加强检测,供奥农产品 100% 进行了检测,在公安和驻点监管人员的监督下运输车辆实行铅封、押运和启封,圆满完成奥运农产品保障任务,供奥农产品质量 100% 合格。

奥运期间,上海赛区未发生一起食物中毒的事件,也未发生食源性和药源性的兴奋剂事件。可以说,通过奥运保障任务进一步提升了本市农产品质量安全监管水平,也为我们更好地服务于 2010 年上海世博会积累了经验和打好了基础。

2010 年上海世博会是一届规模空前的人类盛会,由于时间跨度长、游客规模大、气候变化大、供给渠道多等监管特点,导致世博期间农产品质量安全监管难度非常大。具体表现在：第一，时间跨度长。上海世博会的展览天数长达半年之久，比北京奥运会的 16 天多出了许多倍。在此期间重大活动多种多样，这对农产品质量安全保障和应急管理提出很大挑战；第二，游客规模大。246 个国家和国际组织参展，逾 7308 万人次的海内外游客参观，成为参观人数最多的一届世博会。多民族、多国家、多种饮食风格涉及各类品种农产品，存在较大的质量安全风险。第三，气候变化大。为期 184 天的世博会不仅时间长而且还处于高温、高湿的危险时段，跨春、夏、秋三个季节。特别是夏秋高温季节农药使用频繁，因农药使用不当易引起蔬菜药害、残留超标，安全隐患较多。第四，供给渠道多。本市食用农产品自给率约 30% 左右，世博期间粮食、蔬菜、生猪、鲜蛋、淡水鱼、奶制品、瓜果等大宗农产品由兄弟省市输入的量进一步增大。整个世博会开放程度高，防控难度大，必须确保园区内不发生集体性食物中毒和食源性疾病事件、全市不发生重大食品安全事故，这对世博农产品进行备案、全程追溯和动态监管的压力较大。

从世博 600 天计划至世博会完满闭幕，我们紧紧围绕"两个不发生"的目标，即"城市面不发生重大农产品质量安全事件"和"核心区不发生农产品质量安全问题"，积极做好世博农产品质量安全保障工作。据统计，世博会期间园区日均用餐人数超过 45 万人次，每天吃掉大约 700 吨的食物，其中本市地产蔬菜供应世博园区餐饮单位数量达 8500 吨左右，出动执法检查人员 30945 人次，监测蔬菜、水果、食用菌、畜禽产品、生鲜乳和水产品等六类产品 10978 份（定量），总监测合格率 99.3%。总体来说，整个世博农产品质量安全保障工作稳妥、有序，本市农产品质量安全处于可控状态，整个世博会期间园区内餐饮服务没有发生一起集体性食物中毒和食源性疾病事件，真正确保了世博会"成功""精彩""难忘"。

体系不断完善

奥运会以及世博会的洗礼,对上海农产品质量安全建设工作是一次全面的提升。近年来,紧紧围绕率先实现农业现代化、发展都市现代农业的目标,本市农产品质量安全监管体系不断完善。

认证体系建设逐步完善。提高农产品质量安全水平认证认可工作至关重要。近年来,在国家认监委和有关部门的大力支持和指导下,通过各级农业部门的共同努力,农产品质量安全认证工作从无到有,逐步规范、不断发展。基本形成了以产品认证为重点、体系认证为补充的农产品质量安全认证体系。

截至 2012 年底,认证各类农产品 3300 个,其中无公害农产品 3106 个,绿色食品 170 个,有机食品 24 个,年实物总量达到 180 万吨,约占地产农产品年生产总量的 20% 左右;涌现了 82 个上海市名牌农产品、6 个中国名牌农产品、10 个地理标志农产品等共 98 个品牌农产品。名牌农产品企业凭借品牌优势,以"标准化生产、产业化经营"为手段,积极实施名牌战略,取得了长足的发展,为促进农业增效、农民增收起到了良好的带动作用。

农业技术标准体系逐渐形成。近年来,为充分发挥农业标准化工作在推动本市率先实现农业现代化进程中的重要作用,本市先后出台了《关于进一步推进农业标准化的若干意见》《上海市标准化发展战略纲要(2007—2020 年)》《上海市农业标准化行动计划(2007—2010 年)》,进一步明确了本市农业标准化发展的指导思想及目标任务。截至 2010 年 7 月底,共组织制定了各类相关农业标准 119 项,其中国家标准 25 项、行业标准 29 项、地方标准 65 项,基本建立了与国家标准、行业标准接轨,又具有本市特色的地方农

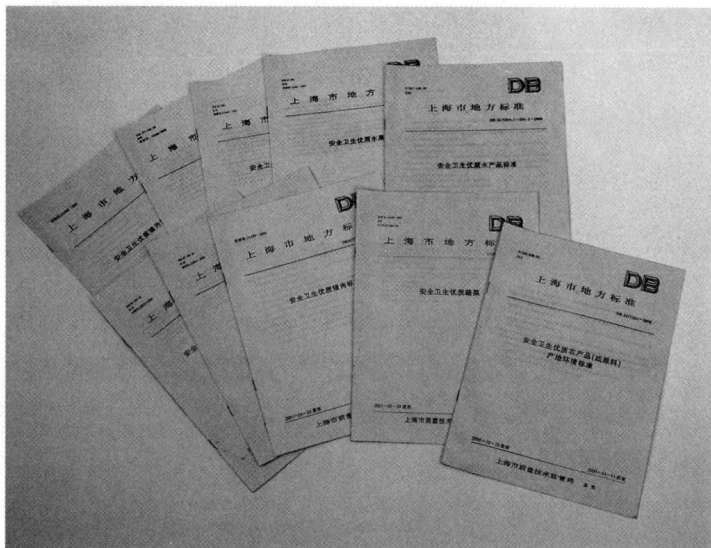

制定农产品地方标准

业标准体系。标准范围从产地环境、投入品、生产技术到农产品质量安全、包装贮运、管理制度、检测方法等各个领域。

检验检测体系逐步完善。在 2008 年 11 月 3 日市委扩大会议上提出了加快农产品质量安全检测体系建设步伐的要求。2009 年 2 月 1 日,市农委批复成立上海市农产品质量安全检测中心。市级农产品质量安全检测中心的建设就此拉开了序幕。上海市农产品质量安全检测中心,在上海世博会期间,一方面坚持抓筹建工作,另一方面抓农产品质量安全监管工作和检测体系建设。工作齐头并进,筹建工作推进初见成效;农产品质量安全监管工作上一新台阶;检测体系建设三级网络初步形成,农产品质检体系建设的"十二五"规划框架已基本确立,成效较明显。

同时上海的 9 个区县均已成立农产品质量安全检测机构。目前各区县实验室部分已整合,部分正在整合规划中,其中,松江、嘉定、浦东3个区整合了种植业、畜牧业、渔业实验室资源;闵行区、金山区的实验室整合正在实施之中。除南汇和金山实验室还没有认证以外,崇明、宝山、奉贤、青浦等区县农产品质量安全检测实验室通过了中国合格评定国家认可委员会认可和上海市质量技术监督局认证双认证或计量认证。

执法监管体系逐步完备。为保护消费者和农民的合法权益,上海市政府先后出台了《上海市食用农产品安全监管暂行办法》《上海市农产品质量安全专项整治行动方案》《2010年上海市深化农产品质量安全整治工作方案》等相关规定。把种植业产品、生鲜乳制品、兽药及兽药残留、饲料质量安全、水产品、农业生产资料作为专项整治行动的一部分,推进了监管长效机制建设,加大了对农产品、农业投入品和产地环境的监督、监测力度。

农产品质量安全追溯体系逐步覆盖。推动农产品质量安全追溯体系建设,使本市地产农产品基本做到生产有记录、流向可跟踪、信息可查询、质量可追溯。

在种植业、水产业大力推进档案管理全覆盖。每年免费为全市的蔬菜园艺场、蔬菜种植散户、水果种植大户和水产养殖场印发种植、养殖生产档案,通过对档案记录的检查指导,种植、养殖场(户)都能如实记录各项生产活动,本市的档案农业建设初显成效。针对本市仍然存在众多种植养殖散户的情况,从2012年开始,市农委在全市开展农业档案可追溯体系建设,具体为每个村设立1名农产品质量安全协管员,负责本村种植养殖散户的农产品质量安全监管工作,主要是建立本村种植养殖散户名册、督促散户建立生产档案并详细记录生产过程中的每项农事活动、督促散户建立销售档案并详细记录农产品上市时间和销售对象以及对散户的生产档案和销售档案进行指导检查等。

同时,积极试点探索追溯体系信息化。主要手段是在经济作物生产单位推进以二维码应用为主要内容的追溯体系建设,将生产档案记录、使用推荐农药、执行农药安全间隔期、实施肥水一体化、标准化生产技术、质量安全管理制度、产品安全性检测等信息整合到二维码中,为地产农产品建立数字化的"第二代身份证",并通过互联网、终端查询机、手机等途径实时呈现给消费者。浦东"8424"西瓜、南汇水蜜桃、马陆葡萄等知名农产品率先使用二维码追溯。

畜牧业耳标佩戴实现"零死角"。从 2006 年起,上海作为农业部试点省市开始推行二维码耳标,经过几年的努力,至 2012 年本市猪、牛、羊二维码耳标佩戴率和追溯设备使用率均达到 100%,市级数据库基本建成,防疫信息上传有序展开,高致病性猪蓝耳病、口蹄疫、猪瘟等强制免疫疫病的信息要求 100% 传入中央数据库。

地产水产品实行准出制度。该制度自 2009 年起实施,主要内容是本市水产养殖场经审查员现场审核和水产品检测合格后(主要是水质环境好、产品质量高、管理制度全),获得由上海水产行业协会颁发的《上海市水产养殖场食用水产品准出证明》。获得《准出证明》的养殖场名单由水产行业协会交给市商务委,并推荐给各大市场,由其优先选择从名单上的养殖场进货。2012 年,经过严格审查和多次检测,共有 145 家水产养殖场获得《准出证明》。

我从 2010 年 4 月退休至今已六年多了,看到今天全市农产品市场不仅供应充沛,品种丰富,而且农产品质量安全监管体系逐步完善,卓有成效,作为曾经在这条战线工作的一个亲历者,心中感到由衷的欣慰。

【口述前记】————

　　沈兰全,1949 年 8 月生。曾任川沙县农业局副局长(党委委员),川沙县县委委员、高南公社党委书记,上海县县委常委兼政策研究室主任,崇明县县委副书记、书记等。1993 年 3 月至 2006 年 7 月任上海市农业局副局长;2006 年 8 月任上海市绿化和市容管理局(林业局)巡视员。在任期间长期分管林业工作。

抓机遇转观念,
实现上海郊区林业跨越式发展

口述:沈兰全

采访:张红英

整理:张红英

时间:2016 年 3 月 29 日

上海地域面积小,人口众多,又没有山区,发展林业是一件非常不容易的事情。21 世纪以来,在各级政府的高度重视下,上海郊区林业建设围绕改善城乡生态环境、营造郊区绿色景观、促进农业结构调整的功能定位,按照林业要成为生态环境建设主战场和农业结构调整主力军的要求,大力推进林业建设,实施工程化造林管理,十多年来取得了跨越式发展。

迎来良好发展机遇

我从 1993 年到市农业局后一直分管林业工作。上海郊区林业建设原有基础较弱,要发展林业难度较大。以前,若是要问上海有没有林业,也许会有领导和百姓说:"哪有?"确实,当时上海可能除了每年搞一次绿化植树活动之外,其他"动作"很少。为什么?因为发展林业,植树造林,一个最基本的条件就是土地,而上海恰恰就缺少这一关键条件。

2003年《中共中央、国务院关于加快林业发展的决定》明确指出,"必须把林业建设放在更加突出的位置。在贯彻可持续发展战略中要赋予林业以重要地位,在生态建设中要赋予林业以首要地位"。中央的一系列决策定位,为我们上海林业指明了工作方向,并形成"林业是有生命的基础设施"的共识。

值得一提的是,2002年4月,上海郊区工作会议提出了"上海郊区种植业结构要形成'三个1/3'"的思路,即1/3以优质水稻为主的粮油生产基地,1/3以经济林为主的林木、花草基地,1/3以创汇农业为主的园艺蔬菜、瓜果基地。这一战略调整,为上海林业建设提供了相当广阔的前景和空间。在"三个1/3"的发展框架内,上海创造性地开展起了"郊区生态林、外环林、沿海防护林、通道林和经济果林"建设。2002年8月,上海市人民政府批转了上海市发展计划委员会、上海市农业委员会和上海市农林局等三部门关于促进本市林业建设若干意见的通知,并拿出19亿元财政资金建设上海林业,这在全国尚属首例。

所以说,正是党中央和国务院的战略决策和本市的积极推动,为上海的林业开创了跨越式发展的新局面。

市政府批转的《关于促进本市林业建设的若干意见》,是上海历史上第一个关于发展林业的政策性文件。《意见》指出,为了适应建设现代化国际大都市的要求,上海要结合郊区农业结构调整,加大郊区林业建设力度,力争全市绿化在总量上有较大幅度的增长,在质量上有明显的提高。本市郊区林业建设要坚持服从、服务于国民经济与社会发展的需要，走城乡一体、城郊联动发展之路；坚持经济效益、社会效益和生态效益协调统一，把林业建设同提升大都市形象、改善城市环境质量、调整农业结构有机结合起来；坚持以人为本，把林地建成人们休憩与娱乐的重要场所、动植物的保护地与栖息地。该意见明确，本市郊区林业建设要符合上海自然地理条件和生态环境建设需求，遵循生态系统的原则，努力建设乔木、灌木、草本植物合理配置，林木树种丰富多彩，具有高度自适性和生物多样性的林业生态系统，基本形成"城在林中、林在城中、居在绿中"的现代化国际大都市生态环境。《意见》还提出，结合上海农业结构调整，大型片林建设可采取"以林养林、以房养林、以项目促林"三种投融资模式。其中，"以房养林"的方案，也是我们

生态氧吧

与市计委联合调研并经过测算而提出来的。因为"三个 1/3"的方略已定,政府要造公益林改善生态环境,但当时主要是"以房养林",因为政府拿不出资金,老百姓又想要住新房,造林和新房看似不相关,当时提出的设想是在生态片林中拿出 15%—20%的土地来建房,用建房售卖得来的钱建林。所以,意见提出,经市林业主管部门批准,允许企业或个人在大型片林建设规划范围内的一定区域,进行低密度生态住宅开发建设,并通过项目盈利,保证林业建设、养护与管理的资金需求。后来,由于各种原因,"以房养林"项目没有真正启动。

出台系列扶持举措

2002 年之后的一段时期内,上海大力开展造林工作,形成"环、屏、线、点、面"多种形式的林地格局,郊区也成为上海都市的"绿肺"。

沿海防护林

当时,上海林业在郊区生态林、湿地等两个方面做得比较好。一是生态林,原先建设了 19 片,我们现在在搞的郊野公园就是从生态林这个基础发展而来的;二是通道林,在郊区最明显的就是环线绿带,为此局里还专门成立了环线林带工程指挥部;三是防护林,就是沿海防护林;四是经济林。

湿地是上海主要的基础。从某种意义上说,上海这个城市就是从湿地上建起来的。我们弥补空白,在野生动物保护区建设上取得了"零"的突破——创建上海崇明东滩鸟类国家级自然保护区。从 1998 年批准建立,到 2005 年正式晋升为国家级保护区,成为联合国重要湿地之一。2006 年,东滩保护区被国家林业局确定为全国 51 个具有典型性、代表性的示范自然保护区之一,并在国家林业局编制的《全国林业系统自然保护区发展规划》中被列为重点建设的自然保护区之一。湿地保护,已成为一个重要的态势,在国际上得到认可。记得当年市长国际企业家咨询会议代表到崇明东滩湿地参观考察,对此给予了高度评价,认为在国际大都市的城市中心旁,能有这样一块 240 多平方公里的自然保护区,相当不容易。东滩保护区的建立,还间接促成全国多个鸟类保护区的相继建立。所以,东滩保护区的建立,这是我们的骄傲和自豪。

分析这些年上海郊区林业建设取得明显成效的原因,我认为,第一是领导的重视,这是推进上海郊区林业发展的重要因素。第二是部门的支持。上海很大一部分土地都是集体所有。所以,我们必须要依靠财政的支持。

财政支持上海林业建设,拿出 19 亿元,而且给了我们两条非常重要的政策:

一是采用差别政策补贴的办法。应该说,这个政策推动是很重要的。上海地区的森林面积,从原先的 3 万亩发展到了现在的 140 万亩;森林覆盖率从当初我刚分管林业时的 3.25% 上升到 2011 年末的 12.58%。

二是鼓励种植经济林。在市政府 87 号文的指导下,我们农林局与市财政局联合下发了"138 号文"。这份《关于印发促进经济林建设扶持办法的通知》明确,从 2002 年起,凡在本市林业发展规划范围内,在其可宜经济林开发建设的承包经营地上,从事经济林开发建设的农民,或者租赁流转土地、土地规模 30 亩以上,从事经济林开发建设的社会团体、企事业单位(包括外资企业)和个人,都可享受连续三年每年每亩 300 元的造林土地补贴资金。可以说,"每亩补贴 300 元,连续补三年"的政策激励措施,极大地调动了广大农民的积极性,使郊区经济果林得到了长足的发展。郊区的果林面积也从零星到成片,从 3 万多亩发展到了近 40 万亩,不仅富裕了农民,也服务了市民。郊区"一区一品"果树种植特色也由此形成,如南汇的水蜜桃、奉贤的黄桃、金山的蟠桃、青浦的枇杷、嘉定的葡萄、松江的水晶梨、崇明的柑橘等,推动了经济果林的产业化、规模化、标准化、品牌化。市郊经济果林的发展,除了提高果民收入、丰富申城市场供应外,还促进了第三产业的发展。南汇桃花节、嘉定葡萄文化节、奉贤黄桃节、金山蟠桃节、长兴柑橘节等文化节庆活动应运而生,吸引广大市民前往踏青旅游、观光采摘,带动了当地旅游业、农家乐等的发展,帮助当地农民增加收入,得到了实实在在的实惠。崇明长兴岛,是有名的"柑橘之乡",岛上的橘农说话很有意思,他们经常开玩笑讲:"我们的房子,都是一只只橘子堆起来的。"

技术支撑服务惠民

我在林业战线工作了 16 年,经历的几次体制改革,让我印象很深刻。从单位名称变化来说,1993 年我刚调任那时是市农业局,当时全国就我们上海是农业局主管林业；1997 年，市农业局改为市农林局；2004 年，撤二建一改为市绿化管理局（林业局）；2008 年改为市绿化和市容管理局（林业局）。不管怎样改革，工作必须要认真做好。因为我们觉得，从全国来说，林业一直是一个弱势产业，这个必须得承认。弱势产业不是做不出成绩，关键是要制订、落实具体惠民举措来支持、发展林业。

作为我们主管部门来说，主要是从政策层面设计、技术支撑上来支持林业。譬如说树苗的准备。搞林业建设，苗木来源是一个必须考虑的问题。原先，上海的树苗基本是从浙江萧山等地运来的，成本高、存活率低，不能保证"当年成活率 85%，第二年保存率 85%"。各区县虽然都有自己的林场，但真正能起供苗作用的场圃几乎没有。所以，上海选择在嘉定区马陆镇建设一个"千亩苗木基地"。我记得非常清楚，那年我参加林业部组织的为期 28 天的赴澳大利亚考察培训班，刚回沪第二天，时差还没倒好，局里就通知我到嘉定马陆镇开会。会议下达一条命令——必须赶在 5 月 1 日前，也就是在一个半月期限内完成"千亩苗木基地"的建设。我被任命为常务副总指挥，我心里很清楚，这是一场"硬仗"。因为 5 月份后受季节影响，种植苗木将难以成活；这 1274 亩土地中，尚有一块近 200 亩的垃圾堆放地，要平整成可栽苗木地，工作量相当大；更何况，所需大量苗木的采购，也是一个大问题。好在有相关方面的支持配合，再加上我们自身的努力，克服时间紧、任务重的困难，终于在"五一"国际劳动节前，全面完成"千亩苗木基地"的建设。当时，在华东地区，建千亩以上规模、品种达 80 多种的苗木基地，是相当少的。所以基地建成后，引起了外省市不少同行的关注，纷纷前来考察学习。集体搞苗木培育，这是为郊区林业工作做基础准备，既能提高森林覆盖率，又能解决苗木供应问题。

再比如说树种的选择。果林的技术支撑单位是林业总站。所以对于上海果树种植品种的选择，我们定了三个原则——上海市民喜欢吃的、不耐运输的、不耐储藏的。总之，是"你有我优、你无我有"，我们要种植适合上海郊区的果树。经济果林建设发展以后，各个研究所也随之诞生。嘉定葡萄研究所最早成立，紧接着长兴柑橘研究所、南汇水蜜桃研究所、奉贤小水果研究所、青浦草莓研究所、金山蟠桃研究所等相继成立。所以说，技术支撑是非常需要的。

促进成果推广应用

我们注重林业方面的人才储备和培养，还积极从外省市引进高素质人才，充实到农林院校和市林业总站等单位，提升我们上海林业队伍的整体水平。

这些年来，我们林业总站有好几个科技项目获得国家和市级奖项。这其中，东方杉便是我们上海林业育种科技人员的骄傲。东方杉，被世界林业专家们誉为植物界最珍贵的"狮虎兽"。

上海在加快适生树种挑选时，将东方杉列入首选之列。东方杉基地在川沙林场的"母树林"，目前在崇明、南汇，以及一些小区有种植。实践证明，东方杉不仅适地能力强，而且由于枝条柔韧、夹角小、树冠圆窄、基部圆整，所以抗风性较强。2005 年 8 月，12 级强台风"麦莎"袭击上海，但在台风的主要入侵口——浦东川沙林场最东端的盐碱滩上，东方杉没有一棵被吹断。在 2008 年初的罕见雪灾中，面对厚重的积雪，东方杉还是毫发无损，表现非常出色。2010 年上海世博会时，我们特地从位于金山的上海石化总厂移植了 6 棵胸径达二三十厘米的东方杉，作为优良树种展示给参观世博会的中外观众，赢得一致好评。那些从苗圃移出后栽种在小区的东方杉，也有着较好的性能表现。为此，韩正同志还曾专门有一段批示："在城区能否加快种植东方杉。"为了提高科技含量，课题组通过无性繁育技术的研究，建立了东方杉扦插繁育技术体系，攻克了属间杂交种后代成年树无性繁殖率低的难题。扦插成苗率由原先的 20% 逐步提高到了 90% 以上，苗木数量也扩繁到了 200 多万株。科研人员对东方杉研究的长期不懈的努力，也换来了累累硕果。2007 年，东方杉获得美国商标和专利局授予的植物专利。2009 年，国家林业局批准上海东方杉基地为国家重点林木良种基地。2010 年 3 月，由上海林业总站申报的《植物新品种"培忠杉"（东方杉）的研究与开发应用》，更获得"2009 年度上海市科技进步一等奖"殊荣。该品种的获奖，表明其科技价值得到认可，也对其今后进一步推广应用带来积极影响。

回顾在林业战线工作的这 16 年，作为发展林业的建设者、管理者，能够亲身参与、见证上海林业的建设和发展，虽然也有遗憾，但内心更多的是骄傲和自豪！

华炳均，1951 年 12 月生。现任上海市花卉行业协会秘书长。1977年毕业于东北农业大学，曾任南汇县农业局技术员，上海市农业科学院园艺研究所科技人员。1984 年—2011 年，先后担任上海市农业委员会科技处副主任科员、主任科员、副处级调研员、副处长、处长。

"科技兴农"战略助推
上海现代农业发展

口述：华炳均

采访：欧阳蕾昵

整理：欧阳蕾昵

时间：2017 年 4 月 7 日

2003 年，上海市委、市政府提出"科教兴市"战略后，"科教兴市"渗透到教育、经济、社会等方方面面的工作中。科技兴工、科技兴农、科技兴商、科技兴文、科技兴体等形成万马奔腾、齐头并进之势，为增添上海综合竞争力提供了强有力的支撑。2003 年之后数十年间，上海"科技兴农"工作围绕种源农业、设施农业、生态农业、信息农业，坚持原始创新、集成创新和在引进基础上的消化吸收再创新，使农业科技水平不断提高，对农业生产的支撑、带动能力进一步增强，上海朝着"农业科技强市"的目标大步迈进。

这里，我主要回顾一下"十五""十一五"时期，"科技兴农"战略是如何推动上海现代农业发展的。

发展种源农业,破解人多地少资源紧缺瓶颈

当时,本市常住人口已突破 2400 万,而农业从业人口仅 34 万,农业产值只占 GDP 的 0.6%;人多地少、资源紧缺已是不可改变的事实,但全市农业生产已基本实现良种化,郊区奶牛、生猪良种率达到 100%,水稻和蔬菜良种覆盖率达到 95% 以上,郊区水稻连续平均亩产达 565 公斤以上。多年以来,上海在尽最大努力履行着现代化大都市保障农产品有效供给和质量安全的神圣职责,这份担当中,农业科技功不可没。上海人多地少,人均不到 1 亩地,农业资源紧缺,要提高资源利用率、土地产出率、劳动生产率,确保城市农产品,特别是蔬菜等鲜活农产品供应,必须依靠农业科技创新;农产品质量安全关系到消费者健康和城市的安全,要建设高效、生态、优质、安全的都市型现代农业,又要依靠农业科技创新;上海农业从业人员总体上文化、技能水平低,要建设一支新型的专业化、职业化的农业经营者队伍,还是要依靠农业科技创新。农业科技创新对上海建设都市现代农业具有决定性的战略意义。

如何在较少的土地资源上创造出更大价值? 大力发展种源农业是关键。种源农业是农业产业中附加值最高的环节,是国家战略性、基础性核心产业,是上海现代农业建设的发展重点,也是上海创建具有全球影响力的科技创新中心的重要组成部分。

2010 年,上海市农业科学院(以下简称农科院)建院 50 周年。进入 21世纪以来,上海农业科技领域聚焦“种源服务功能”,提升自主创新能力,取得了一批世界级和国家级科研成果,先后育成世界上第一份杂交旱稻、中国南方第一个旱稻品种,还有双低油菜新品种“沪油 15”成为国内首个获得品

节水抗旱稻与普通水稻田间抗旱对比试验

种权保护的油菜品种。2003年,农科院上海市农业生物基因中心以罗利军研究员为主的研究团队,育出世界上第一份杂交旱稻不育系"沪旱1A",表明中国在全球杂交旱稻的研究中率先取得突破性进展。第二年,世界首例杂交旱稻组合也在上海诞生。上海育成的节水抗旱稻品种不仅可以节水50%以上,而且产量与目前大面积生产的杂交水稻产量基本持平。当时,节水抗旱稻新品种的育成具有跨时代的意义,对于缓解水资源危机和保障粮食安全起着重要作用,体现了上海农业科技的含金量。后来,由上海几代农业科学家"接力"育成的双低油菜新品种,也在国内业界具有影响。其中"沪油15"成为中国第一个获得品种权保护的油菜品种。原来中国传统油菜属

"双高"品种,芥酸、硫甙含量高,不仅烧菜时油烟呛人,而且对人体有害,而农科院培育出的"双低"品种,不仅能帮助农民创收,还能让人们吃得更健康。"十五"期间农科院的科研成果从一个侧面反映了当时科技兴农的坚实力量。

除了种植业以外,在水产业也有个典型例子,那就是团头鲂养殖。20世纪末,全国各地团头鲂养殖先后出现了严重的退化问题,上海也是如此。因为老品种生长速度减慢,性成熟提早,体型变长变薄,抗病力下降等,上海市场对于这类鳊鱼的拒绝让养殖户的效益受损,严重制约了该产业的发展。2000年,熟悉产业状况、了解市场喜好的上海市松江区水产技术推广站站长张友良引进了上海水产大学最新成果——团头鲂"浦江1号",实施选育与保种相结合的群体选育技术路线,培育优质亲鱼。3年之后,也就是2003年,他养的团头鲂"浦江1号"相比淤泥湖原种的生长速度提高了29%以上,单位水面增产10%—20%,而且体型优美,遗传性状稳定,因此被农业部审定为优良新品种。这么好的品种如何让全国的养殖户得益?2003年以后,张友良不断完善团头鲂"浦江1号"良种选育的技术路线,还推广到了全国近20个省市,占全国团头鲂鱼苗需求量的24%,渔民增收近2亿元。该成果获得2004年度国家科技进步二等奖。

畜牧业方面,上海郊区通过奶牛良种化,近4万多头成乳牛的年产奶量达到了8000公斤/头以上,比全国平均水平3500公斤高1.2倍多。初步建成了国际标准的奶牛育种体系,在国内确立了领先地位,是全国三大奶牛育种中心之一。生产的纯种荷斯坦奶牛冷冻精液、胚胎已销往全国除西藏、台湾外的省、市、自治区,2004年市场份额占全国的31%,并参与了天津、广西和吉林等地的"黄改奶"工程。

另外,上海自主培育的新杨褐壳蛋鸡配套系,拥有纯系合成、品系配套、疾病净化等多项专利技术,经国家家禽生产性能测定站测定,该配套系商品蛋鸡生产性能处于国内领先水平,成为我国蛋鸡育种史第一个正式通过国家品种审定的优良蛋鸡新品种,推广到了江苏、河南、河北、山东、东北三省等全国 23 个省市。

设施农业成为上海服务全国的亮点

上海的设施农业主要由温室设施、种植机械、养殖装备和农副产品加工设备等方面组成。改革开放以来,通过引进消化吸收和科研攻关,本市设施农业建设有所进步,农业装备产业正在形成。举个例子,"十五"期间,上海在引进的基础上,消化吸收了 13 项现代农业装备,消化吸收率达到 70% 以上。像智能化玻璃温室、秸秆捆扎机和包膜机、小型河道疏浚机械、小型河道割草机械、多功能油菜联合收割机、种子处理机械、蔬菜清洗机、烤鸡炉、蔬菜切割机、种子播种机等实现了二次创新,初步形成了一批新型农业装备的设计和制造等方面的技术优势,居国内领先水平。

这里特别要提一提的是温室设施。以前说到温室,国际上首屈一指的要数以色列、荷兰。2015 年,荷兰国王访问上海时,专程造访崇明的国家设施农业工程技术研究中心,到这座巨型"玻璃温室"寻找世界上最先进的温室技术。其实,上海温室产业的发展得益于 1995 年国外现代温室的引进、消化和吸收。当年,市农委从国外引进温室时,已经想到要把温室技术国产化,不仅要引进国外装备技术,还要吸收他们的栽培技术,了解需求。市农委明确了要使企业成为技术创新的主体,希望通过强强联手,建立一支温室装备技术创新、产品工艺技术研发和产业化的专业技术、管理和生产队伍,

都市绿色工程有限公司崇明基地的玻璃温室

达到改变我国温室装备落后面貌、提高温室装备整体水平、促进我国温室装备现代化进程的目的。1997 年底,由拟议中的上海都市绿色工程有限公司承接了上海市科技兴农重点攻关项目"荷兰型温室消化吸收",之后在 1998 年 3 月上海都市绿色工程有限公司正式成立。可以说都市绿色工程公司是因研究与开发现代化温室而专门成立的公司。公司成立后,经过近三年的艰苦攻关,基本有了些成绩,研制成功的 WSBRZ 型自控玻璃温室分别通过了上海市科学技术成果鉴定和上海市新产品鉴定。

经过近 20 年的发展,都市绿色工程公司已成长为国内领先、国际知名的温室企业,销售额全国第一。经中国温室网统计,上海都市自控玻璃温室、屋顶全开型温室的全国市场占有率分别达到 56% 和 83%,具有自主知识产

权的产品已实现批量出口,几乎将国外温室公司挤出中国市场。都市绿色
工程公司在玻璃温室、全开型温室、自控 PC 板温室、温室计算机控制、现代
大型温室标准化栽培技术等领域掌握核心技术,已获得 9 项发明专利、52 项
实用新型专利和 2 项外观专利授权、3 项计算机软件著作权登记,先后获得
省部级科技进步奖 4 项,国家重点新产品 3 项。此外,都市绿色工程公司还
将先进的农业设施工程技术推广至天南海北,从黑龙江的漠河到新疆、西
藏,再从西沙、南沙到南极,总量超过 100 万平方米。

农业竞争力来自高效生态

大众化的农产品与周边省市相比没有竞争力,只能走优质、高效、安全
之路。上海农业的竞争力正是来自高效生态。对此,上海农业部门早已经
达成共识。

相对于传统农药,生物农药更加环保,对土地、植物造成的负面影响极
少。什么是生物农药? 生物农药就是利用生物活体(真菌、细菌、昆虫病毒、
天敌等)或其代谢产物,针对农业有害生物进行杀灭或抑制的制剂,对保障
食用农产品安全具有重要意义。"十一五"期间,上海自主研究出了一部分
科技含量较高的生物疫苗、诊断试剂、生物饲料添加剂产品和生物农药。比
如国家一类生物农药申嗪霉素和蜡芽孢杆菌,已取得两个生物农药一类新
药药证。其中申嗪霉素在防治西瓜枯萎病、白菜根肿病等方面效果显著,已
在全国十几个省市推广应用。作为本市唯一一家生产生物农药的公司——
上海农乐生物制品股份有限公司,一直坚持自主研发生物农药,该公司的蜡
质芽孢杆菌原药和申嗪霉素原药两个核心产品都建立在科技创新的成果之
上。作为科技含量较高的一个行业,农乐公司不仅有自己的专家团队进行

自主研发,同时还与上海交大、中国农大、武汉大学、安徽农大等院校进行产学研结合,共同开发生物农药制品。就上海本地而言,上海市农业技术推广服务中心对生物农药产品的推广力度很大,统一购买生物农药下发至各区县,后来部分家庭农场也开始使用生物农药,反响较好。

2000年以来,上海研制的猪细小病毒灭能疫苗、鸡球虫三价活疫苗、猪五号病亚单位工程疫苗等三个生物疫苗获得了农业部颁发的新兽药证书;经体外定向分子进化首次获得具有自主知识产权的高比活、耐高温的植酸酶基因,其比活是国内外报道最高比活的3倍以上,并建立较稳定的工程菌发酵技术体系,保障了工程植酸酶的低成本生产;以花药培养技术育成的"花30"大麦品种已推广300多万亩。

此外,上海还研制了猪链球菌病氢氧化铝二联灭活疫苗。实验室小试和田间试验等结果表明,该疫苗的安全性达到100%,免疫保护率在92.5%以上,保护期为6个月,达到国内领先水平。且二联苗是由流行较广的两种不同型菌株制成的,故使用范围广泛。在浦东航头种畜场等50多个规模猪场进行试用,区域免疫保护率超过85%,猪场链球菌病发病率由5%—15%下降到1%以下。

上海研究开发了快速、准确、价廉的"瘦肉精"检测产品,灵敏度达到5 ng/ml;检测"瘦肉精"的ELISA试剂盒,试验的各项性能指标达到或超过进口试剂盒;还可检测沙丁胺醇和莱克多巴胺等"瘦肉精"的延伸产品。为在源头上杜绝"瘦肉精"及延伸产品的使用提供了科技支撑。

农业信息化水平不断提高

信息技术是改造传统农业生产方式,提升农业装备智能化水平,提高农业生产力的有效途径。本市农业信息化在物联网设备研发、食品安全追溯系统开发、云计算农业专家服务体系、农民一点通推广应用、农产品电子商务、农机装备智能化等方面取得国内领先地位,开发应用的水稻、水产等专用物联网传感器设备,在全国多个农业物联网示范基地广泛应用。

"十五"期间,本市开发了农业生产管理系统、市境道口动物防疫监控系统、农产品认证监控系统、食用农产品质量安全信息平台、农产品批发市场安全管理系统、农产品安全快速检测设备、农产品现代物流平台、猪肉安全生产过程控制科学化体系等八个系统。其中上海市食用农副产品质量安全查询系统使本市食用农副产品有了国际身份证,得到了国家农业部、科技部和商务部等领导部门的高度关注和赞扬,并投标获得国家信息产业部开发项目。

精准农业取得了较好的进展。在长江农场和松江实施的精准农业项目采用变量施肥和平衡施肥等技术,在降低生产成本的同时,增加了单位面积产量。西瓜产量提高 14%—27% 左右,糖度增加 3 度。水稻增产 9%—13%。通过增施锌肥,使小麦增产 18.2%,大麦增产 22.2%。

开通了全国首家集电话咨询、网上直播、专家坐堂、现场指导等多种服务方式于一身的全国性农业服务热线(后统一命名为 12316 农科服务热线),365 天 24 小时为农民提供有关农业科技信息咨询服务,被农民们形象地称为"建在农民家中的农业科技推广站""全天候的农业顾问"。

在农业信息化方面,上海最具代表的莫过于上海农业信息有限公司(以下简称上农信)。上农信成立于 1999 年 12 月,始终致力于农业信息化、食品安全领域中的软件开发、系统集成和信息服务。上农信的产品线覆盖为农综合信息服务、农产品安全追溯、农产品电子商务、农业电子政务、农业物联网等领域。公司自主研发的为农综合信息服务平台、农产品安全追溯平台、农村"三资"监管平台、农产品电子商务平台、农业物联网综合管理平台等产品已经在全国得到广泛应用和推广。2012 年 12 月,农业部启动农业物联网区域试验工程,上海被普遍认为信息化基础好、农业精准化水平高,成为全国首批三大区域试点之一。上农信在上海、江苏等地建立了近 30 万亩的智慧农业综合应用示范区,实现了水稻全产业链的智慧生产、智慧管理、智慧组织。

立足上海,辐射长江流域,服务全国,始终是上海现代农业科技创新成果的真实写照。上海地域小,许多品种和技术在服务本地农业生产的同时,也积极向全国推广,一方面是技术成果本身膨胀的必然需求,另一方面也是上海服务兄弟省市的责任使然。从过去的经验总结到对未来的展望,农业的根本出路在科技,最大潜力在科技,强劲动力在科技,特别是对于大都市而言,农业科技的依存度将越来越高。即使在人口密度如此之高、耕地资源如此紧缺的上海,依靠科技仍可以将农业生产力发挥到极致,走出一条独具特色的都市现代农业之路。

【口述前记】—————

王德弟，1964 年 10 月生。现任上海市农业委员会经济商务处（外事处）处长。曾在浦东新区机场镇政府、浦东新区村镇建设管理署、国务院体改办小城镇改革发展中心、国家发展改革委小城镇改革发展中心、上海市推进浦东新区综合配套改革试点工作领导小组办公室、浦东新区农业委员会等单位工作。较长时间从事"三农"工作，尤其对小城镇改革发展、城乡统筹、农村经济、农业旅游、农产品展销、农民增收等方面有较多的研究与实践。

上海农副产品展示展销服务全国

口述：王德弟

采访：欧阳蕾昵

整理：欧阳蕾昵

时间：2016 年 4 月 20 日

    我是 2007 年 10 月份到上海市农委来工作的，同年 12 月，我被正式任命为上海市农业委员会经济贸易处（外事处）处长。现在，我们处改名为经济商务处（外事处）。虽然名字只改动了两个字，其实工作职责发生了很大的变化。原来的经济贸易处主要侧重于在农产品流通方面做好指导协调服务工作，变更为经济商务处以后，还要承担起政策调研、工作指导、主动协调、主动参与、事中服务、事后监管等多项职责，经济商务处的工作范围扩大了，工作内容也随之增加了。

    我调到市农委后，记得时任市农委主任徐麟找我谈话。他说了这样一句话让我始终记忆犹新："你的工作经历比较丰富，我们农委的工作大量停留在生产环节，而后面的加工、流通、服务等环节相对比较弱，所以你来了以后要做好两篇文章,也就是'两句话'的文章。第一句话,国际国内;第二句话,接二连三。"领导在谈话中更加强调了第二句话:接二连三。"接二连三",也就是促进农村的第一、二、三产业联动与融合发展;"国际国内"的意思是与国内外农业部门进行交流合作。我一直在深入思考、积极探索,如何做好、做深、做透"两句话"的文章?

上海农展馆:农业企业的"桥头堡"和"试金石"

我认为,做好"两句话"的文章,其中重要的一点就是上海农副产品展示展销服务全国,让全国各地和世界各国优质农副产品方便快捷地进入上海市场。上海都市现代农业的方向要与国际大都市方向定位吻合,上海也应该在物流、会展、科技、信息、农产品安全检测等方面为全国农副产品走进上海、走向国际服务。上海农副产品的数量和品种不可能是最多的,但上海的区域优势决定上海可以成为全国农副产品最多最大的集散中心之一。如果上海的农业只抓一产,那是很弱的。因为上海郊区的农民越来越不愿意种地,而上海市民对"菜篮子""米袋子"的安全需求却逐年上升,对品质的要求也逐年提高。市民每天需要的公共资源,最重要的就是农副产品的安全稳定供给。上海有着巨大的消费市场,随着人民生活水平日益提高,需要更加丰富多样的农副产品。市农委必须承担起这个责任。因此,我们需要有一个农副产品展示展销平台,为本地、全国甚至国际农业企业提供服务。这个平台最早就是上海农业展览馆(也称之为上海国际农展中心)。

上海农业展览馆(以下简称"农展馆")成立于1959年,是当时上海仅有的两大展览馆之一。早在20世纪七八十年代,农展馆就举办了数百次各种类型的农业展览,曾接待过五大洲近百个国家的专业参观团及国家元首。农展馆

上海国际农展中心成为"桥头堡"和"试金石"

在贯彻党的方针政策、展示上海农业成就、推广农业科技成果、进行爱国主义教育,起到了它应有的作用,在上海市民中有较高的知名度。可以说,农展馆是国内外农副产品进入上海的第一座"桥头堡"和最早的"试金石"。

上海人在吃的方面有自己的特点:理智、讲究、喜欢尝鲜。有了农展馆这个平台,可以满足市民理性消费,又爱尝鲜的要求。在农副产品展览期间,上海市民如果对某个产品认可了,经销商便基本知晓哪些产品适合打入市场。上海人对于产品的包装也很讲究,过于复杂或者过于粗糙的都不乐意接受。多年来,全国农业部门都对上海农展馆抱有好感,都希望能有机会多来上海办展,我们也要求来上海展示展销的农业企业,不能光展,还必须要销,要尽量多备货。

近年来,农展馆在拓展市场方面成效显著,承办了数量众多的全国性、地方性、专业性的农业展会。苏、浙、皖、赣、黔、桂、晋、新、吉、黑、滇、湘、鄂、台等省市都在农展馆举办过优质农副产品展示展销会。比如江苏名特优农产品(上海)交易会已经在上海举办了十三届,江西鄱阳湖绿色农产品(上海)展销会也已成功举办了十一届,许多企业通过来上海展销打开了市场,提高了产品知名度。

在积极服务大陆兄弟省市的同时,上海没有忘记海峡对岸的台湾同胞。2006年,上海成功举办了海峡两岸农业合作展览暨台湾农产品展销会,吸引了台湾岛内和全国其他17个省市的台资企业参加。由于精心筹划,周密部署,服务至上,台湾农产品受到了市民的广泛青睐,1斤芒果可以卖到45元,3天零售额超过4亿元,所有展品销售一空。一些台湾同胞说,参加上海展会真是事半功倍啊!

此外,上海盛夏农副产品大联展每年7、8月份在农展馆举办,主要展出市郊生产的农产品,尤其是当令瓜果及蔬菜、畜禽、水产、花卉、深加工产品等,其中80%以上的农产品为品牌产品。上海国际休闲水族展览会每年10月在农展馆登场。来自长三角、珠三角和京津地区海、淡水观赏鱼、水族箱、水生生物、饲料、鱼药、照明、家居装饰、水族用品及器材设备等相关产品与服务的生产厂商、养殖企业参展、参赛。展会对指导长三角地区休闲水族的快速发展,促进观赏鱼水族市场的开发与繁荣起到积极的作用。

新春大联展:"一手牵着农民,一手牵着市民"

农展馆每年大大小小的展会中,特别值得一提的是上海市民耳熟能详的新春农副产品大联展。从2002年到2016年,15年的时间铸就了一个家喻户晓的会展品牌,构筑了一个誉满全国的服务平台。新春大联展齐聚全国 20 余个省市、70 多个地级市、近两千种优质农副产品,已成为广受全国农业参展企业与广大市民欢迎的品牌展会。

记得 2002 年正是中国入世的第二年,首届"大联展"即将开幕之际,时任市农委副主任严胜雄对于"大联展"的定位侃侃而谈:"入世后,政府职能转变是关键一步。带领农民进市场,是服务农民的一个实际行动。政府可以为农民进市场搭好台,架好桥。农展馆可以搭建一个平台,为上海和全国各地农民、农业企业进上海乃至全国和国际市场提供一个平台,而这个平台,也就成了上海作为全国农副产品集散中心形成和建设过程中的窗口和桥梁。"正是基于这样的出发点,"大联展"这一会展品牌不讲级别、不讲届别、不讲界别,充分运用政府搭台、市场运作,以此带来国内外采购订单,通过订单带动生产企业,企业再带动基地,基地最后带动千家万户的农民。

新春大联展"一手牵着农民,一手牵着市民",本着"为全国农民搭平台,为上海市民送年货"的宗旨,搭建了一个服务"三农"、促进农民增收农业增效的平台。要让上海人吃到优质的农产品,更要为这些优质农产品进入上海市场牵线搭桥,以及把好质量关,这是我们的职责。已经很难统计,有多少农户、多少企业通过"大联展"走上增产致富之路。

"大联展"曾广为流传一个"姚长庚卖地瓜干"的故事:2003 年 1 月,第二届新春大联展如期举行,来自江西上饶县的农民姚长庚拉着市农委领导的手激动地表示感谢。原来姚长庚第一次参展时用大麻袋包装的地瓜干,味道虽不错,但包装太粗糙。农展馆负责人向他讲解了上海市民的消费观念,也让他去看看其他地方来参展的土特产外包装,让他感受到"好酒也要好包装"的道理。与此同时,还找到他们县带队参展的副县长,建议由县政府组织牵头解决当地优质"地瓜干"品牌打造和包装问题,实现产业化销售。第二次参展时姚长庚使用了真空小包装,还注册了商品品牌,当场销售 15 万元,还收到了 32 张订货单,其中还包括加拿大和美国的客商。这位农民兄弟笑得合不拢嘴,想不到自己"土得不能再土"的地瓜干,能远涉重洋,成为外国人的休闲食品,还使当地种地瓜的农民每亩增收 1000 元。姚长庚背着地瓜干闯市场,是"大联展"这一平台助他搭上通向国内甚至国际大市场的通道,也使他深深感受到了"大联展"的魅力。

过去数年的"大联展"上,产生了一个个农民致富的感人故事,除了卖地瓜干的姚长庚,还有浙江诸暨农民马剑芳的鸭蛋产品拿到 2000 万元订单;小小一包 2.5 元的湖州桔红糕,日零售额超过 1.5 万元;每公斤 3 元的嘉兴年糕,清晨 5 点就有市民前来排队;广西脐橙两天内备货全部销空,临时紧急调货;湖州安吉的笋干一天零售额达到 4.5 万元……每年的"大联展"既是上海各区县和光明集团品牌农副产品的大展示,同时也给上海农业带来了和全国各地合作发展的空间。如奉贤区的汉德食品有限公司,除了做好本行水产品加工外,还在吉林建立了牛肉加工基地,在黑龙江木兰县建立了大米生产基地,在青海建立了羊肉、牛肉加工基地。山东乳山市一家农业企业,以公野猪杂交良种猪,所产野猪肉制成独具一格的肉肠。原先他们不知道市场有多大,进上海一销,实在"吓一跳",一下子就是几百吨的量,现场人员简直不敢再把订单签下去。回去以后,这家企业马上计划调整自己的生产能力。甘肃有一种"天水花牛苹果",在 2008 年的"大联展"中销售火爆,甘肃省农业主管部门专门制订和推行了《花牛苹果质量标准》和《绿色食品花牛苹果生产技术规程》,建成标准化生产示范园 40 万亩,推行标准化生产和相关的各项认证措施,极大地促进了当地农业结构调整和农民增收。其实,这样的例子还有很多很多。

多年来,"大联展"已成为全国各农业大省农副产品打通国内和国际市场的重要通道,每年展位供不应求,琳琅满目的展品,充分展示了现代农业建设的丰硕成果。"大联展"以"展"促"订",以"订"带"展",通过订单带动企业,企业再带动农户,从而形成一个产业链,实现农业增效、农民增收之目的。

西郊国际:上海农副产品市场"升级换代"的重大工程

上海是全国农副产品的主要集散地之一,每年在沪举行的展销会和"大联展"活动,已成为上海对接全国龙头企业、农产品生产基地的大平台。然而,三五天的短期展销活动,无法满足各地农民增收和市场拓展的渴望。各地农业主管部门和农业生产企业迫切希望上海能创建一个常年提供展示交易的服务平台,让本地农副产品在上海多获订单、早获订单、获大订单,从而实现引导生产、调整结构、创建品牌的服务功能。

2004年初,上海市委、市政府提出,上海要努力搭建一个全国性的农产品交易大平台,为上海市民服务,为全国农产品大市场、大流通服务。当时,时任上海市副市长冯国勤带队先后去了法国巴黎、西班牙马德里等欧洲市场进行学习考察,回来后决定:上海不能再复制一个"农展馆",而是要以更新的眼光、更新的思路打造一个集农副产品展示、展销、批发、交易于一体的中心。自此,市农委开始筹划建设上海西郊国际农产品交易中心(以下简称"西郊国际")项目。在项目的选址上,我还记得,当时经过多方论证和综合考虑,在考察了浦东、青浦、松江、闵行等区县后,最终还是选择了位于大虹桥西侧的青浦区华新镇。原因有三:一是区位优势明显,高速公路发达,江苏、浙江、安徽等农副产品可以方便地通过陆路抵达上海；二是辐射作用明显；三是当时浦东地区已经有"上农批"，而浦西也应该有个大型的农副产品交易中心。

"西郊国际"项目建设包括三大部分：批发交易区、展示直销区、检测服务区。其中批发交易区由上海西郊国际农产品交易有限公司管理。作为上海一级食用农副产品销地批发市场，其服务对象主要是二、三级市场批发商、经销商、大型连锁零售企业和机构采购商等；展示直销区规划建设近4万平方米，不仅有全国各地的农产品常年展销，还特别设有新品展示直销区、国际农产品展示区，品种丰富，门类齐全，带动千家万户走进市场，解决了"市民想买买不到，农民想卖卖不掉"的老问题，也真正意义上实现生产基地和销售终端的对接。"西郊国际"曾连续两次被列为上海市人民政府重大工程项目。

2007年10月29日，位于青浦区华新镇的"西郊国际"打下了第一根桩，就此拉开了为时两年半建设工程的序幕。2010年3月31日，一期批发交易区试营业，来自国内外七大类上万个品种的蔬菜、肉类、冻品、果品、粮油、干货等农产品在此进行批发交易；2010年6月26日，由国台办和农业部共同授牌的上海台湾农产品交易中心试营业；2010年9月26日，西郊国际展示直销中心开业，全国各地具有浓郁地域特色的11大类近万种农副产品缤纷亮相，部分产品首次来沪直销，西藏农副产品展示馆首次进驻上海。

我认为，"西郊国际"不仅是一项市政府重大工程、农副产品供应保障的民生工程，而且更是一项重要的社会工程、政治工程。"西郊国际"作为进境水果和肉类的指定检验检疫口岸，实现"一次开箱，快速通关"的便利。2011年8月，台湾爱文芒果通过海峡两岸（上海）农产品交易物流中心在大陆快

西郊国际农产品展示直销中心

速促销,为此,台湾高雄县农会和屏东县青果运销合作社专门致函上海市农委、市台办等部门表示感谢。

在展示直销中心,多年来,国内各省市场馆和国际馆争相入驻。比如"西郊国际"云南馆就是云南省政府和上海市政府对口帮扶的项目。自2010年开馆以来,在宣传展示云南省特色农业产业化发展成果,扩大云南特色农产品市场知名度上取得很好效果。

再举个"洛川苹果"的例子。2013年9月14日,"延安洛川馆"在西郊国际展示直销中心正式揭牌成立。在这个设立了全球20多个国家级馆、40个省级馆、20个市级馆的国际性展馆里,"延安洛川馆"是唯一的县级展馆。其实,上海与洛川"结缘"于 2012 年。2012 年 12 月 29 日,洛川县在上海召开了洛川苹果上海宣传推介会。随后,洛川县在上海成立了洛川苹果文化研究会并开设了专卖店,进一步拓展和扩大了洛川苹果在上海的知名度和影响力。2013 年,洛川苹果在上海新春农副产品大联展首次登台亮相,5 天销售额达 26 万元,签订购销合同 350 万元。此后,洛川苹果进入上海 200 多个旅游景点和"农家乐"销售。市农委经商处曾多次组织本市农业企业深入洛川果区看基地、送订单,帮助洛川相关企业在上海设立直营店、果行,支持下属事业单位与洛川县苹果产业协会结对帮扶,并联合洛川县委在上海开展了洛川苹果义卖活动,将所得 10 万元全部捐助革命老区经济发展。目前,洛川苹果不仅成功落户上海,进入上海市民的"果篮子",而且建立起了辐射华东地区的销售网络。

上海农副产品境外参展促销工作情况

自 2002 年以来,为贯彻落实中央"一号"文件精神及市委、市政府领导关于农业"走出去"的指示要求,我们在市委农办、市农委主任孙雷的领导下,市农委主动会同市商务委、市财政局和东浩集团所属上海外经贸商务展览有限公司,连续 14 年组织市区农业主管部门、农业龙头企业、农民专业合作社及涉农金融机构相关负责人,赴国际上知名农业(食品)博览会参展促销并顺访交流,展示了上海农业发展的新成果,较好地推动了本市农业多功能发展,有效地促进了农业及农副产品的国际交流合作。2012 年,农业部有关领导专门批示肯定上海农副产品境外展工作,并要求农业部国际合作司将有关经验推广到全国各省市。

这里,我列举一些曾参加过的国际展览举办地情况:马来西亚吉隆坡

(2002年)、捷克布杰约维采(2003年)、英国考文垂(2004年)、澳大利亚悉尼(2005年)、日本东京(2006年)、德国科隆(2007年)、法国巴黎(2008年)、日本东京(2009年)、南非约翰内斯堡(2010年)、美国迈阿密(2011年)、澳大利亚墨尔本(2012年)、巴西圣保罗(2013年)、俄罗斯(2014年)、波兰(2015年)。

搭好服务全国的农产品展示展销平台,已成为上海实践都市服务型农业战略思想有效载体,在服务全国的同时,上海农业也获得了与全国各地合作发展的空间和机遇,可谓"双赢"。

【口述前记】————

　　黄德安，1947 年 11 月生。1993 年 7 月至 2006 年 4 月，担任上海市农业局农业处处长。2010 年 12 月至 2014 年 12 月，担任上海农业废弃物利用行业协会秘书长。

农业废弃物综合利用的发展之路

口述：黄德安

采访：贺梦娇

整理：贺梦娇

时间：2016 年 7 月 15 日

中国是有几千年文明的农业大国,传统的耕作模式或是种养结合的模式虽然生产力低下,却符合休养生息的自然规律,也没有多余的农业废弃物滞留下来。而在 21 世纪初,随着生产力的提升,"农业废弃物"数量与日俱增,这些曾被农民当作宝的东西,何以沦落到无处可去的废弃物的境地？ 值得人民反思。所幸,全国各地对于农业废弃物综合利用的尝试步伐已迈开,就说上海,也在 2006 年成立了上海农业废弃物利用行业协会。2010 年 12 月至 2014 年 12 月,我被上海农业废弃物利用行业协会聘任为秘书长,见证了上海在这段时间里针对农业废弃物处理作出的尝试。

宝变为废,"年轻"的协会应运而生

在谈上海的农业废弃物怎么处理之前,先要说说农业废弃物是怎么来的。

要知道,农业废弃物这个概念原先是没有的,因为这些东西农民自己用都来不及,哪里还会废弃！20 世纪 70 年代,我们是分散的小农模式,农民自己种了地,自己卖了以后,把零星的废弃物带回家,给家里饲养的猪牛羊食用,也就消耗掉了这些废弃物。但是在 21 世纪初,也就是 2000 年之后,随着我们农民生活的提升、生产方式的改变,农业废弃物越来越多,才引起了大家重视。后来,我们的合作社发展起来,农业规模化了,种植业和养殖业开始分开了,农民们把主产品卖了,副产品却留了下来,所谓的农业废弃物也就堆积了起来。还有,农民的生活方式变了,大家把土地流转给大户了,自己不住在村里,住到了镇上,原先每家要用的灶头也不用了,可以作为燃料的秸秆也就消耗不了,导致了农业废弃物的增长。因而,我们要带着矛盾和发展的眼光看待这个问题。一方面,说明我们农村的生活条件在改善,而另一方面,也间接造成了农业废弃物的增长。多余的废弃物出现在了河边、田埂,也容易造成二次污染。这些在 20 世纪 50 年代算是"宝"的东西,变成了 21 世纪初的农业废弃物,令人唏嘘。

幸运的是,市政府以及市农业部门比较早地注意到了这个现象,而一些以农业废弃物利用为业务的企业也不断诞生。在这样的情况下,为了引导和帮助这些企业在农业废弃物综合利用的发展道路上越走越好,我们协会在 2006 年应运而生。协会成立的时间不算长,刚成立的时候也只有 50 多家会员单位,这些单位主要从事畜禽粪便的处理。在当时,畜禽粪便的处理问题可以说是一大难题,而我们上海的畜禽粪便处理,当时主要是用作有机肥的加工。我们协会可以说是从农业废弃物综合利用这里起步的。

2010 年,上海迎来了世博会,为了保障上海的空气质量安全,本市全面禁烧秸秆。可以说,世博会开了我们秸秆综合利用的好头。到2011年,市农委、市发改委、市环保局等联合出台了郊区禁烧的政策措施,开始建立了秸秆综合利用的长效机制。同时,郊区也出现了一些利用稻麦秸秆进行肥料、食用菌等生产的企业。

2012年,市农委把蔬菜标准园建设过程中废弃物的减少作为指标之一,这也推动了本市蔬菜废弃物的处理工作。我们协会会员单位也达到了150家左右。

农业废弃物种类繁多且数量巨大。目前,我们协会所涉及的农业废弃物:一是种植业废弃物,主要是粮田稻麦秸秆、蔬菜菜皮和藤蔓枝条,如果任其田间焚烧,那就会污染蓝天白云;二是养殖业废弃物,主要是畜禽粪便,如果任其到处丢弃,那就会污染绿水青山。这些废弃物既是宝贵的资源,又是严重污染源,若不经妥善处理进入环境,将会造成环境污染和生态恶化。

上海种植业正在向省工、高效的方向转变,以大量的化肥代替原有农家肥的使用;养殖业正在向集约化、城郊化靠拢,以人工饲料代替农业废弃物饲料的使用。这些转变已经打破了传统农业中副产品的循环利用环节,造成农业废弃物堆积和利用率的降低,进而产生了较为严重的环境问题和资源浪费问题。因此,实现农业废弃物变废为宝,对改善农村生态环境,提高"三农"建设质量和实现农业可持续发展,具有重大战略意义。

近年来,上海农业废弃物利用工作在市农委领导下,在行政技术部门指导以及政府政策推动下,取得了较大成效。主要表现在:

商品有机肥生产销售数量持续上升。2015年,全市有52家企业(含域外3家)入围生产销售商品有机肥享受财政补贴,年生产商品有机肥料能力43.6万吨,销售总量达42.4万吨,处理畜禽粪便130万吨以上,约占全市畜禽粪便 200 万吨总量的 65%。此外,畜禽粪便用于沼气工程约占 10%;还有 20%—25%畜禽粪和大部分尿液,大多采用集中(或管网)收集生态还田。

粮油作物秸秆田地焚烧基本消失,综合利用有效推进。据市农机办提供的数据,全市约 80%以上的农田秸秆用于直接秸秆还田;秸秆资源化利用近几年也达到长足发展。2014 年,上海稻麦秸秆综合利用(除还田外)总量为 131364.3 吨,其中麦秸秆 22432.6 吨,稻秸秆 108931.7 吨,涉及企业 60 家。资源化利用的途径,包括食用菌基质利用(作为培养料)34653.51 吨,约占利用总量的 26.4%;有机肥料辅料利用,经机械粉碎加工生产有机肥料 28879.5 吨,占利用总量的 22%;秸秆饲料、垫料利用,即作为青贮饲料垫料以及奶牛场收储未经加工的秸秆收购总量为 36257.81 吨,占利用总量的 27.6%;秸秆生物质利用量(包括成型燃料利用和沼气利用)31573.03 吨,占利用总量的 24.0%。

蔬菜废弃物的处理和利用日益受到重视。虽然目前蔬菜废弃物处理还没有专项资金支持,企业缺乏开展蔬菜废弃物综合利用的积极性,但在一些区县结合蔬菜标准化园艺场的建设,积极探索科学处置的方法,并在增加设施、装置配备上适当投入,处理方式逐步由简单的堆沤处理模式向生物菌、畜禽粪便发酵、沼气池发酵等工厂化处理模式发展,取得了一定成效。

囿于当前几大废弃物利用基础不一,工艺技术要求不一,产业发展水平和市场需求更是不尽相同,我们协会近几年对畜禽粪便加工有机肥销售应用、稻麦秸秆综合利用,以及蔬菜废弃物资源化无害化利用三大农业废弃物利用情况,在各利用单位上报数据统计基础上,结合调研和面上情况分别形成专项总结,以便针对不同特点,深入研究探讨农业废弃物利用进一步发展的问题,推动上海生态文明建设和经济社会的可持续发展。

秸秆还田仍是大头,渴望更多综合利用方式

我们协会成立的宗旨一直很明确,其实就是探索如何将这些废弃物作为资源来开发。从 2006 年至今,也在不断推进。就拿秸秆来说,其中很小的一部分,上海作为饲料来使用,先给耕牛吃,随后也搭配给奶牛吃。还可以作肥料化处理,郊区有 50 多家有机肥厂,其中有 10 多家利用秸秆作为有机肥的辅料,混合畜禽粪便,制成商品有机肥,每年销量有 40 余万吨,消耗五六万吨左右的秸秆。再可以作原料化处理,也就是生产食用菌的原料,把秸秆和其他原料经过粉碎、灭菌等步骤后作为菌包生产草菇等食用菌。还有就是进行燃料化处理,不再局限于灶头使用。前几年,金山的一家工厂利用秸秆,再加其他辅料后,制成可燃烧的、能够替代煤的原料,奉贤一家企业 2015 年用了 5 万吨的秸秆,生产成了燃料棒,完全可以替代煤。此外,也可以作为沼气原料,但是产气不稳定,销路不明,有时候自己不够用,有时候多了卖不掉。现在看看,秸秆综合利用的方式很多,但总量并不高,目前,还田还是最主要的,综合利用的秸秆数量只有每年 15 万—20 万吨。

这些年,郊区秸秆综合利用有些典型案例值得一提。例如嘉定马陆镇一个合作社以及葡萄研究所。该合作社利用葡萄枝条粉碎后作为食用菌的基质,而葡萄研究所将枝条粉碎后覆盖在地表上,起到了减少草害的作用。在金山廊下镇,食用菌产业发达,该镇所有的秸秆均被作为食用菌的基质,还是不能满足食用菌生产的需求。本市光明集团也是走在了试点前列,他们把 1 亩地产出的 500 公斤秸秆打包后加入发酵菌剂,然后密封,经过一定时间的发酵后,作为牛的饲料。这种散发着淡淡香味的生物饲料,可谓供不应求。严格说来,这样的处理比起还田而言,更加发挥了秸秆的利用价值。

将秸秆切碎后直接机械还田

这些年,我们还田的秸秆数量占秸秆总量的 80% 以上。我们还在不断开发秸秆综合利用的途径,希望能更妥善地利用好这个资源。

在这个问题上,南北方在处理秸秆上有差异。北方雨水较少、气候比较干燥,秸秆硬度比南方高,可以做成板材,替代木材,甚至做成家具。而我们南方则远远达不到这样的条件,只能寻求更加适合自己的利用方式。

蔬菜废弃物堆沤为主,处理技术愈加科学合理

对于蔬菜废弃物的处理,我们首先要明确,它们是从哪里来的。据我了解,上海蔬菜废弃物的产生来自三个方面。一是田间,在蔬菜生产过程中产生,每种蔬菜种植收获时除大量上市交易外,尚存部分不能出售,产生废弃物留存田间路边,尤其是蔬菜园艺场,每当遇到季节换茬,大量的藤、蔓、茎、

秆、叶累积堆置,影响蔬菜园艺场的场容场貌和可持续发展。二是在加工配送环节中,特别是外省市过来的蔬菜,一些蔬菜"老"了,农户就削掉外部或是扔掉一些外皮。三是在交易市场中。三者之中,对交易市场中产生的废弃物,目前正由上海市容绿化局会同市农委协调,积极应对,探索试点推进外,前两个方面的废弃物处理,尚无相应的政策支持。

根据十八大提出"绿色、低碳、循环"的要求,按照"减量化、再利用、资源化"的循环经济理念,实现蔬菜生产废弃物无害化和资源利用高效化,变废为宝,推进上海蔬菜生产向资源节约、环境友好和循环农业的方向发展格外重要。而随着上海标准化园艺场的建设,蔬菜废弃物的处理开始得到了重视。一些区县结合蔬菜标准化园艺场的建设实际,积极探索科学处置的方法,并在增加设施、装置配备上适当投入,取得了一定成效。但目前蔬菜废弃物处理需要企业增加一定的运作费用,不利于调动企业在蔬菜废弃物处置及综合利用的积极性,影响相应设施装备持续发挥作用和在整个面上的推广。随着蔬菜加工、配送企业的发展壮大,其间产生的废弃物处理的压力也在增加。据上海农业废弃物利用行业协会会同上海蔬菜食用菌行业协会联合调查,废弃物处理费用因处置形式不同而成本不一。一是具有生产基地的加工配送企业将废弃物直接还田,还田成本每吨 44.6 元;二是与畜禽粪便相混合,制成农家肥,用于生产,每吨成本为 272.5 元;三是由环境部门作为垃圾处理,运输费及处置费平均每吨高达 500—550 元。而由环保部门处理,不仅造成资源的大量浪费,还造成社会处置成本的大幅上升,这显然不是一个理想方法。

那么,对农业废弃物怎样处理才好呢?据对上海农业废弃物利用行业协会 25 个会员单位的调查,目前,上海郊区开展蔬菜废弃物利用处理方式大致有堆沤处置、沼气厌氧发酵、与有机肥生产厂合作处置等几种方式。

先说堆沤处置。目前是大多数会员单位采用的主要方式。统计下来有20家会员单位采用，约占蔬菜园艺场会员单位总数的80%。每年可处理蔬菜废弃物61926吨，约占废弃物处理总量74758吨的83%。其中，宝山区蔬菜园艺场比较典型。据我所知，该场开展蔬菜废弃物处理实行专项补贴，每个建设单位可获补贴8万元，专门用于建造废弃物处理堆场和购置粉碎机等。他们将蔬菜废弃物切碎后集中堆放，然后经过搅拌、喷洒菌剂、盖上薄膜后进行厌氧发酵，这不失为一种好方法。

沼气厌氧发酵。目前协会中有3家会员单位采用这种模式，约占蔬菜园艺场会员单位总数的12%。每年处理蔬菜废弃物2452吨，约占处理总量的3.3%。上海爽快农产品专业合作社就是比较早使用这种模式的单位，他们采用猪粪加蔬菜废弃物作为氮源引入沼气池发酵，发酵液通过专门管道输入田头，这样的处理方式对于菜田也是有极大好处的。

而剩下的几家会员单位中，他们选择与有机肥生产厂对接。这种处理模式有2家会员单位采用，约占蔬菜园艺场会员单位总数的8%，每年处理蔬菜废弃物10200吨，约占处理总量的13.7%。这种模式以崇明健绿、港沿两家蔬菜园艺场为代表。两家蔬菜园艺场以常年生产芦笋为主，与其附近的上海胜维有机肥有限公司对接，将生产中产生的芦笋秸秆等废弃物交由他们处理生产有机肥。

虽然看起来我们处理蔬菜废弃物的方式似乎没大的变化，但事实上，这些年上海在蔬菜废弃物处理上，总体呈现四方面的特点和变化。

首先，处理量在上升。2015年达到8.1万吨，比2013年处理利用废弃物6.9万吨，增加1.2万吨，增加幅度17%。增加的原因在于种植面积在增加，因而废弃物数量增加。同时,部分企业由于蔬菜种植种类有所变化,导致产生废弃物量也有所增加。

其次,直接还田(直接翻耕,进行下一茬作物种植)处理方式正在消除。2012 年直接还田是 4 家,废弃物数量占处理总量的 9.6%,2013 年为 2 家,废弃物数量占处理总量的 2.9%。到了 2014 年基本消除。

再次,废弃物处理方式虽然仍以堆沤为主,但处理技术更加注重科学合理。2014 年传统的堆集处理方式有较大幅度减少,一些企业在堆沤时,注重添加畜禽粪便或发酵菌剂等进行科学发酵,以减少病虫害传播,提高堆沤肥料质量。如上海多利农庄、上海欧阁有机农庄等蔬菜园艺场等。利用一定面积的堆肥场地,配备必要的基础设施和机械设备,引进微生物发酵技术,将蔬菜废弃物配入一定畜禽粪便,经槽式或条垛式并按照有机肥生产技术要求和流程,进行科学发酵,制作有机肥料,自行使用。这种处理方式比较典型的有 6 家会员单位,占加入协会的蔬菜园艺场数量的 24%。

最后,废弃物处理投资的积极性有所增强。近几年,一些企业注重利用市、区县财政资金及自筹资金加大在处理废弃物方面的投入,2013 年计有 18 个企业,共投资 1340.7 万元。其中:市财政 757 万元(占总投资的56.4%);区县财政 288 万元(占总投资的 21.5%);企业自筹资金 295.7 万元(占总投资的 22.1%)。其中有 5 家企业,在没有市区财政投资情况下,自筹资金投入到废弃物的处理加工,计投资 73 万元。从企业拥有处理蔬果废弃物设备统计来看,2013 年已拥有 21 台套,其中粉碎机 8 台、翻堆机 2 台、拖拉机 5 台、铡草机 1 台、沼气池 1 座、电动车 2 台、铲车 1 台、传送机 1 台、发酵室 1 间;比 2012 年 16 台套增加 5 台套,增加 31%。2014 年,又有 3 家蔬菜园艺场通过多条渠道,筹集资金,根据自身的规模和需求,由上海傲雪生物科技有限

蔬菜废弃物堆肥发酵成有机肥

公司给予设计、配置加工主体机械设备。已投入试运行,效果很好。

由此看来,虽然上海的农业废弃物处理已经走过 10 余个年头,有了长足的进步,但不论是秸秆处理还是蔬菜废弃物的处理,都仍有待更多突破,仍然处于攻坚克难阶段。可喜的是,无论是上海市政府、市农委,还是"三农"行业内,都已经迫切意识到了农业废弃物处置利用的重要性。我相信,上海未来在农业废弃物处理上,还会有突破性发展;也希望在农业废弃物领域,政府能出台更多政策,给予大家更多动力和底气。

方志权，1966 年 1 月生。中共上海市委农办研究室主任，上海市农业委员会政策法规处处长，农村经营管理处处长。2001 年曾先后担任上海市农业委员会政策法规处（农村经营管理处）副处长，上海市农村经营管理站站长。2011 年 3 月至 2013 年 5 月担任上海市农村经营管理站站长期间，主持了上海市科技兴农重点攻关项目和推广项目——农村集体"三资"监管平台和农村土地承包经营信息管理平台建设。

三大涉农监管平台建设

口述：方志权

整理：方志权

时间：2016 年 5 月 6 日

所谓三大涉农监管平台建设，是指由上海市农委牵头建设的涉农补贴资金监管平台、农村集体"三资"监管平台和农村土地承包经营信息管理平台建设。这三项平台中，后两项是由我主持建设的，身感肩上担子沉重，建设的经历至今历历在目。

应该说，从 2009 年起到 2012 年，上海市委农办、市农委按照中央和市委的要求，把切实维护好、实现好、发展好农民的根本利益作为工作的出发点和归宿点，紧紧围绕强农惠农富农政策落实，农村集体资金、资产、资源（以下简称"三资"）监管和农村基本经营制度完善开展工作。在市纪委的牵头协调下，市委农办、市农委会同有关部门，以"制度加科技"为手段，依托现代信息网络技术，积极推进涉农监管平台建设，在全国率先建立了涉农补贴资金监管平台、农村集体"三资"监管平台和农村土地承包经营信息管理平台，

上海市农村集体"三资"监管平台建设推进会

并强化推广应用,取得了显著成效,得到了中纪委、中农办和农业部的充分肯定,我也有幸多次在全国性会议上推广介绍上海的做法。

抚今思昔,建设三大涉农监管平台的初衷究竟是什么呢?随着工业化、城市化进程的不断推进,本市农村集体经济呈现良好的发展态势。一方面上海富农强农惠农政策不断落实,涉农补贴投入不断增加;农村集体资产不断增值显现,呈现逐年增长的态势。而另一方面目前农村集体经济组织不同程度上存在着产权不清、管理缺乏透明度,集体资产处于"人人所有、人人无份"的状态。各种形式的资产流失现象也有发生,极个别村还发生了干部侵吞集体资产和假冒认领农业补贴的情况。有的村还出现了盲目投资,导致集体资产亏损、亏空和资不抵债现象。对此,农民群众意见很大,有的地方还出现了群众集访。其根本原因是产权不明晰,体制不理顺,缺乏一整套有效的管理和监督的制度。正因为如此,市委、市政府对市委农办、市农委提出了明确要求,希望引入科技加制度的管理机制,通过对涉农补贴资金、农村"三资"和农村承包地的信息化管理,保障集体经济组织每个成员的合法权益,确保集体资产的安全,改善党群、干群关系。事关重大,我担起了这项重担。经过全市上下 4 年的共同努力,2012 年底,上海三大涉农监管平台建设进展顺利,功能各具特色。

先讲一下涉农补贴资金监管平台,涉农补贴资金监管平台具有宣传、公开、查询、管理、咨询、投诉等功能,水稻种植补贴、农村村庄改造奖补资金等 42 项涉农政策(项目)及资金情况已在该平台上公示,农民群众只需在本村的"农民一点通"上点击几下,就可知晓"本人应得、本人实得,别人应得、别人实得"。如有疑问,可以随时咨询或投诉。至 2012 年,涉农补贴资金监管平台已在全市 1391 个涉农行政村推广应用,共公开信息 244.8 万条,涉及补贴资金 74.06 亿元,涉及农户 29 万户、合作社(农业企业)3134 个,查询点击量 16 万次。

再说一下农村集体"三资"监管平台。农村集体"三资"监管平台是在总结涉农补贴资金监管平台经验的基础上建立起来的。该平台包括资金管理、资产管理、资源管理、合同管理、报表分析、预警预报、"三资"公开和领导查询等八大模块,结构上分为市、区县、乡镇、村四级。其中,乡镇一级是农村集体"三资"监管平台的核心,负责六个模块的具体操作管理,市、区县两级设置了查询分析功能,村级则设置公示功能,农民可利用"农民一点通"查询到本村的资产概况、收入情况、支出情况、集体土地收益、预决算、农龄公示、农村分配、经济合同和政策文件等九个方面的内容。至 2012 年，全市 9 个涉农区县、5 个中心城区共有 126 个涉农乡镇（包括相关涉农街道和开发园区）1711 个村，22595 个队的农村集体"三资"数据都录入了平台，涉及总资产 3426 亿元，净资产 1020 亿元，查询点击量 32 万次。

最后一个平台是农村土地承包经营信息管理平台。农村土地承包经营信息管理平台始建于 2009 年，具有土地承包、土地流转、纠纷调解仲裁和政策管理四大功能。至 2012 年，已建立了市、区县、乡镇和村四级联网的土地承包、流转管理数据库，建立了可查询、可追溯、可汇总、可展示的管理信息系统，实现了对承包合同、流转合同、纠纷案件等基础信息的动态化管理。全市农村 66.5 万份承包合同（占总承包户的 98%）已建立了电子档案，郊区已流转承包地 115 万亩，占承包面积的 58.2%，已录入系统的合同面积 92.5 万亩，占流转面积的 80.1%，真正实现了对全市农村土地承包经营权合同和流转的前置监管和执行监管。

应该说，推进涉农监管平台建设是个新生事物，之所以这样顺利，我感到原因有这样几个方面：

统一思想认识是前提。建立涉农补贴资金监管平台、农村集体"三资"监管平台和农村土地承包经营信息管理平台是维护农民合法权益、巩固党在农村的执政地位、加强基层民主政治建设、深入推进农村党风廉政建设的迫切要求。只有各级政府、各个部门都高度重视，充分认识到推进三大涉农监管平台建设的必要性和紧迫性，把推进三大涉农监管平台建设作为加强党风廉政建设的重要抓手，做到"四个到位"，即：思想认识到位、工作责任到位、工作措施到位、经费保障到位，工作才能真正落实。

实行先行先试是基础。2009 年，根据市纪委提出的"制度加科技"预防腐败的精神,借助"农民一点通"这一载体,在嘉定区先行试点,探索惠农资金监管的新途径。嘉定区结合实际,大胆探索实践,将稳粮资金补贴政策、农民种植面积及享受补贴情况在"农民一点通"上公开,并不断拓宽公开内容,接受农民群众的监督,受到了农民的好评。嘉定区的先行试点的成功经验,为上海全面推进涉农补贴资金监管平台建设奠定了坚定的信心和扎实的工作基础。同样,在农村集体"三资"监管平台和农村土地承包流转信息管理平台建设方面,也选择了松江区和闵行区开展试点,在试点基础上,不断完善并全面推进。

强化部门合作是保障。作为这项平台建设主持人,感受尤为深刻。三大涉农监管平台建设涉及面广、时间紧、任务重,市纪委、市监察局、市委农办、市农委、市财政局、市经济信息委等各职能部门加强合作,共同推进。纪检监察部门发挥牵头作用,做好协调、推进、监督等工作;农业部门发挥监管平台开发、建设、应用等主体作用,做好政策梳理、组织培训、各项数据审核等工作;区县财政部门及时列支专项经费,保障平台的建设和运行费用;信息化管理部门负责协调、组织本区域内监管平台网络通道建设工作。实践证明,强化部门合作,形成工作合力有力地确保了三大监管平台建设的稳步推进。

加强组织领导是关键。在推进三大监管平台建设过程中,市有关部门、各涉农区县分别组建了监管平台建设工作领导小组,加强工作领导和协调督查。2010 年 8 月、2011 年 4 月,市纪委与市委农办会同市有关部门分别召开了涉农补贴资金监管平台和"三资"监管平台建设工作推进会,明确了工作目标和任务。市纪委、市监察局、市农委、市财政局、市经济信息委联合印发了《关于推进农村集体"三资"监管平台建设工作的意见》,对农村集体"三资"监管平台的建设目标、工作要求、保障措施等方面提出了明确要求。市委常委吴志明,两任市委常委、市纪委书记董君舒、杨晓渡,市委常委丁薛祥,副市长姜平都十分重视涉农监管平台建设,多次深入基层督促检查监管平台。为推进平台建设工作,市纪委、市委农办领导也多次赴一线调研,了解工作情况,督查工作进度,确保了平台建设任务如期完成。

上海三大涉农监管平台建设后的效果怎样?回答是交了一份满意的答卷:实践表明,上海三大涉农监管平台的建设、推广、应用,有利于发展壮大集体经济、巩固我们党在农村的执政地位;有利于维护农民合法权益、促进农村党风廉政建设;有利于加强农村社会管理,构建农村和谐社会。

一是确保涉农补贴公正发放,提高了农民生产积极性。涉农补贴能否发放到位,事关中央强农惠农富农政策能否得到落实,也事关本市农业生产和粮食安全。涉农补贴资金监管平台的明显成效,在于通过对涉农补贴资金的公开,实现了"两个监督",从而确保了补贴资金发放的公开公平公正。首先是做到对基层干部的监督。通过"农民一点通",有关部门可以清楚地将村、镇申报的数量与村民实际公示的发放金额进行核对,做到全体补贴农户的数额与各村实际申报的数额完全一致。其次,在"农民一点通"上,村民不但能够看到自己的补贴金额,邻里乡亲的补贴金额也是明明白白,大家都可以相互监督。三大监管平台建成以来,群众对村干部的举报明显减少。

二是明晰农村集体产权,加强了集体"三资"管理。农村集体"三资"监管平台建立,为健全资金资产资源监管制度,界定核实集体经济组织成员的农龄,明晰农村集体资产的产权关系打下了基础。通过"制度加科技",加强农村集体"三资"监管,就是把制度的规定转化为电脑执行程序,以电脑来辅助制度的执行,有效消除制度落实中"合意的执行,不合意的不执行""上有政策,下有对策"等现象。通过严格的分级监督,真正做到将各类农村集体"三资"信息全部进行网上公开、网上运行、网上监管,实现"权力在阳光下运行,资产在改制中增值,资金在网络上监管,资源在市场中配置"。据统计,市级监管平台从区县业务平台采集数据381.5万条监管数据,全市"农民一点通"中"三资"监管平台的点击量达32万次,监管平台受到了郊区广大农民的普遍欢迎。

三是维护农民合法权益,促进了农村党风廉政建设。涉农补贴资金监管平台按"三公开一细化"(公开政策、公开标准、公开结果、细化公开到个人或合作社)的要求,对2009年以来十三项普惠制补贴数据进行导入,并于2010年底开通后,累积点击超过16万次,确保了农民对涉农补贴资金的知情权和监督权。推进监管平台建设以来,本市共有3起农民投诉涉农补贴资金发放过程中的问题,但均是反映2009年以前政策执行过程中的问题,暂时尚未发生农民举报2009年以来的涉农补贴资金发放的相关问题,涉农职务犯罪得到了有效遏制。此外,随着农村集体"三资"监管平台和农村土地承包流转信息管理平台工作的不断推进,农民的"三资"权益和土地承包权益也将得到更好的维护,进一步促进了农村党风廉政建设。农民的民主意识得到了进一步提高,通过查询"三资"监管平台,保障了农民的知情权、参与权、决策权和监督权。与往年关于农村集体"三资"方面的信访高居不下相比,2011年、2012年两年的信访量大幅下降。各类财务数据由原先每季度上报变成实时传递,对经营支出、管理费用、支农支出、公共福利支出、其他非生产性支出科目进行实时监管,严格控制非生产性支出,降低管理成本,有力杜绝了铺张浪费现象,村级非生产性支出大大降低。据统计,2012年10月底全市农村村级办公费比上年同期减少了500万元,接待费用减少了300

万元,招商费减少了 200 万元,交通费减少了 100 万元。

四是规范农村承包地流转,加快了适度规模经营发展。随着农村土地承包信息管理平台建成,全市建立了农村土地承包经营权流转信息数据库,实施农村土地承包经营权证书信息化管理,实现了农村土地承包和流转信息实时统计和实时查询,农村土地承包合同、经营权流转合同、经营权证书变更登记等管理业务都可在网上进行办理,实现了承包地流转信息的系统性、实时性、完整性和可追溯性,从而大大提升了管理水平。至 2012 年,本市农村集体承包地流转面积为 138.3 万亩,流转率 59.3%;在流转耕地中,流转入农民专业合作社的面积 27.3 万亩,占流转总面积的 19.7%。上海农村集体耕地流转率、土地流转合同签订率均居全国第一。

口
述
前
记

　　莫云华，1957 年 9 月生。现任中共上海市委农村工作办公室组织处处长。1996 年调入上海市农业委员会，历任市农委工贸处副处长、综合发展处副处长、社会发展处处长，以及市委农办基层工作处处长、组织处处长等职。2006 年—2009 年任市农委社会发展处处长期间，经历了本市村级公共服务建设。

村级社区公共服务体系的全面形成

口述：莫云华

采访：付兴慧

整理：付兴慧

时间：2016 年 6 月 26 日

2006 年—2009 年间，我任市农委社会发展处处长，见证了本市村级公共服务建设在各方的合力推动下，从无到有，从弱到强，逐步完善的过程。

进入 21 世纪，上海作为国际化大都市，经济、社会发展迅速，郊区农村也发生着深刻变化。一方面，农村外来人口增长快速，2007 年，全市 1830 多个行政村，本地农民 280 多万人，外来人口已达 300 多万，原有的以服务本地农民为主的公共服务设施，已无法满足需求；另一方面，本地农民老龄化比较严重，部分地区 60 岁以上老人的比重已高达 40% 以上，老年农民居家生活照料、日间托老服务、助餐送餐服务、家庭保健服务等需求凸显。同时，随着城乡一体化加速推进，农村居民身份日益多元化，既有本土出身仍然从事农业的农民，也有户籍农转非但仍居住在农村的农民，还有从城市迁来的居民和外省市来沪务工人员,对公共服务的需求也越来越多样化。

然而,由于受长期城乡二元结构投入机制的影响,本市郊区农村公共服务的状况并没有得到根本改变。2007 年,我所在的处室牵头开展了对农村公共服务基础建设的调研,调研结果也印证了村级公共服务建设的这一现实情况:广大农村地区,特别是中远郊地区村级公共服务设施滞后,不少设施还是 20 世纪八九十年代建起来的,农民只能在简陋的活动室内喝喝茶、打打扑克;村卫生室设施简陋,乡村医生队伍技能偏低,年龄老化,只能配一些简单的药品;农民办证、办事、缴费要往镇上跑,有时甚至要跑几个来回,费时费力,十分不便。这些问题都是与老百姓生产生活息息相关的问题,也是农民群众最关心、最直接、最现实的利益问题。如果这些问题得不到有效解决,不但影响农民生活质量的提高,影响新农村建设顺利推进,甚至影响上海率先全面建成小康社会目标的实现。因此,建设村级公共服务中心,完善农村社区公共服务体系,成为当时"三农"主管部门面临的一个重要课题。

以联席会议作为工作抓手

2007 年前,市各委办局针对本市农村公共服务滞后问题,也采取了一些改进和建设措施。如市农委开展了以生产服务为主要内容的村级为农综合服务站建设;市经委开展了便民农家店建设;市卫生局组织实施标准化村卫生室改造;市文广局完善村级文化活动设施,开展各种群众喜闻乐见的文化活动;市民政局开展农村社区事务受理中心的试点建设等。当时,市政府出台了《支持农村基层组织增强公共服务能力的意见》的文件,推动更多的资源向农村基层倾斜,增加农村基层为群众服务的能力。

但是,当时的局面是各个委办各自为政、条线推进。记得我到松江区泖港镇黄桥村调研时,村书记张永强跟我说:"莫处长,村级公共服务建设这块,不管是市里还是区镇,都已经开始花钱了,但现在各部门各建各的,这种撒芝麻的方式,老百姓没有特别明显的感受,他们的需求没有得到真正解决。"村干部的一席话对我触动很大,如何将各部门用于村级公共服务建设的资金发挥整体效应,成了我们当时思考的重点,而整合全市资源集中推进农村公共服务建设,便成了我们的第一选择。

在当时条线各自支配资源的工作模式下,要想形成合力,作为"三农"工作主管部门的农委,必然要承担起统筹协调的作用,而市农委作为职能部门的社会发展处,必须好好思考如何将这项内容多、涉及面广的工作统筹好、推动好。2007年,我们开始启动与相关委办局的沟通协调,在委分管领导严胜雄副主任带领下,我们密集拜访了市里涉及农村公共服务建设的委办局,进行商洽沟通,渐渐建立起了包括市农委、市民政局、市卫生局、市文广局、市经委、市新闻出版局、市财政局以及市文化事业管理处、市图书报刊市场管理处等部门参加的联席会商制度,并逐步达成了四个方面的共识。一是建立工作机制,形成工作合力。由市农委牵头协调,设立由市农委社会发展处、市民政局基层政权处、市卫生局基层卫生处、市新闻出版局发行处、市文广局社会文化处、市经委零售业管理处等职能处室负责人组成的推进工作小组,及时协商、沟通推进中的问题。二是整合现有资源,形成推进机制。明确各部门在维持现有扶持资金、政策和工作机制不变的基础上,由联席会议协商确定年度建设的重点行政村,各联席单位集中这些村安排年度建设任务,并进行联合督促、检查和验收,凸显公共服务投入整体效应。三是确定工作内容,明确推进目标。即以1830个行政村为基本单位,不求形式俱全,但求功能凸显,用3—5年时间在全市基本建成由三室(事务代理室、标准卫生室、文化活动室)、一站(为农综合服务站)、一店(便民直销店)构成的村级社区公共服务中心。四是落实各级责任,明确各自职责。明确市级职能部门实施宏观指导并推动公共服务资源均衡配置,区镇职能部门实施乡镇"三个中心"(社区事务受理中心、卫生服务中心、文化活动中心)与村级"三室"工作对接,并加强工作制度建设和业务培训。村委会负责公共服务中心日常管理,形成长效运行工作机制。至此,村级公共服务中心建设推进工作的格局基本形成。

在这个基础上,我们还积极争取提升农村公共服务能力的总体目标,把它上升到政策层面,并成功写入 2008 年初市委、市政府下发的《关于贯彻〈中共中央、国务院关于切实加强农业基础建设进一步促进农业发展农民增收的若干意见〉的实施意见》中,农村公共服务中心建设取得了一定的政策支撑。

抓几个试点村悄然起步

虽然当时的推进机制已初步形成,目标也提了出来,但上海的村级公共服务中心究竟建成什么样,大家心里都还没底。因此,我们对这项工作的推进,采取了较为审慎的态度,决定先选取几个村开展试点,把各委办能够提供的资源叠加到这几个点上,一方面探索集聚推进村级公共服务中心建设的经验,另一方面也为在全市推广提供可借鉴的示范点。2007 年 9 月,我们组织协调市各职能部门,在松江区泖港镇曹家浜村和黄桥村,试点启动了"三室一站一店"模式的公共服务建设。

试点建设之初,我们召集市相关委办局以及泖港镇、黄桥村、曹家浜村相关人员一起,盘点村级"家底",摸清两个村的房屋资源以及已有的公共服务设施,结合将要延伸提供的服务功能,把为民、利民、便民服务项目分门分类,确定了村级公共服务中心建设的试点标准,基本原则是"因地制宜、整合资源、凸显功能"。有一次,我陪同严胜雄副主任到黄桥村实地调研,看到一所闲置的小学,严副主任当即便引导村干部说:"这所旧小学修整修整,完全可以用来作为村级公共服务的场所。"就这样,黄桥村通过盘活闲置资源、整合服务功能,把原来的平安站、农民一点通、调解室和村民事务代理室整合起来,使村民进一个门就能办事。同时,将原来党员电化教育室、人口学校、老年人教育室等,整合成一个综合文化活动室,资源得到了共享。还把村里原有的农村图书室同计划建设的农家书屋合并建设,把原有的卫生室进行了提升改造,新辟了农业生产资料供应站、便民超市、理发室等。

通过一年左右的试点工作,曹家浜村和黄桥村基本完成了"三室一站一店"的建设。建成后的"三室一站一店",村民能够便捷地办理农村社会保障以及水、电、电话等申请、缴费的日常事务,能够问病买药、常见病防治以及计生咨询和输液,能够购买到生产需要的农资、农药和日常生活必需品,能够打牌、喝茶,看电视、电影以及专场文体表演等,村民对此予以了普遍认同。

黄桥村公共服务中心

设计村级服务小社区

村级公共服务中心是村级组织直接为老百姓服务的窗口,必须要有一套管理规范、运转协调、可持续的内部运作机制。在一年多的试点工作里,我们一方面集中在黄桥村和曹家浜村探索实践,另一方面也在考虑如何设计出适应上海农村普遍需求、具有明显辨识度的农村社区公共服务中心。

当时本市乡镇"三个中心"建设已经取得了明显成效,我们在设计村级社区公共服务中心的时候,借鉴了他们的成功经验,提出将"三个中心"的相关服务项目、运行管理和标志标识等,向村级公共服务中心延伸,力求形成服务多元、功能完善、服务质量和管理水平较好的村级服务小社区。

首先,我们把村级公共服务建设定位为:围绕农民生产、生活基本需求,整合农民集聚点设施资源,规划建设集农民日常事务代理、医疗卫生、文化体育、农业生产资料和生活必需品供应等服务为一体的新型社区,并统一命名为"××村公共服务中心"。同时,对村级"三室一站一店"建设的功能、面积和责任部门等,作了明确规定。

一是延伸乡镇事务受理中心服务功能到村,建成社区事务代理室,主要功能是提供农村社会保险、优抚、救助、慈善等社会保障服务,就业、计生、房地、公安、兵役、环卫等社会事业服务,以及农业证照办理等服务,房屋使用面积一般不低于30平方米,由市民政局负责推进。

二是延伸社区卫生服务中心服务功能到村,建成标准化卫生室,主要功能是做好传染病预防、儿童计划免疫、计划生育和妇幼保健、慢性病管理和老年保健、健康教育和咨询,以及小伤小病诊治等服务,房屋使用面积一般不低于 60 平方米,由市卫生局负责推进。

三是延伸社区文化活动中心服务功能到村,建成综合文化活动室,主要功能提供娱乐休闲、科学普及、团队活动、读书阅览、信息查询、体育锻炼、农业生产经营培训、传统文体艺术的保护与传承等,房屋使用面积一般不低于 180 平方米(其中文化活动室 100 平方米、图书信息室 40 平方米、体育活动室 40 平方米)、室外活动广场不低于 800 平方米,由市委宣传部、市文广局、市体育局、市新闻出版局负责推进。

四是满足农民生产(农机、农技、农资、农信)现实需求,建成为农综合服务站,主要功能提供农业技术推广、农机植保作业、农业生产资料供应、农业信息等服务,房屋使用面积一般不低于 250 平方米,市农委负责推进。

五是搭建农村生活资料服务平台,建成便民直销店,主要功能是商品销售(日常生活用品、小型家用电器、图书、音像等生活资料经营服务),大宗家电代购、维修以及邮政、电信服务等,房屋使用面积一般不低于 50 平方米,市经委负责推进。

在提出基本建设功能、面积、责任部门的基础上,我们进一步细化服务设备配置标准。如村级卫生室实行标准化配置,村级事务受理室提供基本设施设备清单,并划定受理功能区域分布图示,村级综合文化活动室、健身点、图书室及为农综合服务站、便利店则实行底线配置,有条件的村可以进行提升性增配等,受到镇村干部的欢迎。同时,我们还邀请专业人士设计体现上海农村特点的村级公共服务中心标牌,提供横匾式和广场直立式两个样式供各村参考。

将各方政策资源再聚焦

2008 年 6 月,市农委联合文广、卫生、民政等部门,在松江区泖港镇黄桥村综合文化活动室,召开推进村级公共服务中心建设现场会,总结试点工作经验,启动面上推广工作。时任副市长胡延照出席会议并讲话,市政府副秘书长范希平主持会议,有关委办局的负责同志及职能处室负责人、区县分管农业、民政的区县长、区县有关委办局的负责同志出席了会议。泖港镇、黄桥村作了试点工作经验交流,市卫生局、市文广局、市民政局、市农委等部门,对各自推进的进度安排、建设内容、工作要求都做了专门的部署。同时,我们还专门编发了《本市村级公共服务中心建设情况资料手册》,摘编农村社区公共服务中心建设相关文件及各区县建设情况统计表,为工作推进提供参考。这个会议让很多与会者感触颇深,一个委办的职能部门处长感慨地对我说:"莫处长,全市的工作推进会能到村里的一个综合文化活动室来开,我还是第一次参加。"黄桥村的试点成果尤其是入口处的村级公共服务中心的标牌,也给与会者留下了很深的印象,让他们实实在在地感受到,上海的农村社区公共服务中心要建设成啥样子。

会后,本市农村社区公共服务建设在全市面上推进,并明确了推进工作的四个必须坚持,即坚持政府主导,以履行政府职能为主,以公共财政投入为保障,决不能增加农民负担;坚持保基本、保公益,不过分强调高标准、高水平,与高端的、市场化的服务严格区分开来;坚持硬件建设和软件建设并举,更加强调软件建设,注重加强功能完善、机制建设和内涵发展,着力提升服务能力;坚持分类指导,把握好共性和个性的关系,中远郊地区农业生产比重较高,要侧重提高生产服务水平,近郊地区农业比重较小,则要侧重完

青浦横江村南江大桥健身点

善生活服务体系。

　　在推进过程中,我们又主动协调市各相关部门帮助解决凸显出来的一些难点问题。如在建设中的房屋设施问题,通过试点测算出每村公共服务中心建设占地面积在3.5亩左右,在统筹利用好现有建设用地(包括原有村委设施、仓储设施、学校等)资源的基础上,协调、指导区县相关部门,在操作中纳入新农村建设的总体规划之中,并与村庄改造,行政村撤并、农村基础设施建设等工作结合起来,通盘考虑。又如建设资金问题,明确事务代理室配置资金3万元/个,由市、区民政部门负责落实;卫生室标准化建设资金,中心村卫生室15万元/个、一般村卫生室9万元/个,由市农委会同市卫生局协调市财政列入年度实事项目;综合文化活动室建设资金5.9万元/个,包括农村文化信息苑4.2万元、农家书屋1.7万元,由市文广局、市新闻出版局负责落实;体育健身点3万元/个,由市体育局通过体育基金落实;为农综合服务站建设资金30万元/个,由市农委列入年度预算;便民直销店补贴4000元/个,由市经委落实。

到2012年,全市村级"三室一站一店"建设基本完成并取得初步成效。全市行政村"三室一站一店"服务设施几近全覆盖,不少村还根据村民需求和现有资源建有理发店、棋牌室、茶室、餐饮点、电脑室、农家会所等,村级社区公共服务中心基本形成;服务功能基本满足现时农村居民需求,现阶段农民所需的各类事务服务,生活生产服务大多得到覆盖,村民基本上不出村就能享受最基本的生产和生活便利服务。同时,服务内容在不同地区还呈现不同特点,农业地区以生产服务和老年农民生活服务为主,城镇化地区已形成多样性服务格局,并较多拓展了居住服务、治安、就业以及子女就学服务等。一些地方社会服务组织正悄然起步,部分村还建立了"民生服务站",为老年农民提供居家养老、助老帮老服务。一些村引进连锁餐饮企业,为老年农民提供餐饮服务,受到村民普遍欢迎。

2015年9月14日,我受邀参加由韩国忠清南道政府主办的东亚地方政府"三农"论坛,韩国、中国、日本部分地方政府、农业研究机构、农民代表130多人出席了论坛,我代表上海市农委作了《上海村级公共服务中心建设》专题演讲,系统介绍了上海村级社区公共服务的建设背景、建设目标、建设内容、推进过程和建设成效,引起与会者高度关注。作为上海农村社区公共服务建设的经历者和见证人,我可以在国际论坛上介绍上海农村村级社区公共服务建设取得的成就,分享经验,感到无比自豪。

　　潘烈青,1952 年 8 月生。先后在市委办公厅、市民政局工作。1989 年 12 月至 1994 年 7 月,担任市委办公厅市区处副主任科员、主任科员。1994 年 7 月至 2000 年 12 月,担任市委办公厅市区处副处长。2000 年 12 月至 2012 年 8 月,担任市民政局基政处处长。

持续推动农村基层民主与社区建设

口述：潘烈青

采访：叶　耿

整理：叶　耿

时间：2016 年 6 月 20 日

　　2000 年 12 月，我从市委办公厅市区处调到市民政局基层政权和社区建设处当处长。我们处具体负责指导全市城乡基层政权与社区建设、基层民主建设等工作。2002 年至 2012 年，中央和市委市政府为加强农村基层民主与社区建设，相继出台了一系列文件，市民政局按照中央和市委市政府的要求，会同市相关部门共同推进上海农村基层民主与社区建设。要讲这 10 年里持续推动农村基层民主与社区建设，作为一个具体的组织者、推动者，我想从三个方面简要谈点工作过程和感想体会。

完善规范村委会换届选举

　　三年一次的村委会换届选举，是本市村民广泛参与基层民主实践的过程。所以,在 2002 年至 2012 年四次村委会换届选举中,为了保障村民依法行使民主权利,广泛参与民主实践,我们十分注重完善选举制度、规范选举程序、改进选举方式,保障村民有序参与基层民主实践活动。

依法依规选举村委会,是村民依法行使民主权利的前提。由于上海农村经济社会的快速发展,村的形态和村民居住状况不断发生变化,在 2002 年村委会换届选举中,遇到了许多新情况、新问题,有些问题需要地方法规予以解决。所以 2003 年我们动议修订《上海市村民委员会选举办法》,并得到了市人大的支持,在市人大内司委的牵头指导下,我们组织开展调查研究、修订《村委会选举办法》等工作。2004 年 8 月,市人大通过了新修订的《村委会选举办法》,对村民参选资格的界定、选举方式的确定、候选人的产生等方面,都有了新的规定。与此同时,我们进一步修订完善《村委会选举规程》,从规程上规范村委会整个选举过程中的民主程序,如选举公告、选民登记的时间节点及村民竞选的程序、投票的方式方法等方面,都作了详细的规定。这样,既能保障村民依法依规有序参与村委会选举,又能在选举过程中真正能够表达自己的心愿,选好自己的当家人。

1999 年,第六次村委会换届选举,原南汇县率先在全市乃至全国进行了村委会"海选"。我们总结了原南汇县"海选"的成功经验,感到"海选"虽然形式上是一种无候选人的选举方式,但从实质上看,这种形式是最能体现民主,反映民意的选举方式,由每个选民直接表达自己的意愿,也是直接体现基层民主实践的有效方式。所以在 2002 年第七次村委会换届,我们向全市推广村委会"海选"的选举方式,本次村委会换届"海选"比率达到 18%。同时,我们主导推进村委会"海选"的方式,得到了市委市政府领导的充分肯定,2006 年第八次村委会换届,市委文件明确要求全市扩大村委会"海选"的比率。所以在 2006 年第八次、2009 年第九次、2012 年第十次村委会换届选举中,"海选"比率分别达到了 35%、74.9%、91.9%。原南汇县 1999 年至 2012 年村委会换届全部实行"海选",青浦区在 2009 年、2012 年村委会"海选"达到了 100%,嘉定区 2012 年村委会"海选"也达到 100%。此外,嘉定、闵行等区很多村民小组长也采用了"海选"方式。

经过这 4 次村委会换届选举工作,我很有感触。村民的民主意识、参与意识和法制观念不断增强,村民参选的积极性一次比一次高,4 次村委会换届选举,全市村民登记率、参选率平均都在 98% 以上,大多数村达到了 100%。尤其为选好自己的当家人,村民十分关注心目中的人选,所以选举产生的村委会成员整体素质、文化程度等方面,一届比一届优化。同时,村民的竞选意识也不断增强,有些村民想施展才华,积极竞选村委会成员,并发表竞选演讲。在 2009 年、2012 年村委会换届选举中,嘉定、闵行等区,有些村民小组长也是通过竞选产生,据嘉定区、闵行区的同志反映,在某种程度上村民小组长的竞选来得比村委会竞选还要激烈。同时,我从另一个侧面也感到,4 次村委会换届,村民来信、来访一次比一次少,反映基层违规操作的现象基本上没有,而咨询类的比较多,这些说明我们党和政府坚持依法依规选举、充分发扬民主,让人民群众当家作主,同时,也看到了村民对村委会换届选举的关注和参与热情。

2002 年至 2012 年 4 次村委会换届选举,之所以能够顺利圆满完成,我感到主要得益于这么几点:

上海在推进城乡一体化的过程中,基层社会也遇到了许多新的情况、新的矛盾,村民关注的热点、难点问题如处理不好,直接影响到村委会换届选举。为此市委市政府领导高度重视,针对选举中可能遇到的问题和矛盾,采取相应的政策措施,并制发文件予以明确,保证选举工作有序开展。同时为加强领导,市委市政府召开专题动员大会,市委市政府领导亲自动员部署和提出要求,其间市政府发文统一部署,市委发文提出总体要求。2006年、2009年、2012年村委会换届期间,市委市政府主要领导分别到闵行区浦江镇、嘉定区工业园区、浦东新区合庆镇观摩村委会选举,其间召开由区县、镇、村干部、村民代表参加的座谈会,听取基层同志的意见和建议。2009年,时任市委书记俞正声同志观摩嘉定区虹桥村选举后,在召开座谈会时,他深有感触地讲到"虹桥村这种'海选'方式很好,村民集中在一起人人表达自己的意愿,很民主,扩大这种选举方式不要有顾虑,就是选出几个不理想的人,我们还有基层党组织"。俞书记充分肯定了"海选"的方式,为我们加大推进村委会"海选"的力度,提供了政治保障。市人大、市政协有关领导也十分关心村委会的换届选举,予以具体的指导,为做好村委会选举工作指明了方向。各区县、乡镇也动员部署,发文明确要求,责任到人,很多区县主要领导担任选举工作领导小组组长。总之,每次村委会换届,区县、乡镇把此项工作作为当年工作的重中之重。

由于这10年中,上海农村着力推进"三个集中"和村级集体资产的改制,基层矛盾相对复杂,村民关心切身利益的同时,维权意识不断增强。针对这种状况,我们在每次村委会换届前期,要做大量的调查研究工作,梳理情况、分析问题,在这基础上,制定可行可操作的选举方案。如2006年村委会换届,我们用了近7个月的时间进行调查研究,制定选举方案,并召开多层次的座谈会,反复听取领导、专家、基层同志的意见,先后对方案作了13次的修改,为做好选举工作奠定了扎实的基础。

村委会换届选举涉及法律性、政策性强,在选举中如不按照程序操作,既不能保障村民行使民主权利,又有可能造成村民上访现象。为此各级民政部门严格依法按照选举程序指导面上工作,把握好选举中的各个环节,确保村民依法依规行使民主权利。

为了激发村民参选热情,各区县把宣传发动贯穿于整个选举过程,以达到宣传发动的效果,市民政局制作了《村委会选举工作手册》和宣传海报发到各乡镇、村,各乡镇印制了《告村民书》发到每户;有的区将选举过程及相关规定制成宣传画板在村里巡展;有的区印制图文并茂、通俗易懂、方便实用的宣传手册发到每户,所有这些,让村民了解选举的目的意义的同时,掌握了选举的方式方法和程序步骤。

开展村务公开民主管理示范单位创建活动

2004 年 6 月,中共中央办公厅、国务院办公厅印发了《关于健全和完善村务公开民主管理的意见》。为贯彻落实中央精神,2004 年 7 月,我局成立专题调研小组,在局领导的带领下,深入 10 个区县开展了全面调查研究,召开了 18 个座谈会,听取了近 200 个基层民政干部、乡镇领导、村干部和村民代表的意见和建议。通过调查研究,发现上海村务公开民主管理工作还存在着一些突出问题。

干部素质和思想认识问题。有些干部缺乏政治意识,在推进村务公开民主管理工作过程中,措施不力,工作不扎实;有些干部民主法制意识淡薄,工作不按程序办,喜欢个人说了算,随时调动村干部,对土地征用等大事暗箱操作,为此引起群众越级集访时有发生。村级干部管理监督机制问题。我们对 1730 个村(崇明除外)进行了问卷调查,其中村党组织书记兼村主任、董事长、总经理,或兼董事长、总经理分别占村委会总数的 19%、37%。由于缺乏对村级组织之间的有效监督运作机制,所以有些村大小事均由书记一人签字审批,"一支笔说了算"。如 2002 至 2003 年,某区 8 名"村官"犯罪中,就有 3 名身兼党支部书记、村主任和董事长。重形式,轻实效。有些村村务公开重形式,公开的内容缺乏真实性,如对村干部报酬、土地转让和租赁、集体企业改制、集体资产处置等,公开不全面、不彻底,正如村民反映的犹如"雾里看花,朦朦胧胧"。

2005 年,全国村务公开协调小组印发了《关于开展村务公开民主管理示范单位创建活动的意见》的通知,为贯彻落实中央的要求,根据上海农村经济社会快速发展的态势,针对村务公开民主管理存在的问题,以及推进过程中遇到的新情况、新问题,我们研究制定了相应的对策措施,并重点突出三个方面。一是加强组织领导,明确各级党委、政府职能部门在开展村务公开民主管理工作中的职责和任务。二是确保村务公开"五规范、一满意"落到实处。即对切实规范村务公开的内容、形式、时间、管理、程序等方面都作了具体的细化。三是确保村民有知情权、参与权、决策权和监督权,即对加强民主决策、民主管理、民主监督、民主评议等方面作了具体的规定,将这些具体的内容写入市里文件和制定在评估体系中,并由上海市村务公开领导小组印发了《关于开展村务公开民主管理示范单位创建活动的意见》的通知。

通过创建示范单位活动,至 2012 年,上海村务公开民主管理工作,可以说,取得了前所未有的发展和变化,这些发展和变化,我感到主要体现在两个方面:一方面通过创建活动,各区县均成为市村务公开民主管理示范区县。嘉定区、闵行区创建为全国村务公开民主管理示范区,其中嘉定区两次创建为全国示范区。全市 85% 的村、90% 的乡镇创建为示范单位。值得一提的是,2004 年 10 月,全国村务公开协调小组考察嘉定区江桥镇太平村时,我记得,当时农业部王石奇局长听取太平村党总书记苏兴华同志的汇报后,深有感触地说:"我在全国走得虽然不是很多,但这一次走下来,太平村村务公开民主管理和基层民主建设,是我看到的最好的一个村。"经我们建议,在2004年11月江苏太仓召开全国村务公开民主管理经验交流会上,增加了太平村交流发言,也是代表全国唯一的村在大会上交流发言。另一方面通过创建活动,健全完善了民主制度,创新了村民自治载体。全市各村基本上建立了村民自治章程、村规民约和民主决策、民主管理、民主监督等制度,为村民参与民主自治提供了保障。特别是太平村在多年的基层民主建设的实践中,形成了"村里的事村民知晓,村里的事村民做主,村里的事村民监督,村里的事村民参与,村里的事村民满意"的具有郊区特色的农村基层民主建设的工作思路,为上海村民自治起到了良好的示范作用。为此我们在全市大力推广太平村的做法和经验,很多区县、乡镇、村到太平村学习考察,如浦东新区合庆镇的党政领导、村书记和村主任分别到太平村参观学习后,结合本镇实际,在实践中探索形成"1+1+X"的村民自治模式,建立了"村情民知、'村官'民选、村策民决、村事民定、村财民管、村务民督、村绩民评、村利民享"的治理机制,既发扬了基层民主,又调动了村民参与村务民主管理,通过村民自治解决了政府难以解决的一些基层突出的问题,如用村民自治的方法有效解决违章建筑等难点问题。闵行区梅陇镇陇西村村务公开有34块板面,大到"三资"、小到10平方米的房屋出租都向村民公开,可以说,亮清家底,还了干部一个清白的同时,融洽了党群干群之间的关系。这样,村民参与村务民主管理的积极性也高了,陇西村每次开村民代表会议比开人代会还正规,村民参与民主决策、民主监督的程序相当规范。奉贤区南桥镇的"宅基课堂"、嘉定区徐行镇的"客堂会",都是村民自治的有效载体,他们通过这种载体在学习交流的同时,大家既可以收集民意向有关方面反映,又可以对村务、组务进行议论或提出建设性意见和建议,让村民在最基层能够直接行使民主权利。总体上说,通过村务公开民主管理的创建活动,村民自治上了一个新的台阶,基层民主建设有了新的发展。2012 年 6 月 21 日,上海市推进浦东新区综合配套改革试点工作领导小组办公室,总结"浦东合庆镇积极探索创新村民自治模式"中提炼出的五句话:"村民自治成为维护农村社会和谐稳定的'防火墙'、村民自治成为增强村民主人翁意识的'催化剂'、村民自治成为提高村委会班子能力的'推进器'、村民自治成为村级经济组织财务管理的'检测器'、村民自治成为融洽党群干群关系的'润滑剂'。"在这里我也认为,这五句话同样也是对我们上海开展村务公开民主管理,实行村民自治,发展基层民主的最好写照。

当然,这 10 年里,村务公开民主管理不断深化,村民自治意识不断提高,基层民主建设不断发展,我感到有 4 个重要因素。首先是确实加强了组织领导。历届市委市政府领导十分重视农村基层民主建设,2004 年 4 月,市委主要领导亲自到嘉定区太平村调研,并用 1 天的时间在村里召开座谈会、走访农户,深入了解村里自治的情况,充分肯定太平村村务公开民主管理工作的同时,对推广太平村经验,做好上海农村村民自治工作提出了新的要求。2004 年中央文件下发后,市委将原"三农工作和村务公开领导小组"进行了分设,单独成立了"上海市村务公开领导小组",由市委市政府分管领导任正副组长,办公室设在市民政局。每年基本上要进行几次专题研究,提出解决推进工作中遇到的困难和矛盾。如在 2011 年"难点村"治理中,上海有 204个村没有换届选举,个别村 15 年没有换届,这些村历史遗留问题严重,要治理难度确实很大。为加强领导,时任市委书记俞正声同志亲自召集专题会议,听取市农委、市民政局的汇报,并召开区县党政主要负责人会议,亲自动员部署,提出了"难点村"治理,"能撤则撤,确保选举""一村一策,重在利益""改革改制,逐年到位""加强领导,责任到人"的四条基本原则。特别在"难点村"治理接近尾声时,俞正声同志作了"工作得力,成效显著"的批示,这在充分肯定我们工作的同时,也是对我们进一步做好此项工作的极大鼓励。市纪委、市委组织部、市农委、市民政局还抽调人员组成"难点村"办公室,市政府副秘书长王伟同志任办公室主任,具体领导我们共同推进此项工作。在"难点村"治理,市农委孙雷主任亲自挂帅,做了大量的调查研究工作,向市委市政府提出许多好的意见和建议。通过一年的治理,204 个"难点村",其中 74 个撤了,130 个村进行了换届选举,村民民主选举权利得到保障的同时,这些村进一步规范了民主制度,使村民通过各种途径参与村务活动。各区县、乡镇也将村务公开民主管理工作列入党和政府的重点工作。闵行区、嘉定区基本上每年都要发文推进村务公开民主管理工作。其次是相关部门切实形成了合力。在创建活动中,市纪委重点抓好农村党风廉政建设;市委组织部重点抓好村级党组织队伍建设;市财政局、市农委重点抓好村级集体资产管理、村级财务管理和民主理财;市司法局重点抓好"法律进乡村"和创建民主法治示范村活动;市信访办重点抓好村民来信、来访的处置;市民政局重点抓好总体协调和各项民主制度建设,从而使创建活动有序有效的推进。再次是切实强化了督导,市村务公开领导小组办公室每年组织市相关部门到区县、乡镇、村进行指导和评估验收,各区县也每年进行检查验收,嘉定区、闵行区人大把村民自治作为经常性工作的督导。最后是切实提高了村民的民主意识。随着上海村级经济的快速发展,村民在关心自己切身利益的同时,参与村务活动的愿望也强烈了。同时,各项民主制度的健全完善,自治载体的不断创新,各种宣传发动的形式有效,村民的民主意识、参与意识确实在不断增强。

扎实推进农村社区建设

2006 年党的十六届六中全会提出"积极推进农村社区建设"后,为贯彻落实中央的要求,2006 年市政府印发的《关于加强和改进社区建设与社区服务的意见》中,明确要求在"郊区开展农村社区建设"。为贯彻中央和市政府的要求,2007 年上半年,在市农委的牵头下,市委组织部、市民政局、市卫生局、市体育局、市文广局、市新闻出版局等部门参与的,重点以村级公共服务设施建设为主要内容的农村社区建设。同年,国家民政部下发了《关于开展"农村社区建设实验示范活动"的通知》,市民政局及时部署了此项工作,并向民政部申报了金山、青浦、浦东、嘉定等 4 个区创建全国农村社区建设实验示范区。次年,我们又向民政部申报了南汇、松江 2 个区。

为了推进实验示范活动,2008 年 6 月,在市农委的牵头下,在松江区泖港镇黄桥村召开了农村社区建设的现场会,各区县分管领导、部分镇领导以及市相关部门负责人参加了会议,泖港镇、黄桥村作了经验介绍,市委组织部、市农委、市民政局、市卫生局在会上作了交流发言。时任副市长胡延照同志到会并作了重要讲话,在充分肯定上海开展农村社区建设重要性的同时,对今后工作提出了"要加强农村基层组织建设,正确处理好村党组织、村委会、村集体经济组织之间的关系;要进一步完善公共服务设施,让老百姓真正得到实惠;要建立好各项民主制度,不断推进基层民主建设;要加强村级集体资产管理,切实维护好村民的权益"的要求。通过这次会议,各级党委、政府把此项工作纳入了重点工作,建设以黄桥村标志性的农村社区综合

农村建设新面貌,农民喜出望外

服务中心,即医疗卫生室、老年活动室(文化活动室)、村级事务代理室、为农综合服务站、健身点、便民超市,在全市农村展开。建设农村社区综合服务中心,各区县结合本地区的实际,在原有的基础上,整合资源,新建和改扩建同步进行,一年左右的时间,青浦区、金山区、嘉定区、松江区、原南汇区、崇明县等区县普遍建立了农村社区综合服务中心。

2009 年民政部下发了《关于开展"农村社区建设全覆盖创建活动"的通知》,市民政局及时转发民政部文件的同时,对上海的创建活动提出了具体要求,各区县按照民政部和市民政局提出的目标任务和指标体系,结合本区县的实际情况,将农村社区建设与新农村建设有机结合起来,扎扎实实地推进各项工作。至 2012 年,上海农村社区建设整体来讲,在实行社区民主自治,完善社区服务功能,发展社区卫生事业,丰富社区文体活动,净化社区乡风民俗,整治社区治安状况,改善社区人居环境,加强社区事务管理,强化社区基础建设等方面,都上了一个新的台阶。2009 年 10 月,青浦区、金山区成功创建为全国农村社区建设全覆盖示范区,2011 年 11 月嘉定区、浦东新区也成功创建为全国农村社区建设全覆盖示范区(两区 2010 年申报后因上海举办世博会,民政部推迟 2011 年验收)。民政部组织专家、部分省市民政厅(局)领导到上海验收评估时,4 个区的区长亲自汇报,区相关部门主要领导专题汇报。专家组听取汇报和实地考察后,在总结评估时,对上海农村社区建设与发展,从加强领导、社区自治、社区服务、社区管理、社区治安、社区文体、社区事业、社区保障等方面,都作了高度的评价,很多项目用全国一流来定位。当然,由于上海农村经济实力总体上比较强,在推进村庄改造、"美丽家园"建设中,各级政府投入了大量的人力、物力和财力,农村社区的人居环境、生态环境、公共服务、基础设施等方面,确实发生了深刻的变化,尤其村民居住的单栋别墅已是普遍现象。所以我认为,上海农村社区的发展领先于全国在客观上也具备了条件。

农村社区建设是一个系统工程,涉及面广、政策性强,从某种程度上讲,农村社区建设的内容与项目比新农村建设还要广泛,所以通过五六年的农村社区建设工作,我也深有体会:一是各级党委政府切实把农村社区建设与新农村建设有机结合起来,统一规划、统一部署、协调推进。二是市区相关部门切实形成合力,尽职尽力指导帮助基层解决困难。从市级层面相关部门在加强指导工作的同时,也投入一定资金帮助村委会建设公共服务设施,市民政局每年以 3000 万元的资金帮助居(村)委会进行新建或改扩建老年活动室。在区县级层面各部门更是大力支持,由于村级经济差异比较大,社区建设刚刚起步时,上海农村贫困村还有 400 多个(村可用财力

农村基层民主建设推进了农村社区建设,乡村旧貌变新颜

不到 30 万元)。所以很多区县的职能部门积极支持参与村级公共服务设施建设,如青浦区早期很多村级公共服务设施建设,就有区里相关部门资助,一到村门口,你就会发现 10 多个部门牌子挂在那里。三是村民切实得到了实惠,村级公共服务设施的改善,服务功能的完善,确实方便了村民的文化生活和事务办理。用村民的话来说:"我们最欢迎的是医疗卫生室、老年活动室、事务代理室。"因为这些实实在在给他们带来了实惠。上海农村基层民主与社区建设,这 10 年里,可以说,是一个持续的发展,有些项目是个飞跃的发展。当然,随着上海农村经济社会的快速发展,城乡一体化加速推进,新情况、新问题也将不断发生,加之固有的"五违"问题,外来人员的服务与管理问题,动拆迁和村集体资产改制过程中村民权益保障问题等,都会影响到农村基层民主建设与社区的健康发展。因此,深化和提升上海农村基层民主建设与社区发展还有很大的空间,还有很多问题需要去研究。

应建敏，1964 年 4 月生。2008 年 6 月至 2009 年 4 月，任金山新城区建设发展有限公司董事长兼总经理，金山新枫泾建设发展有限公司董事长兼总经理，中共金山新城区和新枫泾发展有限公司党委副书记。2009 年 4 月至 2010 年 10 月，任金山区建设和交通委员会副主任、党工委委员。2010 年 11 月至今，任中共上海市委农办新农村建设协调处、上海市农业委员会城镇规划处处长，亲历了上海市农村村庄改造推进过程。

亲历上海市农村村庄改造

口述：应建敏

采访：汪　琦

整理：汪　琦

时间：2016 年 4 月 16 日

　　1999 年底我从浙江工业大学来到上海，开始参与上海城乡基础设施建设工作，见证了新世纪以来上海城乡发展的历程。我先后在金山区建设局、金山区建委、金山新城区建设发展有限公司、金山新枫泾建设发展有限公司、金山区建设和交通委员会任职。2010 年，我调到上海市委农办新农村建设协调处、上海市农业委员会城镇规划处担任处长。2006 年开始，上海市启动了农村村庄改造工作，我从区县推进部门到市级牵头部门任职，亲历了从村庄改造工作启动到逐步推开的整个过程。

村庄改造从自然村落综合整治开始

　　2006 年，党中央作出了开展社会主义新农村建设的重大战略部署，市委、市政府采取了一系列措施加大对农业和农村的投入力度,着力解决农村发展中的各项薄弱环节。农村基础设施落后、环境脏乱问题受到了市委、市政府的高度重视。

当时,不少村内道路都是泥路、沙石路,"晴天一身灰,雨天一身泥",一些桥梁年久失修,村沟宅河淤塞严重,生活污水直排河道,宅前屋后乱堆乱放,脏乱差现象比较突出。长期以来,农村各项基础设施和小型公益设施的建设和维护主要是依靠村集体,这就使农村地区的基础设施水平由于受到村经济发展水平的制约,存在很大的差异性。村级经济薄弱的地区无力开展村级公益事业建设,农民要求提升生产、生活条件的愿望十分迫切,各方都在寻求一条解决之路。

这一年,嘉定区华亭镇的毛桥村开展了一项以农宅改造为突破口的综合改造工作。改造工作以保持村庄原有生态、自然特色为前提,以科学合理的村庄规划为指导,通过保护、修缮农宅建筑,综合提升村庄基础设施水平和生态环境,不仅实现了村庄硬件设施的全面升级,更展现出一片自然、生态、恬静的乡村景象,取得了"化腐朽为神奇"的效果。毛桥村的成功经验,为新农村建设工作打开了新思路。

从2006年下半年开始,由市农委、原市建设交通委牵头,市各相关部门开展了郊区村庄改造的联合调研工作。调研组深入10个郊区县,全面了解农村基础设施和生活环境现状,以及基层对于村庄改造工作的诉求。2007年初,经过深入调研和反复研究,市农委、原市建设交通委、市发改委、原市规划局、原市房地局等五家部门联合下发了《关于开展本市农村自然村落综合整治试点工作的若干意见》,决定以自然村落为改造单元开展村庄改造试点,市农委、市财政局研究确定,市、区县财政以每户2万元为标准对村庄改造实施专项奖补。

2007 年 4 月 28 日,上海市召开了村庄改造动员会议,时任上海市农委主任的徐麟同志、副市长胡延照同志到会做了动员讲话,上海农村村庄改造工作正式启动。首批试点涉及郊区 27 个村,主要聚焦了当时 9 个新农村建设先行区和其他纯农业地区,涉及农户共 6934 户,项目共投入的建设资金约 2.7 亿元,其中市级补贴资金为 7067 万元。当时,我在金山区工作,金山区廊下镇的中华村、勇敢村列入了首批试点,主要开展了农宅墙体外立面整修、村内道路改造、桥梁修缮改造、河道疏浚整理、生活供水和污水处理、生活垃圾处理等工作。

村庄改造以为民服务为根本宗旨

村庄改造是新农村建设的一项重要内容,但是不同于其他的新农村建设项目,在推进机制上有很多创新点。首先,在投入机制上,公共财政对农村村级公益事业建设项目实施了奖补,这是以工促农、以城带乡的重要体现。其次,在推进方式上,不同于以往单个建设项目的专项投入,是一项以农村、农民需求为导向的综合性改造工作,并且以乡村基本居住单元——自然村落为单位开展建设,整体优化了农民相对独立的居住空间,满足了群众改善环境的迫切需求。

具体来讲,这项工作有四点做法值得总结。

一是聚焦在基本农田保护区规划保留的农村地区搞建设。郊区广大农业农村地区是农民居住的主要区域,这些地区第二、第三产业发展较弱,村集体年可支配收入普遍较低,村内基础设施差,人居环境不尽如人意,农民要求提升生产、生活条件的愿望十分迫切。村庄改造就以这些经济薄弱的

嘉定区华亭镇毛桥村

纯农地区为改造点,着力为基本农田保护区、水源保护区、生态林地区的农民解决生活环境问题,这样做既能使公共财政投入到最需要的地方,实现"雪中送炭",又能够避免因规划变动造成的不必要的资金浪费,极大地保障了财政资金的使用效益。

二是建设项目以农民的需求为出发点,解决急、难、愁的问题。由于上海的近郊、远郊经济和社会发展情况差异很大,各地方要整治的项目、采取的方式大不相同。村庄改造要求讲究实效,实事求是,量力而行,将解决当地农民群众最关心、最直接、最现实的问题放在首要位置,不搞大拆大建和形象工程,所以各地区的项目建设内容都是因地制宜的。比如,闵行区华漕镇距离城镇较近,村内外来人口多、管理难,在村庄改造中就加大了拆除违章建筑和环境整治力度,完成了从"蓬头垢面"到"美丽整洁"的蜕变。青浦区的金泽、练塘、朱家角三镇作为重要的水源保护地区,在改造的过程中,生活污水全部得到生化集中处理,保护了太湖流域水环境。松江浦南地区,经济基础薄弱,村庄改造就以基础设施提升为主要内容,使改造地区发生了翻天覆地的变化。

三是尊重农村的生产、生活习惯搞建设,不照搬城市建设模式。"保护修缮、完善功能"是村庄改造的一项基本原则,要在保持农村原有居住风貌,江南水乡、田园风光的前提下,健全各项村内设施、改善环境。村庄改造的项目与城市的建设项目有很大的差别,有杂、碎、小的特点。"杂"就是项目多,凡是村庄里的公益事业项目,都可以作为建设内容。"碎"就是零碎,同一个项目,建设方式多样,建设区域分散。"小"就是项目工程量可能很小。因此,村庄改造的建设方式充分尊重农村、农民的生产、生活习惯,注重因地制宜。比如绿化,城市的绿化以草坪、各种乔灌木和观赏性植物为主,村庄改造的绿化美化就是一方方的小菜园、小花园和小果园当家。再比如生活污水处理,城市的污水处理主要是纳管集中处理。农村的污水处理就要分类指导,距离市政管网较近的地区,一般才采取纳管的方式,居住分散的农村往往通过建立小型污水处理系统的方式,就地生化处理。

四是充分尊重农民的意愿,发挥农民在村庄改造中的作用。村庄改造工作是为农民办实事,必须要得到农民的理解、支持和参与。农民参与了村庄改造,才会珍惜建设成果。开展改造的村落全部召开一事一议村民会议或者村民代表会议,经过2/3以上村民或者农户代表讨论通过后,才能实施村庄改造。农民的家园需要农民自己作主,广泛采纳农民建议,虚心接受农民监督是村庄改造实施过程中的一项重要内容。比如,宝山区提供多种外墙涂料方案,让农民自己选择;金山区在整修村内道路时,听取农民意见,选择农民满意的路面材质;嘉定区外冈镇工程完工后,要经过农民签字认可,工程队才能够撤场;青浦区、奉贤区邀请村里的老党员协助专业监理单位监督工程质量。同时,由村党员、干部带头,发动了广大农民自发地整治宅前屋后环境,拆除违章建筑,美化、绿化家园,引导农民维护好家园的整洁环境。

可以说,正是因为这些做法,才使村庄改造工作具有了持久的生命力。2009 年开始,村庄改造作为贯彻落实党中央和市委有关会议精神的一个重要步骤,也是切实解决农民群众急需解决的突出问题的一个有效平台,连续列入了市政府实事工程、市政府重点工作和上海市环保三年行动计划,成为上海统筹城乡发展,推进新农村建设的重要抓手。

村庄改造工作给农村带来深刻变化

村庄改造着眼于村级公益事业,将公共财政的阳光直接洒向全市数万个自然村落,打通了农村基础设施和人居环境建设的"最后一百米",解决了农民需求最迫切、受益最直接的村内民生项目,解决了长期以来村级公益事业建设依靠村集体的问题。到 2012 年末,全市共有约 540 个村开展了村庄改造,受益农户达 26 万余户,中央、市级财政累计投入的专项奖补资金达到10.75 亿元,项目总投资超过了 90 亿元。改造地区的农村路、桥、水等基础设施得到整体提高,农村脏乱差面貌彻底扭转,为发展农村经济、推进新农村建设提供契机。可以说,通过项目的实施,农村的旧貌得以换新颜。

村庄改造带来的最明显的改善就是村内基础设施的提升。2007 年至2009 年,市政府启动了第一轮集体经济相对困难村村内道路硬化和改造工作,对郊区420个集体经济相对困难村实施了村内道路硬化和危桥改造工作。2012年开始,市政府又启动了第二轮郊区农村路桥改造计划,到"十二五"期末,要完成乡村公路桥梁、水利水闸桥梁、村庄内部桥梁等约4800座危旧桥梁和4000余公里村内主路、支路的硬化、改造工作。通过与经济相对困难村路桥改造工作的整合,项目建设地区的各级道路基本实现了硬化,村内道路通行条件大大提高。同时,2009年开始,市水务局全面推进了农村生活污水处理工作,村庄改造与农村生活污水处理项目形成了整合,使改造地区的农户生活污水得到了妥善处置。浦东新区在村庄改造中,对村内的供水管网全部进行更新。嘉定区通过村庄改造项目,为农民集中居住区安装天然气。这些基础设施建设项目投入资金大,如果依靠村集体,是无法完成的。有的老年农民感慨地说:"历朝历代都没有做过的事情,党和政府为我们做了。"

农村脏乱差的面貌也得到了改观。通过整修农宅墙体,整治宅前屋后环境,拆除违章建筑,集中处理生活垃圾,开展庭院经济、林果、苗木等多种形式的村庄绿化,改善了农村的综合环境状况,营造了清洁文明、自然生态的居住氛围,农村从"脏、乱、差"变成了"洁、齐、美"。在实施环境整治的过程中,每个地区还根据自己的特点形成了不少"个性化"的项目。比如,松江区、金山区针对鸡、鸭散养,粪便污染环境的问题,为农民搭建了统一设计的鸡鸭棚舍,规范家庭养殖。还比如,金山农宅有安装观音兜的习俗,廊下地区在村庄改造中,就保留了这一特色建筑符号,展现了独具特色的农宅风貌。还有一些地区请民间艺术家在整修一新的农宅墙上绘制了农民画,既宣传新农村建设,又增添了乡土气息。

村庄改造工作不仅改变了乡村旧的面貌,更是给村庄带来了新的活力。

最明显的,就是通过环境的改善,带动乡村产业的发展。一方面,通过实施村庄改造,村内道路、桥梁设施水平进一步提高,水环境得到优化,切实改善了农产品生产、运输条件,促进了现代农业的发展。另一方面,不少有条件的地区依托村庄改造改善面貌的契机,发展起了乡村旅游。在 2007 年的试点中,嘉定区毛桥村、金山区中华村、原南汇区洋溢村、奉贤区潘垫村等改造点都抓住了村庄改造提升农村基础设施和生活环境的契机,挖掘当地产业、自然和人文特色,开发"农家乐"旅游项目取得了成功。2008 年村庄改造在面上推开后,各地区借助村庄改造春风,发展农业旅游项目的势头更足了,比如,奉贤区潘垫村在一期改造的基础上,又开展了二期、三期改造,已经打造出了上海农业旅游的精品,现在已经实现了"四季农歌"。嘉定区大裕村、金山区中洪村、水库村等、崇明县育德村都是在新一轮的改造中不断脱颖而出的乡村旅游点。

正因为村庄改造工作给乡村带来的深刻变化,2011 年,市委农办、市农委、市旅游局联合举办了第一届"我喜爱的乡村"推荐宣传活动,系统展示了"十一五"期间新农村建设取得的新成果、新面貌、新风尚,吸引广大市民走进新农村、了解新农村、体验新农村。经过市民投票,专家打分,共有 10 个村被推选为"我喜爱的乡村"。市主流媒体为活动发布报道 180 多篇次,上海电视台专题制作了"寻找上海美丽乡村"专题节目,在每周四、周五的午间新闻连续播出 3 个多月,东方网开通了网上专栏和市民投票平台。当时,我们共收到网络选票 64 万张,纸质选票 7476 张。一些市民在投寄选票的同时,专程留言、附信对活动提出宝贵建议,对新农村的建设成就表示赞叹。这次活动极大地推动了城乡间的互动与交流,新农村的崭新风貌,江南水乡的秀美风光,乡间田头的累累硕果,在现代都市人中引起了热烈反响。

给乡村带来的新的活力,不仅体现在带动产业发展上,更体现在推动乡村民主自治和精神文明建设上。首先,在村庄改造中,完善了一批公共服务设施。比如,通过整治废旧场地,建设了小型公共活动场所、绿地,安装健身器材、步道、凉亭,供村民散步、休闲,松江区每个村都搭起了 1 个百姓戏台,作为公共娱乐的场所。这些新建的服务场所、活动场地,不仅满足了群众的文娱需求,也是宣传新农村的重要阵地。比如奉贤区,在这些新建的小型活动场地上,竖起了宣传栏,展示村庄改造前后对比照片,贴上了村规民约,激发大家的荣誉感、自豪感和参与感。再比如说,浦东新区为村庄改造统一设计了 LOGO 标识、村牌、路牌,每一处新建的设施旁,都标上 LOGO,让村民们充分感受到了新农村的蓬勃气象。生活条件的变化也带来生活方式的转变,村庄改造给农村带来的变化,可以用一句诗句表达,那就是"随风潜入夜,润物细无声",它逐渐改变了村民的生活方式,生活理念。农民逐步由"旁观者"变成"参与者",环境的改观,激发了农民建设家园、爱护家园的意识,逐渐把新农村建设化为改造环境、改善生活、改变命运的一种自觉行为。

村庄改造为美丽乡村建设奠定了基石

"十一五""十二五"期间,农村村庄改造、薄弱村路桥建设、河道整治、农村生活污水处理、低收入危旧房改造等一系列基础设施建设工作的开展,使农村地区的环境面貌得到了显著提升。但是,城乡发展不均衡的基本态势还是没有得到根本扭转,与中心城区相比,农村地区的基础设施条件还依然薄弱,人居环境脏乱差的现象还比较突出。推进以农村村庄改造为载体的人居环境建设工作,是坚持以人为核心,让农民平等参与现代化进程,共享改革开放成果的必然要求。

金山区廊下镇中华村

村庄改造工作启动实施以来得到了多方的肯定,2010 年,被住建部授予中国人居环境范例奖。2011 年,又纳入了村级公益事业建设一事一议中央财政奖补范围,形成了稳定的推进机制,建立了稳定的资金来源。但是,当时的村庄改造以自然村为建设单元,根据奖补资金量的多少,逐年推进,速度比较慢,中远郊地区的一些村只完成了几个村组,还要经过三年、四年的实施才能完成整个行政村的改造。不少基层同志都遇到过这样的困惑:同一个村分几年实施,老百姓有意见,群众工作难做。年度跨得太长,等全部村组改造完成,第一批改造点的设施又陈旧了。点状的推进方式不利于农村基础设施条件和人居环境的整体改善,以及今后要开展的长效管理工作。按照当时每年 2 万户的速度推算,完成全市村庄改造至少还需要 20 年时间。

要使农村人居环境得到整体改观,村庄改造在推进方式上必须要发生转变。2013年10月,全国农村人居环境会议召开,做出了改善农村人居环境,推进美丽乡村建设工作的重要部署。美丽乡村建设的发令枪打响后,上海市在全面总结经验的基础上,启动了以村庄改造为载体的美丽乡村建设工作,实现了三大转变:一是提出了"全覆盖"的目标,明确村庄改造工作将在2020年全面完成,各级财政资金保障落实到位,这将是我们推进城乡发展一体化的一项基础工作。二是提出了"打组合拳"的方式,以村庄改造项目为平台,聚焦整合各部门确定的新农村建设项目和资金,达到"各炒一盘菜,同摆一桌席"的目的,提高建设水平和建设质量。三是提出了"美在生态、富在产业、根在文化"的理念,美丽乡村建设要逐步从硬件建设向内涵提升转变,要在人居环境建设的基础上,进一步提升生态品质、促进产业发展、挖掘文化内涵,实现"物的新农村"向"人的新农村"迈进。

现在,这项工作已经全面推开。我相信,郊区农村正在发生深刻的变化,统筹城乡发展已经迈出了坚实的步伐,绿水青山,美丽乡村,将成为城市的生态屏障,并展现都市的独特魅力。

【口述前记】

　　莫云华，1957 年 9 月生，现任中共上海市委农村工作办公室组织处处长。1996 年调入上海市农业委员会，历任市农委工贸处副处长、综合发展处副处长、社会发展处处长以及市委农办基层工作处处长、组织处处长等职。2007 年—2013 年任市农民体育协会秘书长期间，见证了本市农民体育事业的发展。

我当市农民体育协会秘书长的六年间

口述：莫云华

采访：计　策

整理：计　策

时间：2016 年 5 月 30 日

2007 年 3 月 16 日，市农委副主任、市农民体育协会主席严胜雄带我来到市农民体育协会办公室，宣布我接任市农民体育协会秘书长的人事变动并提出工作要求。

当时，市农民体育协会办公室在福州路 53 号，副秘书长计策及谷淑萍、於芬芳、邱震平等老同志告诉我，上海市农民体育协会成立于 1987 年，是全国最早成立农体协的省市之一。协会除市农委领导担任协会领导职务外，市体育局及各区县分管领导，都是协会的常务委员，具体赛事业务由市、区（县）体育局群体处（科）负责指导，乡镇体育健身活动则由乡镇文化体育中心负责组织，加上计策副秘书长是一级裁判，老同志邱震平又在金山体育局工作过，我这个不懂体育的人从 2007 年接手到 2013 年卸任，当得还算顺手。

这 6 年,我协助严胜雄主席推动了 5 件事。

把农村体育设施和健身活动,覆盖到最后一公里

进入 21 世纪,本市郊区乡镇开始把体育健身设施向村级延伸。但区县之间、乡镇之间发展不平衡,近郊建得快,远郊建得慢,特别是农业地区行政村的农民,还无法享受到公共服务带来的便利。2008 年,我到金山一个村调研,一名村干部说,他女儿嫁在松江,村里都有健身设施,村民健身很方便,我们这儿说要建,但至今未有动静,希望莫处长帮我们呼吁呼吁,快点建起来。正巧 1 个月后,我陪同市体育局副局长、市农体协副主席李伟听到松江井亭桥村,出席在村里举办的农民门球赛。一到松江,我便想到了金山那位村干部说起的事,就对李伟听反映,全市还有不少村未建健身设施。李副局长听后爽快地说,明年你们协会作一个调研,摸一摸全市还有多少村健身设施没建好,如资金许可就把它全建掉。

2009 年,我带领协会同志深入郊区 9 个区县,对 1624 个行政村进行体育健身设施排摸。排摸结果是,全市 115 个村未建设施。于是,我们梳理提出了完成最后 115 个村体育健身设施建设的对策措施,建议市、区体育部门参考并协调予以落实。同时,凭借我在市农委综合处工作过,与财政部门的同志比较熟悉的优势,促成市、区体育局与财政局顺利落实了建设资金计划,用 1 年时间便实现了上海市农村村村体育健身设施的全覆盖。到 2011 年时,全市村级健身场地总面积达到 37.5 万平方米,建有篮球场 1095 个,门球场 73 个,乒乓球台 1354 个,健身器材 22347 组,并拥有相对稳定的健身团队 2293 支。据当时统计,2008 年以来,本市村级体育健身赛事达到 22684 次,平均每个行政村每年举办或组织参与体育健身赛事(展示)2.6 次,有效

解决了农村体育健身设施的"最后一公里"问题,闵行区九星村、奉贤区杨王村还开始办起了村级运动会。

2010年下半年,中国农民体育协会副秘书长郭幸到上海农村调研农民体育健身情况,我陪同他们前往嘉定区华亭镇毛桥村、江桥镇太平村、浦东新区环东村、闵行区马桥镇、金山区廊下镇、崇明县前卫村等郊区镇、村考察。在全国新农村建设试点毛桥村,嘉定区体育局副局长宋虹霞介绍了村民体育健身和设施建设情况,郭幸副秘书长对毛桥村标准篮球场、乒乓球台、农民健身器材和场地、文化体育活动中心等非常赞赏,对上海加强镇、村基层体育健身设施建设和健身活动给予了充分肯定和鼓励。

传承上海农民健身老品牌、打造新品牌

上海农民体育健身活动有良好的传统和群众基础。上一届农体协形成了农民健身特色品牌"三龙一灯",即水龙——以青浦区为代表的龙舟健身项目;天龙——以奉贤区为代表的风筝健身项目;地龙——以浦东新区三林镇为代表的舞龙健身项目;滚灯——以奉贤区为代表的滚灯健身项目。有一次在研究农体协工作时,严胜雄主席提出,我们这一届协会,不仅要把上届协会形成的"三龙一灯"农民特色健身项目传承下来,而且想办法还要有所创新。在随后的6年中,我便和协会同志们围绕着这一目标不断努力探索。我们支持青浦区承办、参与市内外乃至国际龙舟赛事项目,并通过赛事不断提升自己。我们鼓励奉贤风筝队与外省市风筝制作工匠建立创新设计业务关系,使奉贤风筝保持独特魅力。2010年我邀请市群众艺术馆有关专家为滚灯健身项目创作适应时代发展、适合农民健身的音乐,组织改革滚灯演艺舞步,编写推广教材等,促进滚灯传统项目又有了新的发展。每当三林

舞龙参赛训练期间,我都会与协会同志一起赶赴排练现场慰问,并与舞龙项目传承人陆大杰同志一起研究舞龙项目的推广普及和传承发展问题。上海世博会期间,奉贤柘林滚灯队和浦东三林舞龙队等被指定为世博会文体表演团队,受到国内外宾客的普遍好评。青浦龙舟、奉贤风筝等运动队连续参加了全国农运会和一系列国际比赛,取得了优异的成绩。三林舞龙队到法国参加中法文化交流节、到新加坡参加国际舞龙比赛,还代表上海农民参加全国历届农运会,荣获 40 多项冠军,为上海人民赢得了荣誉。

2011 年,我们着手创新本市新的农民健身特色品牌——"三舞一耕",即农家秧歌舞、莲湘舞、农家排舞和农耕运动会。当时"三舞"在乡镇广场舞的推动下拥有广泛群众基础。2010 年协会对金山莲湘舞项目进行服饰设计和培训推广教材编写,逐步成为农村道具简单、节奏明快、舞姿优美的农民特色健身项目。2011 年协会对宝山区庙行镇农家秧歌予以扶持和创新。2012 年协会又对松江区农家排舞项目进行了开发,并建立了健身基地,组织村民培训和健身赛事,打造了农民体育健身新品牌。

2012 年,在经过了项目开发和项目论证后,上海市第一届农耕运动会在金山区吕巷镇蟠桃生态园举办。运动会设置的稻草搓绳跳绳、水车车水抗旱、抛秧插秧、抢运粮食、池塘摸鱼、采摘蟠桃尝桃等 12 个项目,全部是传统农业生产、农民日常生活、田园劳作活动的回顾,充满农情、农趣、农味,非常接地气,吸引了广大农民参与。当年《新民晚报》报道的大幅照片,是一个池塘摸鱼项目的参赛农民双手拿着两条鱼,嘴里还咬着一条鱼,既生动又快乐。大家认为农耕项目既丰富了农民健身活动,又创新了农村体育运动,更是农民体育与农业旅游融合发展的创新载体。目前市农耕运动会已经连续举办了 6 届,项目设置发展到 22 个,每一个季节都可以举办不同的农耕比赛,农耕运动会还被评为了上海市群众体育优秀项目。

让农民在家门口参加农民健身活动

我记得,当时尽管严胜雄副主任、李伟听副局长行政工作非常繁忙,但总能利用一起下乡、一起参会的机会,讨论决定一些农体协的事情。2007年10月20日,市六届农运会闭幕式后,两位领导坐在休息室内谈到了市农运会的成功,也谈到了农运会的参与面问题。李伟听副局长感到,尽管市农运会的场面宏大,但真正参与体育健身的农民不过千把人。严胜雄副主任思考片刻,马上提出了要通过农民家门口的健身活动,带动上海农村全民健身的工作思路,要求我和农体协同志抓好落实。从这一天开始,上海农村的全民健身活动便红火了起来。

为迎接2008年北京奥运会,市农体协在郊区广泛开展"全民健身与奥运同行"农民健身活动,在金山区举办"2008年上海农民健身秧歌展演",在嘉定体育中心举办"2008迎奥运冬泳邀请赛"。2009年,市农体协举办"全民健身与世博同行——上海郊区南北农民健身大联动","南部"为金山廊下上海农村体育特色项目邀请赛,"北部"在嘉定举行上海农民健身鼓展演。2010年8月,市农体协在嘉定区江桥镇举办百村门球大赛和门球趣味推广活动。2011年8月在浦东新区举办"迎农运、庆国庆"村级健身舞大赛。2012年8月在金山区吕巷镇举办郊区农耕运动会。本市"全民健身节"开展以来,市农体协连续3年携手江苏、浙江农体协举办沪苏浙农民篮球邀请赛,把本市农民健身活动融入到了长三角。2012年11月,市农体协又在松江区泗港镇举办农村排舞大赛。据协会同志们回忆,2009—2012年全国健身日和全市健身节期间,郊区各区县体育部门和农体协共组织以农民参与为主

宝山百村篮球赛

的、有一定规模的各类健身活动 70 多场(次),有力推动了上海农村全民健身活动。

在这些农民家门口的健身活动中,让我记忆最深的要数宝山区的百村篮球赛和青浦区华新镇的"鸟巢"运动会。宝山百村篮球赛在全区村村初赛基础上,逐级选拔至全区决赛,这段时间农民生产、生活之余的主题便是健身。还有青浦区华新镇"鸟巢"运动会,因运动会会场不受昼夜气候影响,帆布顶棚的外形又比较现代,当地农民骄傲地称之为农村的"鸟巢",这个"鸟巢"农民运动会每年要持续 1 个月左右,这便是一年当中华新镇农民的健身月。

组织农民体育健身走出农村、走进城市

农村体育健身丰富起来了,活动多起来了,协会的 4 位老同志就忙不过来了。遇到一些大型农村健身活动需要市农体协宣布开幕、颁发奖牌什么的,我便带着基层处彭忠斌副处长、张颖、付兴慧同志帮忙工作。他们参加这些活动后,每每都会夸农村健身活动的精彩。有一次,付兴慧同志与张颖同志说起,在一些农业旅游区农民健身活动如何受到城里游客青睐的情景,一下子给了我一个启发:如果把这些特色农民体育健身项目展示到城里来,一则会大大激发农民健儿持续全民健身的积极性;二则将农村健身项目展示给市民,也就展示了农村体育文化,展示了新农村的风貌。我把这一想法向严主席作了汇报,严主席非常支持并鼓励我不仅要办好而且要办出水平。于是,在 2008—2010 年的 3 年间,市级媒体就有了上海农民健身走出农村、走进市区、走向全国的报道。

2008、2009 年连续两个国庆节,市农体协组织乡村传统体育项目走出农村、走进市区展示农民健身风采。国庆 59 周年,协会组织三林舞龙队、月浦锣鼓队、浦东海派秧歌队、柘林滚灯、廊下打莲湘等特色健身队伍,登上南京路步行街世纪广场舞台展示演出,吸引众多中、外游客驻足观看。国庆 60 周年,市农体协组织郊区农民健身团队在东方明珠广场举行国庆 60 周年展演活动,郊区 9 个区县派出 9 支健身团队,同时配有"社员挑河泥"等农耕文艺节目演出,极具农村特色且很有"看点",市委常委吴志明等领导观看展演,上海电视台全程摄录并在国庆期间播放。

2008 年北京奥运会开幕时,浦东新区"海派秧歌队"应邀参加奥运会开幕暖场演出,上海农村体育健身项目登上了世界体育大舞台。2010 年市农

体协还组织三林舞龙队、宝山庙行农家秧歌队代表上海农民赴京参加首届中国农民艺术节,被艺术节组委会列为开幕式展演节目,并获艺术节展演"精粹奖"和"优秀奖",国务院副总理回良玉等国家领导人亲临观摩。

组织大型农民运动会,展示农民风采

6年间,我协助严主席,在协会同志的配合下,在市、区、镇体育部门的支持下,成功举办及参加了国家级、市级农民体育赛事7次,充分展示了上海农村新风貌和农民健身新风采,这是我担任秘书长期间上海农体协的一大亮点。

一是成功举办市第六届、第七届农运会。由市农委、市体育局和市农民体协主办、金山区人民政府承办的市第六届农运会,于2007年10月20日在金山体育中心隆重举办。这是我到市农体协上任后的第一个重大任务,我全力以赴投身到筹备和组织工作中,经常和金山区体育局局长杨伟讨论相关问题,特别是对项目设置、赛事和开幕式等大型活动的筹划、组织。时任中央政治局委员、市委书记习近平,市长韩正为农运会发来贺信。市委、市人大、市政府、市政协领导、中国农体协与兄弟省市农体协领导,以及2.5万观众出席了盛大的开幕式。郊区9个区县承办了16个大项、76个小项的男女健身比赛项目。

2011年10月在浦东新区成功举办了市第七届农运会。农运会设13个竞赛、4个健身展示、3个机关干部比赛共20个大项的赛事项目。时任中央政治局委员、市委书记俞正声、市长韩正在农运会开幕时发来贺电,中国农体协、市四套班子领导等出席开幕活动。本届农运会得到浦东体育局局长周奇伟的全力支持,凸显四大亮点。一是创新组队办法,由区县组队改为乡

举办全国性农民运动会

镇组队,方便农民参赛,共有127个乡镇队伍、5000余人参赛;二是创新项目设置,增加"一镇一品"、排舞等农民喜爱的健身项目和传统特色项目;三是创新办赛主体,14大项比赛由镇(街道)承办,占全部赛事的70%,体现了农民体育以乡镇为重点的原则;四是创新参赛队伍,协调组织农民专业合作社、沪郊农民工、大学生村官等20支队伍参赛,把农运会真正办成了"三农"的盛会。

二是圆满参赛全国第六、第七届农运会。2008年10月和2012年9月,全国第六、第七届农运会期间,在时任副市长胡延照、姜平的带领下,市农体协组织郊区500余名运动员、教练员分别参加田径、游泳、钓鱼、健身秧歌、舞龙、龙舟、风筝、象棋、自行车载重、武术、乒乓球、毽球等 13 个大项比赛。每当代表团远征,市委农办、市农委主任孙雷、副主任严胜雄、秘书长邵启良亲临赛场指导工作,并到运动员驻地慰问鼓励。上海市代表团在第六届全国农运会上夺得 16 金 22 银 16 铜共计 54 枚奖牌,位列全国奖牌榜第三、金牌榜第四的好成绩。第七届农运会上海参赛项目、出征人数居全国第三,获得一、二、三等奖 30 项,优秀奖 12 项,体育道德风尚奖 17 项,奖牌总数列全国前六名。这在非农业大省中难能可贵。

三是认真承办全国农民秧歌大赛(东部)、全国农民象棋赛、全国农民乒乓球比赛。2007 年,市农体协成功承办全国农民健身秧歌赛(东部),来自全国东部 13 个省市 210 余名农民体育健儿和西部省区 50 多位嘉宾来沪开展交流比赛。秧歌大赛开幕式在东方明珠广场进行,吸引了大批市民和中外游客,充分展示了我国农民的精神风貌。中国农民体育协会领导深有感触地说,在上海的这次大赛,其影响远远超出了赛事本身。2009 年,市农体协在松江承办第十五届全国农民象棋赛,28 个省市的 211 名运动员和嘉宾出席赛会。办赛期间,我会同松江区体育局局长周浩精心安排赛事每一细节,不断优化食宿、考察、接送站等事宜。同时策划农民健身展示,著名象棋特级大师胡荣华和农民棋手车轮大战等议程,使原本简单的象棋开赛仪式办得既简洁又隆重。中国农体协副主席兼秘书长王福来在总结时说:赛会组织达到了运动员、教练员、裁判员、嘉宾和领导"五满意"。

2011 年,市农体协指导高桥镇承办"浦东高桥杯"全国先进乡镇乒乓球邀请赛,国内 24 支"亿万农民健身活动"先进乡镇乒乓球队、210 余名运动员参赛。一些参赛乡镇的领导亲自带队,既参加比赛还交流"三农"工作经验并参观上海城乡一体化发展成果,有的乡镇还带来了当地农产品生产信息进行交流,得到中国农体协领导的充分肯定。

在我担任秘书长的 6 年间,我为上海农民体育健身活动做了一些应该做的工作,在全国和省市农体协同行中结交了一批新朋友,也和市体育局群体处范本浩、郊区区县体育局杨伟、周奇伟、王强、周浩、奚春庆、姜红娟、宋虹霞以及镇、村的同志们成了好朋友,大家工作越来越协调、感情越来越深。我和计策同志经常促膝谈心,和谷淑萍、於芬芳、邱震平等经常交流农体协工作并规范协会日常管理。我还和协会同志们理清了 1987 年市农体协成立以来 25 年的资料、文件、像带等。2011 年协会获上海规范化建设"AAAA"级社团组织。2007—2012 年,协会连续 6 年被评为全国农民体育报道一等奖。2008 年,协会荣获全国群众体育先进集体,2009 年,协会严胜雄主席荣获全国群众体育先进个人。2013 年 1 月 25 日,市农民体育协会召开第六届会员代表大会并进行换届选举,中国农民体育协会副主席兼秘书长王福来专程来沪到会祝贺。他说,上海农民体育工作创新发展,走在了全国的前列,取得了显著的成绩。

会后我便卸任秘书长职务。在和大家握手言别时,我有一种对农民体育事业深深的眷恋和对一起工作同志们的依依不舍。

　　张文忠,1950 年 11 月生。1976 年于上海市医科大学毕业后分配到上海市卫生防疫站防疫科工作,1984 年 8 月调入上海市卫生局医政处农村口从事农村合作医疗、村卫生室管理工作。2003 年任上海市卫生局基层卫生处副调研员,2010 年任市卫生局基层卫生处调研员。于 2010 年 11 月退休后,仍在基层宣传上海新型农村合作医疗的推进和发展。

上海农村新型合作医疗的推进和发展

口述：张文忠

采访：王　平

整理：王　平

时间：2016 年 4 月 20 日

　　我原来是上海市卫生局基层卫生处调研员。自从 1990 年上海市卫生局单独建立基层卫生处（把城市街道医院、农村卫生全归口基层卫生处）后，我就一直从事农村合作医疗、村卫生室管理工作，完整经历了"上海新型农村合作医疗"推进和发展的全过程。

　　上海市农村合作医疗发展到"新型农村合作医疗"（简称"新农合"，是指由政府组织、引导、支持，农民自愿参加，个人、集体和政府多方筹资，以大病统筹为主的农民医疗互助共济制度。采取个人缴费、集体扶持和政府资助的方式筹集资金）是从 2002 年开始的。其实在 2002 年以前，我们上海就有农村合作医疗，全国农村也有合作医疗，只是有的省市没有坚持下去，把合作医疗撤销了。全国农村拥有合作医疗平均覆盖率只有 5%—10%。当时卫生部也有分管领导到上海找到市长和局长,意思是合作医疗增加了农民的负担,要求上海把合作医疗撤掉。当时的卫生局分管副局长就实事求是地汇报:"我们通过基层调研,农民是欢迎的,没有因合作医疗增加农民负担的反映。"1997 年,上海农村合作医疗农民每人每年自筹资金只有 20 元,郊县行政村合作医疗覆盖率达到 70%。

2002 年,根据国务院召开的全国农村卫生工作会议精神,上海更加坚定信心推行新型农村合作医疗制度。上海市委、市政府及时召开了"上海市郊区卫生工作会议",制定了《上海市贯彻〈中共中央、国务院关于进一步加强农村卫生工作会议的决定〉的实施意见》,我们马上召开了各区县政府分管的领导及卫生部门的领导会议,各区县领导高度重视,积极要求卫生局领导加快新型农村合作医疗的推进。我们深入农村走村串户,根据农民经济收入不断提高的发展趋势,大胆地对过去农民自筹资金的比例进行改革,按照农民年收入的 1.5%—2%比例提升筹资水准,加快新农合的推进和发展,当年新农合参与率提高到 80%。

在 2002 年至 2012 年这 10 年的新农合推进和发展中,上海市政府先后下发了《关于巩固和完善本市农村合作医疗补充意见的通知》《关于提高本市农村合作医疗保障水平的通知》以及《进一步完善和提高新型农村合作医疗制度的通知》,对提高农民的参与率,完善管理机制,强化基金的筹措机制,加大低保农民的保障力度,加强基金管理等各个方面作出了明确的规定。人均筹资水平逐年递增,从 2003 年 196 元发展到 2012 年 1152 元。由市、区县政府,乡镇政府及农民个人筹资从 2002 年 3.5 亿元发展到 2012 年筹资 16.8 亿元。2012 年上海郊区新农合农民参保率达到历史上最高点 99.2%。

争取政府重视　加大筹资力度

自从国务院加强了新型合作医疗制度推进以来,各地筹资水平不断提升,上海新农合得到了乡镇、区县,尤其是市财政的大力支持。我记得在1997年市财政只给参加合作医疗每人每年1元钱。我曾对他们说:"参加合作医疗保险有400万人,市财政只出400万元?"市财政局领导说:"给你们400万元不错了,这个资金还是预算后统筹安排的。"到了2002年,上海市委、市政府高度重视"新农合"的推进和发展,并多次强调"要高度关注农民,让农民乘上医改的大船,水涨船高,使农村居民的保障水平有大幅度提高,充分享受城乡一体化带来的成果"。市财政加大了"新农合"筹资的承诺,扶助"新农合"资金从2003年10元、2006年30元、2008年60元,到2012年增加到150元,连续10年市财政给"新农合"投资每两三年就翻一番。

说到这里,我要感谢原农委分管领导严胜雄副主任。那是2003年,随着经济的发展,"新农合"筹资也应该随着经济发展而提高。我向市财政局反映过五六次,就是新农合从10元提升到30元的事情,没有得到市财政局的答复。我再返回卫生局里向领导汇报,局领导提示我去找一找市农委严主任。起初,我找到当时农委社会发展处原处长邵启良,邵处长很热情,带我去找到了严主任。我向严主任作了汇报,严主任说:"老张,辛苦了。你放心,我来帮你去协调。"严主任说到做到,很快由市农委牵头协调,召集市财政局、发改委、卫生局分管领导联合召开了"关于'新农合'筹资推进协调会"。在会上,我把上海目前推进"新农合"发展形势简单地作了汇报。我说,老百姓知道市财政按参保人数向每人投资了10元钱资助"新农合",大受鼓舞。现在仍需要市、区县、乡镇财政按照1:2:3比例配套给予投资,个人筹资还是按上年度年收入的 1.5%—2% 比例不变(到现在还是没有变),变就变在政府投入加大。接着严主任说:"各位领导刚才听取了卫生局就'新农合'的情况作的介绍,'新农合' 2 年多在农村推进以来,群众大受鼓舞,为什么?保障水平提高了。大病医治相应得到了补助,减少了'因病返贫'的现象发生,取得了良好的社会反响。"协调会开好后,过了几天,我再去财政局找保障处处长。保障处处长说:"老张,你只要说服我们,我立马就去向局长汇报。"我用事例和道理讲得他心服口服。其实农委协调会已经明确了,2003 年市财政向"新农合"每人投入 30 元落实了。我们把资金配套下去,区县、乡镇财政把配套资金提交上来,农民看病有保障了。

资金配套下去之后,不单是为了"新农合"而搞"新农合",关键是要农民看病受益。我经过多年的基层卫生工作调研,觉得"新农合"的核心就在于:让农民看得起病,让农民看得到病,让农民看得好病。

农村的医疗状况我很清楚。如何让农民看得起病、看得到病、看得好病,必须心中要有一盘棋,步骤、方案不仅要有规划,而且要落到实处。在进行市中心地段医院全部转为卫生服务中心 3 年改造实施计划的同时,我们启动了对乡镇医院进行配套改造的程序。我根据农村医疗调研资料进行分析拟定实施计划,结合乡镇医院陈旧简陋的现状,主动向局领导提出 2002 年至 2004 年的乡镇医院改造方案。改造乡镇医院的意见得到了局领导的同意,我又去市财政局申请资金,市财政局领导见到我开玩笑地说:"老张无事不登三宝殿。"我说:"国务院已经明确了'推进新农合是推进农村合作医疗的新政策',国务院发文,你总有个姿态吧。我不需要你那么多,改造一所乡镇医院,需要资金是 300 万元,市财政只要资助 50 万元,激发区县、乡镇财政的积极性,就可以争取区县财政出 100 万元,乡镇财政出 150 万元,仍然按照市农委协调会上 1：2：3 的比例配套，'新农合'的推进就有了发展的基础。"

事如所愿。到了 2004 年，由于得到多方的支持，我们按照计划顺利完成了全上海 114 所乡镇医院的硬件改造。但是，物资市场价格在变，改造每所乡镇医院支出资金平均达到 600 多万元。市级财政的支持起到了引领作用，乡镇财政发挥了主力军作用，夯实了"新农合"的发展基础，实实在在让农民看得到病，我的心里也舒坦多了。

完善设施　注重培训

当时上海有乡村卫生室 1760 个，大多数是破破烂烂的。我看到有的卫生室就是 1 间药房、1 块床板、1 个枕头、1 个挂盐水瓶的架子，基础的设施条件太差了。这是 2005 年，我下乡收集乡村卫生室的情况进行研究了解的情况。因为我经常与农民接触，熟悉农村情况，作出了"2005—2007 年 1760 个乡村卫生室改造规划"，形成初步意见，向市局领导汇报后开始了又一个三年规划。

乡村卫生室改造类型分为两档进行。一档是因为农村当时进行经济体制改革，行政村进行撤并后，凡是 2—3 个村合并的划为中心村卫生室；二档是单独的村为一般村卫生室。中心村卫生室规划房子要有 8 间，如诊疗室、治疗室、观察室、药房、注射室、换药间、康复室等。一般村卫生室也需要 5 间的运作空间。

我又跑到市财政局去了。他们见到我就说："老张肯定又是来讨钞票了。"我说："领导，我老张讨钞票不好放在自己口袋里，分文也拿不到，一切都是为了农民的利益，农民需要啥我就想到啥。"我把农村卫生室的具体状况跟财政局领导反映后，请求市财政为每个行政村改造卫生室投资 3 万元。

过去比例是 1：2：3，这次我的比例方案改了，市财政给 3 万元、区县财政给 3 万元、乡镇财政给 3 万元，合计 9 万元，比例是 1：1：1。9 万元改造一个村卫生室，房子(场所)由村委会提供。3 年内上下齐心协力，上海农村 1760 个村级卫生室采取标准化建设，全面改造按期完成。

我在机关干了 20 多年，除了星期一和星期五在处里，二三四都在乡村走，为什么？了解情况，掌握第一手资料。就说村卫生室要标准化建设，决不能马虎了事，我要去督查暗访。督查不是表面文章，要深入细致。只有通过严格把关，才会达到预期的目的。

在 2002 年至 2012 年这 10 年当中，我们完成了 4 件市政府实事工程。市政府实事工程是当年实施当年完成，我们按计划完成了卫生服务中心工程；完成了村卫生室实事工程；接下来是信息化管理工程；还有 28 个分中心改造，实行全覆盖的实事工程。

农民看病场所有了着落，如何看得好病的议题又摆在我的面前，农民朋友说："我们农村也要和卫生中心那样，要有好医生。"也就是人才资源要与时俱进，适应"新农合"的发展需要。为了给农民一个满意的答复，我和局领导商量，我们市卫生局根据卫生部的要求，全面强化医生职业道德意识，提高医生职业水平，在全市社区服务中心、乡镇医院从内科到外科实行人才培训，给医生创造许多优惠条件，进行职业医生晋级考试，实行全科竞争。通过考试，乡镇医生优秀者可以提升为副主任医生，副主任医生可提升为主任医生，充分发挥人才的潜能投入到乡镇医院中去，"让农民看得好病"落到实处。

信息化管理　就医全覆盖

在"新农合"不断推进的形势下,有了市政府及有关部门的支持,看到农民看得起病、看得到病,看得好病,我在这个岗位很有信心继续为农民做一些事情,让农民兄弟脸上增添更多的笑容。针对农民看病发票保管麻烦和结算不方便的问题,我们着手在2008—2009年两年内完成农民看病实行社保卡、进行信息化管理的实事工程。经过初步计算,需要资金400万元。

这次我去市财政局,领导很热情。当我把农民看病实行社保卡,进行信息化管理的计划报告之后,财政局处长就说:"老张,你也是为了农民利益。领导研究过了,市政府领导十分重视'新农合'的推进和发展,到乡村看到了'新农合'实事工程很有起色,同意解决你们资金400万元。用于社保卡信息化管理。"我听到滋润心田的温馨话语,乐得心里开了花,他们看到我老张再也不头痛了。后来市财政局分管处长对我讲,上面已经派人下乡访问老百姓,老百姓讲医院漂亮,卡片温馨舒适,看病配药医生很热情,农民保障也提高了。

经过两年的信息化管理,以前老百姓看病要交付现金和保存发票,现在只要拉一下社保卡就可以了。我们现在对农民看病制定的政策是,到村卫生室门诊看病可报销80%;经诊疗需要到社区中心看病的报销70%;到区县级医院看病报销60%;到三甲医院看病报销50%。老百姓都知道门诊"8765"的全过程。为什么要有这么一套程序,因为不管大病小病就到三甲医院,我们"新农合"承受不了。我们引导和鼓励一般的常见病、多发病、慢性病都下沉到社区医院解决,于民于国都有益处,也符合现在的分级诊疗导向。还有住院一部分,就是到我们社区中心医院去看病报销80%;到区县医

"新农合"极大方便了农民看病

院看病报销70%;到三甲医院看病报销50%(简称住院875)。

我举一个例子。社区医院由于有了新型农村合作医疗的推进,有了全科医生,有了包括民政部门的支持,到村卫生室去看病,挂号费、诊疗费免了,到社区中心医院挂号费不要钞票,用卡一拉就可以看病配药。在2009年,一个农民看病48元,免了2元挂号费,"新农合"报销80%(属于五保户、低保户的还可以报销一部分),自己只出5.2元,就可以把一包药拿回去了。主要是由于实施了信息化管理,使用了社保卡,实施了及时结算的便捷程序,所以,农民看好病付了5.2元就没事了,把方便实实在在留给了农民。

"新农合"包括看得起病、看得好病,彼此之间是相互联系的,但里面有一系列工程需要管理和操作,不是你说报销就报销那么轻而易举,这些工程包含着卫生部门围绕新农合的辛勤付出。上海抓得紧,每年对乡村医生进行培训,进行考核,进行检查,还特地邀请了中山医院、华山医院的专家教授上课,增强业务水平。要看好病,就要有好医生,我们的乡村医生绝对到位。在这 10 年,乡村"新农合"发展就是这样一步一步扎实推进的。

2010 年,我到了退休的年龄,还有一些未处理的遗留项目必须解决。114 所社区卫生服务中心已经改造为民服务后,由于乡镇撤并,剩下的老镇区还有 28 所分中心没有改造。老镇虽然撤销合并为新镇,但每个老镇还有 3—4 万人没有搬迁,仍然需要看病就医。到新镇路途遥远很不方便,农民反映强烈,镇里领导也在要求给予投资改造。

市农委相继也收到很多乡镇来信,由市农委领导牵头召开协调会,有市财政局和卫生局分管领导参加。我把调查到的数据作了介绍,与会领导听后感同身受,一致同意要改造,实行农村全覆盖。我们仍按 1∶2∶3 的比例提出,在座的领导表示没有问题,一致通过解决了。

但是,具体操作的时间紧迫,市政府的实事工程要在当天下午 5 点 30 分前必须资金到位,才能报到市人大办去。我当即打电话给局领导,只有 3 个小时,局长叫我马上下来,办理相关手续上报。我打听到市财政要加班到晚上 8 点,我找到了分管副局长签字。可是,市财政局有规定,非要局长签字方可生效,市财政局两个处长陪着我一直等到晚上 8 点局长回来。局长签字了,我又返回卫生局里,局里还有几个人等着我的消息。大家整理相关资料直至深夜 11 点。至于争取财政预算外资金,如果超过这个时间节点,直接关系到 28 个分中心的改造投资,甚至会导致计划泡汤,我当时急得汗也冒出来了。

我记得在 2005 年,当时南汇财政局 30 万元筹资拿不出来,我追过几次配套没有到位。南汇财政局局长说:"财政没有钱,实在拿不出来。"我说:"你们配套不到位,拖我后腿,改造不能进行。"我马上打了一个电话给市农委的相关分管领导,领导马上就回复说:"我晓得了。谢谢!"过了两天,一个由市农委分管督导的主任带队,财政局、发改委、卫生局等领导组成的调研组到南汇去调研。我们到了南汇,南汇财政局的相关负责人就说:"你们是为 30 万元筹资的事来的吧?我们已经解决了。"其实是通过市农委做了工作。

由于有市政府领导的重视和支持,上海郊区 9 个区县、114 个乡镇、1840 个行政村,到 2012 年底,合作医疗覆盖率达到了 100%,140.58 万农业人口中应参保率达到了 99.2%。

我目睹且经历了上海"新农合"推进和发展的全过程,但我只是上传下达的一个兵,尽职尽责做好基层卫生工作是我的本分。我要以农民儿子的身份,感谢市府领导对"新农合"的重视和大力支持,在相关部门的大力支持配合下,上海的三级医疗网络才能真正实现竖向到底,横向到边,快步推进,迅速发展。

张向飞，1975 年 1 月生。现任上海市农业委员会信息中心副主任、副书记（主持工作）。作为上海农业信息化发展的见证者与参与者，先后主要负责或参与推进上海为农综合信息服务"千村通工程"、3 个涉农监管平台、农业部农业物联网区域试验工程等 20 多个国家部委及本市信息化项目工作。

"农民一点通"与
12316"三农"服务热线发展

口述：张向飞

采访：张树良

整理：张树良

时间：2016 年 5 月 18 日

　　党的十八大报告明确提出促进工业化、信息化、城镇化、农业现代化"四化"同步发展,这是党中央站在战略高度对我国经济社会发展阶段性特征及任务的科学把握。

　　"农业信息化抓好了,可以帮助农民实现弯道超车,信息化工作抓不好,农民和城市居民的差距就会拉大,城市就会把农民甩得很远。作为指导农业农村经济工作的主管部门,要用信息化手段指导农业农村工作,这是今后工作的一个制高点,要从上到下齐心协力抓好。信息化是农业现代化的制高点。"这是汪洋副总理提出的,实际上也是对我们工作的具体要求。

　　从 2002 年到现在的十多年里,上海着力推进农业信息化发展,大力推进农业信息服务体系和农村信息员队伍建设,组织实施国家各类农业信息化专项实务,取得了阶段性重要成效。其中,上海12316"三农"服务热线和上海为农综合信息服务平台建设("农民一点通")成为这一阶段上海农业信息化发展的重要"亮点"。

全国首条为农服务热线开通

2002年,时任上海市农委主任袁以星在参加电台节目与市民对话时,一位青浦农民听众的话语触动了他:"郊区农业结构正在大调整,农民非常需要农科指导和信息,农村电脑少,上网查询难,有没有更好的咨询方法?"市农委马上召开联席办公会,"开通一条农科热线"的建议当即得到一致响应。

8月6日,热线正式开通了。当时热线特地聘请了两位专家全年值班,并在市农科院、市农业技术推广服务中心、市畜牧兽医站、市蔬菜科技推广站、市农产品质量认证中心、市林业站设立了六部门专线服务电话。当时的电话号码是62826666,值班专家在上海农业网的办公地点值班。

电话开通之后,受到农民群众的欢迎。在开通短短十余天的时间里,就接到并答复了来自全国的420件电话咨询。

2003年8月4日,热线正式启动IVR系统,通过互动式语音应答,实现了7×24小时服务,提升了热线服务质量。其中每日8:00—20:00为人工电话咨询服务时间,晚上8:00至次日早上8:00使用电话录音留言,第二天由专家解答。

2004年元旦,热线与上海人民广播电台990新闻频道的《谈天说地阿富根》节目合作,开设"农科热线专家坐堂",每星期四上午邀请资深专家在上海人民广播电台举办农业科技讲座。这个项目也被评为"全国农业行风建设先进典型"。

热线开通以后，一直保持着很高的热度，也出现了好多感人的故事：2002 年 12 月的一个早上，来自金山区新农镇沈庄村的稻农陈金林冒雨赶到热线办公室，给值班专家送来米糕表示感谢，原因是热线专家通过电话帮助他买到了"申香晚糯"新原种。

老南汇有个果园村，有个农户特别喜欢打电话咨询问题，跟我们好多专家成了很好的朋友，这个人一有问题就打电话，帮助村里解决了好多生产经营方面的问题。

金山区光明村，村里种了很多蟠桃，在种植中遇到问题的时候，村里就会有人打电话邀请我们的专家到村里进行指导……

由于我们这条热线是全国开出来的第一条专门的为农服务热线，所以在全国也有了不小的影响力。根据热线管理中心人工接听的咨询电话数量统计，热线开通的前四年里，外省市的咨询来电数量一直保持在 60% 以上；当然，也有不少外地的官员、农户上门咨询的。

2003 年，山东苍山县车网镇房村农民房学东想利用现有的冷库，反季节栽培食用菌，但不懂食用菌工厂化生产的工艺，在热线咨询有关技术时，得知 9 月 4 日热线将有食用菌工厂化生产的专家坐堂，便专程赶来上海，当面求教工厂化生产的工艺、布局。

江西农户涂光震来电求购特种蔬菜种子和肥肝鹅种苗，但发现自己的江西土话专家听不准，就赶来上海，除了当面咨询外，还一一抄录了 9 家服务单位的地址和邮政编码，以备今后书面联系。

2006 年 8 月，上海农科热线在市农委、信息委、通信管理局和上海电信的通力合作下，决定于当年 8 月将服务电话的 8 位数号码改为 6 位数号码

962360,以达到进一步提升服务质量的目的。

就在同一年,农业部在信息产业部的支持下,申请并被核配了"12316"作为全国农业系统公益服务统一专用号码,并下发了通知,要求确保"12316"于2006年10月作为统一专用号码的顺利启用。上海也根据农业部的要求,正式启用了12316的统一专用号码。

"农民一点通"连通农户需求

2005年到2006年之间,上海就开始探索为农综合信息服务平台的建设了。

2006年,我们在松江进行了试点,在40个行政村摆放了设备。当时这个平台是个单机版,功能比较单一,主要提供本村的信息查询、农业技术查询等服务,名字都是叫"为农综合服务信息查询系统",当时的技术也不是很成熟和稳定,我们也是边试点,边改进,边完善。

"农民一点通"这个名字实际上是温家宝总理给命名的。2006年10月31日到11月3日在广西南宁召开的中国—东盟博览会上,我们把这台设备搬到了现场参展,时任国务院总理温家宝同志进行了现场的参观和体验,他在参观体验之后说:"农民一点就通了。"所以后来我们就叫这个平台"农民一点通"。他当时说"农民一点就通了",主要是因为我们当时的设备设计操作起来非常便捷,功能模块也比较清晰,农民朋友不用经过培训就会直接使用。

2006年12月,市农委、信息委、财政局、文广局联合下发了《关于推进"为农综合信息服务千村通工程"的实施意见》,正式开始了本市为农综合信息服务平台的建设。

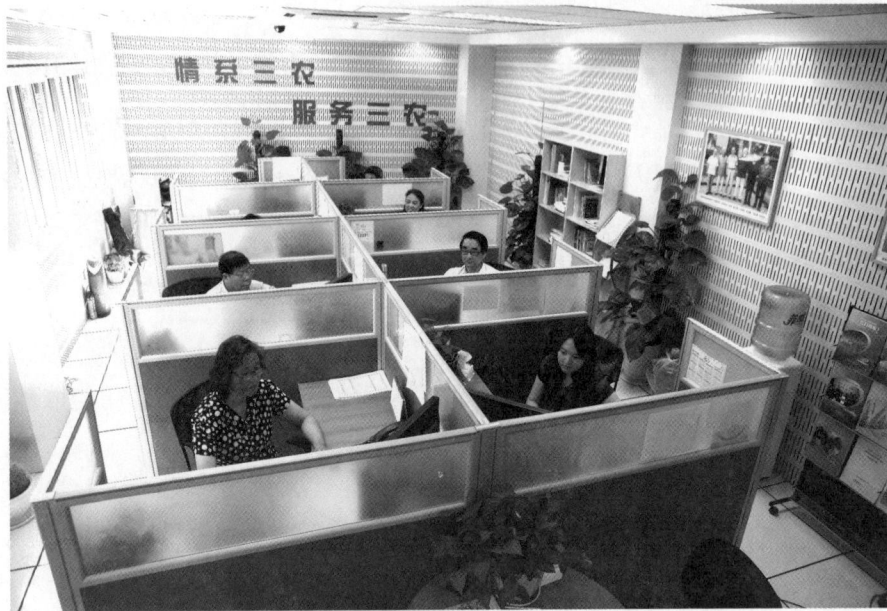

热线办公场景

我们当时的起点比较高,由市农委与中国电信上海公司签订了一揽子的合作意向,每个村 600 元/年的宽带费,可保证了不低于 1M 的宽带能够进入到郊区行政村,从而使每个村的为农综合信息服务平台能够正常运行。在当时宽带价格非常高的情况下,能够做到这一点还是非常不容易的,保证了宽带进村,实际上就是"信息的高速公路"修建起来了,为整个后期平台的正常稳定运行打下了非常好的基础。

从 2006 年到 2008 年三年的时间里,我们大概在全市的 1000 个村建设了这一平台。我们从一开始建设标准就比较高,按"五个一"标准(一处固定场地、一套"农民一点通"设备、一根宽带、一名信息员、一个运行机制)建设为农综合信息服务站。

2007 年,"农科热线"与"农民一点通"整合服务,村民可免费拨打视频电话,向专家可视化咨询问题。这个时候我们对平台设备进行了升级,我们称它为"第二代农民一点通",主要的变化就是它变成了双屏幕,上方的屏幕用于"三农"宣传和视频、文字的播放。

2008 年,我们还和新华网合作,利用"农民一点通"智能终端,在郊区县行政村里对北京奥运会进行了宣传直播。当时,我们是在松江的黄桥村举行了一个启动仪式,一些奥运会的新闻、视频等内容,可有选择地进行播放,方便农民群众及时观看有关奥运会的新闻。时任新华社上海分社社长慎海雄和时任上海市农委副主任严胜雄共同启动了"农民一点通"奥运直播频道,时任松江区副区长任向阳出席了开通仪式。

2008 年年底,在嘉定区纪委、农委共同支持下,将稳粮资金补贴内容通过"农民一点通"智能信息终端对农民公示并接受监督。这是本市第一次探索在"农民一点通"上进行涉农补贴资金的公示。后来,2010 年 8 月,市纪委、市监察局、市农委、市财政局联合下发《关于推进涉农补贴资金监管平台建设工作的意见》,启动全市涉农补贴资金监管平台建设工作。根据这一《意见》的要求,我们又开发了第三代的"农民一点通",第三代主要是增加了身份证的读卡器和打印机,加载了涉农补贴资金监管平台和各区县的特色应用功能,让农民通过身份证就可以查询自己的涉农补贴信息。2010 年,我们在平台上公开了 2009 年度的 13 项普惠制涉农补贴;2011 年,涉农补贴资金监管平台正式开通;之后,通过"农民一点通"公开的内容逐步增加,到 2012 年,公开了上一年度 42 项涉农补贴资金;2013 年,增加了台风"海葵"救灾补助资金、能繁母猪饲养补贴资金公开项目。

到 2011 年,"农民一点通"智能信息终端实现了全市 1391 个涉农行政村全覆盖。

"这条热线直通农民群众,行之有效"

前面我们讲到,2007 年,"农科热线"与"农民一点通"整合服务,村民可免费拨打视频电话,向专家可视化咨询问题。从这个时候开始,"农民一点通"和12316"三农"服务热线的发展几乎可以说是完全绑在一起的。

发生在 2007 年 8 月 23 日的一幕,至今让热线的第一任专家组组长方炳初记忆犹新。当时,热线与"农民一点通"整合不久,时任上海市委书记习近平到松江区泖港镇曹家浜村调研,利用"农民一点通"与他进行了视频通话,询问了"今天电话多不多?""农民主要问些什么问题?""'农民一点通'已经开通了,发展方向怎么样?"等问题,并表示:"这条热线直通农民群众,行之有效,要进一步完善,更好地服务'三农'。"

2009 年 2 月 19 日,时任中共中央政治局委员、上海市委书记俞正声前往崇明县港西镇双津村调研时,通过"农民一点通"拨通视频电话与正在值班的 12316 热线专家通话,询问农民咨询电话多不多,主要问题是什么。得知专家每周要值两天班时,他说:"你们直接为农民提供科技咨询,任务很重,要尽力把这项造福农民的工作做好。"

在热线创立初期,来电咨询的问题还主要集中在农业生产的技术领域,值班专家解答问题也相对游刃有余。而随着热线的发展和知名度提升,热线的咨询内容逐渐扩展,涵盖了产前阶段的种子、肥料、农药、兽药、设备、装备、原料在内的采购、质量、品牌、信誉等,以及产后方面的采摘、分割、烹调、加工、速冻、冷藏、保鲜等问题,同时还有要求参加培训、购买书籍、联系设备、推销产品等多个方面的诉求。

2009年,由于受四川广元柑橘事件及其他因素影响,上海本地产的柑橘出现了严重的滞销情况,且售价大幅下滑。针对农民卖橘难,我们一方面通过"农民一点通"及时发布供求信息,在爱心单位、市民与橘农之间架起沟通桥梁,拓宽柑橘销路;另一方面,则利用"农民一点通"的视频资源,让郊区橘农与市区农产品批发销售商在线对话交流,推销柑橘。崇明岛三星镇海洪港村橘农朱国军当年的柑橘产量约为1.5万公斤,"农民一点通"帮他找到的采购信息,解决了其中4000公斤柑橘的销售问题。

热线成立之初,曾提出"有问必答,有求必应,准确及时,满意为止"的服务承诺,为实现这一承诺,专家服务团队不断学习新知识,以满足服务需要,热线首席专家方炳初老师更是在75岁高龄开始学习电脑,用来查询资料、制作课件等,十分让人感动。

上海农科热线的"官方扩容"发生在2011年。市农委在"上海农科热线"的基础上,将热线扩容升级为"上海'三农'服务热线",在继续做好农业生产技术服务咨询的基础上,增设了强农惠农政策、农村集体"三资"政策、农民社会保障政策、农产品市场信息等方面咨询服务内容,由原来以农业生产技术咨询服务为主,扩展为涵盖农业技术、市场、政策、投诉等"三农"信息咨询服务。

2014年,我们再一次推进"农民一点通"的升级换代,升级成了单个大屏幕的设备,功能也从最初的视频通话、农业资讯、查询补贴等拓展到医疗预约挂号、水电煤缴费等多个功能,而"找到热线在线专家,点击专家头像面对面交流;把患病作物放在高清摄像头前,请专家远程诊断病虫害"仍旧是这一覆盖全市1391个涉农行政村的智能信息终端中最受欢迎的功能板块之一。

探索有效的管理模式

目前,上海12316"三农"服务热线初步形成了"1个领导小组、1个管理中心、11家联办单位、8个区县分中心"的服务体系布局。服务模式从起初的电话解答、专家坐堂、现场诊断、网上直播,增加到包括语音自动应答、网上解答、广播讲座、接待来访、书信咨询等十余种。

热线是由市农委牵头,市农科院等11家涉农科技单位联合组建而成,是一种新的组织机制,并不改变原有的行政隶属关系,只是搭建了一个互相配合、协调工作的服务平台,各科技单位按照预先约定的工作制度、服务时间,各自开展对外咨询服务,各科技单位相互间都是平等的。这种组织机制使得农民的咨询和解答变得机动灵活,有助于提高效率、降低成本。

热线依托上海农业信息有限公司,建立了强大的12316后台支撑系统,把管理中心、联办单位和区县分中心所有专家和工作人员整合到了同一个工作平台上,各单位专家可通过网络实现视频诊断、远程授课、电话转接、三方通话以及工单流转等功能。系统实现了专家之间的电话转接,农民只要一个电话就能找到所有在线专家;如遇到疑难问题,还可以开启三方通话功能,由两名专家共同为农民进行会诊;系统将所有来电咨询都通过网上工单流转,实现咨询全过程电子化、网络化操作管理。

在目前的热线运行中,市管理中心、联办单位及区县分中心实行"一同二分三共享"的联动工作机制,"一同"即使用同一接入号12316,统一形象标识、统一服务用语、统一服务程序、统一考评标准、统一服务规范,方便农民群众记认拨打;"二分"即市、区县分工协作,结合工作实际分别发挥作用;"三共享"即共享专家库、共享知识库、共享信息平台,实现资源整合、优势互补。

除了技术保证，从2002年成立到现在的十几年中，上海12316"三农"服务热线也已经形成了一整套包含《上海"三农"服务热线工作管理办法》《热线服务规范》《热线咨询服务流程》《热线咨询用语规范》等在内的管理制度，实现服务全流程制度化。

2012年3月16日，正好与"12316"五个数字能够对应起来，我们根据农业部的要求，开始开展"12316，信息惠农家"活动，针对各郊区县农业特色，结合当地农时农情，因地制宜地开展专题讲座、政策咨询和田间指导等服务；参与社区共建，与长宁区新泾镇党员服务中心联合成立"生活之友科学普及——党员志愿者工作室"，定期为周边居民开展讲座及户外咨询活动等。实现了"不仅要为生产服务，还要为生活服务"的要求。之后，这项活动我们也一直延续下来了，每年都推出一系列的活动，服务农民和市民。

除此之外，我们还曾经与东方网联合举办"小阳台大菜园——我和苗苗共成长"公益活动；每年编写一本农科知识《百问百答》手册；安排5位坐堂专家加入农业部12316手机APP平台，可随时接受全国农民咨询；与上海12345市民服务热线、上海12331食品安全投诉举报热线等其他市级热线开展合作，建立资源共享和工单转办机制等。

据不完全统计，自2002年开通以来，上海12316"三农"服务热线已为全国34个省市自治区、港澳台地区提供各类咨询服务近435万人次。作为市农委构建服务型政府的重要窗口，上海12316"三农"服务热线真正成为农业部门与农民之间的"连心线"、农民与热线专家之间的"解忧线"。

占领信息化这一现代农业制高点

除了前面说的两个"亮点",在 2002 年到 2012 年的十年间,上海的农业信息化还在多个方面取得了进步:

2003 年到 2008 年,我们上线运行了多个版本的市农委网上办事系统;我们 2006 年组织实施上海市农委办公自动化系统建设,2008 年完成项目建设并通过验收。

2009 年,我们启动了上海市农产品价格信息工作,上海有 7 大批发市场、1 个集贸市场、3 个定点区县定期填报数据,信息员坚持定期采集农副产品的价格、上市量,并及时汇总上报;2010 年,上海农业网推出"上海行情"栏目;2011 年,在原有数据基础上,扩大了农产品价格数据采集品种;2012 年,在批发价与零售价采集的基础上,在全市启动了蔬菜田头价数据采集工作等。

2009 年,作为市政府的一项实事项目,上海市启动了"一村一网"的建设,是市农委和市经信委一起来落实的。我们在 1546 个村里面都建立一个行政村的网页,主要是村务公开、村里的基本情况、村容村貌等情况。

农业物联网,上海也起步较早,最早是在光明(食品)集团的长江农场,进行了精准农业的试验,主要从专家系统、传感器研发、平台预警等多个方面进行了试验。通过农业物联网的试验,整个长江农场在全市农场中的经营管理水平,还是比较领先的,从产量、生产的自动化水平等方面都相对领先,物联网的初步效果也显现出来。

上海海洋大学在 2007 年到 2009 年,在金山、奉贤一些水产养殖基地,也进行了水产物联网的探索和试验;在松江区泖港镇,针对黄浦江大闸蟹的养殖,也做了一些试点,主要包括水温、水质等的监测方面,做出了探索。

应该说,无论是平台建设,还是互联网服务乡村建设,上海还是走在全国前面的。在2007—2008年农业部委托中国农科院信息所组织开展的全国农业信息化指数测试中,上海总指数为0.81,名列榜首;2010年在北京举办的信息化与现代农业博览会上,我们也获得了几项大奖。

在这十年的发展中,之所以能够取得这些成绩,我认为主要有以下几个方面:

一是领导的重视和各个部门的通力合作。上海市委、市政府非常重视农业、农村和农民工作,为进一步统筹推进农业农村信息化建设,上海市经济和信息化委员会牵头,会同市农委、市教委、市科委、市卫生局、市文广局等共同推进农业信息化建设。

二是示范带动,信息惠农。在我们推进农业信息化建设过程中,大多经过了先试点、再推广的环节。在试点中,金山区、嘉定区、松江区等都勇于成为"吃螃蟹的人",不断总结经验。同时,在上海不断推进农业信息化的过程中,也涌现出了一批像上农信这样一批致力于农业信息化发展的企业,应该说他们是伴随着上海农业信息化发展的脚步成长起来的。

三是重视培训,农民素质提升。由于客观上受到信息基础设施的限制,主观上农村居民信息素养和应用技能的不足,直接影响了农村信息化的建设与应用成效。因此,为普遍提高农村居民的信息化素养与能力,上海市经信委、市农委、市教委和市妇联从2008年起在市9个郊区县启动实施"千村万户"农村信息化培训普及工程。各个县、村的为农信息综合服务站也将信息化培训和普及工作作为重点任务。

当然,目前上海的农业信息化发展,仍旧处在不断的进步之中,毕竟互联网作为一个发展只有几十年的事物,还处在不断的发展变化之中,我们也不能对经济效益有过高的要求。

而这种社会效益的体现之一在于,在几个项目的建设和发展中,我们对为农综合服务体系的建设积累了丰富的经验,建立了一套体系:市里面成立了信息管理部门,区县也落实了信息管理部门来管理,每个镇明确了至少一名信息员,村里面明确了村里的兼职信息员,队伍的建立,对于提升农业信息化服务现代农业的水平,具有十分重要的意义。

另外一个重要的认知是,项目建设发展所体现出来的,是信息化对都市现代农业发展中的支撑和保障作用,是农业现代化的体现。

农业信息化的发展是随着需求的变化而不断变化的,这些项目和平台,无论是"农民一点通"也好,12316"三农"服务热线也好,这种固定的、傻瓜式的、不易移动的设备,这种基于电话的服务模式和载体,以及其他现在仍在发挥作用的平台,可能都会随着技术的不断进步,日益显现出其弊端,最终都要被淘汰掉,但在特定的历史时期下,它作为一种技术的探索,作为一种为农服务的概念和理念的实践,作为"从上到下的发布信息,从下到上的搜集信息的载体和通道",都有其存在的价值和意义。而这种更迭换代和平台的层出不穷,也许正是农业信息化不断创新的动力所在。

口述前记

　　王德弟，1964 年 10 月生，现任上海市农业委员会经济商务处(外事处)处长。王德弟较长时间从事检察工作、共青团工作及"三农"工作，尤其对小城镇改革发展、城乡统筹、农村经济、农业旅游、农产品展销、农民增收等方面有较多的研究与实践。

上海农业旅游的发展和提升

口述：王德弟

采访：陆　卫

整理：陆　卫

时间：2016 年 7 月 6 日

2002 年至 2012 年的 10 年，正是上海农业旅游快速扩张，集聚效应开始显现的 10 年。特别是借 2010 年上海世博会契机，上海农业旅游发展步入了一个前所未有的快车道。目前，则进入规范有序，提档升级的发展新阶段。

我的工作经历相对比较丰富，其中从事"三农"工作已有 20 多年，加上从小生活在农村，父母原来都是农民，从我记事起就耳闻目睹了爷爷奶奶、外公外婆、爸爸妈妈等亲人有关农业、农村、农民的经历，深知"三农"工作的艰辛，尤其是农业增效、农民增收、农村增美的不易，因而，总想千方百计地为之付出一些努力，通过探索实践，以求最大限度地寻找出一点发展"三农"的好思路、好办法。

这些年来，我越来越清晰地感受到，开发农业多种功能，发展农业旅游，促进第一、二、三产业融合发展，无论过去还是现在，更是将来，在上海这座国际大都市，是个大方向、一个有效载体和一个好平台。我始终坚信，休闲农业与乡村旅游一定会是我们的朝阳产业、快乐行业和民生事业。

农业旅游的主要特征是"农、乡、融、新"

什么是农业旅游？农业部对休闲农业概念表述为："以农业生产、农村风貌、农民生活、自然资源和乡土文化资源为吸引物，提供休闲观光、农事体验、产品购买、科普教育、文化品味、养生度假等服务的产业形态。"

我们上海市对休闲农业与乡村旅游表述为："依托农业生产、农村风貌、农民生活、农村自然环境和乡土文化等资源要素，提供休闲观光、农事体验、产品销售、科普教育、文化品味、休闲度假等服务业态而形成的休闲旅游行为。"长期以来，我们上海将休闲农业与乡村旅游称之为"农业旅游"。

农业旅游最主要的特征，我认为是四个字：一是个"农"字，即农村地区、农业生产、农民参与；二是个"乡"字，即乡村环境、乡农文化、乡愁记忆；三是个"融"字，即农村第一、二、三产业发展的融合体；四是个"新"字，就是深受市民喜爱的新型产业形态和消费业态。

农业旅游最重要的作用，我认为可以用"三个有利于"来概括。一是有利于促进农业转变发展方式、带动农民就业增收；二是有利于扩大农村消费市场、丰富市民文化生活；三是有利于加快美丽乡村建设，推动城乡发展一体化。这已成为一个不争的事实。

农业旅游最关键的要务，我认为可以用"四个坚持"来概括，就是"坚持农旅结合"，就是以农为本、以农促旅、以旅强农；"坚持三生共存"，就是生产功能、生态功能、生活功能共存；"坚持三文并重"，就是农耕文化、乡土文化、海派文化并重;"坚持三增同进",就是农业增效、农民增收、市民增乐同进。

截至 2015 年底,上海休闲农业景点(项目)315 个,年接待游客 1998 万人次,年营业收入 19 亿元,年带动就业 2.5 万人。据此,按带动旅游产业总收入统计口径计算,可达 152 亿元之多。

再介绍一下这些年我们上海农业旅游取得的一些荣誉和成绩。截至 2014 年 12 月底,上海市荣获农业部全国休闲农业与乡村旅游示范县 3 个、全国休闲农业示范点 25 个,全国十佳休闲农庄 2 个(陶家湾农庄、联怡枇杷乐园),中国最有魅力休闲乡村 1 个(崇明县竖新镇前卫村),中国最美休闲乡村 3 个(特色民俗村上海市金山区渔业村、现代农村松江区黄桥村、历史古村奉贤区潘垫村),中国美丽田园 5 个。休闲创意精品 200 余件,累计获得

陶家湾

华东地区、南京、北京全国休闲农业创意精品推介活动获奖作品 67 项,其中金奖 14 项、银奖 23 项、优秀奖 30 项。全国休闲农业与乡村旅游星级示范创建企业(园区)44 家,其中五星级 9 家、四星级 19 家、三星级 16 家。荣获国家 3A 级以上旅游景区 28 家,其中 AAAAA 级 2 家、AAAA 级 6 家、AAA 级 20 家。

上海农业旅游发展经历了四个阶段和六种类型

上海农业旅游发展大致经历了四个阶段。

一是早期兴起阶段(1991—2002 年)。1991 年原南汇县举办的第一届南汇桃花节,标志着上海休闲农业与乡村旅游正式起步。二是快速扩张阶段(2003—2012 年)。这一阶段的特点是景点大幅增加,初现集聚效应。特别是 2010 年前后上海世博会成功申办和精彩举办,给上海休闲农业与乡村旅游发展,带来了一个很好的机遇。2008 年,奉贤县率先成立农业旅游行业协会,对农业旅游资源进行了整合,让原本松散的农业旅游景点,开始形成"串珠成线、连线成片"的集聚效应。三是功能拓展阶段(2013—2015 年)。这阶段的特点是,景点增长趋缓,功能开发增强,农村第一、二、三产业融合发展趋势日趋显现。四是规范有序阶段(2016 年至今)。2015 年 9 月 7 日,时任市委常委姜平批示,9 月 9 日、10 月 9 日时任市长杨雄两次批示,要求市农委会同市旅游局、市规土局研究处理有关农业旅游用地问题。11 月 29 日,市农委牵头市旅游局、市规土局、市林业局正式启动休闲农业、乡村旅游、休憩林地产业发展规划和设施用地布局规划工作,12 月 24 日市、区(县)两级政府部门全面开展规划编制工作,明确要求在 2016 年底前全部完成,将本次规划统一纳入全市土地利用总体规划范畴。

另外,能够充分证明上海农业旅游发展历程的,还有 10 个标志。这 10 个标志,一是第一届桃花节,1991 年 4 月 4 日至 16 日由原南汇县人民政府举办;二是第一个农业园区,1994 年浦东孙桥现代农业园区成立;三是第一个农家乐,1994 年崇明县前卫村农家乐正式对外经营,2004 年 7 月 27 日胡锦涛总书记在视察前卫村农家乐旅游项目时高兴地称赞:"农家乐前途无量!"四是第一次设立专项扶持资金,2005 年起,市农委会同市财政局专门设立扶持农业旅游项目资金 500 万元,市级财政至今累计补贴了 3.8 亿元,区级财政配套资金 2 亿多元;五是第一个农业旅游行动计划,2006 年市农委会同市旅游局正式制订了《推进上海农业旅游三年行动计划》;六是第一个农业旅游首发仪式,2006 年 1 月 31 日,百万市民郊游暨"2006 年中国乡村游"上海首游仪式在上海体育场火炬台广场正式启动;七是第一个农业旅游行业协会,2008 年 9 月 6 日,奉贤县率先成立农业旅游行业协会;八是第一个农业旅游支持政策,2009 年,市农委牵头六委局,联合出台《关于推进本市农业旅游发展的若干政策意见》;九是第一个世博观光农园,2010 年上海世博会期间,市农委会同市旅游局,推出了 78 家"世博观光农园"评选结果;十是第一次举办农业旅游博览会,2014 年 9 月 19 日至 22 日,上海国际农展中心成功举办了"长三角休闲农业与乡村旅游博览会",此后每年举办。

我们还可以通过六大类型,来概括和认识上海的农业旅游。上海农业旅游在其发展中,逐步形成了 6 大类型。

一是农家乐型。主要以住农家屋,吃农家饭,享农家乐,体验采摘、垂钓等农事活动为主。如崇明县前卫村、嘉定区毛桥村等。二是休闲农庄型。主要以农业生产、农村风貌、农村生活为内容,具有休闲、餐饮、娱乐、科教等功能的休闲农业场所。如青浦区联怡枇杷乐园、松江区雪浪湖生态园等。

联怡枇杷乐园

三是观光农园型。主要是利用特色种植、养殖业资源,开展农园观光旅游。如嘉定区马陆葡萄园、浦东新区周浦花海。四是农业园区型。主要是利用原有市区两级农业园区,融休闲、观光、采摘、科教及推广展示等功能于一体的农事体验场所。如金山廊下现代农业园区、松江五厍现代农业园区等。五是生态园林型。主要是利用水源涵养林、人工片林、环线绿地等资源开发生态休闲场所。如崇明县东平国家森林公园、奉贤区海湾国家森林公园等。六是民俗文化型。主要是具有乡村、乡土、农耕文化元素的特色村庄及旅游场所。如宝山区闻道园、崇明县三民文化村等。

农业旅游的发展前景

谈到农业旅游的发展前景，我一直是比较乐观的。从全国看，"十二五"时期，我国农业旅游发展态势就很好，年游客接待数和营业收入增速，均超10%，整个产业呈现"发展加快、布局优化、质量提升、领域拓展"的发展特点，已经成为经济社会发展的新业态、新亮点。"十三五"期间，国家对农业旅游的发展要求是，加快休闲农业与乡村旅游的提档升级，打造农民就业增收的新增长极。因此，我们要从休闲农业和乡村旅游产业长远发展出发，加快产业提档升级，创新转型。

首先是要牢牢把握休闲农业和乡村旅游业发展的难得机遇。总的来看，我国休闲农业和乡村旅游，已从农民的副业变成了农村新的产业，从市民的临时安排变成经常性的生活方式，从农业部门的一般性工作变成了一项重要工作任务。国际经验表明，当一个国家或地区人均 GDP 超过 5000 美元时，休闲消费需求和能力会显著增强，并呈多元化趋势。2015 年，我国人均 GDP 已超过 8000 美元。未来 20 年，我国人均 GDP 水平将进一步提高，预计居民人均年休闲旅游将超过 5 次，全国休闲旅游市场规模将超过 80 亿人次，呈爆发式增长态势。特别是随着国家法定节假日的优化调整，带薪休假制度的逐步落实，休闲度假会从少数人的奢侈品，发展成为大众化、经常性的生活方式。休闲观光大众化、家庭旅游普遍化，将成为拉动休闲农业和乡村旅游快速发展的动力源泉。2016 年的中央一号文件，专门提出要大力发展休闲农业和乡村旅游，使之成为繁荣农村、富裕农民的新兴支柱产业，并且在用地政策上，首次提出要支持有条件的地方通过盘活农村闲置房屋、集体建设用地、"四荒地"、可用林场和水面等资产资源发展休闲农业和乡村旅游,并要求各地将休闲农业和乡村旅游项目建设用地,纳入土地利用总体规划和年度计划合理安排。在扶持项目上,提出要实施休闲农业和乡村旅游提升工程,采取以奖代补、先建后补、财政贴息、设立产业投资基金等扶持方式,着力改善休闲旅游重点村的基础服务设施。国务院办公厅在加快转变农业发展方式、推进农村第一二三产业融合发展、促进旅游投资和消费的3个文件中,都强调要加强规划引导,拓展农业多种功能,大力发展休闲农业和乡村旅游,推进乡村精准扶贫,推进农业与旅游、教育、文化、健康养老等产业深度融合。

其次是要充分认识休闲农业和乡村旅游业在农村经济社会发展全局中的重要作用。我们要从农村经济社会发展全局中认识和把握这项工作,以增强工作的自觉性、主动性。发展农业旅游,能够使农业生产实现物质产品和精神产品双重增值,有效增加农业经营性收入;能够延长农业产业链条,扩大就业容量,有效增加农民工资性收入;能够把农家庭院变成市民休闲的"农家乐园"和可住可租的旅店,有效增加农民的财产性收入;能够把农业产区变成居民亲近自然、享受田园风光的景区,保障农民收入"四季不断"。要充分认识发展休闲农业和乡村旅游是推动农业供给侧结构性改革的重要内容。当前,农业旅游仍存在有效供给不足的问题。这就需要推进供给侧结构性改革,一方面提高供给质量,着力打造功能齐全、环境优美、体验活动丰富、产品绿色安全、文化内涵深厚的休闲农业和乡村旅游产品;另一方面加大公共服务,串点成线、连线成面,推动休闲农业和乡村旅游由低水平供需平衡向高水平供需平衡跃升。农业旅游很好体现了第一、二、三产业融合发展的理念,是第一、二、三产业融合的有效载体之一。

下一步,我们主要是扎实推进休闲农业和乡村旅游的提升工程。"提升工程"的主要内容,就是农业旅游发展要牢固树立"创新、协调、绿色、开放、共享"的发展理念,以促进农民就业增收、满足居民休闲消费需求、建设美丽乡村为目标,以激发消费活力、促进产业升级为着力点,依托田园风光、乡土文化等资源,坚持农耕文化为魂、美丽田园为韵、生态农业为基、创新创造为径、古朴村落为形,推进农业与旅游、教育、文化、健康养老等产业深度融合。要在几个方面实现提升。一是着力在人员素质提高和设施改善上实现提升。要采取多种方式加大支持力度,着力改善基础服务设施,扶持建设一批功能完备、特色突出、服务优良的休闲农业专业村、休闲农业园、休闲旅游合作社,发展充实一批规划设计、创意策划和市场营销人才,加大从业人员培训,提高服务水平,实现特色农业加速发展、村容环境净化美化和休闲服务能力同步提升。二是要围绕有序发展,着力在规范管理和生态保护上实现提升。三是要围绕品牌培育,着力在典型示范和氛围营造上实现重大提升。在宣传方面,要按照"统筹谋划、上下联动、均衡有序"的思路,在节假日和重要农事节庆节点,有组织、有计划地开展休闲农业和乡村旅游精品景点宣传推介,扩大产业的影响力。鼓励各地举办特色鲜明、影响力大、公益性强的农事节庆活动。

总之,农业旅游的发展前景会越来越好。可以这么说,改革开放以来,中国农民有过三次大的创业高潮,第一次是 20 世纪七八十年代的大力发展乡镇工业;第二次是农民进城务工经商;第三次就是目前正蓬勃兴起的发展休闲农业与乡村旅游。

对此,我充满信心!

【口述前记】

  应建敏,1964 年 4 月生。先后在上海市金山区建设局、上海市金山区建委、金山新城区建设发展有限公司、金山新枫泾建设发展有限公司、中共上海市委农办新农村建设协调处、上海市农业委员会城镇规划处工作。任职期间,在梳理总结前三轮农业环保三年行动计划、推进第四轮农业环保三年行动计划的同时,亲历了上海新一轮农业环保及农村环境整治的发展历程。

滚动实施农业环保三年行动计划

口述：应建敏

采访：汪湖北　蔡　萌

整理：汪湖北　蔡　萌

时间：2016 年 4 月 15 日

　　1999 年年底，我从浙江工业大学来到上海金山，在金山区建设系统任职，开始参与上海城乡基础设施建设工作，见证了新世纪以来上海城乡发展和农村环境变化的历程。在这期间，上海围绕建设"四个中心"和实现"四个率先"，将环境保护放在城市经济社会发展全局的重要战略位置，建立了环境保护和建设综合协调推进机制，按照"四个有利于"和"三重三评"的指导原则，滚动实施完成了几轮环保三年行动计划，而农业和农村环境保护和建设，就是其中一个重要专项。2010 年，我调到上海市委农办新农村建设协调处、上海市农业委员会城镇规划处担任处长后，亲历了第四轮（2009—2011年）农业环保三年行动计划后半段工作。我在对前几轮农业环保三年行动计划成果进行梳理和总结的基础上，启动第五轮农业环保三年行动计划，对未来上海农业和农村环境保护工作充满信心。

前三轮农业环保三年行动计划的推进取得较大成效

2002 年,是上海第一轮环保三年行动计划实施的最后一年。第一轮环保三年行动计划按照"标本兼治、重在治本"的工作原则,结合当时的环境状况和主要问题,重点解决河道黑臭、锅炉冒黑烟等面上的、感观上的环境污染问题。计划涉及水环境治理、大气环境治理、固体废物处置、绿化建设、重点工业区环境综合整治等五大领域。我们农业的环境保护工作,被列入水环境治理专项中开展,主要内容是对畜禽牧场进行了治理。这一轮计划中,我们积极探索和制定了适合我市特点的畜禽污染控制策略、方法,主要采取粪尿干湿分离分别处理的模式开展了畜禽粪尿综合治理工作,到 2002 年底共完成了 156 个畜禽牧场治理任务。

第一轮环保三年行动计划的推进,取得了初步成效。于是,市政府于 2003 年又发布了《关于实施上海市 2003—2005 年环境保护和建设三年行动计划的决定》,继续启动第二轮环保三年行动计划。在这一轮的计划中,进一步建立并完善了工作机制。2003 年 5 月,成立了以市领导任主任的环境保护和环境建设协调推进委员会,下设委员会办公室和专项工作组,形成"责任明确、协调一致、有序高效、合力推进"的工作格局,建立了目标责任、多层次协调、考核评估等工作机制,成为地方环境保护领导和管理体制的一个创举。本轮的工作领域在第一轮五个领域的基础上,增加了农业生态环境保护与治理领域,并作为一个独立专项开展。作为上海农业行政主管部门和专项组长单位,我委科学规划,确定重点,采取综合措施,积极组织实施"农业环保三年行动计划",这标志着我市农业面源污染防治工作正式全面

绿色防控技术——黄板应用

启动。

在这一轮的工作中,我们计划用 3 年时间,使郊区农业生态环境恶化的趋势总体得到控制,并提出了总体目标:全市畜禽污染负荷在 2000 年基础上削减 40%以上,关闭、搬迁禁养区内集约化畜禽养殖场,其他区域内的畜禽养殖场实现粪便生态还田和达标排放;农田亩均化肥年施用量减少 15%以上,亩均农药年施用量减少 20%,强化对"菜篮子"产地环境的监督管理,确保食用农产品安全。在本轮计划中,我委加大了畜禽养殖场调整、治理和关闭力度,首次提出了调作物结构、种绿肥作物以及推广有机肥等创新性工作措施,为有效削减农业面源污染打下良好基础。通过第二轮农业环保三年行动计划的实施,在黄浦江上游水源保护区和城镇周边区域内关闭(或搬迁)了 273 家畜牧场,建成 5 家万吨有机肥处理中心、综合治理了 180 家畜禽场,在工作开展中郊区农民作出了很大的贡献。至 2005 年完成了农田亩均化肥年施用量减少 15% 以上,亩均农药年施用量减少 20% 的目标。在淀山湖水域全面取消网箱养鱼,减少水体污染,并落实了专业渔民安置和补贴政策,制定了长效管理措施。2005 年 1 月 17 日,市政府批准了市农委、市发改委、市规划局、市环保局 4 家单位编制的《上海市畜禽养殖业布局规划》(2003—2007 年)。根据规划,至 2007 年,畜禽生产总量在 2003 年基础上调减 40% 左右,全市畜禽粪便年均每亩耕地承载量调整到 0.6 吨左右。规划对控制养殖区和适度养殖区的养殖业在规模、布局、环保等方面提出了严格要求,这个规划的发布也为今后一段时期内畜禽养殖业的发展和调控提供了依据。

为贯彻党的十六届五中全会和市委八届八次全会精神,落实国民经济和社会发展"十一五"规划,市政府在 2006 年又发布了《关于实施上海市 2006—2008 年环境保护和建设三年行动计划的决定》,启动实施第三轮环保三年行动计划。这三年也是上海迎接 2010 年世博会、加快"四个中心"建设的关键时期,是上海朝着建设生态型城市总体目标奋力推进的重要阶段。第三轮环保三年行动计划以"加快还清环境污染历史欠账,大力推进生态型城市建设"为工作目标,突出了"预防为主,标本兼治"的原则,除了继续强化环境基础设施建设外,着力推进重点领域污染治理和管理体制机制完善。计划延续六大重点领域的工作格局,并增加了循环经济和清洁生产、世博园区和崇明岛生态建设等内容。在第三轮环保行动计划中农业生态环境保护专项得到进一步的深化和拓展,并设定了更高的任务目标:畜禽粪便的资源化利用率要进一步明显提高,农田氮肥亩均使用量减少 10%,化学农药亩均使用量减少 8%,全市 15% 左右的乡镇创建成环境优美乡镇,建成 20 个左右的环保生态村。本轮农业环保三年行动计划,设立了规模化畜禽场综合治理、农业面源污染防治、农业秸秆综合利用和渔业资源增殖放流等 4 个专题。在畜禽污染治理方面,通过扩建或新建 5 个畜禽粪便处理中心,带动 300 多家畜禽场的综合治理;在种植业面源污染的治理方面,第一次提出"优化结构、减少氮肥和中高毒化学农药亩均用量"的防治思路,在措施上形成了绿肥种植、有机肥和 BB 肥推广、植保药械更新换代、高效低毒低残留农药推广和植保统防统治等综合体系,3 年累计推广 27 万吨有机肥、1.5 万吨 BB 肥料、种植 90 万亩冬作绿肥;加强了秸秆综合利用工作,累计还田面积达 450 万亩;在黄浦江上游水源保护区和淀山湖等水域增殖放流滤食性鱼类 50 万公斤及其他适宜鱼种 50 亿尾,提高了对水域中浮游生物的消耗量,有效降低了水质的富营养化程度。

通过前三轮农业环保三年行动计划的实施,本市农业污染物总量得到进一步下降,农业面源污染得到进一步的控制。一是化肥、农药使用总量大量削减;二是在畜禽污染上也做到了畜禽饲养量总量和污染总量两个削减;三是保护了饮用水水源;四是提升了耕地质量,提高农业综合生产能力。

第四轮农业环保三年行动计划内容广覆盖

2010 年,我调到上海市委农办新农村建设协调处、上海市农业委员会城镇规划处担任处长后,亲历了第四轮(2009—2011 年)环保三年行动计划的后半段工作的推进。这一轮计划正值"迎世博、办世博"的重要时期,也是上海加快实现"四个率先"、加快推进经济发展方式转变的攻坚阶段。市政府发布了《关于实施上海市 2009—2011 年环境保护和建设三年行动计划的决定》，市政府办公厅印发了《上海市 2009—2011 年环境保护和建设三年行动计划的通知》，启动实施第四轮环保三年行动计划。本轮计划提出了完成"十一五"污染减排指标、环保工作继续走在全国前列和以良好的环境质量保障世博会等主要目标，提出了"以人为本、治本为先、城乡一体、争创一流"的工作思路，在完善和提升环境基础设施的能力和水平的基础上，进一步强调要优先解决群众关心的环境问题，加强污染源头控制，更加注重郊区污染整治和生态建设，推动管理体制机制创新。

本轮环保三年行动计划农业专项内容广覆盖，总共设置了 12 个项目（建设项目 1 个、管理型项目 11 个），另外，还有 6 个千亩示范基地建设项目。总体目标为：全市粮食、蔬菜氮化肥亩均使用量减少 10%，化学农药亩均使用量减少 10%，提升规模化畜禽养殖场综合治理水平，综合改造 300 个村庄，逐步缩小城乡环境差异。本市农业环保建设进入了一个新的阶段，在治理内容上做到了领域全覆盖，包括了化肥农药减量化、农作物秸秆综合利用、畜禽场粪尿综合治理、水产场建设与增殖放流，还包括了村庄改造等农村环境整治内容。在工作措施上，更加突出"循环、利用"的主题。我委为贯彻落实市政府关于上海世博会期间秸秆禁烧工作的总体要求，切实保障世博会期间上海的空气质量，一是绿肥作物种植面积达 64 万亩，创历史新高，从源头上减少了秸秆总量；二是全面实施秸秆禁烧，提高机械装备，扩大还田面积，通过深耕深翻，改善了土壤结构和性状，促进耕地地力提高；三是利用秸秆制食用菌培养料、有机肥辅料等，从而实现废弃物的资源化。2011年，市政府办公厅又转发了《关于本市推进农作物秸秆综合利用实施方案》，出台了我市秸秆综合利用的补贴政策,对实施秸秆机械化还田的农机户和相关企业给予 45 元/亩的资金补贴;对收购我市秸秆并实施秸秆综合利用的单位给予 200 元/吨资金补贴。建设标准化畜禽养殖场,配置污水处理设施,累计达到了 250 家,以畜禽粪便为原料制作有机肥料并大力推广,2009、2010年连续两年推广数量达到 15 万吨以上,同时加大了沼气工程建设力度;实施家庭农场、规模化畜牧场等种养结合模式,推广粪尿生态试点。建立了 6 个千亩农业面源污染和循环农业示范基地,探索"菜—鹅—肥"、"猪—沼气—肥"、稻田养鸭、秸秆全量还田与生物防治结合等不同模式下的化肥农药减量和农业废弃物循环利用技术。在水产养殖场建设人工湿地,促进水体自我循环和净化,在黄浦江、淀山湖、长江口等主要水域放流鱼种资源,修复水体生态系统。在本轮计划中值得重点强调的一块是村庄改造工作,这项工作始于 2007 年的农村自然村落综合整治试点工作,取得了初步成效后每年不断推进,2009 年开始列入农业环保三年行动计划。村庄改造作为推进新农村建设的一项重要抓手、贯彻落实党中央和市委有关会议精神的一个重要步骤,也是切实解决农民群众急需解决的突出问题的一个有效平台,连续列入了市政府实事工程、市政府重点工作,成为上海统筹城乡发展,推进新农村建设的重要抓手。通过整治,美化了农村环境,改善了农村基础设施,方便了农民出行,提高了农村公共服务设施水平,较好地改善了农民生产生活条件。村庄改造工作启动实施以来得到了多方的肯定。2010 年,被住建部授予中国人居环境范例奖。2011 年,又纳入了村级公益事业建设一事一议中央财政奖补范围,形成了稳定的推进机制,建立了稳定的资金来源。

通过连续四轮的农业环保三年行动计划的实施,本市生态农业和农业面源污染防治广度和深度不断地拓展和深化,取得了较大成效,基本遏制了污染

秸秆机械化还田

恶化的趋势,在局部地区,农业生态环境得到改善和恢复。与 2000 年相比,化肥农药总量分别减少 35% 和 33.6%,6 个千亩示范基地在不减产的情况下,化肥、农药用量比面上分别减少 5%、30%;畜禽总饲养量进一步大幅下降,生猪、家禽全年出栏数分别减少 34.2% 和 76.2%,粪尿综合治理率达到了 63%,减量化、无害化、资源化取得较大进展。农作物秸秆机械化还田比例逐年提高,2011 年达到 80% 以上,郊区没有出现大规模焚烧现象,减少了碳排放。食用农产品质量提升,安全良好,涌现一大批农业休闲旅游基地,农业生态功能得到初步体现。网箱养殖以及固定捕捞设施已经在淀山湖渔区全面退出,开展渔业资源增殖放流活动的市级投入资金达到 3000 余万元,取得了良好的经济效益、生态效益和社会效益。在持续推进农村环境整治方面,以村庄改造为载体,大力推进我市郊区特别是纯农业地区的环境综合整治,四轮计划中共完成了440个村庄改造,切实改善了农村环境面貌,受益农户约20万户。

农业生态环境面临新的挑战,农业环保工作任重而道远

虽然通过前四轮农业环保三年行动计划的实施,上海农业和农村生态环境得到了较大改善,但是我们的工作还面临着很多新的挑战,主要表现在耕地复种指数高,粮食总产刚性指标任务将在较长时期存在,农业重大生物灾害频发,化肥农药减量空间有限;畜禽粪尿未经处理利用的总量依然偏大,种养分离且种植业生产季节性强,畜禽粪尿综合利用特别是就近还田难度很大;秸秆机械化还田成本高,大面积推广政策支持力度有待进一步加大,综合利用多样化、产业化、市场化比较困难。客观地看,农业面源污染仍然存在,对环境特别是水环境的污染依然较大,对农产品的质量安全威胁依然没有消除,农业的生态功能还没有更好的显现出来。

作为一名农业环保工作者,我深感自己肩上的担子还很重,要做的工作还有很多。2011年在推进第四轮计划的同时,我牵头组织起草了第五轮(2012—2014年)农业环保三年行动计划,并在2012年开始实施,持续推进我市农业与农村环境保护工作。第五轮计划共安排了村庄改造、畜禽粪尿综合利用、农业面源污染防治、农业废弃物综合利用、渔业资源增殖放流等六大类16个项目(其中建设类项目4个、管理类项目9个、科技类项目3个)。在不断总结前四轮的经验基础上,我也进一步创新工作机制,与郊区县建立了工作联动机制,对农业专项项目早安排、早计划,积极主动协调,完善有关政策,认真落实资金,采取综合措施,全力推进农业生态和环境保护

工作。到 2012 年底,全市共有 152 个村开展了村庄改造,受益农户近 6.6 万户,中央、市级财政共批复奖补资金 2.4 亿元;建设完成了 4 个规模化畜禽场沼气工程和 13 个规模化畜禽场标准化工程;推广绿肥种植 44 万亩,商品有机肥 20 万吨,推广高效低毒农药品种 104 个,推广绿色防控技术 6.7 万亩次,统防统治面积达 70% 以上,推进植保机械更新换代,更新大、小机动、电动喷药机(器)械约 1000 台,更新背负式手动喷药机 11 万台,在蔬菜和西甜瓜及水果等经济作物上开展节水节肥技术示范,推广水肥一体化技术达到 1.5 万亩次;结合蔬菜标准园创建,建设完成蔬菜废弃物综合处置点 21 家;全年秸秆还田面积达 213 万亩次,综合利用(还田外)近 10 万吨;全市各级渔业管理部门多方面筹集水生生物增殖放流资金达 1182.742 万元,放流品种包括鲢、鳙、鲤、鲫等常规品种和翘嘴红鲌、花鲭等特色品种。另外,在"十二五"期间,按照环保部和农业部要求,我们在 2011 年开始推进农业源污染减排工作。以规模化畜禽养殖场污染减排为重点,主要采取沼气工程、生态还田、污水纳管、达标排放等模式,推进畜禽养殖场粪污综合治理,实现资源化利用。截至 2012 年底,已完成 19 家规模化畜禽养殖场污染减排工程,并通过了环保部核查验收,本市农业源 COD 和氨氮排放量在 2010 年的基础上分别削减了 4.5% 和 1.2%。计划至 2015 年底完成"本市农业源 COD 和氨氮排放量要在 2010 年的基础上分别削减 10% 以上"的工作目标。

今后,农业环保三年行动计划仍将继续实施,我们将不断总结每轮计划的成功经验,克服工作中面临的困难,不断地完善农业环保工作机制。我坚信,上海的农业和农村生态环境在所有农业环保工作者的共同努力下一定会变得越来越好,郊区农村将会不断呈现水清岸洁的河流湖塘、风景如画的田园风光。

【口述前记】————————

肖志强，1960 年 2 月生。1993 年开始负责上海市农口系统农业国内合作和对口支援等工作，历任副主任科员、主任科员、副调研员、调研员。2010 年 6 月—2013 年 12 月从事援疆工作，分在对口支援新疆指挥部经济组。2014 年 6 月至今任上海市农委信访办主任。

上海对口援藏援疆，引导当地农业发展

口述：肖志强

采访：贺梦娇

整理：贺梦娇

时间：2016 年 6 月 24 日

1996 年，中央安排北京、天津、辽宁、上海、江苏、浙江、福建、山东、广东等东部 9 省(市)和深圳、宁波、青岛、大连 4 个计划单列市对口帮扶西部 10 个省(区、市)。自此，上海就与新疆结下了不解之缘。从一开始的阿克苏地区，到后来的喀什地区，上海派去的对口支援队伍在当地获得了很高的赞誉。我们农口系统的干部也在当地做出了实事，我们深谙授人以鱼不如授人以渔的道理，在摸清现状之后帮助当地建立了农业产业。可以说，这些年，我们用热血与技术，给我们的西域明珠带去了农业的芬芳。

把"8424"带到藏区，让亚东鲑品牌游出西藏

说起对边远地区的对口援建，除了新疆，西藏也是我们上海多年对口援

建的地区。虽然我没有作为援建人员长驻西藏,但这块工作也是我在市农委经济商务处分管的内容。从 2002 年到 2010 年,上海对西藏的对口援建具有几个亮点,最主要的是,把我们上海的特色和技术带到了这块曾经满是青稞与麦子的地区,给当地建立了特色农业产业。

1994 年,中央第三次西藏工作座谈会确定"分片负责、对口支援、定期轮换"的援藏原则,明确上海对口支援西藏日喀则地区有关部门和江孜、亚东、拉孜、定日 4 个县。1995 年 5 月,第一批援藏干部抵达西藏日喀则,拉开了上海对口支援西藏 20 多年的序幕。而到了 2001 年,已经是上海第三批对口援建西藏了。我们农委的工作,主要就是派出农口系统的干部,为当地农业发展寻求帮扶点。

2007 年,当时的上海郊区党委(原先称为农村党委),派出干部前往西藏。其中有两个人比较特殊,他们来自郊区县农委,回来后也依旧在农委工作,是我们农口系统的干部。一个是来自原南汇区农委的瞿元弟,被派往了江孜县;另一个是来自青浦区农委的吴希铭,去往亚东担任县委书记。他们在当地干了些什么呢?

我们都知道,"8424"西瓜是南汇地区最有名的农产品之一。瞿元弟去江孜以后做了件漂亮的事情,就是在当地种植"8424"西瓜。日喀则在藏语里意思是"水土肥美的庄园",而在援藏干部到来前,拉孜的果蔬种植却是一片空白。原先仅有的一些蔬果也都是从成都空运至西藏的。瞿元弟过去后,就提出了种植"8424"西瓜,要把上海本土的优质农产品带到这片土地。然而过程是艰辛的。因为当地的土壤并不适合种植西瓜,要经过一系列的改良。因此,上海派去的技术人员将羊粪经过处理用在田里,增加肥力;了解到当地耕作层太薄,不利于西瓜根系发展,就教老百姓进行人工深翻。上海市农委当时免费为藏民提供种苗、肥料、农膜等农资,并负责销售。后来,援藏干部们重新改良了"8424"西瓜,在当地新建了温室大棚。当我和考察团来到江孜的时候,眼前一亮,效果真的非常好,西瓜的价格也很贵,藏区百姓们乐开了花,从不相信当地能种西瓜到积极投入到种植西瓜的队伍,6块钱1斤的价格,比原先种植青稞的收益翻了几倍。当时,江孜的领导也很诧异,但到了实地一看,藏民捧着一个个大棚里种出来的西瓜,异常激动。因此,这些援藏干部作为"上海来的农民"让藏民们直呼欢迎。

另一边,吴希铭也在当地收获了不少掌声。他去西藏之前,在青浦区农委任副主任,还曾在市农科院挂职,是个技术性很强的人才。到了亚东后,为了增加当地农产品品种,增加经济效益,他开始在当地推广种植一种品相较小的黑木耳。这种黑木耳来自四川,经过上海农科院改良后,比安徽黑木耳还要"迷你",在当地获得了很不错的经济效益,卖出了400块1斤的价格。在水产方面,吴希铭也下了功夫,帮亚东建立自己的产业和品牌。

当我们考察团过去时,他已经在当地人工养殖亚东鲑了。其实在这之前,藏民们对于亚东鲑就并不陌生,这是当地著名的特产,只是他们没有资金、技术以及人员配备来进行人工养殖。亚东这个地方靠近喜马拉雅山脉,印度洋气流到了这里被喜马拉雅山挡住了,因而这个地方湿度很高,雨水充沛,靠着山上流下的活水,很适合亚东鲑生存。吴希铭到了以后,带来了技术支持。他请人砌了不同于普通鱼类养殖的鱼池,有一级级的台阶,在山坡上养殖,依旧用山上流下的活水养殖亚东鲑,让亚东鲑尽量保持原有的活动规律,也就保持了亚东鲑的品质和口感。2007年,当地亚东鲑就卖出了100元1斤的价格。这也成为我们上海对西藏比较知名的一个农业支持项目。如今,从事亚东鲑养殖的品牌里,他们是西藏最好的一家,在全国市场也是拿得出手的。从这两个人身上,我们看到了上海援藏干部的思路,那就是授人以鱼不如授人以渔,帮助当地脱贫脱困,不仅是资金和物资帮扶,而是真想帮助藏民建立好的产业,自己来致富。

与此同时,我们还搞了设施大棚、阳光温室,解决了当地冬季蔬菜短缺问题。西藏到了冬季就与外界隔绝,而自己却没有种植什么蔬菜。但和新疆一样,他们日照特别充沛,其实很适合种蔬菜。于是,我们的干部就帮助他们建立了温室,帮助当地农民种蔬菜。

其实在西藏的对口援建中,我们不难发现,由于气候条件恶劣,以及老百姓的接受程度不高,要做高科技、高端的农业支持,是相当有难度的。在氧气稀薄,维持呼吸和生活都艰难的西藏,我们能够做的,就是在原来以青稞、小麦维持生计的农业基础上,给他们尽量建立农业产业。

从阿克苏到喀什,品种改良之路从未止步

上海对新疆的支援,起始于1997年。当时,上海对口支援阿克苏地区有关部门和阿克苏市、温宿县和阿瓦提县。2010年,上海对口支援新疆的地区调整为了喀什地区的莎车、泽普、叶城和巴楚4个县,任务也更加艰巨。

在阿克苏的这些年,我们主要做了这几个项目。

第一个是养鸽子,就是肉鸽。其实,新疆养鸽子是非常有名的。但去了以后发现,当地的鸽子品种都比较小,并不是特别好的品种,也卖不出好的价格。而我们上海的鸽子品种来自美国,后经过改良称为大毛鸽。能不能把我们的经验技术分享给阿克苏呢?援疆干部们在当地投入了5万块,经过一番努力,提升了肉鸽的品种。

第二个是我们教授他们如何合理使用膨大剂,这对于盛产瓜果的阿克苏而言,尤其重要。

第三个是我们推广了农业基础设施，不再是原先的露天种植和露天晒干方式，而是现代化种植模式。

第四个也是最重要的是改良当地奶牛品种。我们发现，当地奶牛个头小、品种不纯，肉牛也是如此，而且受精后配出来的品种品相与我们常见的荷斯坦奶牛相去甚远，一头牛的奶年产量只有 2 吨左右。怎么会那么差？我们派去的干部揣着疑问经过一番调查发现，原来当初发展产业的时候，老百姓只知道养牛赚钱，却不懂什么样的奶牛好，因此从一开始养殖的就是杂种牛。既然是对口支援，那我们就决定从改良奶牛品种入手。经过协调联系，我们和上海光明集团合作，把我们上海的荷斯坦奶牛，年产量可以达到 10 吨的牛种带去新疆。在专项资金的支持下，我们可以补贴 1/3 的钱，再由企业补贴 1/3，农民只要出 1/3 的价格，就可以获得优质的奶牛种。实际上，原先他们的牛种要 5 元，而光明荷斯坦奶牛种的价格 15 元，算下来，当地农民只要出和原来一样的价格，就能得到优质的奶牛种。经过改良，当地一头奶牛的牛奶年产量可以达到 6 吨以上。而在肉牛改良上，我们把上海较好的南德温肉牛品种带去了新疆，南德温牛的优势在于头小身体大，就和人类孕育孩子一样，孩子头大的我们常说不容易生，牛也是如此。原先新疆当地的肉牛难产率达到 30%，母牛的死亡率很高，而南德温牛的难产率只有 4%，明显降低了母牛死亡率。

在阿克苏，我们的干部相当不容易，他们想给当地带去些好的变化，却苦于资金短缺，往往要厚着脸皮回原单位"化缘"，也正是他们的一份热心和真诚，给新疆当地农业科技带来了好的气象。2010 年后，我们对口支援的地点从阿克苏变为喀什，我们的支援情况也发生了很大变化，就是我们可以带着资金过去。原来，当时中央援疆工作会议上提出要经济援助，拨款 90 亿元专项资金用于援建新疆。因此,虽然上海支援的地方变成了条件更为艰苦的喀什,援疆干部却能放开手脚,帮助当地做更多的实事。同时,我们提出,首批去往喀什的干部,必须符合几项条件:经验丰富、年纪较大,因此,我们这批人员过半的人年龄在45岁以上。首批人员去了以后,承担着奠定以后当地农业发展规划的重担,为当地产业发展寻找方向,同时也发展当地的农业项目和设施。

2010年6月,我有幸受上海市农委选派,作为上海市对口支援新疆工作前方指挥部经济组成员,远赴新疆负责协调上海农业援疆项目工作。这3年我收获颇丰。面对比较艰苦复杂的工作局面,面对发展比较困难的喀什农业和相对穷苦的农民,我和援疆干部们走遍喀什地区4县,深入到每个村镇调研,摸清了喀什农业情况。喀什地区主要以农业为主,农业占GDP超过40%,人口80%以上是农民,农业存在农业基础设施落后、组织化程度和劳动力素质低、缺少农产品品牌等薄弱环节。我们将调研报告提交供指挥部和上海市农委参考。2011年,一份3年农业援疆编制规划出台。

当时,市委、市政府提出了"民生为本、产业为重、规划为先、人才为要"的援建总体思路,编制规划一切从当地实际情况出发,因地制宜,项目必须是当地需要、农民欢迎的。我们这3年里,援疆工作始终把农民的利益放在首位,按照农业援疆规划,援疆资金的50%以上用于民生,为当地富民安居工程提供了资金,使农牧民的居住条件有了改善。同时,在发展农业生产上,为农民提供了种畜、种苗和肥料。为了方便农民种植,建设了一批滴灌设施,改善了农民的生产条件。另外,组织当地农民成立农民专业合作社,把分散的农民组织起来,进行规模化的种植养殖,提高农产品的质量。

多胎羊是我们在喀什进行的品种改良项目之一。原先,当地的羊每胎只能产 1 头，经过我们从国外引进新品种改良后，每胎可以生出 2 头甚至 3 头羊。我们帮助当地建立加工产业，红枣 1 斤的价格从 7 元上升到了 30 元。帮助当地发展特色产业，发展当地龙头企业、合作社，我们第一批用了资金里的 3 亿元。说到这里，可能有人觉得当地的发展模式和上海有点像，但是并不一样，新疆地区地域广阔，他们农业的发展空间比我们更加大，也有自己的特色。

育苗中心建立，海拔 1300 米的雪菊平价惠民

"要种植，先育苗"，这是我们规划中的理念。因此，育苗中心应运而生。上海孙桥现代农业园区援建的莎车现代农业示范园，占地面积 652 亩，总投资 1.2 亿元。该项目是上海市对口援建莎车的重点产业项目，也是引领莎车县农业发展的新航标。现已建成 10000 平方米连栋玻璃智能日光温室，25 座高标准育苗温室，还有组培车间、农产品加工中心、保鲜中心以及相关配套工程。育苗重点以蔬菜和巴旦木为主，突出当地农业特色，提升现代农业功能，实现现代农业和观光农业相结合，把农业科技应用、科普教育、农产品加工、产品销售和农家乐融为一体。目前各项技术指标均达到国内先进水平，为当地农民培育抗病虫害蔬菜、雪菊、花卉苗 5000 多万株，移栽成活率从 75% 提高到近 100%，产生了良好的社会和经济效益。在莎车现代农业示范园的基础上，上海孙桥现代农业园区对巴楚县智能温室开展了技术指导，现已全部建成，首批育苗已提供给当地农民。同时，上海把叶城县 428 座破棚、旧棚改建成阳光温室，用于育苗，阳光温室建成后，已为当地百姓育苗达 2000 万株。

在育苗中心开展的工作中，最受其他地区居民欢迎的可能就是雪菊的育苗。我们都知道，雪菊具有良好的营养价值和医疗价值，也是当地知名的

农产品。我去了以后一看,它生长在海拔 2000 米以上,野生状态下产量低,1 斤要卖出 700—1000 元。许多想买的人望而却步。"能不能人工种植,提高产量,降低价格,无论是入药还是销售,让更多有需要的人买到又好又平价的雪菊呢?"我一直这么想,所以决定借助育苗中心的帮助,人工繁育雪菊。经过我们技术人员的努力,我们在海拔 1300 米的地方种植了大片的雪菊,其有效成分占原来野生状态的 70%,但是价格只有 1 斤 30 元,产量提升了不少,采摘成本也降低了。新疆其他地区一看效果和产量如此好,农民们纷纷效仿。因此,全国各地的人们可以买到价格如此优惠的雪菊。其次,我们培育了万寿菊,这种金黄色的花,可以作为食用色素,经过我们机械化育苗,和雪菊一样,一批数量可以达到几百万株。

包括育苗中心在内,3 年里,我们做得比较多的是协调农业设施建设项目。喀什地区 4 县农业基础设施投入较少,季节性缺水制约了农业的发展,因此重点建设了农业园区、智能温室、灌溉工程和畜牧养殖基地等项目。我们回来后,4 县农业试点项目全部建成并陆续投入使用。

我们提出了几个理念,首先是要增收,先节水。上海援建的巴楚县智能滴灌试点项目,共有 2700 多亩,经两年多的投入使用,每年可节水 44.29 万立方米,增加收入近 90 多万元;在此基础上,上海又在巴楚县 1.1 万亩、莎车县近 10 万亩推广了智能滴灌项目,现已全部投入使用。同时,叶城县节水灌溉项目也已建成并投入使用,1.5 万亩核桃密植林全部实施了节水灌溉。

其次是要繁育,先集中。上海对口 4 县农村家畜饲养较为分散,生产效率不高,科学养殖较难推行。多养 1 头羊,就多 2000 元;多养 1 头牛,就多 8000 元。为实现多养殖,推广科学养殖,在当地农民自己作主、自愿加入的基础上,上海前方指挥部积极扶持当地农村养殖合作社,给予了资金支持。

高标准育苗温室

农民将牛羊入股,生产交给养殖能手,农户成为合作社员工,既分红又拿工时工资。集中饲养有利于科学养殖,我们回来时,多胎羊等科学项目正在试点和推广中。集中饲养有利于种牛、种羊的配对,推动当地品种的改良。当时,叶城县畜牧养殖基地已动工建成,总投入 9000 万元;泽普县家禽养殖基地业已竣工投入使用;莎车县畜牧养殖基地 100 栋棚舍已全部建成,其中 5 栋棚舍已开始养殖。

帮助农产品在沪销售,牵头启动农业科研

农产品销售历来是个老大难问题,新疆的农产品虽然得天独厚,却也需

要好的销路。为了使农产品有销路,我们多方联络,想方设法开拓渠道。在当地,我们改建了一批农贸市场(巴扎)。而在上海,我们则建立了喀什农产品销售窗口——上海西郊国际农产品展示直销中心喀什馆。同时,协调和配合喀什地委组织喀什文化周,在浦东、宝山、闵行、杨浦、松江等区举办了优质农产品品尝推介会;在东方电视购物频道销售农产品,提升其知名度;引进上海农业龙头企业到喀什建立农产品加工厂,直接在农民的田头收购农产品;以中国(上海)跨国采购大会、喀什文化周和新疆特色农产品(上海)展销会为契机,先后举办了多次喀什地区农产品展销活动,在上海第一食品商店(南京东路店、五角场店)、上海城市超市加盟店和上海农产品批发市场

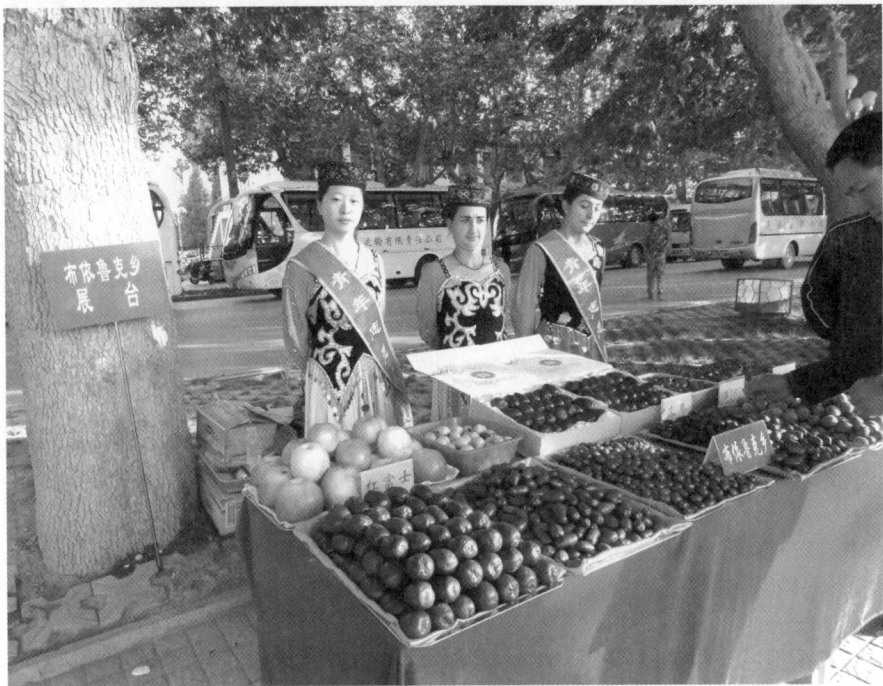

帮助新疆农产品在沪销售

等场所进行喀什农产品销售,每年共计完成销售额约 2 亿元。其中,上海西郊国际农产品展示直销中心喀什馆在指挥部和市农委的帮助下协调了气调库,使它能够对新鲜农产品进行保存。2013 年,我们帮助新疆农产品在长三角已建立了 26 个销售点,直销中心作为一个重要的窗口,至今仍旧继续展示、销售、推介喀什地区农产品。

就像西藏的援建一样,上海的对口援建一直不满足于资金输出,而是要扶持当地产业,增强农民实力。为了提高农民的专业素养,2011 年至 2013 年,我们共计组织 6 个培训班到上海进行农业方面知识培训。2012 年的培训喀什地委委员赵钢亲自参加,上海海洋大学校长潘迎捷教授亲自授课。考虑到当地实际需求,上海市农委特地为喀什地区又增加了 1 个班共计 55 人次的培训。此外还专门邀请 6 批上海农业方面专家到喀什地区进行实践教学工作,我在喀什的 3 年,就有 2000 个农民接受了专家的培训与指导。

另一方面,农业科研一直在进行中。在上海东海水产研究所的帮助下,鲟鱼养殖基地在巴楚已经建成,我们在全疆适宜的水库放养了约 25 万尾鱼苗,第二年就产生了经济效益。巴楚蘑菇人工培养试验由上海农科院、新疆农科院和中国农科院广州生物所 3 家联合进行研究,技术人员将孢子培养出来并在巴楚当地进行培养观察,为后期大规模推广奠定基础。我们还改良水稻品种,将全国 4 种优质旱稻在莎车农技中心进行栽培试种,取得一定成果。

这 3 年,无论对于喀什还是上海,还是我个人,都有不同寻常的意义。在上海市委、市政府和对口支援新疆工作前方指挥部的领导下,在上海市农委和喀什当地干部群众的支持下,农业援疆任务一直在进行。我们和新疆人民的友谊之花,也如同这么多年的农业援助一般,吐露着芬芳。

　　周德训,1956 年 12 月生。1974 年 5 月参加工作,先后任市委农办组织人事处副处长、市渔政监督管理处处长、上海水产系统事业单位联合党委副书记、市渔政监督管理处党支部书记。2015 年 8 月起任市委农办干部人事处调研员。自 1994 年 1 月到市农村党委干部处工作至 2007 年 7 月期间,亲身经历了本市"三农"工作主管机构改革的历程,见证了市农村党委更名为市郊区党委,而后撤销市郊区党委成立市委农村工作办公室的重大变革。

"三农"工作主管机构改革的历程

口述：周德训

采访：郭　霞

整理：郭　霞

时间：2016 年 5 月 15 日

　　2000 年以来，上海市"三农"工作主管机构进行了多次改革。2001 年 3 月，根据中共中央批准的《中共上海市委机构改革方案》，中共上海市农村工作委员会更名为中共上海市郊区工作委员会。2003 年 7 月，市委决定撤销中共上海市郊区工作委员会，建立中共上海市农业委员会党组。2008 年 10 月，市委决定设置中共上海市委农村工作办公室，与上海市农业委员会合署办公。

　　我从 20 世纪 90 年代初，进入市农村工作党委、市农业委员会机关工作以来，到 2009 年期间，一直从事人事管理工作。2002 年起，先后担任市郊区党委干部处助理调研员、市农委干部人事处副处长、市委农办组织人事处副处长，一直参与负责机构编制、人事人才管理工作。可以说，我们上海"三农"工作主管机构的多次改革，我都是比较熟悉的。

市农村党委更名为市郊区党委,进加快城乡一体化

根据中共中央批准的《中共上海市委机构改革方案》,中共上海市农村工作委员会更名为中共上海市郊区工作委员会。2001年年初,市委召开专门会议,具体部署了上海市委的机构改革工作。在这次改革中,市委十分重视上海郊区工作,决定将市农村党委更名为市郊区党委,为进一步加快郊区城乡一体化建设提供有力的组织机构保证。按照市委的要求,市郊区党委就如何切实抓好党委机构改革各项具体工作专门进行研究,并组建了由党委主要领导负责的专门工作班子,精心组织,周密部署,确保党委工作机构改革工作有条不紊地开展。

2001年3月31日,市委在国际农展中心召开中共上海市农村工作委员会更名为中共上海市郊区工作委员会会议,时任市委常委、组织部部长罗世谦,时任副市长冯国勤出席了那次会议。会上宣布了市委决定,市委副秘书长范德官同志兼任中共上海市郊区工作委员会书记;袁以星、张祥明同志任中共上海市郊区工作委员会副书记;陆学明同志任中共上海市郊区纪律检查工作委员会书记;周平同志任中共上海市郊区工作委员会秘书长。可以说,市郊区党委的领导班子正式明确了。当时市委常委、组织部部长罗世谦讲话的大致意思是,"希望市郊区工作党委加强领导班子自身建设,增加整体合力,为建设郊区两个文明作出贡献"。当时分管农村工作的副市长冯国勤也指出,"这次更名反映了上海农村定位的新要求,与国际型大都市相匹配,城乡一体化将使郊区成为上海的有机组成部分,进而实现农业增效、农民增收、农村稳定"。

随着农村城市化进程的加快,上海农村定位为"郊区",而不是"农村",

新成立的市郊区党委已经不等同于原来的市农村党委,所面临新的任务是推进上海郊区的城市化、现代化。因此,我们在拟定市郊区党委职能时充分考虑到这一新的定位,在保持和稳定原有市农村党委职能的基础上,强化了两大职能。一是强化为更好地当好市委参谋和助手而开展调研的职能。根据时任市委书记黄菊在市农村党委、市农委调研时的讲话要求,按照党的路线、方针、政策以及国家的法律法规,从上海的实际出发,对郊区经济社会发展中重大问题开展调查研究,对郊区农业、农村和农民问题进行系统地研究,为市委加强对郊区工作的领导出好思路,当好参谋,做好助手。二是强化确保郊区社会稳定的职能,即要贯彻好市委、市政府有关社会稳定和社会治安综合治理的方针政策,做好郊区社会稳定和社会治安综合治理工作,及时处理好郊区突发的不稳定因素。

这次市委机构改革,根据中央要求,人员编制精简 20% ,市委还要求各部门内设机构按 20% 左右比例精简。我们根据市郊区党委职能的重新定位和原市农村党委编制偏少的实际情况,积极同市编办进行沟通,经过我们努力争取,市编办同意编制少减一点,内设机构增加一点。这次市委批准的我们市郊区党委"三定"方案,人员编制精简不到 10% ,内设机构还增加了 2个,为我们郊区党委履行职能提供了内设机构和人员编制的保证,也为党委机构改革创造了一个较好的条件。

市委批复了市郊区党委"三定"方案后,我们立即组织了实施。党委多次专门进行研究,委机构改革领导小组制定了党委机关"三定"和人员分流工作实施方案,就党委机构改革的组织领导、机构设置和人员编制、人员定岗和分流、实施步骤、工作要求等提出实施意见。并将整个"三定"方案的实施分为四个阶段。第一阶段为传达动员和学习讨论阶段,党委主要领导亲自传达市委文件,全面动员,部署"三定"工作;各处室进行认真的学习讨论,领会文件精神,各支部召开组织生活会,每位同志谈认识并表明自己态度。第二阶段为酝酿、审定机关人员定岗分流阶段。在这阶段中,党委公布了各处室的编制和领导职数;机关全体人员填写《人员定岗分流意向表》《正副处长全额定向民主推荐表》《现职正、副处长民主测评表》等3张表格,充分发扬民主,走群众路线,在此基础上,酝酿、审定各处室人员定岗分流人选。第三阶段为落实机关人员定岗分流阶段。在这阶段中,根据党委研究决定处级领导职务、非领导职务和人员定岗分流名单,找个别谈话,宣布党委机关人员定岗分流的决定意见定岗人员进入正常的工作状态;分流人员明确新的工作岗位,这次机构改革,我们共考核了42名干部,访谈110名干部,有23名科、处级干部变动了职务,是近年来考核和职务调整人数较多的一次,也为今后干部选拔任用打下了基础。第四阶段为总体验收阶段。根据市委要求,机构改革基本完成后,各部门要认真组织自查自验工作,市编办会同有关部门对各部门"三定"方案的执行情况进行检查验收。

在当时市郊区党委的领导下,在各处室和全体同志的共同努力下,我们职能处室在农村工作党委向郊区工作党委转变的机构改革中做了大量的工作。可以说,一直持续到2002年8月,才基本完成了党委机构改革的各项主要任务,在整个过程中总体是平稳的,确保了日常工作不松、不断、不乱、不散。

撤销市郊区党委,调整充实市农委统筹协调"三农"工作职能

随着机构改革的进一步深入,2003年7月,根据市委、市政府《关于深化本市机构改革的意见》,本市的"三农"主管机构开始了2000年以来的第二

轮大改革,这次的具体任务是,撤销市郊区党委和市郊区党委撤销后市农委职能作必要的调整。

这次机构改革之初,我们对市郊区党委撤销后,市农委机构职能调整可能涉及的矛盾和问题,进行了深入细致的调查研究,为正确调整市农委机构职能打下扎实的基础。针对市农委原有职能情况及上海郊区"三农"工作的要求,明确了市农委职能配置,要进一步发挥市农委为市委、市政府提供决策参谋的作用。市农委是市政府的组成部门,也是市委、市政府对郊区"三农"工作实行正确决策的参谋部门和工作部门。"三农"工作有许多新情况、新问题需要深入研究。要凸显承接功能、服务功能、生态功能;加强"三农"工作的全局性、开创性和前瞻性,为市委、市政府提供决策参谋的作用;要进一步发挥市农委统筹协调"三农"工作的作用。市委、市政府要求郊区加快"三个集中",推进城乡一体化、农业现代化、农村城市化和农民市民化。推进"三个集中"和解决"三农"问题,涉及全市方方面面,要加强统筹协调,指导管理的职能。统筹、协调各方,切实担负起管理"三农"的职责;要进一步发挥市农委服务指导郊区"三农"的作用。市农委作为市政府的组成部门,具有承上启下、服务指导的作用。因此,按照"强化、弱化、转化"的要求,通过调整、充实、完善和强化市农委职能,进一步改进领导方法,转变政府职能,加强对区县"三农"工作的服务和指导。为此,我们按照市机构改革工作的统一部署,积极贯彻落实机构改革的各项工作,集中精力进行了市郊区党委撤销后市农委职能调整的"三定"和人员分流安排工作。

机构职能的调整是这次机构改革的基础,职能确定了才能明确"三定"方案,也才能更好地做好人员分流工作。当时,市委明确调整充实完善后的市农委主要职能是:对全市"三农"工作承担参谋、协调、推进、服务、指导的职能,使市农委由原来的"主管全市农业和农村经济的市政府组成部门",调整为"主管全市农业、农村、农民工作的市政府组成部门"。这种调整主要表现为4个方面:一是由原来主管全市农业和农村经济向主管全市"三农"工作转变;二是实施科教兴农战略;三是加强城乡统筹发展的战略研究;四是加强保护农民根本利益的政策研究。根据市农委职能调整的需要,我们对市农委的内设机构作了相应的调整:一是保留4个处室,即政策法规处(农村经营管理处)、蔬菜办公室、畜牧办公室(市畜牧办公室、市饲料工作办公室、市兽医药政管理办公室)、农业机械化办公室(市农业机械化管理办公室)。二是调整5个处室,即办公室增挂市农委信访办牌子,撤销工贸处和外经外事处,设置经济贸易处并增挂外事处牌子,科教处改为科技处,将农村城镇规划建设处从农业区划办中分离出来,单独设置,将发展计划处调整为综合发展处,增挂财务处牌子。三是增设2个处室,即社会发展协调处和市场与经济信息处。四是划入2个处室,即将原商委的水产办公室归口划入市农委,将原设在郊区党委中的干部人事部门划转到市农委,建立干部人事处。五是按有关规定设置纪检监察机构和直属机关党委。

在初步完成机构职能调整和"三定"工作方案后,就是具体的人员分流工作,我觉得这是每次机构改革中的重点,也是最容易出现问题和矛盾的环节。当时,我们根据市委、市政府的有关人员分流安排的规定,结合原郊区党委人员的实际情况,进行了认真细致的分析研究,明确了"职能划转,人随事走"的原则。我们采取其有关处室的人员按照工作职能与人员一起划转的办法,安排到新成立的工作党委工作。2003年8月2日,市农委党组召开了原郊区党委全体机关干部大会。我记得是星期六下午,那天正好风雨大作,我搭车去单位,即使雨刮器用最大的速度,路上还是看不太清,赶到位于人民大道200号的市政府会议室的时候,很多人几乎都淋湿了。时任党组书记、主任袁以星同志就切实做好市郊区党委撤销后的机构改革工作,进行了全面的动员部署,要求全体机关干部发扬农委机关干部的优良传统,坚持讲政治、顾大局、守纪律,自觉服从组织的决定和安排,积极投身改革,坚持高标准、高质量、高效率地完成这次机构改革任务。会后,当时的党组和农委领导根据分工,找原郊区党委干部一个个谈心,沟通思想,使每个同志端正态度,自觉服从组织上的安排;对部分机关干部存在的想法、忧虑和担心,党组和农委的领导通情达理、对症下药地开展思想政治工作,既解决思想问题,又解决实际问题。当时,我们还按照市农委党组、市农委的工作部署,组织原郊区党委机关7个处室党支部的全体党员,认真过了一次党组织生活。大家认真学习领会市机构改革工作会议精神,学习领会有关文件精神,着重讨论党支部如何在机构改革中发挥战斗堡垒作用,党员如何发挥先锋模范作用,处级干部如何发挥表率作用,畅谈体会,自觉端正态度,以积极姿态投身于这次机构改革。最后,原郊区党委工作人员中有18名同志高兴地走上了新的工作岗位。

这次机构改革后,市农委按照完善社会主义市场经济体制和政府职能"强化、弱化、转化"的要求,在上海新一轮发展和上海郊区农业、农村和农民工作中,切实转变政府职能,改进领导和工作方式,完善运行机制,逐步建立起行为规范、运转协调、公正透明、廉洁高效的运行机制。

2004年9月,市绿化局、市农林局"撤二建一",市农委调整"三定",将原由市农林局承担的种植业行政管理职能,水果、花卉行业管理职能划入市农委。将原农林局的农业处划入市农委,后更名为"种植业管理办公室",实际转入21名工作人员。

设置市委农办,切实加强市委对"三农"工作的领导

历史的车轮总是滚滚向前,2000 年以来已经经历了两轮重大调整的上海"三农"主管部门,到 2008 年又迎来了新一轮的重大机构调整。国务院"大部制"改革之后,新一轮地方政府机构改革已提上日程。上海的改革不是全国最早,但也许是最新最快的。

2008 年 10 月 14 日,上海市举行机构改革工作会议,对机构改革工作进行全面动员。时任中共中央政治局委员、市委书记俞正声出席会议并讲话强调,机构改革意义重大,时间紧迫,任务艰巨。要以高度的政治责任感和使命感,严肃纪律,顾全大局,克难奋进,扎实工作,确保这次机构改革各项任务的顺利完成,为推动科学发展、促进社会和谐提供坚强的组织保证。他强调,要深刻认识机构改革的重大意义,准确把握中央精神和要求,切实把思想和行动统一到党中央、国务院的决策和部署上来。同时,俞正声指出,这次机构改革核心是转变职能,关键是在三个方面下功夫。一是增强综合协调能力,一方面要理清职能,尽可能避免交叉重叠、主次不分、政出多门、扯皮推诿等现象;另一方面要加强综合协调,凡是属于自己部门应该负责的事情,要主动牵头,协调有关方面,形成工作合力。二是提高办事效率,进一步健全办事制度和程序,简化办事流程,提高行政效能和透明度,更好地服务群众、服务企业、服务社会。三是转变工作作风,进一步加强公务员队伍建设和政风建设,特别是要在强化宗旨意识、弘扬求真务实之风上见成效。

在这次"大部制"改革中,中央要求"加强对农业和农村工作的综合管理与统筹协调,进一步完善服务农业、农村和农民的管理体制"。与此同时,我们也早已知道,市委在考虑成立"市委农村工作办公室"。2008 年 10 月,经

中央批复同意,市委决定设置中共上海市委农村工作办公室,与市农业委员会合署办公。中共上海市委农村工作办公室是中共上海市委协调推进农业、农村、农民工作的工作机构。虽说合署办公,可毕竟两者的职责还是不同的,市委农办是市委工作机构,市农委是市政府职能部门,我们当时所做的第一项工作还是明确职能。时任市农委党组书记、主任孙雷同志组织多方调研,充分听取各方意见,最后形成了我们的建议稿,上报市委。市委最后确定:1.市委农办是市委负责农业、农村和农民工作的工作机构,主要是发挥参谋作用,组织协调、宏观指导、督促检查本市"三农"工作。侧重研究制定农村经济社会发展重要政策,统筹协调推进新农村建设,协调指导农村重大改革工作。2.市农委是市政府负责农业和农村经济工作的职能部门,主要是发挥协调作用,组织实施、指导推进、督促检查本市农业和农村经济工作。侧重参与统筹农业各产业和农村经济发展的研究,提出政策措施并组织实施。指导推进农村各项制度建设和现代农业发展。3.市委农办与市农委实行合署办公,又是紧密合作的关系。市委农办是市委工作机构,代表市委贯彻党对"三农"工作的领导,提出"三农"工作的重大战略决策是市委农办的中心工作和核心职责;市农委要在市委农办的领导下,积极配合,贯彻执行"三农"工作的重大战略决策,组织实施、具体落实各项相关工作。

2009年2月,市委农办"三定"明确了其主要职责:协助市委研究制定本市农村经济社会中长期发展规划,负责开展本市农村改革发展重点、难点、热点问题的调查研究,协调推进农村改革,研究提出本市形成城乡经济社会发展一体化新格局的意见和建议,组织协调推进新农村建设,协助推进农村基层组织建设工作,负责指导农业农村人才和农业职业技能开发工作,协助管理归口单位和有关中央在沪单位党的纪检、组织、宣传、统战、精神文明建设和群团建设,负责督促检查中央"三农"政策和市委"三农"工作重大举措的贯彻落实情况。根据这一职能调整,从外部来说,上海市农业科学院、中国农科院上海兽医研究所、中国水科院东海水产研究所、中国水科院渔业机械仪器研究所等4个市属和部属的科研院所党的关系归口市委农办管理。从内部来说,设置、调整了5个处室,干部人事处调整为组织人事处、新设立秘书处(与办公室合署办公)、研究室(与政策法规处合署办公)、新农村建设协调处(与农村城镇规划处合署办公)、基层工作处。同年7月,市农委主要职责也作了相应的调整。内设机构中经济贸易处更名为经济商务处(外事处),市场与经济信息处增挂农产品质量安全监管处牌子。这一轮的改革,因是合署办公,中共上海市农村工作办公室行政编制由市农业委员会调剂解决,未能增加相应的人员编制,因此基本未涉及人员的流动,可以说,我们市委农办、市农委在编制没有增加、工作任务加重的情况下,顺利完成了这次机构改革。

机构改革是一项涉及面广、政策性强的特殊工作。同时,机构改革又是艰巨性和长期性的,是一个不断改革、不断完善的过程。在2000年以来的3次市级机构改革进程中,我们上海"三农"工作的主管机构每一轮都遇到了重大改革,人员编制已经大幅度精简。从2000年的原市农村党委的60个编制、市农委的159个编制,共219个编制,精简到2003年的原市郊区党委的56个编制、市农委的82个编制,共138个编制。再到2003年12月市郊区党委撤销后,市农委的120个编制,精简了45.2%。但我们"三农"人始终坚持讲政治、顾大局、守纪律,自觉服从组织的决定和安排,积极投身改革,坚持高标准、高质量、高效率地完成每一次的机构改革任务。

顾俊杰，1972年7月生。高级农艺师，农业推广和MBA工商管理硕士，现任上海鲜花港企业发展有限公司常务副总经理。长期致力于现代园艺生产管理技术工作。主持2010年上海世博会中国国家馆花卉工程项目，"世博荷花"项目开创了4月至10月赏荷的先例，填补了空白。荣获"全国农业先进个人""上海市青年岗位能手""上海世博工作优秀个人"等荣誉称号，带领生物科技攻关小组荣获"上海市劳模集体"荣誉称号。

宋祥甫，1956年2月生，研究员（二级），博士学位。长期从事作物栽培学、生理学和水体生态学等领域的研究工作。共获6项省部级科技进步二、三等奖；申请和授权技术专利30多项；发表论文100余篇，出版专著2本。主持完成2010年上海世博会中国国家馆"水稻活体展"工程，享受全国劳模待遇。

刘健 1965年5月生。第十一届、十二届上海市政协委员。1992年1月—1992年12月任上海市水产局郊区处科员。1993年1月—2003年7月任上海市水产办公室副主任科员、主任科员。2003年7月—2008年1月任上海市长江口中华鲟自然保护区管理处副处长。2008年1月起任上海市长江口中华鲟自然保护区管理处处长。

世博会与上海现代农业

口述：**顾俊杰　宋祥甫　刘　健**

采访：**张树良**

整理：**张树良**

时间：**2016 年 5 月 27 日**

　　2010 年,上海世博会。中国馆,高 49 米。让夏季盛开的荷花常年开放,意寓中国人崇尚的"和谐"理念;让 10 月收获的水稻,提前到 5 月抽穗,并在世博会期间,将这一抽穗状态一直定格,展现中国在粮食生产上的创新水平……国际组织联合馆,世界自然基金会展厅。世博园内唯一的国宝级生物物种科普生态展品——"生命之球",以中华鲟为代表的长江流域珍稀水生生物发出呵护我们共同的地球家园的呼唤……这些如停留在想象不难,倘若要变为现实,这中间要克服的难题,就不是一个两个了。然而,上海的"农人"做到了。

　　2010 年的上海世博会,只要稍加注意,你就能发现上海"农字号"的一个个科技亮点。

"生命之球"添活力

刘健:"生命之球"是上海世博的特色展品。它是世博园内唯一的国宝级生物物种科普生态展品。主体展品以抽象的大手托小手的手形托起地球形大鱼缸,球体直径 2.5 米,由 8 块 5 厘米厚的亚克力板材 9 次全手工拼接而成,总高 3.43 米,总重近 12 吨。球体表面辅以透明、立体造型的陆地形状,举办过历届世博和参加本次世博的国家城市用钻石造型水晶玻璃表示;中国版图使用磨砂,北京及上海用大的钻石型水晶玻璃表示,以凸显效果;球型底部布景采用长江口的模拟形状;球体顶部专门设计制作了 80 厘米直径透镜盖,外部光源经透镜全反射照亮全球;球体上方周围空间装饰 41 颗水晶球,代表在中国上海举办的是第四十一届世博会。

每一个设计,每一个创意,每一个细节,都凝聚了我们无数人的心血。

"生命之球"这个项目跟其他的项目有很大不同:第一,这个项目是我们主动提出参与的;第二,我们的项目是唯一没有财政支持的项目,是找人赞助的;第三,世博会本没有这个项目,是我们动脑筋想出来的。

我们不是仅仅为了世博会,我们其实很早心中就有世博会了。2007 年我们第一次抢救中华鲟引起社会关注的时候,我们就搞了个活动,叫"万人百校祈祷中华鲟康复",当时有 108 所学校参与,人数超过 10 万。就此机会,我们就提出中华鲟申报世博会吉祥物。世博会最后的吉祥物是"海宝",它是一个抽象的概念,其中很重要的意义就是"水",我们也可以理解成它跟中华鲟、海洋生命等有一定的关系。

世博会就开在家门口,这可能是"有生之年"只会遇到一次的事情,我决心一定要参与。2009 年 8 月,世界自然基金会的总监跟我说,可不可以搞一个"水上生物养护保护周"活动,按照这个活动设计,我们只是这个活动周中的一个组成部分,只能是放一些宣传资料,顶多就是一些标本,而且展示时间只有一周,我觉得这个参与力度还不够。

后来想参与得更多,我就想,这次展出的东西一定要有意义、有特色,而且我也耍了个小聪明——要大型装置,开展了就搬不走,只有这样,才能打破他们场馆原来的设计,让我们能够长期展出,所以我就想到了建造一个大鱼缸,在场馆里养鱼。

如何让世界自然基金会接受我们的建议?

我们就从这个展区的设计入手,从场馆的最初设计的俯视图看,表现出了中国人的传统思想——天圆地方,中间的圆形是中国阴阳八卦的代表。八卦图形需要有两个圆形,当时一个圆形设计为一个小会场,另一个计划放东北虎的标本之类的,我就对他们设计的人说:"小会场是聚集人气的,是'阳';另一侧与之对应,就应该放水,表达'阴',才能与之对应。而不能简单放一个水缸,里面要有生命,所以就要在里面养鱼。"基金会方面听了我们的想法,表示满意,但是因为涉及展出方案的大的调整,他们必须向瑞士总部进行汇报,而反馈的时间大约需要一个月。

我们在说服基金会的同时,也找到了一家专门从事水族设备制造的专业生产型企业上海海圣生物实验设备有限公司,说服他们的老总,赞助我们这个项目。

当时的情况是,如果等待瑞士总部的批文回复,再开始鱼缸的制作,时间上是来不及的。因为鱼缸要和会场对应设计成球形,这个没有先例,这个公司也没有相应的经验,一旦初次制作失败,就有可能完成不了这一项政治任务。在这样的情况下,海圣公司不等瑞士总部的审批结果,直接购买了制作材料,开始了球形鱼缸的设计制作。

为了做好这个鱼缸的设计,我们列出了一长串的目标清单和问题清单,围绕这些目标和问题各个击破。对于我们和对于海圣公司来说,建造这么大的球形玻璃鱼缸都是首次,我们走上了边等待、边创意、边设计、边施工、边改进、边找问题之路,在这个期间,我们的睡眠时间都很难保证,而且经常吃住都在一起。

12 月底,我们球体鱼缸还在设计制作的过程中,瑞士总部来了消息,结论是:"这个方案可以实施。"我当时感觉,真的是一脚踏上了世博会的末班车,终于有机会实现这个"梦想"。

在鱼缸的具体设计上,我们也遇到了不少难题,并一一攻克了。

首先,球形鱼缸必须每天进入清洗、维护,所以必须要给人留下出入口;其次,鱼缸必须使用循环水。为此,我们经过多次试验,在球的上方开了一个口子,然后只做了一个"帽子",使得白天参观的时候看不到洞口,夜间维护的时候维护人员可以从洞口进入。在循环水的问题上,我们通过手型的底座进行机械化水循环,但是我们之前没有做过类似的循环水,所以我们找到了渔业机械研究所,希望他们可以提供循环水设备和维护人力,并保证展出期间不发生任何事故。

渔机所为这个事情成立了由养殖工程、数字化控制和机械装备等各学科近 10 名科研人员组成的课题组,从系统工艺、装备、构建和电气控制等多方面全方位开展技术攻坚,将先进的水处理技术、现代工程技术和自动控制技术进行集成创新,经过仅仅 2 个多月的精心设计和紧张施工,设计研发了具有国际先进水平的水处理系统工艺和核心装备,自主开发了电气自动化控制系统,创新构建了"生命之球"养殖维生系统。该系统实现了"生命之

生命之球

球"内养殖水体的循环利用,其水质指标优于水族箱水质标准,更具有无人值守自动运行、运行状态远程网络监测、设备故障即时无线通信报警和水温自动调控等先进功能。如在展览期间某台设备发生故障,系统能够自动判断故障原因并立即切换到备用设备,从而确保整套系统的稳定运行。

关于球的大小设计,其中也有些波折。我们通过查找资料了解到,之前某魔术师变魔术曾使用过直径为 2 米的球体,我们希望可以比这个要大一些,所以预期做到直径为 3 米,后来了解到,场馆的门只有 2.8 米宽,所以我们只能改变计划,把球的直径定为 2.5 米。

大小确定之后,还需要考虑球的重量。世博场馆都是临时搭建的建筑物,所以受力有一定的局限性,核载 500 kg/m^2,但是我们的球体注水之后重约 14 吨。于是,我们又为这个水球做了一个很大的架子来分散压力,相当于把整个场馆的地面又加固了一遍。

球是分成两个半球,每个半球又有四块拼接而成,我们设计了模具,保证单块型体规整。单块完成后,再将 8 块进行拼接黏合,而且要保证不能爆、不能漏水。

这样做出来之后,我们发现球体上有天然的经纬线,就像是地球的样子,于是我们又开始设计在球体表面贴地图,地图是亚克力板的,不但形状要符合版图的样子,而且比例也要进行合理的控制。更细节一点,我们在固定地图的锚点选择上,也进行了细致的考虑,如选择国家的首都城市、举办过奥运会的城市要进行重点标注等。为了凸显这些城市,我们特别去买了一些钻石贴上,并为我们首都北京和本次世博会举办地上海,选择了两个最大最亮的钻石。此外,托起地球的手等细节也都是我们自己操刀设计的。

3 月 19 号进场馆布展。那天整个过程精神太紧张了,生怕出现什么差错。后来还是出问题了,鱼缸安置好,开始注水之后,因为水压的作用,球体出现了膨胀,外表上贴好的地图全部飞了起来,材料、钻石飞了一地。这样,我们把球体完全注水之后,又重新进行了测量,然后重新定制地图和钻石,又重新把地图贴上,我们的工作人员贴了一整个通宵。

进入场馆之后,在很多处理上,我们依然"创新不止"。展盘下面的出水管,裸露在外面很难看,我们就用石头拼接成"三江口"的样子,让游客一看就能看出是崇明岛;手与球体之间有缝隙,我们就用亚克力雕刻了许多大大小小的鱼贴在上面……这些细节都让展示变得更加美观。

百密一疏。预展前一天晚上,我们放进了长江上游的岩原鲤,又出现了问题。因为鱼太小,水管的缝隙预留太大,导致鱼从缝隙里钻进了水管,百十条鱼一下子就把水管全部堵死,鱼也全部死掉了。我们只能先把整个球中的水排光,然后再用铁丝把水管中的鱼勾出来,然后再注水入球,紧急调配新的鱼;然后地图又飞了一地,我们又重新贴地图……整整一晚上,才算是迎接了第一天的展览。

4月22日,预展时,时任市委农办、市农委主任孙雷来慰问我们,他说:"你们好好做,还有184天",而我说,"我的世博会已经走了一半了"。因为从开始创意到正式布展完成,我们的时间也确确实实已经过了一半。

在世博会展览过程中,因为我们活体展出的特殊性,整个团队拿到的是24小时的通行证,尽管有这样的便利,我们的工作人员几乎没有机会到其他的场馆参观,也没有任何人真正用到了这种"便利"——我们的技术人员需要全程照看;办公室的女同志吴凯一个人承担起了展馆宣传、图像采集、对外接待、人流控制等多个任务,而且白天要背着单反照相机、摄像机、录音笔,晚上还要写稿子、刊发,此外还要参与每周活动,世博会期间每一天的每一场活动、领导到访她都要全程跟进,全程没有休息一天;杨吉平和彭树才两个人倒班进行现场维护,负责擦洗鱼缸、调节设备、调节水温,不能有半点闪失,仅仅擦拭鱼缸的工作,就有搭架子、用吊机把人吊进鱼缸、擦拭、归位、出鱼缸、擦拭外壁、拆架子、换衣服等流程工作,这一系列流程下来,可以说"半条命就没了";在场馆内,我们每个工作人员都有一个睡袋,经常就在场馆里凑合过夜,就这样一直坚持了184天——而没有进入场馆工作的同事,则承担起了平时整个单位的全部工作,养鱼、监测、执法等工作全部压在了这些同事身上。

运行期间,我们根据鱼的形态和状态,3天到7天换一次鱼。在世博会期间我们策划了多种主题活动,我们展示的是整个长江流域的生态,展示了中华鲟、胭脂鱼、刀鲚、松江四鳃鲈鱼等30多种;作为生命之球中展示的重要品种,中华鲟是一种比较"娇气"的品种,中华鲟要求生存、运输、球体内的水温相一致,温度有偏差,它就会立刻"感冒",所以我们会根据不同种类的鱼进行提前沟通,调控水温,从而保证鱼的健康……

"感悟之泉"增色彩

顾俊杰:在中国馆"低碳"展区的结尾部分,荷花与水帘组成动人的"感悟之泉"景观,占地达250平方米,水帘上还能显示出"天人合一""师法自然""和而不同"等成语,参观者不仅可以看到"莲叶何田田"的意境,也可在此进一步感悟中国城市和谐、美好的未来。

荷花是中国十大传统名花之一,自古以来人们对荷花有着特殊的感情。荷花是吉祥如意、高雅纯洁的象征,是花之君子,品德高尚,出淤泥而不染。"荷"音同"和",和谐,象征全国各族人民团结协作,共建和谐社会。荷花的自然花期在7—8月份,人们只能在炎热的夏季才能欣赏到盛开的荷花。为了配合2010年上海世博会会期,中国国家馆的"感悟之泉"荷花池需要在4月份就有盛开的荷花,上海鲜花港利用花期调控技术,成功生产出4月盛开的"世博"荷花。

上海鲜花港准备接受任务时,离世博会开幕不到数月。

最开始的时候,从上海成功申办世博会,上海鲜花港作为花卉园艺产业的领头羊、排头兵,就已经着手准备参与世博、奉献世博。在世博会开始前,我们就通过与外方专家的不断沟通、国内的反复试验,用了大约五六年的时间培育出了颜色鲜艳的"中国红"凤梨,这个是上海鲜花港为世博会专门培育的、具备中国自主知识产权的全新品种。当初培育红色,正好与中国馆的颜色以及中国的传统文化相辅相成,所以名字也选取了"中国红",它们与其他品种的花卉相比,色泽纯正、花型饱满、叶片光亮厚大、花期长、生命力强,特别适合中国馆长达半年的展览环境。

2009年,世博会组委会开始考察、确定中国国家馆的展出花卉,到访鲜花港,他们认为除了"中国红"凤梨外,鲜花港的产品具有一定的技术含量,产品品质好,再加上我们的生产规模、管理水平较高,确定由鲜花港负责世博会中国馆的花卉供应和布展。

最令人难以忘记的,还是中国国家馆33米层寓意"和谐"的"感悟之泉"荷花池。按照中国馆部提出的要求,展区"感悟之泉"250平方米的荷花池,在整个世博会期间要花开不断,而且要选用红色、粉色系列的荷花品种,意喻"和谐"。荷花是中国的十大名花之一,它亭亭玉立,出淤泥而不染,花之君子,代表了一种精神,专门设立"感悟之泉"荷花池,用荷花布展这个展区,是考虑到方方面面的因素。

然而,荷花的花期一般在7月至8月的炎热夏季。为了配合世博会会期,4月份就要有盛开的荷花。荷花的花期调控技术是业内公认的难题,此前国内尚无成功先例。开始,攻关小组意见并不统一,毕竟是填补国内空白,难言有多大成功的把握。

后来,鲜花港的董事长赵才标和我们攻关小组还是决定试一试。世博会是难得一遇的大事,应该全力以赴拿下这个难题。

如何利用科学的催花技术进行催花,打破植物休眠期,确保荷花池在整个世博会期间花开不断是这个项目中最大的难点。为了解决这一难题,我们组

感悟之泉

织了一个科研小组，积极争取产学研联盟单位和科研院校的技术支持，与中国荷花协会，包括南京农业大学在内的一些有关的科研机构进行合作，从品种选择、栽培设施和技术方案及应急方案等进行商谈，寻求技术突破点。

在与专家们探讨后，一致认为倘若严格控制好温度、湿度、光照各种条件，使之满足荷花开放的各种要求，辅助一些花期调节的物理和化学因素，荷花提前和延迟开放则有可能实现。回到上海，科研团队马上付诸实施，在董事长的亲自带领下，每个人都全身心地投入到该项技术难题当中，寻求最终的解决方案。

从接到这个任务到 4 月 20 号要完成"感悟之泉"荷花池的布展，大概也只有一百天的时间,而且,正好也是春节假期,所以这个任务非常紧,而且技术难点也比较大,只能通过各个方面高强度的优势集中,才能完成荷花如期开放的技术大难题。

为了培育出荷花,我们选用了鲜花港园艺设施最先进的一个5000平方米的温室作为栽培基地,虽然温室本身已经具备了计算机自动调控温度、湿度等条件,但是荷花的要求比其他花卉更高,因此我们开始对这个温室进行改造,改造了温控系统,确保适宜于荷花开放的温度参数。在增加专业园艺补光灯的问题上,我们收集了上百份的数据,进行了多方位的对比,根据荷花的光照强度需求范围,及每天要超过12小时的补光时间才能满足荷花开放的需求,以给它更强的光照条件为目标,最终选定了600瓦的高压钠灯为温室补光灯,每5平方米一只灯,灯的悬挂高度离地面2米,积极创造荷花生长的最佳环境条件。栽培容器方面也进行了大量的对比,为了更适宜于观赏并与周围环境协调一致,最终选用了墨绿色450cm×300cm塑料花盆。栽培介质方面采用园土或熟土,并加饼肥种植,利用温室天沟回收的纯净雨水浇灌,环保节能。

在进行温室改造及落实栽培容器等的同时,生产技术人员从几十个荷花品种中筛选出颜色更符合要求的荷花品种,考虑到上海地区的气候条件和当年温度较低的不利条件,选取花期长、对低温不太敏感的早花、丰花"冬荷"系列品种作为"世博"荷花培育的主打品种。为了保证花的品质和数量,我们不仅从自己的水生花卉基地选了一部分种藕,还从南京运来一批,共同进行处理、对比和筛选,最终把选取的符合要求的种藕全部按照要求种植在改造好的温室当中。

由于没有经验可以借鉴,所以我们把处理好的种藕种进温室之后,心里还没有十足的把握。

怀着忐忑的心情,2010 年春节,我们十几个人的技术团队放弃了放假、休息,留在温室不断地观察、记录数据,以及通过实验室工作人员的一些数据分析,把握好荷花生长的温度、湿度、光照强度和时间等参数,以确保荷花处在最佳的生长状态。

为逐步适应生长环境,盆栽荷花种藕进入温室的初期,即前 3 天的生长期内,温度控制在 12℃—15℃,随后逐步上升到 15℃—20℃,10 天后温度上升到 20℃—25℃,随后温度逐步提高到白天 30℃—35℃,夜晚最低温度控制在 25℃。晴日中午室温超过 38℃,通风系统开启进行通风,自动调节室内气候条件。

为了确保荷花整个生长期内的相对湿度,温室内安装有高压喷雾系统,通过计算机系统来检测室内的相对湿度,确保室内相对湿度控制在 75%—85%,有效满足荷花生长需求。

当荷花叶片的展开率达到 50% 的状况下,开始启动补光。采用晴天晚上补光 6 小时,阴雨天白天、晚上各补光 6 小时的方法,确保每天的补光时间不低于 12 小时,而且每平方米的光照强度不低于 20000LUX。

为确保荷花生长健壮,在荷花叶片的展开率基本保持在 80% 以上,考虑开始施肥。前期用沤制发酵的饼肥和复合肥轮流施肥,每 5 天一次。饼肥每盆施 30—40 ml,复合肥每盆施 1 g,施肥时注意不沾到叶片。随后增大沤制饼肥的施用量到每盆 50 ml,并按饼肥、磷酸二氢钾 1000 倍喷施和复合肥 2 g 次序施肥,每 3 天一次。

在这个过程中,我们的技术人员都是像看护和培育自己的孩子一样精心照料这些荷花,一直记录荷花们的成长日记。2 月 18 日长出第一片立叶,

2月28日冒出第一个花苞。到这个时候，可以说悬着的心才放了下来。到了3月底，上千盆荷花含苞待放，每一盆荷花都有2—3个花苞。4月17日，第一批荷花开始在中国国家馆布展，试运行期间，上百万的游客就欣赏到了荷花绽放的奇景，在接下来的180多天的展期内，来自世界各地的游客都在中国馆的"感悟之泉"荷花池内欣赏到美丽的荷花，一睹"世博"荷花的风采。

第二个难题是荷花的展出。因为中国馆的展馆环境是按照人体的感觉来设计的，不可能满足荷花生长的需要。为了解决场馆的难题，我们曾经尝试探讨在场馆增加补光灯、调节温度和湿度等。后来都被一一否决了。

为了确保荷花能够适应场馆生长环境，确保荷花在世博会期间花开不断，我们设置了一个介于培育环境和场馆环境之间的小温室，挑选一些生长状态良好、含苞待放的荷花先放到这个小温室适应一段时间，然后再拿到场馆进行布展，给了荷花充足的适应期。

为了保证荷花的持续开放，技术人员每3天就会到现场检查一下花朵状态。除此之外，我们还安排四个工作人员在现场全程监控，一旦花卉出现问题可以及时反馈给技术团队并进行解决。我们原方案计划是20天左右就要更换一次，但是运转下来其实大大缩短了这个时间，基本上10天左右我们就要更换一次，这大大增加了工作量和技术难度。

别看世博会荷花池面积不大，只有250平方米，每次只需要几百盆花，但是毕竟在荷花生长过程中，环境、迁移等问题因素影响较大，世博会展会期间我们准备的荷花数量不低于10倍，从而保证有足够的备用荷花。

更值得一提的是，在世博会期间，我们还培育出了"茎秆一枝，花开两朵"的"并蒂莲"。并蒂莲属荷花中的珍品，其生成的概率是十万分之一，是千载难逢的植物中的"双胞胎"。专家们曾经用过藕、莲子来繁育天然并蒂莲,都没有成功,证明并蒂莲花不能遗传,只能天然生成。自古以来,人们视并蒂莲为吉祥、喜庆的征兆,善良、美丽的化身。像这种出现概率仅为十万分之一的并蒂莲,我们世博会期间遇到了不止一次,这个概率相当高了,这也算是为百年一遇的世博会献上了一份厚礼。

除了刚才谈到的"中国红"凤梨和"世博荷花"外,上海鲜花港把美丽的鲜花布展在了中国馆的每一个角落,成就了一个特殊意义的世博中国馆。"同一屋檐下"景区,在充满创意的大屏幕前,由绣球花、红掌、凤梨、蝴蝶兰和小玫瑰等花卉组成的各种色彩明亮的花卉图案演绎了一个个经典。10多个品种的彩叶植物搭建成100平方米绿化墙、经过特殊处理的小叶黄杨绿篱都给游客营造了一个绿色、低碳、环保的世博中国馆。据统计,上海鲜花港为上海世博会总共提供了50多种花卉、近10万盆的鲜花。

因为世博会对上海来说是百年一遇,具有自主知识产权的凤梨新品种"中国红""世博荷花"等在中国国家馆持续开放7个月之久,为世博中国馆营迎接了上千万的世界各地的游客,这体现了上海的花卉产业科技创新的力量,体现了"三农"企业服务世博、奉献世博的情怀。这离不开市农委的正确指导,也离不开各级领导和各部门的支持,希望今后能够把"三农"企业的产品在中国国家馆里展出这一个伟大的创举持续发扬开来。

"超级水稻"显生机

宋祥甫:我是2002年11月由中国水稻研究所引进至上海市农科院的,主要从事水环境治理与生态修复方面的研究工作。但是,我学的专业是农学,并长期从事水稻栽培方面的研究,这也正是"东方之冠、世界粮仓"的中国国家馆展区内活体水稻展示任务选到我的原因所在。

2009 年,世博局的领导到上海农科院调研,征求关于在中国馆 49 米层做水稻展示的意见和建议。你可以看到,中国馆的外形特别像是一个倒过来的"稻斗",实际上我们国家稻子的文化源远流长,稻子栽培和育种水平在国际上是领先的,更是水稻种质资源大国,所以选择水稻为展示对象还是很有历史和现实意义的。

但是有意义并不代表可以轻松实现,当时开会时我就提出了自己的担心:首先,正常情况下,上海地区的水稻在 5 月 1 号之前还没有播种,而世博的要求则是要在开馆时就形成"千层浪",比上海地区的正常水稻生产时期整整提前了 4 个月;其次,根据之前其他展会的经验,即使在水稻正常挑选最好的水稻进行展出,一般最多也只能保持五六天;再次,水稻生长于亚热带,喜欢强光、湿润的环境,按照中国馆的设计,"希望大地"展区要适应人群观展,灯光亮度仅为 200 勒克斯,而水稻正常生长期的光照强度一般在 6 万勒克斯以上,差距巨大;最后,能够称得上"超级水稻",亩产必须达到 600 公斤以上,这在恶劣的生长环境下几乎不可能。

后来我们团队还是承接了这个任务,主要有两个原因:一是我是从农村走出来,长时间从事水稻栽培研究,对水稻是有感情的;二是我是科研人员,科研的本质就是在未知中探索可能性,我想挑战自我。

承接任务之后,第一件事情就是查找资料,看有没有相对成熟的经验可以参考,查了一段时间之后,发现根本就没有这方面的系统研究和工程案例。后来唯一查到的一次"反季节水稻"的展示是日本的一个展会,当时展出的水稻生机勃勃的状态仅仅持续了 7 天。在中国馆里种植水稻真正展出的是 184 天,但是从 4 月 8 日设备调试,4 月 20 日开始预展,实际的展出天数超过了 200 天。这两者之间的差距是巨大的,也就是说,日本的经验对于我们来说没有太多的参考价值。

后来,我们又请了一些知名的水稻专家,一起来探讨和研究这个事情,通过列出问题清单,一个一个去进行突破和研究。

2009 年 5 月,我们启动了"反季节水稻"工程模拟研究。我们从全国选择了 50 多个具有高产潜力的水稻品种进行筛选,选择过程中我们既要考虑便于栽培,又要考虑到展出时的感观效果。最终确定用于在中国馆展出的水稻品种主要来源由上海农科院、中国水稻所等育成,已在生产上推广应用,能满足展出要求的 6 个水稻品种。

所选的水稻品种从播种到抽穗一般也要 3 个月左右,所以我们实际上从 2010 年的 1 月份开始就正式进入对这些展示水稻的培育播种管理了。温度低于 12℃或高于 35℃水稻都会停止生长,光照不足同样严重影响水稻的正常生长,由此可见,传统的大棚加温难以满足水稻的生育要求,而人工气候室不但培育成本高昂,且也很难培育出能满足展示要求的水稻群体。据此,我们集成了一些国内外的最新研究成果,并创造性地提出了变传统温室的一体化加温,为对水稻的地下部和地上部设置不同加温系统的思路,同时增加了加湿和去湿、自然和人工补光相结合的辅助设施,设计并构建了一个能满足培育展示水稻要求的半人工智能大棚,为实现水稻的周年栽培提供了基础条件。

当年的气候也给我们制造了不小的困难。2010 年 3 月,上海的阴天罕见地达到了 17 天,平均温度比常年低了 3.8 度。光照强度严重不足,水稻都长成了"韭黄",后来我们在上海市农委和上海市农科院的帮助下,克服重重困难,也采用不少具有较高技术含量的产品,使水稻 4 月份能够正常地抽穗。

水稻生长期是提前了,可要让水稻"种"进展馆,又是一道难题。一开始我们考虑了几种方案,比方说水栽培,或者水土吻合的栽培方式,或者全部

超级水稻

按照传统的土栽培的方式,采用这些栽培方式都存在客观的困难。比如说土栽培,按照正常农田种植水稻的话,每个平方米需要的仅耕作层土壤大概在 300 公斤左右,如何运输和置换? 如何保证途中的安全和不影响环境卫生? 均是难以解决的现实问题。

通过多方案比选,我们最终确定采用将水培、土培、基质培"三位一体",传统技术与新技术相结合,形成一套全新的栽培技术体系,以克服上述困难。为此,我们专门设计了一个能满足上述"三位一体"要求的栽培器皿,并找到了精确的施肥配方,成功地将单位面积所用土壤重量减少到了常规土培的 1/5。这个器皿的规格是直径在 13 厘米、高 30 厘米的圆筒形器皿,在这个器皿中间就种一棵水稻。世博展览馆里面 9 个平方米大概在 200 个左右。为了搬运方便,我们还设计制作了带有卡扣的长方形运输箱,长 40 厘米,宽 30 厘米,每箱可以装 6 个器皿。这种模块化的组合,我们运输、置换、管理都十分方便。

世博馆内的温度和光照主要是按照游客的舒适度来设计的,但是这种环境对于水稻来可以说是"极其恶劣"的,由于场馆中光照不够,水稻活力只能保持1周左右。面对最棘手的光照问题,我们一方面进行定时补光,一方面百里挑一选长得最健壮,相对耐弱光的"棒禾苗"进入世博园——最终,每150粒种子选拔出一株"世博水稻"。即便如此,"橱窗水稻"的生命活力最多12天,只有通过"轮岗",才能保证世博橱窗里绿色长在。为此,上海市农科院庄行综合试验站种有数千平方米的禾苗库存,入选的水稻分批次陆续进入中国馆。

4月28日,我们第一批带着稻花的水稻被安全地送入中国馆,开始展出;5月7日晚,水稻展品第一次成功地进行了夜间运输置换作业,第二批水稻展品精神抖擞地呈现在中国馆超级水稻展台。展出的水稻展品,生长势和生物量均达到了目标要求,理论产量能达到相当于亩产600公斤以上的超级水稻,并在室内可以完全展示出水稻生机勃勃、"稻菽千重浪"的正常生长态势。

在5月6日国家科技部和上海市科委、市农委联合举办的"活体水稻展示"工程中期汇报会上,水稻专家、中科院林鸿宣院士对工程突破了世界性难题并取得阶段性成果表示了充分的肯定,认为其配套技术及展示工艺较成熟,充分展现了中国超级稻的成果和水平。

6月份,袁隆平院士到我们展区来参观,望着绿叶衬托下的金色稻穗,即便我们认为当时展出的那批水稻状态不是最佳,袁先生看了以后还是连说了三个"好",并告诉身旁的记者"这就是超级水稻",他说:"中国馆的水稻长得很好,如果种在田里的话或许可以达到每亩800公斤的产量,即使在现在这种条件下(反季节以及展馆的展示环境),可能有700公斤(每亩)。"

　　回想整个世博会期间,包括预展在内的实际展示时间达 204 天(2010 年 4 月 20 日至 11 月 10 日),累计送达中国馆的水稻展品 24 批次,其中在正式展示期间,每批次展示周期为 6~17 天不等,平均展示周期为 9.2 天,展示的活体水稻均为开花至灌浆期,所展水稻的长势长相及理论产量均达到了超级水稻的水平,最高的达到了每亩 750 公斤以上,我们所有指标都达到了世博局合同任务书规定各项要求。

　　此次活体水稻展示,攻克多项科技难题,形成了一套独特的技术系统,因此,"世博水稻"的相关研究并不仅仅是为了展示,它还"留下了不少东西"。比如经过这回的试验,我们科研人员对水稻种植中一些复杂边界条件的把握将更加精准;形成了反季节水稻养成的专用半控式温室设计与建设,其中有关水稻反季节种植的管理方法和经验,可为设施农业的改进提供参考;研制了适合水稻个体展品养成的专用器皿及与其相匹配的养成方法和水稻室内展的全过程工艺流程,这样一整套农作物室内展示工艺通过总结和系统化,则有望拓展出一种新型的"展示农业"。

　　上海世博会中国馆里"稻菽千重浪"的美景,让每个中国人倍感自豪和骄傲,它既体现了中国农业科技人员的整体研究水平,又反映了上海在农业科技人员整体合作集成创新方面的又一重要成果。

　　上海世博会期间,荷花四月盛开,水稻五月抽穗,中华鲟携 30 多种长江珍稀鱼类"游"进来……中国国家馆里盛开的凤梨新品种"中国红",市郊 158 个生产基地的特供蔬菜……上海"农字号"的一个个亮点,把一个个"不可能"变成了现实,在这背后,展现出的是上海农业和农业工作者的科技底气、责任意识和严谨态度,同时也是上海都市现代农业建设在其定位下显现出独特功能。

　　封坚强,1958 年 2 月生,曾任上海市松江区五厍镇党委书记,有多年农业、农村工作经验。2000 年起担任松江区农委主任。是松江"三农"新型改革发展的直接参与者。

松江浦南：从经济薄弱地区
变身为美丽新农村

口述：封坚强

采访：贺梦娇

整理：贺梦娇

时间：2016 年 7 月 26 日

2007 年之前，说起松江的浦南地区，大家都有个印象，那就是"纯农业地区，典型的传统农村"。为了探索在纯农业地区加快现代农业和社会主义新农村建设的发展模式，2007 年 6 月，上海市农委将松江浦南泖港等农业地区，作为本市"三农"工作试点区进行综合开发和建设。于是，这块土地上的农村开始发生翻天覆地的变化。生态环境越来越好，农民保障问题得以解决，村里设施和服务日渐完善，农业越来越规模化、专业化，新农村的形象逐渐在浦南展现。而随着浦南"三农"工作综合试点区的概念渐渐淡去，松江的"三农"工作并没有停止脚步，反而从试点区的经验上得到了启发，全面推开了"三农"工作发展。如今，这块位于黄浦江上游的区域，已经成为上海独具特色的农业大区。

加大扶持力度，促进现代农业发展

纯农业地区如何加快现代农业和社会主义新农村建设，是上海市农委一直在思考的问题。2007年，时任市农委主任徐麟来到了我们松江，他觉得在这方面，松江有条件率先试点。于是，2007年6月，上海市农委将松江浦南泖港等农业地区，作为本市"三农"工作试点区进行综合开发和建设。市农委领导如此重视，我们也全力以赴做好试点工作。初期，我们就做了方案，定了规划、目标和具体措施。市农委副主任严胜雄多次带领各相关处室的干部过来商量，一起提建议，改方案，对示范区工作非常支持关心。当时我们认为，所谓"三农"试点区，就是在上海郊区工业化、城市化背景下，怎么样做到城乡一体化发展，使上海的农村、农业、农民和上海高速发展的工业化、城市化发展协调起来，具体上海"三农"应该怎么做，这是我们在探索的问题。

经过商定，浦南"三农"工作综合试点区，定位在黄浦江水源保护区，核心以五库农业园区为主，东起泖港镇同三国道，西至新浜镇许三公路，沿叶新公路南北两侧区域范围约64平方公里面积。区域内有20个行政村、127个自然村落，耕地面积11.69万亩，户籍人口4.75万人。为了使试点区工作有序推进，市农委和松江区相关部门进行了深入细致的调研，明确了试点区工作的主要目标和工作重点。农业方面，着力推进农业适度规模经营，实现农业生产的专业化、标准化、集约化和规模化；新农村建设方面，着力加强农村基础设施建设和提升公共服务水平，营造优美的农村生态环境；改善民生方面，着力推进农民非农就业和提高农民的社会保障水平，不断提高浦南地区农民的生活水平。

在多年之前,松江的农业模式已具备农业规模化、专业化的发展基础。在制定了试点区的工作重点后,我们坚持用现代物质条件装备农业,用现代科学技术改造农业,用现代服务体系提升农业,用现代经营形式推进农业,用培养新型农民发展农业,从而较好地提高了土地产出率、资源利用率和农业劳动生产率,提高了农业素质、效益和竞争力。我们主要做了这样几点工作。

首先,增强综合生产能力。2007—2010年,市、区两级财政加大了对试点区建设的投入和扶持力度,累计投入资金2.9亿元,分别实施了设施粮田、设施菜田、良种繁育基地、种养结合家庭养猪场和标准化水产养殖场等项目建设,促进了农业综合生产能力的提高。3年里,试点区已建成设施粮田7.8万亩,设施菜田0.59万亩,标准化水产养殖场面积0.46万亩,规模化猪场6家和禽场3家。

其次,注重农业科技进步。我们先后实施了农业资源生态循环利用、蔬菜绿色防控技术、青虾杂交种高效养殖技术示范推广等农业科技项目;建立了区级种子繁育基地,进行新品种的选育、试验和推广;引进种植了水稻优质品种、国内外高档温室蔬菜品种、新型农机品种等,科技创新能力不断增强;实施粮食高产创建活动,2009年泖港镇万亩示范带产量675.6公斤/亩,2010年产量达695.3公斤/亩。

再次,促进经营主体专业化。不断创新农业规模化生产经营方式,在粮食生产上积极探索发展粮食家庭农场经营模式。到2010年,试点区发展粮食家庭农场571户,家庭农场经营比重占试点区内粮田面积的78.6%。2010年试点区户均产粮7.44万公斤,比2007年户均产粮1.79万公斤增4倍多;粮食商品率96.5%,比2007年的69.6%增26.9%。试点区内组建粮食、蔬菜、瓜果、水产等农民专业合作社 126 家，产业化龙头企业 8 家，带动农户能力明显增强。

最后，我们健全农业社会化服务体系。建设了叶榭和泖港两个良种繁育基地，实行区级统一供种；组建 17 家农机专业合作社，构建农机作业互助模式；开设 6 家浦江农资门店，完善农药、肥料等农资直供体系；建立气象、农资、农技等手机短信信息服务平台，为家庭农场提供免费信息服务；建成 750吨粮食烘干设施，为专业农户提供烘干服务；建立农用土地管理信息平台，实现对土地流转动态掌握和有效监控，进一步规范土地流转和各类政策性补贴的发放。

营造优美生态环境，提高农民生活水平

如果去过浦南地区，大多数人都会眼睛一亮，这和百姓心里传统的农村不一样，而就是我们所说的新农村。时任上海市市长韩正来了松江浦南以后也说了一句话："城市建设要像世博，农村建设要像松江浦南"，这对我们的工作是极大的肯定。事实上，松江农村环境的转变，最早就是在 2007 年试点区的时候。在这个过程中，加强了农村生态环境的建设和保护，推进了农村社会事业建设，使生态环境、生产环境和生活质量得到了有效改善，形成了环境优美、自然整洁的农村新气象。

我们先从村庄改造开始。2007—2010 年，市、区两级财政累计投入村庄改造资金 9910 万元，完成改造户数 5209 户，路桥设施不断完善，农民出行更加便利，生活污水实行集中处置，农村环境面貌明显改善。过去一到下雨天，村里的路都不能看，太泥泞了，现在，村民们都觉得舒心了。村内设施方面，我们推进"三室一站一店"建设。试点区内的行政村全部建成标准卫生

村级"三室一站一店"

室、村民事务代理室、文化活动室、为农综合服务站、便民农家店。村民足不
出村就能享受到社会保障、水电缴费、医疗卫生、文化娱乐等多项惠民服务。
就拿黄桥村为例,它可以说是我们浦南地区的典型,工作开展得比较早,还
被评上了上海市美丽乡村,这样的转变,提升了村民的幸福指数。

环境好了,我们也要考虑怎样在这个基础上进一步发展。我们试点区内
决定发展农业休闲旅游业,不是传统的农家乐,而是注重将现代农业生产和休
闲观光旅游相结合的农业旅游。于是,五库休闲观光园、新浜荷花公社、浦江
源温泉农庄等 20 多个农业旅游景点相继诞生,实现了农村生产生活环境美化
与农村经济发展的双赢。2010 年,试点区年接待能力达 35 万人次,实现营业
收入 4000 万元,带动农产品销售 1.2 亿元,带动当地农民就业 1516 人。

在提高农民的民生保障水平方面，我们也做了些工作。以前，我们农民每年提要求最多的就是要求提高镇保水平。为此，我们对试点区黄浦江水源涵养林失地农民落实了"镇保"，"农保"参保率 99.45%，老年农民养老金从 2004 年的 75 元/月/人，提高到 2010 年的 480 元/月/人（包括老年农民自愿退出承包经营权领取的养老补贴金 150 元）。如今是每月 1300 多元。同时，农村合作医疗参保率 100%，建立了合作医疗补助、大病统筹和困难群众大病救助三条保障线。对投保合作医疗的农民免收挂号费、诊疗费、出诊费等"三费"，农民大病报销限额从 2 万元提高到 6 万元；由区财政出资，每年对直接从事农业的劳动力、老年农民进行免费健康体检。农民对此较为满意。

可以说，现在我们试点区的农业初步实现了农田设施化、生产规模化、服务社会化、环境生态化，农业现代化的框架已基本形成；试点区的农村实现了道路硬化、河道净化、庭院绿化、环境美化，农村面貌焕然一新；试点区的农民收入逐步稳步提高，3 年来分别增长 10.3%、9.6%、8.8%，"三农"综合试点区的效应初步显现。

试点区概念逐渐淡去，先进做法推广全区

试点区的成效大家有目共睹，只是作为一个探索型的试点区，我们还渴望更多政策扶持才能走得更远。可惜，我们并没有等到更多的政策落地，随着时间的流逝，试点区这个名字就渐渐不被提及了。尽管如此，这个示范区的试点对松江"三农"工作起到了启发作用。原有试点区的先进做法，我们决定运用到松江其他地区。

在 3 年试点区建设中，总体来看，浦南"三农"综合试点区是在纯农业地区开展的一种有益探索。首先，试点区探索的农业适度规模经营、种养结合

模式、老年农民退养补助等做法适应了松江经济社会发展的新形势,具有较强的生命力。浦南"三农"试点区的初步成功,三个条件必不可少:一是随着松江区经济迅速发展,政府财政实力较强,为工业反哺农业、城市支持农村奠定了较好的经济基础;二是随着松江二三产业的发展,大量农民转到非农岗位就业,工资性收入已占松江区农民总收入的75%左右,农民对土地的依赖程度较低,为种田农民扩大规模提供了良好的机会;三是日益健全的农业社会化服务体系为家庭农场的经营提供了可靠的保障。

其次,家庭农场是松江创新农业经营主体的有益探索,完全符合农村基本经营制度。家庭农场是继农业龙头企业、农民专业合作社之后的又一种

如今浦南地区村容村貌

新型农业组织形式，完全符合以家庭承包为基础统分结合的双层经营体制。家庭农场的农户作为新型经营主体，实行的体制是家庭承包，经营的是本集体经济组织的土地，符合农村土地承包法的规定，适应现阶段农业经营的要求，是提高农业组织化的一种有效途径。

再次，工业化、城市化的快速发展，为发展现代农业、建设新农村提供了更为有利的经济基础和物质条件。正是在这种情况下，区委、区政府审时度势、抓住机遇、因势利导、有所作为，结合松江实际，积极制定和出台扶持现代农业发展和新农村建设的各项政策措施，因而各种有效探索才应运而生、发展壮大。

大力发展家庭农场，成松江靓丽名片

而在浦南试点区的优秀经验中，不得不细说的是家庭农场的推广。现在，家庭农场也成了我们松江一张靓丽的名片。从 2007 年下半年起，松江区开始探索发展规模在 100—150 亩的粮食家庭农场，并在 2008 年起结合粮食家庭农场生产，发展"种粮+养猪"种养结合家庭农场。在浦南试点区淡出大家视线后，家庭农场的发展一直在继续，直至成为松江地区不可复刻的经验。我们统计过，到 2015 年底，全区家庭农场发展至 1119 户、经营面积14.06 万亩、占全区粮食播种面积的 92.5%，其中机农一体 504 户、种养结合79 户、机农一体和种养结合占全区家庭农场总数的 52.1%。经过这几年的发展，家庭农场模式已基本成熟，取得了生产发展、农民增收、规模适度、环境友好的良好成效，培育了一批有经验、有技术、会经营的专业农民。就拿报纸经常报道的李春风来说，他也是个"名人"了，原先我们是希望农民能增收，经济水平能提高，而家庭农场推开后，他们这批人真正把家庭农场主，其至是农民做成了一份体面的工作。这也是我们松江经验的一大亮点。

但也不是什么人都能做家庭农场主,我们有严格的要求。从规范土地流转开始,松江推行农民承包土地委托村委会统一流转的方式,集中农民土地,实行规模经营,将土地交给真正有志于从事农业生产的农民经营。同时,将土地流转费由原本固定的600元/亩调整为以250公斤稻谷实物折价,使土地流转费随粮食收购价变动,使流出土地农民和家庭农场之间的利益由市场调节;然后,我们建立了准入机制,在农民自愿申请的基础上实行民主选拔,即由本村老干部、村民代表进行民主评定,择优选择,每年2—3次对家庭农场进行生产经营管理考核,实行淘汰退出机制。你种不好,那你就退出,让别人来种。在此基础上,我们发展种养结合、机农一体家庭农场,使家庭农场成为既种粮又养猪,还会农机操作的自耕农,成为一种专业的劳动。

推行家庭农场后,好处也是极大的。我们区粮田可以由本地农民规范种植,改变了过去1/3粮田由外来户不规范种植、掠夺性生产的情况,对保护基本农田作用明显,有效促进了农业生态环境改善。这体现在三方面:首先,通过农业技术的普及推广,改进和提高了肥料使用技术和效率,减少了化肥使用量;其次是发展种养结合家庭农场和推进秸秆还田,对增加土壤肥力、养护农田作用明显,种养结合家庭农场化肥使用量折纯氮减少30%,实现了农业生产的生态循环;再次是推行家庭农场后,秋播实施二麦、绿肥和深翻"三三制"轮作,有利于培肥地力,使农田环境整洁,进一步改善了农业生态环境。

同时,家庭农场也提高了资源利用率,稳定了粮食生产发展。他们做了家庭农场主后,粮食生产效益直接关系到农户收入,你种的好,效益就高,农民种粮积极性普遍提高,充分利用土地资源,千方百计种足种好。而二麦、水稻长势平衡,三类苗面积明显减少(推行家庭农场前全区三类苗面积在1/3左右),土地利用率大大提高,耕地得到更好保护,促进了耕地质量提高。家庭农场适度规模经营,也有利于良种、栽培和防治等农业新技术的推广应用,通过组建农机合作社,实行"小机家庭化、大机互助化"的农机作业方式,使全区粮食生产实现了全程机械化。2015年全区水稻亩产585公斤,粮食生产实现持续丰收。

此外,家庭农场的推行还提高了劳动生产率,促进了农民持续增收。据我了解,全区粮食种植户由2007年1.49万户减少到2015年1119户,户均经营面积125.6亩,户均年收入10万元左右;家庭农场户均年产粮7.3万公斤、年上市生猪约1500头。

现在去回顾当初的浦南试点区,可能会觉得并没有一个完整的结局,但那对我们松江后续的发展却起到了引导作用。可以说,我们后续的发展、规划都是建立在当初试点区做法上的。从这点来说,浦南试点区取得的成果是显著的。

口述前记

　　刘健,1965 年 5 月生。第十一届、十二届上海市政协委员。1992 年 1 月—1992 年 12 月,任上海市水产局郊区处科员。1993 年 1 月—2003 年 7 月,任上海市水产办公室副主任科员、主任科员。2003 年 7 月—2008 年 1 月,任上海市长江口中华鲟自然保护区管理处副处长。2008 年 1 月起,任上海市长江口中华鲟自然保护区管理处处长。

中华鲟放流与保护：
打造上海都市的绿色生态名片

口述：刘　健

采访：张树良

整理：张树良

时间：2016 年 5 月 23 日

2002 年 4 月,上海市人民政府批复建立上海市长江口中华鲟自然保护区;2003 年 7 月,保护区管理处正式组建;2005 年 3 月,《上海市长江口中华鲟自然保护区管理办法》颁布实施。而这期间,我先是在上海市水产办公室工作,后又调上海市长江口中华鲟自然保护区管理处工作,亲历了长江口中华鲟的保护工作的整个过程。

保护区管理处的主要工作职责,是按照《上海市长江口中华鲟自然保护区管理办法》的规定,保护长江口中华鲟为代表的水生野生生物及其栖息环境,从物种保护、资源保护、科学研究、执法管理、科普宣传、综合管理等方面开展工作,实现良好的生态效益和社会效益。

从中华鲟到自然保护区

上海以长江口为心,没有长江就没有上海,上海几乎是长江受益最大的省份。但是一个很严峻的事实就是,长江正面临严重的污染和生态危机,而这种危机受危害最大的城市就是上海。

此外,还有一个事情对我有比较大的触动,就是在我们单位成立两三年的时间里,还会有人问我:"上海还有个中华鲟自然保护区?""上海为什么要保护中华鲟? 中华鲟跟上海有关系吗?"

那么长江有没有自己的精灵? 上海有没有自己的精灵? 为什么要保护中华鲟,要进行放流? 就是要让中华鲟在上海人的心目中成为一个"宝宝",成为一个可以呵护的指标、一个精灵,或者说"爱心的寄托"。

中华鲟曾与恐龙为邻,已在地球上繁衍生息 1.4 亿年。它在长江中上游出生,在大海里成长,成熟后又能千里溯源、准确无误地回到出生地长江生儿育女。由于葛洲坝工程的兴建,它失去了自己的"故乡",面临物种灭绝的危险。30 多年来,在人工繁育的协助下,它不断适应调整、顽强地生存着。作为世界上现存鱼类中最原始的种类,中华鲟身上可以看到生物进化的痕迹,蕴含的无穷奥秘令其足以担当"水中大熊猫"的美称。中华鲟是长江的旗舰物种、指标物种,如果它们灭绝了,人类的生态系统安全也将遭到威胁。

这就是为什么我们要进行中华鲟的放流与保护,为什么要让这个活动社会化,我们的目的就是要把中华鲟的放流与保护打造成上海都市的一个"绿色名片",就是让别人都知道,我们有这么一种鱼,有这么一条可爱的鱼,有这么一个鱼的精灵。此外,放流也是我们业务需要,要保护它的种群,通过人为干预,让它的种群得到恢复,同时也可以反过来检测长江的生态是不是好。与此同时,在中国人的固有观念中,放生是积德行善的行为。

当人们觉得中华鲟放流是一件好事情,说明人们的环保意识就觉醒了,自觉地也就不会乱扔烟头了,注重对身边环境的保护了,所以我们不是为了保护中华鲟而去保护,我们保护了中华鲟,其实就是保护了中华鲟的栖息地,就是保护了长江流域,就是保护了上海,就是保护和唤醒了人们的环保意识。所以我们要把中华鲟的放流与保护打造成社会化的活动,打造成都市的绿色名片,所以我们每年的放流都要吸引市民、志愿者的积极参与;我们邀请领导参加,来扩大我们的影响;抓住一切机会,把放流的名片推出去。

上海市长江口中华鲟自然保护区于 2002 年经上海市人民政府批准成立,位于上海市的东北方,地处长江入海口,属于野生生物类型自然保护区。2008年 2 月,上海市长江口中华鲟自然保护区列入国际重要湿地名录,是世界上最大的河口湿地之一,也是我国为数不多和较为典型的咸淡水河口湿地。

为什么将保护区设在这里?是因为保护区地处太平洋西岸第一大河口长江口,是我国鱼类生物多样性最丰富、渔产潜力最高的河口区域,是地球上生产力最高的生态系统之一,是海洋生物营养物质的重要来源地,也是最敏感和最重要的生物栖息地之一,许多广盐性的生物种类在这里完成部分或全部生活史,是许多鱼类重要的觅食、繁衍和栖息场所,具有生态环境自然原始、湿地类型典型、湿地功能独特等特征。所以,保护区可以说是中华鲟唯一的"幼儿园",特有的"待产房",又是重要的"产后护理场所",是中华鲟生命周期中唯一的、数量最集中、栖息时间最长、顺利完成各项生理调整,同时又最易受到侵害的天然集中栖息场所,也是其他鱼类洄游的重要通道和索饵产卵的重要场所,有着很高的保护价值。

开创设施化放流先河

自 2004 年开始,中华鲟保护区管理处持续开展长江口珍稀水生生物增殖放流 16 次,已经成为上海的生态名片;累计放流中华鲟、胭脂鱼、松江鲈等珍稀水生生物 25 万余尾,其中 1.5 米以上的大中型中华鲟近 400 尾,刀鱼、长吻鮠、菊黄东方鲀、暗纹东方鲀等 8 万余尾,河蚬、缢蛏、沙蚕等底栖生物约 175 吨;开创了设施放流的先河,放流中华鲟的监测跟踪得以完善,全部采用体内和体外双重标志,首次将可脱落式卫星定位系统应用于中华鲟放流,截至目前,累计回收放流中华鲟的标志信息 38 尾,取得了较好的标志信息回收效果。

2004 年是第一次放流,为后面的放流积累了经验。当年我们抢救了 119 尾小中华鲟,当年参与放流的是时任市农委秘书长蔡友铭加上我们单位的 8 个人。当时没有任何放流的经验,放流前一天晚上,我和我们单位刚刚硕士毕业的陈锦辉通宵没有睡觉,列出中华鲟放流的问题清单,一个一个地拟定解决方案和应急预案。好在我们准备得比较充分,人和鱼都比较少,所以放流过程还算顺利。

放流结束后,我就意识到几个问题,第一个就是我们鱼太少,只有一百多尾鱼,不但放流效果不好,而且很难造起社会声势;第二个就是放流使用的工具是脸盆,直接把鱼从船上倒进水里,这本身可能对鱼造成伤害。

能不能通过对中华鲟进行"迁地保护"来解决鱼太少的问题?当时我们考虑到,长江上游的很多省份每年也都在放流中华鲟,但是经过长江的人为活动,往往成活率并不高——中华鲟一路多灾多难,如遭遇化工厂偷偷排放的污水,不幸被轮船的螺旋桨击中,或者找不到食物,甚至被非法捕捞都会对其生存造成威胁。中华鲟在长江口主要进行两项活动——索饵育肥和入海前的适应。可以说，长江口是中华鲟的"幼儿园"，只有在"幼儿园"进行5至6个月的生理、心理训练，小中华鲟才能够游到海里去。根据当时我们掌握的资料，认为这个方法是可行的，当时请教了很多专家，也有很多反对的声音。但是现在这种质疑已经不存在了——因为我们放流的鱼，在日本、韩国都有检测到，每年回捕的中华鲟中，我们放流的也占有了一定的比例，因此，我们"迁地保护"的放流方式是相当成功的。

我们引进的中华鲟数量大约是5000多尾，引进之后的重要环节是养鱼，但是当时我们的工作人员基本上不会养鱼，有的是大学刚毕业，有的不是水产专业的，能够养鱼的只有我一个人，还好我有6年的一线养殖经验，养过鱼、养过虾、育过苗，加上我在水产办公室工作积累的管理方面的经验，知道哪里适合养这些鱼，后来在嘉定找了一个养殖场，与企业合作把鱼养起来了。开始的阶段，很艰辛，很多人连投饵都不会，投饲计划、水质调控、病害防治、拉网监测更不用说了，很多都是学校刚毕业的学生，连鱼都抓不住，我就手把手地教他们，终于慢慢地把鱼养起来了。

第二次放流可以说是机缘巧合。知道我们在嘉定基地养中华鲟，国务院三峡办水库管理司的一位司长前来考察，得知了我们要进行放流的消息，他就说要请三峡办的主任进行放流。我当即答应下来。后来才知道三峡办主任的行政级别很高，而上海水产领域还没有这样级别的政府官员参加放流的接待经验。

后来一直没有接到通知，我们就按照上一次放流的经验在准备第二次的放流，在嘉定水产技术推广站会议室开放流筹备会的时候，接到电话说三峡办的主任要参加放流，而且他们出面邀请了上海市政府、农业部的领导同志一起参加。我当即向市农委作了报告,后来在农委的指导下和要求下,放流方案做了提升,并邀请了市农委水产办、渔政处的同志和我们会商,制定放流方案。

根据第一次的经验,我们决定不再用脸盆放流,而是要做设施化放流,但当时全国还没有任何单位拥有设施化放流的设备,时间已经是九月,只有半个月的准备时间了。后来我们工作人员在网上查询了,结果就是找不到合适的机械,因为"懂机械的不懂鱼,懂鱼的不懂机械",我直接想到了渔业机械研究所,因为他们"又懂鱼又懂机械"。

后来我们联系到渔业机械研究所的所长、副所长、办公室主任,东海水产研究所的业务副所长、鲟鱼专家庄平等,在去崇明的一条船上,我们几个人一起讨论设施化放流的设备图纸。两个小时的船程后,就到了我们团结沙的基地,基本思路也基本成型了,后来一直到晚上八点钟,图纸就完成得差不多了,我们叫它"水晶棺材"。它是长方体的,上面盖子可以打开把鱼放进去;后面还有吹水的孔,要求隔板可以打开,但是关上之后要不能漏水;还要有推的装置和导水槽,基本思路就出来了。后来时间紧张,没有时间画图纸,基本上是在地上画图纸,直接开工做的。后来一共做了六个,做完之后,我直接跳了进去,先试验了一下,一是担心质量,二是担心不够平滑,因为如果有问题,鱼肚皮很容易就受伤翻开来。

后来放流过程比较顺利,用了3个槽放流,参加的领导是时任国务院三峡工程建设委员会办公室党组书记、主任蒲海清,时任农业部副部长牛盾,时任上海市副市长胡延照。这次活动最大的特征,一是规模比较大,一共放了3400多尾中华鲟;二是开创了设施化放流的先河,后来农业部还专门发文,推广设施化放流。

人文关怀添彩市长国际企业家咨询会

上海市市长国际企业家咨询会议创立于 1989 年，每年举行一次会议，是朱镕基担任上海市市长时确定下来的。到 2008 年，已经是第 20 次，成员已经增加到 14 个国家 39 个成员，均为国际知名大公司董事长、总裁或首席执行官。

按照当时的会议安排，要设计一项户外活动，要求是既要相对轻松，又能够体现城市特点，同时又具备一定社会意义的活动，比如此前有安排公益植树等。中华鲟放流本身技术上是没有问题的，但是如此高规格的活动，单靠一个单位很难顺利完成。当时农委的秘书长是唐海龙，还是按照要求把中华鲟放流这个活动上报了，后来由我代表单位去进行活动方案的汇报。当时的要求是汇报 15 分钟，我排在第三个，进入之后，刚汇报了 5 分钟，就被时任上海市政府秘书长姜平叫停了，开始还很纳闷，觉得讲述过程也没有什么明显的错误，后来姜平说：“这个活动就定下来了，后面的就不要讲了，以后有机会再听。”我才松了口气。实际上，我们说到生态的理念的时候，就已经把领导给打动了。领导说，这个就能体现上海的特点，就这个活动就很合适。就这样，上海市市长国际企业家咨询会议 20 周年这个重大的活动就选择了中华鲟放流这个项目。

这个活动是在市农委的支持和投入下才完成的。这个活动是室外活动，很多方面的内容需要准备，首先环境要好，其次要建设好放流的硬件设置，这个还需要根据环境的基本状况设计，然后让施工单位去施工。

当时定下来参加放流的人是 32 个，第一步是选址，最终选在了浦东滨江森林公园，其实那个地方并不是放流最好的场所，滩涂面积挺大的，直接把鱼放流是不可行的，所以我们就对放流槽进行了修改，把规格改大了，并按

2008 年,上海市市长国际企业家咨询会议放流活动

照新的规格制造了放流槽,然后接放流的管道,然后搭建放流的台子……前期的准备要做得非常充分才行。这些内容说起来简单,但是做起来是非常复杂的,例如中华鲟的搬运工作,搬运的时候要很多人帮助才行,后来我们看活动的录像,我们的工作人员都像机器人一样,一二三,口号喊完,鱼刚好放上去,运走;一二三,喊好,鱼刚好放上去……就是这样精准的节奏,才能保证前面放流呈现出最好的效果。领导放流时间大约 20 分钟,时间大概在下午 3 点,我们的鱼中午就运到了,打包鱼大概在早上 6 点钟,工作人员准备设备大部分都是整晚不睡觉。

放流当天,我们还邀请了气象局的人为我们临空指导,随时预报天气状况。因为当时的天气预报显示当天会下雨,巧合的是,正好在放流的 20 分钟左右没有下雨,放流前后雨都下得挺大。

每条中华鲟背部的骨板上,挂着一枚硬币大小的黄色塑料圆块——这是中华鲟的"身份证",上面有唯一编号和卫星定位系统。从此,中华鲟不怕再"迷路"了。中华鲟尾部还植入了1颗米粒大小的芯片,记录中华鲟的识别信息。

参加放流活动的贵宾们身着特制的"中华鲟"夹克衫,分成4批,通过透明的水泵放生中华鲟。"3,2,1",倒数计时,韩正、沈德培等8位贵宾一齐拉动阀门,8尾中华鲟顺着水流冲出玻璃管道,跃入长江的怀抱,转眼间无影无踪。之后,嘉宾又依次放流了24尾大型中华鲟。放流结束,嘉宾们还想凑前一步再看看中华鲟的"倩影",列文斯通先生还一个劲地念叨"从来没见过这么多、这么大的中华鲟……"

这次放流也为我们以后的放流也打下了基础,这些东西现在还留着,现在好多放流的设备、设施都是2008年的这个活动留下来的。

结束之后,我们吃了点儿东西,马上赶去照相馆,把放流的合影照片冲洗出来,送到开会的会场。同时,放流之后,我们按照工作流程,派船出去巡逻,张贴告渔民书,告知渔民如果误捕要及时上报等。而且,此次被放流的32尾中华鲟,由上海市长江口中华鲟自然保护区管理处精心培育了9年。

每一次的放流都是这样,除了放流活动的现场,前期还要养鱼、养好多年;放流之前,还要对鱼进行适应性训练;放流当天要打包鱼;放流结束要收拾东西;然后要集体出海巡逻,同时发放告渔民书,这是一整套的流程。与此同时,放流中也有很多技术含量很高的内容,比如接受卫星信号、搜集反馈数据、根据数据分析鱼的生存状况等。

中华鲟等珍稀水生生物放流活动作为上海唯一的长江特有珍稀保护物种放流。社会各界广泛参与,国际影响力大。除了前面提到的几次放流,还有市人大代表、市政协委员、中国科学院院士、凤凰卫视主持人、社会各界关注生态环境保护的志愿人士、科研院所的专家和大中小院校的学生等共约3000人曾参加活动并放流中华鲟等珍稀水生生物;约10万人参加中华鲟放流系列活动。

这些重大放流活动和每年的常规放流,给了单位同事极大的自信心,同时巨大的社会影响力也提升了单位的形象。后来我们做过一次调研,从2004年农委都有人不知道我们这个单位,到前年我们做了一次第三方的调查,大约70%的人知道有中华鲟自然保护区,社会认知程度得到了大大提高,这对于形成环保理念有很大的帮助。比如去年的时候,我们因为建设现在的基地,暂停了一次,就有人问我们"为什么没有放流?"因为在他们的心目中,中华鲟放流已经成了"生态嘉年华"。

100%的中华鲟抢救成活率

中华鲟保护区管理处积极致力于以中华鲟为代表的珍稀濒危水生野生动物的救护工作,建立长江口水生野生动物救护专业团队,足迹覆盖江浙沪,是名副其实的"水生动物120",先后抢救了中华鲟、中华鲎、江豚、小抹香鲸、长须鲸、瓶鼻海豚、大鲵等珍稀物种5000余尾,其中大型野生中华鲟抢救存活率100%。

2014年3月8日上午9点40分,中华鲟管理处接到渔民报告,在长江口北港北沙附近作业时,误捕一尾大型中华鲟,如若不救助直接放走,鱼可能有生命危险。

中华鲟管理处立即启动抢救应急预案,工作人员立即向上级报告情况,同时迅速赶往事发地点,并随即启动单位的中华鲟抢救预案,所有人员终止

齐心协力救护中华鲟

休息，保护区专家第一时间赶赴现场。为及时让被困的中华鲟获救，救援的人第一时间联系了快艇，船靠岸时，其他人员早已等候在水边，同时准备了简单而有效的救助设备，运鱼需要人力时，大伙也顾不得天有多冷、水有多深，穿着鞋子就冲入水中，最后在众人的努力下，终于将受伤的中华鲟运到了崇明临时基地的抢救池中。

当天晚上 8 时，受伤巨型中华鲟抵达上海市长江口中华鲟自然保护区嘉定临时基地的抢救池后，专家们连夜开展全面诊治。首先要对中华鲟体表进行了全面检查和测量；然后运用 B 超等现代医学设备对中华鲟进行内部检查，抽取血液以待进一步化验；最后对中华鲟的体外伤进行了全面处理，注射了消炎和能量针剂;同时安排工作人员开始24小时值班观察,全面记录呼吸、活动等情况。经初步检查,该尾中华鲟全长3.45米,重约300公斤,体表有多处老伤,鳍部多处撕裂,鳃部被网具捏伤,呼吸缓慢,体质虚弱。

3月9日上午9点,确认受伤中华鲟内部脏器受伤情况,并进行相应的消炎和能量补充处理。下午3点,受伤中华鲟出现了断断续续的游动,体质有所好转。3月10日,经过连续两天注射消炎和能量针剂、伤口处理、B超检查和24小时密切监视,受伤中华鲟体外伤势好转,体质慢慢恢复,开始间歇性游动。3月11日开始,为避免造成抓捕应激反应,加快鱼体恢复,开始采取潜水检查和水下注射救护技术开展救治,每天由潜水人员深入水中一个小时,对该尾中华鲟外伤恢复情况进行检查,在水下注射能量、营养和消炎针剂,同时继续开展24小时监护,密切监视救护池水质和中华鲟行为变化情况。3月13日凌晨,该尾中华鲟体力有所恢复,开始持续游动,游动姿态趋于平稳,尾部摆动有力,能在上中下水层进行交替活动。经过半个月不间断救治和看护,巨型中华鲟伤势已经比较平稳,即刻转入康复暂养池进行进一步后续治疗,并开展潜水伴游摄食驯化。该尾中华鲟代号"20140308",是保护区历年抢救中最大的一尾。这只是我们救助受伤中华鲟的一例,上海市长江口中华鲟自然保护区管理处成立十年来,共抢救2米以上大型中华鲟8尾,抢救成活率100%。

全民关爱中华鲟

借助中华鲟抢救、增殖放流、湿地生态保护、专家论证会、讲座、学生参观体验、展览等活动,通过电视、电台、报刊、专题、简报、网络、新媒体等手段,力求通过多途径、多手段、多方式的宣传教育,在本市、全国乃至国际扩大宣传，获得公众对生态环境保护事业的理解、认可、支持和参与，营造"关爱和保护国宝中华鲟"的良好氛围。

2010 年上海世博会期间，中华鲟携"生命之球"在世博园内展出 184 天，吸引了 245 万国内外游客驻足参观，12 位省部级领导亲临，是世博园内唯一的国宝级生物物种科普生态展览，是世博史上唯一的以保护为目的的水生生物展示，被誉为"镇馆之宝"；中华鲟生物标本作为体现上海特色的三件展品之一，于 2012 年在韩国丽水世博会中国馆上海活动周上展出；中华鲟等珍稀水生生物和生态环境保护进校园、进社区、进渔区、进港区活动陆续开展，同时中华鲟保护基地已经成为上海市民和学生的校外课堂、爱国主义教育场所和生态道德教育课堂……

中华鲟保护科普宣传教育活动的开展，提高了市民保护生态环境的意识，提升上海都市文明程度，扩大了国际影响力。社会各界人士自发组织参加中华鲟保护活动，广大市民参与生态环保的意愿不断增强，中华鲟保护的社会参与度逐年提升，据第三方调查，上海市民对中华鲟的认知率达到 90%。通过中华鲟放流、生态环境修复等保护活动，营造了良好的氛围，描绘了长江口"国宝方舟"的美好蓝图。

与此同时，上海市长江口中华鲟自然保护区基地也即将建成。基地位于上海市崇明陈家镇瀛东村南分场，面积约 55989 平方米，这一基地将集中华鲟增殖与放流、中华鲟及其他长江珍稀水生生物抢救、暂养、繁育、科研和科普宣传教育为一体，并实现对保护区水域巡航执法、资源环境监测及修复工作的陆上保障。

经过多年的努力，我们可以自豪地说，中华鲟放流已经成为上海城市的绿色生态名片。

【口述前记】————

　　陈春民，1975 年 3 月生。1997 年至 2003 年，在上海普陀区曹安市场经营农产品批发业务；2003 年至今，担任上海弘阳农业有限公司总经理、上海春鸣蔬菜专业合作社理事长等职。任职期间先后获得"全国优秀农民工""上海市两新组织优秀共产党员""上海市优秀农民工""上海市十佳农业农村青年人才""第四届青浦区专业技术拔尖人才""世博蔬菜产销服务先进个人"等荣誉称号。

"弘阳模式":让菜农、市民和企业实现共赢

口述:陈春民

采访:尹　寅

整理:尹　寅

时间:2016 年 7 月 26 日

我们上海弘阳农业有限公司是一家集蔬菜种植、冷储、加工和销售为一体的现代农业企业。作为公司总经理和合作社理事长,我先介绍一下我们的企业。

我们弘阳农业有限公司于 2003 年在闵行区成立,2007 年落户青浦区白鹤镇青龙村。通过 10 多年的奋斗打造,公司从初创时的 10 余人,目前已发展成为有 300 余员工的上海蔬菜生产知名企业之一。公司推行的"弘阳模式",将菜农从产销中解放出来专心生产,让菜农、市民和企业实现了共赢。通过"公司+合作社+基地+农户"的产销经营模式,公司规模不断壮大。现拥有 4 个蔬菜生产基地,常年种植青菜、生菜、芹菜等近 20 种绿叶蔬菜,面积

达 2151 亩,与周边农户签订订单蔬菜种植基地达 2840 亩;在浙江金华、江苏东台、山东兰陵和云南昆明等地均有合作监管基地,种植面积达 13000 亩;年产蔬菜 10 万多吨,日均配送量 300 多吨。

公司先后获得多种荣誉,2009 年,被列为上海市蔬菜种植标准化示范区;2010 年,弘阳"HYAP"新鲜蔬菜被推荐为上海名牌产品;2011 年,杜村基地、青龙基地分别被评为农业部和上海市蔬菜标准园;2012 年,杜村基地被评为青浦区科普基地,荣获"全国农超对接先进单位"称号,金米基地荣获"上海市蔬菜标准园"称号,HYAP 新鲜蔬菜再次被推荐为上海名牌。

只身来沪推销农产品

我出生于浙江省金华市磐安县,是一个土生土长的农民,从小家境不是很好。穷人家的孩子早当家。记得在 1997 年,那时才 20 多岁的我便只身来到上海,梦想着能在上海闯出一番事业。我发现,上海的香菇市场需求量很大,而磐安又是"中国香菇之乡"。于是,我辞去了原来的工作,和老家的哥哥联系,做起了香菇、食用菌生意,为曹安市场批发商供货。

创业是辛苦的。刚开始的那段日子,每天晚上我都要在长宁路江苏路路口等磐安的旅游车把香菇带过来。遇上大冬天,刺骨的冰冷难以忍受,如果车子晚点,到上海已是凌晨 4 点,坐在地上睡着的我,站都站不起来,头发像冰丝一样,一根一根的,手凉脚僵,全身麻木。在曹安市场摆地摊做香菇生意时,还遭到过同是香菇销售商的排挤,试图将我赶出市场⋯⋯回想起那段日子,真是充满了艰辛。然而我都咬牙坚持了过来。我用自己的热心、诚心赢得了客户,打开了市场,生意越做越大,香菇销量与日俱增。

2000 年,我与台湾客商签约,开始经营金针菇,为市场、超市、宾馆服务,

冷库外景

积累了一定的蔬菜市场经验。与此同时，从 2000 年起，我先后在北京、上海、杭州、无锡、苏州等地开设了 10 多个销售门市部，自行采购销售全国各地的蔬菜和食用菌。可是，慢慢地我发现，这种自采自销的模式，带来了结账难、资金周转慢等问题，更严重的是，采购来的各地蔬菜缺乏产地追溯机制，无法检测其农药残留量，对蔬菜质量安全带来了很大的隐患。这时，要成立一家属于自己的蔬菜配送中心的想法越来越凸显。于是，2002 年，我在闵行区华漕镇成立了蔬菜配送中心，并租下了 2000 平方米的仓库和一块菜地，成立了弘阳农业有限公司。

万事开头难。蔬菜配送中心从代加工起步，第一年就亏了 50 多万元，兄弟间还为此产生了矛盾。"失败是成功之母，永远不要害怕失败"，这是我的创业信条。我从失败中吸取教训,慢慢地我发现,通过层层转包,价格肯定会高,公司要有盈利,一定要创立自主品牌,并形成销售网络。2004年,公司的经营情况出现了大幅度好转。2005年底至2006年,很多菜农乱用药,市场蔬菜农药超标现象严重。谁能把绿叶菜质量控制好,谁就能立足市场。我们坚信,农场和食品安全是企业的生命线。于是,2007年,我们在白鹤镇青龙村建立了蔬菜基地,从农药、肥料、种子入手亲自参与种植。2008年4月,公司在白鹤镇组织菜农成立一家现代农业专业合作社——春鸣蔬菜专业合作社。

十余年打磨创立"弘阳模式"

自2008年春鸣合作社成立以后,弘阳公司就专心开拓市场接订单,合作社则主要负责基地生产,一种"公司+合作社+基地+农户"的蔬菜产销"弘阳模式"逐步形成。目前,弘阳公司旗下的蔬菜基地达2151亩,与周边农户签订订单蔬菜种植基地达2840亩,并在山东、云南昆明、江苏东台、浙江丽水和金华等地建有13000余亩合作基地,形成蔬菜大流通格局。

"弘阳模式"的生产管理体制,概括起来就是坚持"一个基础",实行"两头包中间统",落实"三级管理,各司其职"。

坚持"一个基础",就是家庭承包经营为基础。实行"两头包中间统","两头包",一是生产承包给专业种植户,二是销售实行包收,旺季实现行情价收购,淡季则是保护价收购,而"中间统"指的是统一生产管理。中间生产环节,由公司统一下订单,统一生产标准,统一技术措施,统一管理服务。多年来,一般1户承包菜农年收入可达6至8万元。落实"三级管理,各司其职",就是实行公司、合作社与承包农户三级管理。其职责分别是,公司统揽全局,主要负责市场开发和销售;合作社主要负责对蔬菜承包地农户的服务和管理;承包农户主要专心致志种好菜。"产权明晰、权责明确、管理严格、运行规范"的管理制度,促发了白鹤镇蔬菜产业的集聚发展,为蔬菜种植户的增收开辟了一条新渠道,"弘阳模式"让菜农、市民、企业都实现了共赢。

近10年来,弘阳公司的发展得到了社会各界和各级领导的大力重视和支持。2011年7月24日,农业部部长韩长赋赴青龙种植基地了解蔬菜播种和供应情况时指出,"弘阳模式"凸显出多重功能:组织化程度高,品牌营销型龙头企业面对的是生产型合作社,而不是众多分散的农户;生产型合作社为农户提供服务更实际、更有效;由品牌营销型龙头企业与生产型合作社建立的农产品购销关系更稳定,更合理;有利于品牌营销型龙头企业下功夫发展和提升加工、销售水平。"弘阳模式"不仅给上海各蔬菜生产企业、合作社提供给了很好的借鉴经验,更使弘阳自身的发展上了一个新台阶,公司先后被推荐为上海名牌,被认定为上海市著名商标和农业产业化上海市重点龙头企业,成为上海知名蔬菜企业之一。

"统包结合,各司其职"的生产管理体制

我认为,合作社不在于大,而在于会经营,善管理;合作社不在于几次分配,而在于让农民种的每一棵菜,能进入市场出售变成收入。

2008年起,由弘阳公司流转租赁的2000多亩蔬菜基地,制定了严格的承包准入条件,如使用违禁农药、打架扰乱社会治安、乱搭建窝棚等就实行一票否决,不得租赁承包。根据蔬菜用工量大的特点,一般一对夫妻承包7至8亩,实行适度规模经营,取得良好效果。

为了保证蔬菜生产安全,弘阳公司不断建立健全各项质量安全管理制

蔬菜大棚

度,监控生产环节。我们采用国际先进标准,推行 GAP 良好农业规范来指导生产,严格按照无公害标准进行标准化生产和规范管理。每个农场配备持证上岗的植保员,建立植保人员签名制度,对农业投入品进行审核和入库出库登记;建立专用的农药仓库,实行两把锁制度,一把锁在农户,一把锁在公司,施用药都在公司的监督与指导下进行;建立田间生产档案制度,全面、系统、准确、及时地做好蔬菜生产过程中的信息记录;培训检测技术人员,引进检测设备,做到地产蔬菜不检测不上市,不合格不上市,不承诺不上市;成立 HACCP 小组,制定和实施 HACCP 计划,系统而全面地进行产品的危害分析和控制生产过程中安全与品质危害因素,从而确保上市蔬菜安全卫生。除了严把生产中的安全关外，公司还建立了蔬菜质量安全二维码可追溯制度，给每份蔬菜发放了"身份证"，从播种育苗、施肥用药、检测采收，到加工分拣、冷藏运输，最后到消费者手里，每一个生产环节都能通过贴在蔬菜上的条形码查询。合作社围绕蔬菜质量安全目标，以及乐购、家乐福、家得利等大卖场的产品标准要求，采取六个统一，即统一品种、统一购药、统一标准、统一检测、统一标识、统一销售，实现规模化种植、标准化生产、商品化处理、品牌化销售和产业化经营。从 2008 年至今，合作社先后在各个基地建造了农业投入品仓库和检测室，并组织技术人员制订了 42 个蔬菜的企业标准。

白鹤地区散户种菜居多，种植户普遍没有经过系统的学习和培训，生产技术较低下。公司把农户们集合起来，进行规范化、标准化管理，并从种植技术、农药使用等方面对种植户进行系统培训，提高生产技术水平，不仅增加单位产量，还保证了上市蔬菜的品质和安全。从 2008 年至今，公司累计培训种植户达 7000 多人次。

订单生产为产销搭好桥梁

我给大家举几个例子。2008 年，社员李先强和妻子从安徽颍上来到青浦区白鹤镇种植蔬菜。他种了 7 亩多地，由于农家肥上得足，长得特别好。夫妇俩种的蔬菜在采收前都要用快速检测仪进行检测，什么时候浇水、播种、施药、用肥这些田间管理信息记录也全部上传，实现了农产品质量的可追溯。54 岁的顾谨是青龙蔬菜基地一名有经验的菜农，在公司种植蔬菜已有近 10 个年头。他种了 15 亩地，全部种着青菜、鸡毛菜、生菜等绿叶菜。从散户到合作社社员，再成为公司"员工"，几年来，"身份"改变带来的是收入倍增。至 2012 年，顾谨夫妻俩实现年收入 10 多万元，是他在老家和当散户时的 3 倍还多。公司里像李先强、顾谨这样的蔬菜种植户共有 200 多户,大都是从外省来的中年夫妻,每家承包七八亩地。

公司与菜农签订"两项保证"和"价格保护"的产销合同。"两项保证"即菜农保证购买公司的种子、农药和肥料,公司保证收购菜农种植的蔬菜;"价格保护"即公司以低于市场价格的优惠价向菜农供应种子、农药和肥料,并与菜农共同商定最低收购保护价,实现真正意义上的价格保护。这些措施既消除了菜农的后顾之忧,又保护了菜农的利益,调动了菜农的生产积极性,更是保证了蔬菜尤其绿叶菜质量的安全。合作社很多菜农都开心地和我们说,在弘阳公司种菜省心,有合作社收购,不像在老家,菜多了发愁卖不掉。这让我们也感到很欣慰。

为了保障种植户收入、解决种植户"卖菜难"、提高种植户的生产技术水平和保证上市蔬菜质量安全,公司积极与乐购、家乐福、易买得、华润等多家大型超市开展合作,并制定常年蔬菜供应计划表,合作社按计划部署,菜农按订单种菜,一两个月再对计划微调一次。例如小青菜 5 月搞促销,连续半个月里可能每天的销量是 30 吨,而平时只销 5 吨,过段时间又换其他品种,这些菜都要提前集中种下去。通过多年的实践,公司与乐购、家乐福、易买得的"农超对接"取得显著成效,解决了种植户及周边菜农蔬菜销路,使菜农收入稳步增加。由于减少了中间环节,使上市蔬菜价格趋于稳定,让市民受益;提高了生产技术水平,提升了上市蔬菜品牌知名度,使"弘阳"蔬菜销售稳步上升。公司自有品牌"HYAP"蔬菜,每天有 90% 进超市。通过超市物流中心配送,最远送到华东地区的连锁门店。还有 10% 的蔬菜,部分进标准化菜市场,部分进酒店、学校等。值得一提的是,如果出现"菜贱伤农"时,公司将对菜农实行最低保护价,即使 1 斤青菜的田头交易价跌至 0.10 元,合作社的收购价也不会低于 0.25 元，使菜农放心种菜。即使行情很差也能保本，这也是弘阳坚持与大型超市长期合作的原因。

建冷链仓储中心，稳定市场供应

长期以来，蔬菜生产面临着自然风险、市场风险和质量安全风险，蔬菜"多了多了、少了少了"引起价格的周期性、突发性波动，直接伤害了市民和农民的利益。如何使市民吃到安全放心、价格合理的蔬菜，使农民安心生产，又能增收，这是弘阳农业应尽的责任。这方面，我们主要是以物流做大市场供应。

为了减少中间环节，降低蔬菜销售成本，让市民得实惠，弘阳农业不搞第三方物流，建立自己的物流体系。公司拥有 14 台冷藏车，6 台菜篮子工程车，日配送蔬菜量达 300 多吨。

随着企业的不断发展壮大，公司管理层越来越理智清醒地分析这个市场。在上海主要的蔬菜批发市场中，90% 以上的蔬菜均以常温物流和自然物流为主，蔬菜采摘后损失仍达生产总量的 20% 到 30%。实验证明，采后的蔬菜每推迟 1 天降温预冷，就会导致果蔬货架期或贮存期缩短 1 到 4 周。因此，蔬菜冷链的建立，将对市民菜篮子工程发挥积极作用。于是，建立一个冷链加工仓储物流中心的决定，摆在了公司发展的议事日程上。

在这期间，有一件事让我印象深刻。2011 年 12 月，上海联华、农工商、乐购等超市卖场纷纷开设卷心菜特价专柜，江桥、浦南、曹安等批发市场也为卷心菜销售开设"小灶"。上海市政府新闻办政务微博"上海发布"，也呼吁市民周末不妨买些卷心菜，帮帮菜农。原来，沪郊卷心菜的在田面积比上一年同期增加 3.7%，由于气温偏高，上市相对比较集中，卷心菜出现了一定程度的滞销,批发价每斤不到两毛钱,还有不少卷心菜眼看将烂在地里。为此,弘阳公司积极响应,在松江、金山等种植基地收储了近500吨卷心菜。那时候,我们就感叹,如果有一个自己的冷链加工仓储物流中心,那么就能为郊区菜农收储更多的卷心菜了。

为进一步稳定蔬菜价格,解决沪郊蔬菜大户销路,2012年,我们弘阳公司申请了上海市地方现代农业发展资金项目——青浦区蔬菜冷链加工仓储物流中心项目。该项目占地面积48亩,总投资8000多万元,主要建设内容为蔬菜冷藏库和低温加工车间。蔬菜冷链加工仓储物流中心正常运营后,可储存各类新鲜蔬菜10000吨,日中转量500—800吨,这样就可为广大市民提供更多的优质蔬菜。一方面,确保重要的蔬菜品种5—7天消费量的动态库存,对因天气原因造成蔬菜价格大幅波动起到稳定蔬菜价格、维护市民利益的作用,避免"菜贵伤民";另一方面,在蔬菜旺季,冷链仓储物流中心依据储藏能力收购农民蔬菜,解决郊区百家农民合作社、大户蔬菜销路,以保障农民利益,稳定农民收入,避免"菜贱伤农"。同时,"蔬菜冷链仓储物流中心"采取订单农业模式,直接与农民合作社、家庭农场进行对接,从种植技术、田间管理、采收方面推行标准化生产管理,不仅可以提高农民的组织化程度和生产技术水平,更能有力地保证上市蔬菜质量安全放心。到2020年,"冷链中心"目标将实现日中转各类新鲜蔬菜800吨,解决百家农民专业合作社蔬菜销路,为上海市民提供更多优质安全蔬菜。

我们将坚持"弘阳"模式,为建设好"菜篮子"工程,为上海市民提供更多更好的蔬菜,贡献我们的绵薄之力。

　　严国祥,1955 年 9 月生。上海祥欣畜禽有限公司董事长。2002 年荣获全国"五一劳动奖章"。2005 年、2006 年荣获农业部科技入户先进科技示范户。2010 年荣获全国农牧渔业丰收三等奖。2010 年至今,任上海生猪行业协会会长。

全力打造具有国际竞争力、可推广复制的"祥欣模式"

口述：严国祥

采访：陈宗健

整理：陈宗健

时间：2016 年 8 月 19 日

我今年已 62 岁，搞畜牧养殖业已经快整整 30 个年头了。其实，搞这一行是比较辛苦的。

一是要面对市场上的各种考验。比如，当碰到"猪周期"（中国生猪业的周期性波动），市场上的猪肉价像滑铁卢一样出现暴跌时，对养猪户打击很大，而且一点办法也没有。再一个就是，上海是一个"超一线"的国际大都市，有特殊的环保要求，对养殖业控制相当严。所以，长期以来，由于良莠不齐，畜牧养殖业往往容易与脏、乱、差联系在一起。当然，实事求是讲，有些猪场环境也确实是没有弄好。

不过，话又说回来，回顾历史，上海畜牧种业也曾有过辉煌的过去。我举个例子。像"梅山猪""上海白猪",还有浦东"三黄鸡"等,像这些种源农业,在国际上名声都是响当当的。而我的祥欣种猪,在业内现在也算得上是一个知名品牌了。

现在有人要在上海看两家像模像样、有影响力的种源养殖企业,我可以自豪地说,除了光明乳业种牛,就是祥欣种猪了。而这底气,就是来自我2002年至2012年的一步步积累。

现在,我基本可以将这10年归纳浓缩为前后两个阶段,即第一次转型阶段和第二次创业阶段。也可以用八个字来概括,就是"做实,做精,做专,做强"。

我的第一次转型

可以说,2002—2012年,是发生在我身上故事最多、经历最丰富的10年。从起步、成长到崛起,经历了3个最重要的发展阶段,最终使祥欣成为一个可与全球行业大佬理直气壮谈判的国际性品牌公司。也就是说,祥欣公司已经可以与美国等一些西方老牌欧美国家的专业公司平起平坐,开展业务技术交流。由于打造了以"种源"为制高点的祥欣企业核心竞争力,增强了公司长期从事种猪生产经营的能力,让祥欣得以完成了历史性转折。

这次转型,我主要做了五件事。

一是退养肉鸡肉猪,专注高端种猪。

1987年,我注册成立了上海祥欣畜禽有限公司。当时,公司主要经营肉鸡的饲养和出口业务。一开始只有300羽鸡,后来一点点将规模做大。那时养的鸡主要是出口日本。最高峰时,肉鸡的饲养规模达到了每年250万羽。

大概做了有七八年光景,亚洲金融风暴开始影响到我们公司的出口业

上海祥欣东滩基地全貌

务,从而导致鸡的产能过剩,销售市场开始走下坡路。当时我记得,国内正在推行扩大内需方针,抑制通货紧缩趋势,以克服亚洲金融危机和国内有效需求不足所带来的困难,国内养猪形势开始逐渐往利好方向发展。俗话说,民以食为天,猪粮安天下。这句话说明猪在中国市场上的重要位置。所以从1995年起,我开始养起猪猡来。边养鸡,边养猪,进行混养。

但是,养肉鸡、肉猪有一个"短板",就是环境比较龌龊。上海人多地少,土地资源稀缺,环保承载能力十分脆弱。而且,浦东地理位置的特殊性,也决定了不太适合搞大规模畜禽养殖。进入21世纪后,一个新的决策性思考,把我又推到了一个十字路口:是发展屠宰加工流通末端,还是转型搞种源源头、寻找新的出路？当时我纠结了一段时间。最后决定,退养肉鸡与商品猪,专养种猪。

从 2000 年起,我开始致力于良种猪繁育体系的建设,且无种不养猪。当时,国家"十五"规划中已明确提出,要坚持把调整农业和农村经济结构作为主线,改良畜禽品种,加快发展畜牧业。在此大背景下,一批规模化、企业化猪场也开始大量涌现。

为了顺应养猪业产业结构调整的大趋势,结合上海农业产业结构调整政策,我确立了以发展"种源农业、生态农业和设施农业"为重点的战略定位,把培育和推广优良种猪,作为企业的生存发展之道和经营理念。以性能优良的种猪为基础,提升养猪行业的整体生产水平,全力构建全国性的畜牧"种源"高地,以增加企业核心竞争力。

说起来也真巧,我的每一次选择,似乎都与国家大政方针贴得较近,每做一件事,都与国家相关政策基本相吻合,所以一路走过来,不大会迷失方向。

二是集聚人力资源,提升竞争实力。

祥欣种猪,起步于 2000 年,发展于 2002 年。当时,企业通过引进优秀人才,不断完善生产设施,一步步建成了上海乃至全国一流的育种猪场,培育出了以生长速度快、瘦肉率高、体型完美、繁殖性能良好而著称的祥欣品牌种猪,建立起了一套完整的安全生产管理体系和良种猪繁育体系,并连续多年被评定为上海市一级种猪场。

2003 年,祥欣的市场已遍布大江南北;2004 年,祥欣公司被市科委认定为"上海市高新技术企业",被上海市农委认定为"上海市农业产业化重点龙头企业";2005 年,祥欣公司生产的祥欣猪,被中国畜牧业协会评定为"中国品牌猪",祥欣种猪由此成为国内最著名的品牌种猪之一。

在我看来,作为一家专业种源公司,发展眼光不能光停留于南汇、上海,而要统览全局,具有全国视野。

刚开始时,我面临的第一个问题,就是人才匮乏。而育种是一项长期的系统工程,首先需要有一支稳定的高素质专业队伍。但由于自己当时庙还小,请不动那些"高大上"人才,所以只能跑到外地农校一家家去挖人,因为上海当时还没有这方面人才。第一家跑的是江西上饶农校,第二家跑了湖南长沙农校,第三家跑了江苏泰州牧校,那是一家全国有名的专科学校。

我从这3所学校中,共挑选出了20多人。经试工后,最后正式录用了其中的1/3,都是一些既热爱本职工作,对我们公司发展充满信心的中专生。后来,这些中专生经公司培养后,一个个都成了公司的栋梁,在各自的岗位上发挥重要作用,并由中专变大专,大专变本科,有的还拿到了硕士学位,而其所有的学习费用,都由祥欣公司来承担的。

后来我又从南京农业大学和中国农业大学(相当于行业内的北大与清华)聘请了4名国内著名育种专家,作为祥欣公司顾问,每年请他们来为祥欣公司出谋划策、保驾护航,做祥欣公司的后援支撑,他们中两个是兽医行家,两个是搞遗传育种的行家。

与此同时,以上海交通大学和上海市疫控中心为技术依托,成立育种技术部,组建成了一支专业的育种队伍,并制定了一个长远的育种规划和战略部署,为祥欣可持续发展奠定了基础。

三是外出取经求教,不断积累经验。

我是一个半路出家的人。所以,为了掌握更多育种知识,我经常会去湖南、河南、四川这些养猪大省考察,通过广交朋友去讨教,因为那儿人才济济。给我留下印象最深的,是当年在河南驻马店考察时结识的那位朋友。当时,河南养猪业比四川还发达,而这位朋友,是当时河南驻马店一个国营种猪场的负责人,湖南农大科班生。这位朋友虽小我 10 岁,但很聪明,业务能力很强,我拜他为师,从他的身上学到了许多专业知识。我几乎每年都会到许多省份考察,在业界结识了许多朋友,学到的东西也越来越多,眼界也越来越开阔。

按理说,同行是冤家,技术方面是保守的。但我所结识的那些行业朋友,都十分乐意与我交流,主动把技术传授给我,因为他们都认为我这个上海人做事认真,为人真诚,是属于值得他们信赖的那种人。

四是设法推销自己,奠定市场地位。

等招兵买马、拜师学艺之后,我开始考虑下一个重要问题,就是如何尽快把自己推销出去。第一步,打响上海市场;第二步,扩大华东影响力;第三步,建立全国话语权地位。我想,一个人不能只顾低头走,还要抬头看。企业要生存、发展、壮大,最后落脚点是什么? 就是要把自己的产品卖出去。当然,这中间也经历了不少曲折。

2003 年,祥欣第一次参加博览会。当时,我们展位只有 9 平方米,与许多像航空母舰那样的大公司相比,我们就像摆地摊的一只"小舢板",只能闷声勿响,缩在一个角落里。

博览会上要用宣传册,我做了一本只有四五页的企业介绍,也折腾了我一个多月,因为我当时苦于手头还拿不出素材,也不懂业务。从此后,各种各样的会议场合我都会争取参加。不管是区域性的,还是全国的,包括各届博览会,几乎都能看到祥欣的影子。

就这样,从一开始只有 9 平方米的一个标准展位,到后来拥有 8 个标准展位、共 72 平方米的一个特大展位,租的摊位体量越来越大,而且统统要求在国际展区,与外国公司并驾齐驱。2004 年,我还办了一件大事,就是承办了全国畜牧养猪协会的一次年会。这是一次高规格的育种盛会,参会的 400 多人当中,既有上海市农委主要领导和浦东新区的分管领导,还有中国科学院和中国工程院两院院士及来自全国各地的行业专家。这次会议虽然弄得我筋疲力尽,但却很有收获,可以说具有里程碑意义。因为会后,许多人都晓得了上海有家祥欣种猪企业,等于是帮自己做了一次很好的品牌宣传,"祥欣种猪"这四个字从此走向全国。我和公司同仁,从此也在各种场合让同行刮目相看,受到尊重。

五是借力政策东风,加速企业发展。

2005 年起,政府强农惠农政策连连出台,在这股强劲东风的作用下,祥欣的市场占有率、行业地位以及品牌影响力也迅速得到提升。那一年,祥欣买下了上海食品集团滨海猪场,并按照自己的标准翻新改造,实现企业规模与品质的提升。同年,又在江西革命老区井冈山辟地 1827 亩,新建了一个规模化种猪场,将产业链向外延伸,带动当地农业共同发展。

经过持续多年的资金投入,到 2010 年,祥欣公司先后对 4 个种猪场进行了标准化设施改造建设,从配种、妊娠、分娩、小保育、大保育和育成,各个饲养工艺段都配备了现代化的科技装备与设施,其中包括同步自动喂料系统、自动节能换气设备、漏缝铸铁板高床、地暖增温保温、蜂窝水帘、轴流风机负压降温等设施,给种猪饲养舍安装上了猪舍自动喷雾消毒系统。各种猪场还进一步完善了疫病防控和生物安全的体系,基本奠定了祥欣公司走向全国的基础条件。

同时,在育种体系方面,建立了标准化的人工授精站,配备了先进的人工授精实验室及必要装备,为种猪测定舍配置了美国奥斯本 FIRE 全自动种猪生产性能测定系统与自动电子称重磅。运用阿洛卡 290 型 B 型超声波测定仪和(EASY SCAN"猪 202 型")B 型超声波怀孕诊断仪进行种猪性能项目测定和早期测孕。

其实,祥欣早在 2000 年就开始引进被称为当时国内最好的大白、杜洛克和长白 3 个品种的纯种猪并进行组群选育。2002 年,又引进了 150 头当时国内最优秀的美系种猪。到 2005 年,又建成了一座高标准的纯种猪场,先后从美国引进了两批优秀的新美系种猪,使公司的育种跨上了一个新的起点和高度,加快了种猪的改良和遗传进展。

到 2009 年底,祥欣已形成了超过 1000 头的优良纯种猪核心群,其中大白达 650 多头、杜洛克 310 头、长白 100 头。种猪的各项育种指标均达到了很高的水平,其繁殖性能和体型外貌得到了完美的结合,表现出了体型高大、结构明显、肌肉结实、生长快、背膘较薄、产肉性能高、饲料报酬高、适应能力强、繁殖性状明显突出、产仔数较高的祥欣种猪。并以优良性能被评为"中国品牌猪"称号,其中祥欣"大白"种猪还被评定为养猪行业质量信得过产品,实现了转型发展。

所以,我非常感谢党和政府,在我有强烈发展愿望的时候,给了我强有力的支持,而且是持续不断支撑,为祥欣做大做强创造了条件。因为在"政府推动、市场拉动、企业主动、上下联动"的因果体系支撑下,祥欣没有理由不成功。

我的二次创业

2007 年,我根据当时实际情况,开始进一步明确企业定位,就是要在国内种猪市场上继续占有一席之地。但不是去做全面覆盖,而是做行业内的"塔尖",让祥欣二次创业。当时,国内种猪行业形势发展很快,一大批很有实力的企业已开始纷纷加入种猪行业,连国外一些种猪公司也开始趁势充斥国内市场。就当时形势来说,如果安于现状,就很有可能被边缘化。只有让自己做得更好,超越别人,才能立稳脚跟。在二次创业阶段,我们主要做了四件事。

一是建核心育种场,立足高端发展。

2010 年,祥欣公司已完成了所有种猪场的标准化设施改造,通过了农业部"国家畜禽养殖标准化示范场"的审核,被中国畜牧业协会授予"第一届全国养猪行业百强优秀企业"。另外,被农业部批准为第一批"国家生猪核心育种场",开始了在种猪方面的大手笔投入,由国内舞台走向国际舞台。

当时,在浦东东滩仅有的 5 万亩地中,祥欣拿到了 600 亩土地使用权,并在这 600 亩土地上,斥巨资兴建了一个年出栏 5 万头生猪、年提供 20000 头高端种猪的核心场——上海祥欣东滩国家核心育种场。该工程于 2012 年动工兴建,2013 年 5 月,第一条生产线正式投产。

从动工到投产,这个项目吸引了国内外养猪行业的大量同行。其中,有一家知名的饲料企业准备建猪场,董事长前后两次到祥欣参观并大受启发,回去之后就把他原定建场的预算翻了一番。当时为啥会有这么多同行要到祥欣来参观? 就是因为东滩场不但是一个超级高端的现代化猪场,而且是一个"混血儿",既不是照搬照套外国先进理念,也不是全部按照国内标准做的,而是把二者的优势结合起来。

二是为了二次创业,承受重重压力。

浦东提出二次创业,上海提出转型发展,这两句话祥欣都套得上。为了这二次创业,祥欣承受了前所未有的压力。

首先,东滩基地猪场是一个智能化程度相当高的项目。不仅我从未接触过,国内也很少有人有这方面经验。所以,整个工程无先例可循,一切都得靠自己从头摸起。还要承受资金方面的压力。从 2012 年起,全国生猪市场行情一路下滑,猪价连续两年暴跌,但饲料价格却居高不下,我亏本很厉害,压力大得不得了。

此外,在 2012 年项目建设初始阶段,还碰上了连续 4 个月的阴雨天。从打下第一根桩起,雨水就滴滴答答下个不停,导致工地成一片汪洋沼泽。而且,施工基地原本就是滩涂,地质非常松软泥泞,经雨水再一泡,施工车辆更加无法驶入。但时间不等人。当时,项目的每一道工序都有严格的合同时间表,一环扣一环,前期进度一旦受阻,就要直接影响到整个工程,后果不堪设想。所以就在那段时间,我被急出了高血压来。其实我家没有高血压病家族史,父母 80 多岁,血压一直都很正常。就是因为那段时间经常熬夜,承受了前所未有的重重压力,才让高血压摊到了我身上。

三是渡难关破困局,迎来发展转机。

在项目推进初期,公司办公条件相当艰苦,空调全部老化罢工。为节省开支,大热天员工办公只能靠吹电扇来降温,我当然也不例外。

在克服了一个又一个困难后,祥欣国家核心育种场建设项目如期推进。为了保障猪种的优越品质,我最终又在东滩场建立了一个高规格高标准、能容纳 300 多头种猪、在目前国内尚属首家的种公猪站。这是一个高端种猪的重要基因库和对外遗传交流枢纽,是集生产、科研、培训为一体的综合技术中心。种公猪站的创建,对加快上海生猪良种繁育体系建设、提高优秀公猪遗传资源的辐射应用能力、推进本市乃至华东地区的生猪良种化进程、稳定郊区生猪生产基础发挥了重要作用,成为引领本市种源畜牧业发展的标杆之一,及打造全国种源畜牧业战略高地的一个示范平台和展示我市农业科技成果的一个重要窗口。而且这个种公猪站生物安全措施是一流的,要求相当高,仅空气都要进行 5 层过滤。还设置了 5 道防线,第一道主要防飞鸟、老鼠和树叶,第二道主要防苍蝇和蚊子,第三道主要防灰尘,第四道进行中效过滤,第五道进行高效过滤。一些参观过的人都会笑着说,祥欣给猪提供的条件比人还要好。

有了良好的猪舍条件还不够,还必须要有优质的种猪资源。因此,我平时经常会到国内的猪场去参观,一旦看上哪头好的种猪,无论价格有多贵,都会买下来。通常是一二万元买 1 头种猪,最高时 3 万元 1 头种猪也买过。在引种和育种方面,我是相当舍得投钱的。而当时国内市场上,种猪价格一般 1 头母猪在 4000 元,公猪 6500 元。

2013 年 5 月底,我又做了一件史无前例、在国内外业界曾轰动一时的跨国大采购,去美国买回了 850 头全美最优质的种猪。此次引进的美国种猪,每头身价高达 2.4 万元,总价逾 2000 万元,比预算多花了 500 万元。这些种猪来自 73 个顶级种猪家族,2013 年全美测定排名前 10 名的种猪乃至"冠军猪"都包括在内。最后,再包用一架波音 747 大型货机把它们运抵上海。

这批金贵的美系种猪,后来经过严格的密闭式智能化专业驯化之后,取得了令人满意的遗传进展,产仔数累计近 3 万,产仔水平居全国领先。其中,有一半产仔是留给祥欣用于和公司原体系的种猪配对与选育用,还有一半则走向市场。尽管价格不菲,几乎是国内种猪的 2 倍,但却很有市场,很多知名企业、上市公司都向我们表达了合作意向。

美国小猪之所以吃香是有其原因的,因为它的后代在各个性能指标上

带领公司育种团队在美国进行育种

都表现卓越。以饲料回报率为例。国内养殖 1 头毛猪,每增加 1 千克体重需消耗 3.2—3.5 千克饲料,而这些杜洛克、大白和长白却只需消耗 2.6 千克饲料。

目前,祥欣引进的美系高端种猪养殖水平,已完全能与其美国"娘家"媲美,并获得了由美国国家种猪登记协会颁发的 NSR 中国成员匾牌。其种猪从此可以在 NSR 近 2000 万种猪基因数据库平台上,与 NSR 全球成员实现同步育种,每头种猪均能提供 NSR 所出具的具有法律效力的系谱。

四是打造祥欣模式,引领行业发展。

近年来,国内种猪场去国外引进生猪良种的不在少数,但引种规模往往都不大,因而都很难从外商手中选购到满意的精品种猪,导致最终选种不精、引入种猪血统不纯。再加上缺乏科学培养,漠视近亲繁殖,致使最终种猪品质不高,从而不得不再重新花高价到国外选种,出现了不断引进又不断退化这样一个怪圈。因此,这就从根本上局限了国内种猪遗传基因的优良化,制约了我国种猪养殖业的健康发展。

祥欣为此通过不断探索,打破了"引进—退化—再引进—再退化"这个曾一度困扰着国内畜牧养殖业种源发展的魔咒,形成了"引进—提升—输出"这样一个祥欣所特有的引种模式。其实,引进只是一种手段,通过国家生猪核心育种场的创建,将生猪优质基因种源辐射全国,以帮助国内地方猪进行遗传改良、防止种源退化,为承担国家战略生猪产业体系建设作一份贡献,即为提升上海乃至全国生猪生产与科学选育水平创造条件,才是我们的最终目的。所以,培育具有市场竞争力的"祥欣猪",已不是我严国祥一个人的事,而是一个事关中国种猪产业兴衰的大事。也正因为如此,我在接近花甲之年且身体欠佳的情况下,依然能顶着压力,进行二次创业。因为我希望看到,中国的种猪行业未来不用再去国外进口。

目前,祥欣的猪以大体重、高生长速度、高屠宰率的"一大二高"特点著称,形成了鲜明的产品特色。在种猪销售方面,祥欣采用按测定成绩分级别销售。2013 年,祥欣的测定公猪供不应求,售出的种猪 15000 元档次的达到 365 头,最好的精液能卖到 1000 元一头份,最好的公猪售出每头 2 万元的高价。2015 年,祥欣公司与全球最优秀的猪人工授精设备制造企业——德国米尼图公司合作,联合组建德国米尼图中国培训中心,为中国养猪同行搭建起了世界先进猪人工授精技术交流平台。

在进入大数据时代之后,祥欣将以最快速度完成传统农业向现代农业的转型升级。互联网也好,物联网也罢,统统都要将其应用到祥欣公司里来。我们的目标是,通过创建种猪育种繁育体系,打造一个可推广可复制的"祥欣模式"。

【口述前记】————————

王红刚，1965 年 7 月生。上海红刚青扁豆生产专业合作社理事长。现任浦东新区农民专业合作社联合会会长。

农民利益是丈量合作社发展的一把尺

口述：王红刚

采访：陈宗健

整理：陈宗健

时间：2016 年 8 月 16 日

　　1999 年，泥城镇彭镇镇被国家农业部命名为"中国青扁豆之乡"。那时，我身边的青扁豆种植队伍也已初步形成了一定规模。

　　2002 年至 2012 年，则是红刚青扁豆真正步入规范、实现跨越转型发展的 10 年：我完成了组织架构与品牌体系建设，创立了一套较为完整的科学种植营销模式，自主研发出了"红刚一代"至"红刚六代"一批具有市场核心竞争力的创新换代新品，使红刚青扁豆产品品质不断提升。

　　2002 年，我正式拿到了上海红刚农副产品有限公司营业执照，并于当年完成了"红刚"牌青扁豆的商标注册；2004 年，成立了上海红刚青扁豆生产专业合作社，从产、加、销、研初步形成了一套青扁豆产业的运行体系框架，并制定了红刚牌青扁豆生产技术操作规程与红刚牌青扁豆产品标准。2005

年,"红刚"牌青扁豆通过国家农业部无公害农产品产地认证。

至2012年,合作社已成为全国农民专业合作社示范社、上海市农民专业合作社标兵社、上海市扶残助残先进集体,还先后被评为首批上海市守信农民专业合作社、农民专业合作社示范社、浦东新区三农工作"十面红旗"单位,并被列为国家级青扁豆生产标准化生产示范基地。同时,还成立了党支部、青扁豆生产研究教授工作室以及浦东首家农村残疾人就业基地。合作社党支部还曾被评为上海市"两新组织""创先争优先进基层党组织"、浦东新区两新组织"党建示范点"。"红刚"青扁豆被评为上海市名牌产品和浦东新区"十大最受欢迎农产品","红刚"牌商标被评为上海市著名商标。

至2012年,青扁豆种植面积达2.5万亩,青扁豆年总产量已达8.75万吨、年总产值2.67亿元,平均亩产量3500公斤,平均亩产值1.068万元,使青扁豆产业成为引领广大农民奔小康的一面旗帜,并曾得到各级党政领导的关心支持。中央电视台等媒体也曾多次宣传我们合作社的做法,并把我请到了电视台进行现身说法,介绍经验。我"扁豆大王"的称号,也就是在那个时候一下子被叫开的。

从2002—2012年这10年间,我的青扁豆产业经历了由粗放型到精细化、由传统种植向现代科技集成的转型发展,形成了"统一种植生产、统一培训指导、统一农资配送、统一收购包装、统一品牌销售"之集约化、产业化、组织化、信息化、品牌化经营管理体系,创立了独有的青扁豆产业商业管理模式。

当年那段打工经历,让我与青扁豆结下不解之缘

我从小家庭生活条件不是很宽裕,17岁时就到生产队报到了,后来又去

芦潮港农场打过工。19岁开始学木工与泥工手艺,后来到工地找了一份手艺活。当时,农村流传一句民间俗语,即"荒年饿不死手艺人"。

然而,拿得起手艺活,并不代表就能永远高枕无忧。比如,工地老板一旦接不到活,你就会跟着一起断收入。我当时就是尝到了这种"断粮"的滋味,才回到家中,与家人一起做了2年水产生意。当时,南汇已经有了个体经营户和农贸批发交易市场,所以,这段时间只要勤劳就有钞票赚。

大概做了2年之后,我生了一场病,被迫在家休养了一年。康复后,我离开家人,应聘去了一家保安公司,在那儿做了3年保安。

2年水产、3年保安,这段经历可以说是我后来发展青扁豆产业的基础。做生意锻炼了我的头脑,而做保安是给了我一个企业管理的思路。我当时做过3家公司的保安,1家国企,1家乡办企业,1家民营企业。通过这3家企业的轮岗,让我学到了不同体制的管理模式。

后来,我又跳槽去一家建筑公司干了4年,还当上了材料科长。因为我精通泥水匠及木匠的活,所以当时工地上的"疑难杂症"几乎没一样能难倒我。我能把别人浪费的材料统统派上用场,老板因此对我也非常器重赏识。

在这4年中,我看到各农贸市场摊位上卖的菜每斤要3.4元,而我家乡的菜,农民种出来后,除了自己吃,其余多出来的会全部扔掉,而这些菜如果有销售渠道,都能卖上好价格。当时一天的工资也就20—30元左右,我想,假如我每天从乡下收50斤菜卖掉的话,一天就能赚百来元。而且,打工有很多束缚,不如自己干。于是,4年之后,我又提出辞职,开始了我真正告别打工的生涯。

我先是考了驾照,开始跑运输,并一直在留意寻找适合自己做的生意机会,因为我觉得单靠跑运输也没多大发展空间。

后来,我在普陀区真如农贸市场的一次送货中,看到一个扁豆摊位前生意不错,便好奇地走近去看了一眼,结果一看动了心,发现这扁豆卖相确实很不错。当时我就想,自己家里也有几亩荒着的地,正好可以派上用场。

直觉告诉我,这应该就是一次机会。于是我马上拿定主意,花200元托人买了1斤扁豆种子拿回家去种了。结果这一种,还真让我与青扁豆擦出了火花,从此走上了一条为自己打工的路。那一年是1993年。

由种植转为专注销售做大市场

我第一次种扁豆,几乎没费力即大获成功,十分顺手。

当时,我买来种子后,就像撒水稻种子一样,把它撒在了自家的3亩自留地里。没想到,就是这么随便一撒,第一年就让我轻轻松松赚回了相当于当时30倍种子的本金,让我兴奋不已。

由于我种扁豆肯动脑筋,懂得怎样去整枝,所以这钱也来得更容易。亲朋好友及附近乡邻看到后,纷纷找上门来,要求跟着一起种,并自己动手搭起了一个个简易棚架。这些棚架都是用芦苇和农民自己用手搓成的稻草绳捆扎起来的,不用花一分钱。

其实在我之前,青浦徐泾一些青扁豆种植户已在进行商业化种植。不过当时他们种植规模都不大,大约也就一二十亩地,并由商贩上门收购负责销售。

我和他们不同,由自己种自己销,没有中间环节。而且,当时青浦这些种植户都是采用自然生长法,不去整枝,故产量不高,品质一般,最终没能发展起来。而那些跟着我学种的亲朋好友,第二年起,每亩纯利收益已达到我第一年种植的3倍之多,种植收益越来越好。我也就是从那时起,开始帮全镇的种植户代销起青扁豆来,由种植转为专门销售。

由于我代销收费低,又有运输工具和销售渠道,且为人诚恳、有信誉,托我卖扁豆的农户越来越多。后来,我干脆直接跑到各农户家门口进行收购,做起了专业的营销经纪人。

一开始,我主要是在南汇惠南镇上的一个小型农贸批发市场进行销售。那时,尽管收购量还不大,但销路却很好,每次一到市场,很快就以 2.5 元/斤的收购价脱手。因为我的扁豆当时是独家,其他没人做,所以卖得不错。后来,随着种植队伍的不断扩大,惠南镇的市场已吃不下这些销量,于是我又转向真如农贸市场,开始跑大市场。

当时,我按每斤 6 分钱向种植户们收取运输费,折算下来,每亩地大概是100 块左右。由于扁豆是个小品种,所以那时市场上几乎还没有扁豆流通,许多消费者见着我的扁豆时,都不懂怎么个吃法。于是,我拿着锅子去农贸市场进行现炒,免费让市民们品尝,然后再送一部分给那些有购买意向的市民拿回家去体验。后来凡品尝过的人,几乎都认同我们青扁豆的口味,最后买的人也越来越多。

之后,我又通过技术改良,不断提升扁豆品质,把市场价定在了 3 元/斤。到 1999 年上半年,整个彭镇镇的青扁豆种植面积已由几百亩发展到 3000亩,并开始雇佣社会车辆进行运输。到了下半年,已扩张到了 8000 亩,种植队伍日益庞大,彭镇镇也由此被冠名为"中国青扁豆之乡"。

彭镇镇原来以种水稻为主,后来调整为以种扁豆经济作物为主。那时,整个彭镇地区几乎是一个村连一个村在种扁豆,有的村甚至连 1 棵水稻都不见,因为种扁豆收入好呀!

当时,种 1 亩水稻纯收入只有 100 多块,而种扁豆 1 亩地可达三四千元。

因而,当时镇政府将种植扁豆视为全镇农业结构调整的一块金字招牌,并成立了彭镇镇青扁豆营销协会。也就是在那个时候,我与彭镇镇政府开始有了接触与合作。

我当时主要负责抓生产、销售,镇政府负责组织、宣传,包括维护市场秩序等方面工作。镇政府当时要求我一定要将扁豆产业调整好,包括市场、价格、质量、品种等都要一步步规范起来。到了 2001 年,南汇青扁豆种植规模已达到 30000 亩。2002 年,青扁豆种植面积已达到 37000 亩,包括彭镇、泥城、大团、万祥、惠南、芦潮港、书院等镇以及奉贤四团镇等都已带动起来。我也被市农委产业办授予上海市"十佳农产品营销大户"荣誉称号,并由时任上海市副市长冯国勤亲自颁奖。

市场越大风险越大,成与败有时全在一念之间

比如,2002 年前,我已把青扁豆营销做到一定规模,但随之而来的变数,也让我经历了大起大落的市场震荡之痛。2002—2005 年这 4 年间,把我推到了市场做大后的风口浪尖。先是种植队伍发展过快,导致产能过剩。后又非典、台风来袭,几乎让我损失殆尽。

其实,1999 年下半年,当种植规模达到 8000 亩时,市场上已经开始出现供大于求的问题迹象,扁豆价格开始下跌。到 2002 年时,青扁豆种植面积已迅速扩增到 37000 亩,产能过剩问题进一步凸现。最便宜时,青扁豆市场价已跌至五六分至七八分钱 1 斤,卖不掉的都往河里扔,种植户们的每亩收入已跌至四五百元。但即便这样,较之于种水稻,扁豆种植收益还是高于水稻,所以不少人当时依然坚持在种。"高烧"不退,致使销售市场变得越来越"臃肿"。

当时,我动用的社会运输车辆也已达到三四十辆之多。除了真如与曹

安市场,松江、嘉定、闵行、奉贤、宝山等各大农贸市场也都已经被我占领,实现郊区全覆盖。后来,江苏市场也被我一统天下,并以品质、价格、数量上的优势,将当地一度热销的传统白扁豆品种挤出了市场。

然而,37000亩的种植量已不是一个小数,光靠上海、江苏市场已难以消化,只能通过压缩种植面积来缓解市场压力。此时,我通过摸底测算了解到,1亩地产量大约定在3500—4000公斤为适中。即按市场需求量计算,将种植面积控制在16000亩左右、收入固定在每亩四五千元最为理想。

于是,从2003年起,我将种植面积压缩至17000亩。同时,通过一个村一个村逐个轮茬,以此拉开种植期,以避免集中上市囤货。与此同时,不少种植户此时也因劳动强度大且周期长,相继退出了扁豆种植队伍。产能过剩,影响的还只是销售收入。而2003年的那场"非典"和2005年的"麦莎"台风,可是丧尽元气的毁灭性重创。"非典"时,订单农户由于实行的是保护价收购,所以所有损失一时都转嫁到了我一人身上。仅半个月时间,即将我170多万元流动资金全部赔进去。而"麦莎"台风,致使扁豆全部被吹掉或坏死,导致市场无货可供,且同时还要继续承担市场摊位租金及销售人员的薪酬,真可谓是雪上加霜。

好在"非典"一解除,我马上抢占了江、浙、皖市场,把积压的青扁豆在市场上以最低价每公斤0.2元销售,仅用半个月的时间,即把青扁豆的销售价格调升至每公斤3.6元,从而救活了濒临破产的青扁豆市场。

公司与合作社相互依托稳步发展

2002年,上海红刚农副产品有限公司挂牌成立。时隔2年,上海红刚青扁豆生产专业合作社挂牌成立。公司负责销售,合作社负责生产、技术、收购管理,两条线分而治之又相互依托。公司作为合作社的股东,所有资源合作社均可免费享用,资源共享。而公司只是从每销售 1 斤扁豆中提取 1 分钱的销售额,作为公司利润收入。此时,红刚青扁豆产业运作模式基本定型,并开始真正走上规范有序发展轨道,使市场核心竞争力逐步提升。

自公司注册之后,我们即与市农学院、上海交通大学农学院及市、区农技推广中心等专业机构和院校合作,对青扁豆种植进行了多方面的改良和技术革新,先后研发出"红刚一代"至"红刚六代"青扁豆新品。青扁豆后来之所以能够长期占领上海 97% 的市场,最重要的一点,就是因为它具有一个突出的品质。

其实,我们当初种出来的扁豆全都是青绿色的,青扁豆也由此而得名。之后,通过不断技术改良,第六代新品种也出来了,外观呈红色,炒后"碧绿生青",汤里没有其他颜色。红的不仅卖相更好看,且外面还有一层保护膜,所以卖得也更好。这层保护膜,有助于防治农药残留,提升抗病毒与抗病害能力。因为种植青扁豆,关键就抓两样东西,一个是整枝,一个是病虫害防治。

我们研发的青扁豆种子,只适合于我们自己的土壤种植,拿别的地方去种,是种不出我们一样的口感和品质的扁豆的,因为各地土壤性质不一样。所以,我们牢牢掌控住整个青扁豆市场的主动权。

公司成立时,有 25% 为订单农户,75% 是非订单种植户。为了带动与引导那些非订单农户进行种植,我想出了一个办法,让 1 个订单农户负责去带 3 个非订单种植户。这样既可降低企业运行管理成本、灵活应对市场供求变化,又可通过以点带面、带动更多农户共谋发展。这个"一拖三"运作模式,旨在能让大家一块赚钱。

　　不过,这个做法在种植户之间起初也曾引起过一些矛盾。比如,公司给订单种植户定的收购价是 2 元/斤,而非订单种植户是 1.8 元/斤,在待遇分配上被拉开一定差距。那些非订单种植户心里头对此便有了个结,认为一样是种植,为啥他们收购价就一定要比订单农户卖得低?而那些订单农户对此也不服气,认为原本他们每人可以去种 12 亩扁豆,实行"一拖三"后,就变成 3 亩;市场上 1 亩扁豆本可以赚 1 万块,但经"一拖三"分摊后,就只能卖到 2500 元。假如统统都由他 1 个人来种,就能拿 4 个人的报酬。他们认为"一拖三"让订单农户吃亏了。

　　我先是告诉那些非订单种植户,如果平日里没有订单农户提供帮助指导,没有公司为其提供销售,不仅遇到问题没处讨教,且销售成本也大,公司销售成本是 3%,而单个出去销售,成本就是 10%。所以,公司如果销售 1 元,你只能销售 9 角。同时,我又对那些订单农户进行解释,把公司与个体的那一层利害关系给他们一一说清楚。这些订单农户,都是从一些年纪较轻、较有责任性和威信的农户中挑选出来的,所以沟通起来相对比较方便。结果,经我两头这么一说,种植户们彼此都解除了心里的疙瘩。

　　其实,作为单个的经营主体,生产规模小、谈判能力弱,一直是农民处于市场劣势地位的痛点。因为农民一般都比较分散,获得的信息渠道也比较少。再一个,有很多农民通常都习惯于自己生产、自己去面对客户销售,他们原本并不知道这种分散的生产方式,不仅高成本且成功率又低的道理。通过公司"一拖三",我把这些原本分散的生产力统统集中了起来,进行统一规范管理。那时,我公司也已经有了注册商标,通过了无公害认证,出去的扁豆都已贴上"红刚"标签。所以,当时这个"一拖三"办法,不仅解决了扁豆保质问题,也稳定了一支种植队伍。而这个分级管理的套路,也就是取用了当年打工时所学到的那些管理知识。

2004 年,合作社成立。从此,信息收集、政策推广、质量监管、产品收购变得更加规范,原有的"一拖三"种植模式,此时也升格为了"一拖五"。即由 1 个社员负责去带 5 个种植户,其中只要有 1 户出现使用违禁农药等安全质量问题,这一个组合单元成员的收购资格就将全部被取消。这样做的好处就是,在降低管理成本的同时,保证产品的数量与质量,确保种子、技术推广到位,种植队伍可控,有效杜绝无序种植,并使其成为一个个具有相互约束功能的小整体。而且,这种松散与紧密兼顾的管理模式也非常灵活。

比如,我可根据市场订单,将每年种植面积基本控制在 2 万亩左右,并保证种植扁豆户每亩必须达到 6000 元的纯收入。而一旦种植量趋于饱和,那些多余种植人员即可通过角色转换转入营销队伍。非社员种植户,平时除了不享受合作社分红外,其他红利均有分享,比如农资配备、技术指导、产品销售等均与社员一样,从而进一步理顺了公司与农民的那一层购销关系。

此外,合作社成立后,我还积极推广青扁豆与豌豆套种、青扁豆与西红柿套种、青扁豆与草莓套种、青扁豆与水稻高效轮作等混搭种植模式,通过多元发展提升附加值。所以,除了青扁豆之外,农户们种植的其他小品种也统统能交易,使收入增加,从而大大激发了这些合作社编外农户的种植积极性。

2008 年,我已开始实行"公司+农户、合作社+社员、市场+基地"运作模式,并在全国形成一定影响力。即从产品质量、食品卫生安全监管,到品种改良、农民培训、市场销售等各环节,形成了一套非常成熟的运行机制。凡别人来取经,拿回去的东西都直接能复制,被同行一致公认是走在了全国前列。同时,青扁豆总面积已达 1.5 万亩、总产量 4.6 万吨、总产值达 1.72 亿元、签约农户 4300 户,并带动产地及周边地区近 1 万户农民种植青扁豆,产品销售网络已覆盖整个华东地区。

从 1999 年至 2012 年,平均每年 5 万多吨的青扁豆销售量,使 1 万多户农户平均每年都能从我手上得以拿走上亿元的销售收入,农民们一个个都喜上眉梢。

然而,随着生产规模的不断壮大,群众的思想工作也随之变得越来越不容忽视。公司+合作社,两块牌子一套班子,有些事光靠我一个人去做已经力不从心。所以,我的女儿辞职回家协助管理后,办的最重要的一件事,就是替我在合作社中迅速组建了党支部。

党支部成立后,种植户们如同有了一个主心骨,心中从此多了一份归宿感,从而为合作社的健康发展起到了一个稳定协调作用。合作社有了一个上传下达、稳定人心的连心桥梁,让大家的心都往一处想,使上下形成一股合力,管理更趋规范。

比如,我们合作社曾发生过一次严重的病虫害,致使种植户们的扁豆统统死掉,但最终却没有一人跑镇政府去泄愤,表现得相当理性。我曾对种植户们特别强调,扁豆种得好坏全是自己的事,有问题可以找我沟通,但与政府无关,谁要是擅自去找政府,我就不让他再干下去。大家觉得有道理,都表示接受。所以,合作社农户从没有上访的事。

打造青扁豆大棚样板示范基地,引领农户更快更好发展

2002 年下半年,南汇想打造一块连片的种植示范基地用以对外展示,要求沟是沟、路是路、大棚是大棚,并要求从中探索出一套科学的防病防虫与整枝扁豆质保技术。当时,老百姓都是一二亩地小规模种植,且都是东一

块、西一块分散种植,田边也没有路,全是一条条小田埂。

我建的这个设施大棚,是一个联合六型单体蔬菜大棚,这就是南汇第一个青扁豆设施种植基地,占地60亩地,于2003年正式建成。大棚种植,其最大的一个优点就是1月份就能下种,较原来6月份下种提早了整整5个月,我们将它称之为早棚。与此同时,通过采用电加温技术,外加3层薄膜保温(1层地膜+上面2层薄膜),使扁豆上市期由原来7月中旬提早到4月20日。且全年可收4茬,其中第一茬扁豆占到全年扁豆收入总收入的50%,另外3茬收益也都较原来翻番。

结果,2004年,大棚建后第一年,从我种植基地一下子就跑掉了有近80%的工人。这些都是我请来的季节工,离开之后都回家搭建大棚自己去干了。这也恰好符合了我的初衷,因为我创建大棚温室示范基地的宗旨,就是想引领更多农民走现代农业发展之路,将示范基地打造成一个具有培养种植能手功能的摇篮。

就这样,从我基地出去一批又进来一批,前前后后培养了一大批技术型种植户。然后,再由这些农户将技术传授给其他农户,以点带面让大棚种植队伍不断壮大。这些农户当初钢管棚投资不起,就用毛竹替代,其成本投入较大棚节省了有近3/4,而种子、技术全由公司提供,农户们信心满满。

在农村,农民手上一般都有责任田,所以种植起来都很方便。而且,我以高于市场价的5%—10%保护价收购扁豆,让那些种植户们更是干劲十足,每亩收益高达近1万元,许多人为此都乐翻了天,亲切地将青扁豆称为"宝贝豆""发财豆",把种植青扁豆视同是开了个"小银行"。有些还扩大了种植规模,成为我的核心团队,而我的市场也由此保住了。

2007年,我们又和交大农学院合作,不断开发新技术新产品。原来扁豆

在基地与农户进行种植交流

采摘后需把花序剪掉,后来通过研究发现,等扁豆长出摘掉后,花序上会有一个个小萝卜头,把它留在枝条上,结果它能重新爆出花蕾,使采收增加2期,让大棚扁豆1年4茬变为1年收6茬,既节约了土地,又提高了产量。

牢牢把握诚信经营那一条底线

市场品牌,是靠信誉做出来的。老百姓只有相信了你,才愿意成为你的忠实客户,或真心实意跟着你干。所以,诚信成了我谋发展最基本的一条底线。

举个例子。2002年,由于青扁豆收购市场信息不对称,导致价格很不稳定。有一次,我扁豆收购价从每斤1.5元跌至0.16元,一些种植户对此很不满,以为我在故意压他们的价,不诚心收购。且不知,这个收购价其实在当时已经是贴本的买卖,每收1斤都要倒贴6分钱,可农户们当时却并不领情,还拨打了 110 报警电话。接警民警及镇政府有关领导闻讯后同时赶到现场了解情况,最后对这些群众进行了耐心劝说。

这些群众当时都是从书院一路问价问到泥城的,结果不曾想到,一路上都是跌、跌、跌,导致他们手上的扁豆一直没法脱手。我是他们最后的一个收购点,因为觉得价格实在太低,心有不甘,于是便将一股怨气出在了我身上。

为了表明我的诚意,我后来还对那些乡亲承诺,只要有谁看到有比我高的出价,你们随时都可以找我要回差价部分。结果,那些乡亲经四处打听,了解到当天市场上确实没有比 0.16 元/斤高的出价,从此对我十分信任。不少农户后来还成了我种植队伍中的骨干力量。

2012 年,我每天已有上百辆青扁豆货运车上市供应,最多一天出货 472 辆车,销售经理达 380 多个,并已有 23 个扁豆品种用于杂交之用。

我一直信奉一点,一个人事业的成功不在于自己得到什么,而是一个人对社会奉献什么。我就是凭这样的意念和自身的能力,想方设法去引导千家万户农民和我一起走上富裕之路、强者之路的,这也是我对自己人生价值的一种追求与诠释。

【口述前记】————

　　黄春，1967 年 12 月生。2001 年成立上海宝岛蟹业有限公司。主要从事河蟹繁育、苗种培育、成蟹养殖、加工及河蟹产业研究与蟹文化开发。现任上海宝岛蟹业有限公司董事长、上海宝岛水产养殖专业合作社理事长、第十三届崇明县政协委员。

我与崇明蟹的 20 载春秋

口述：黄　春

采访：欧阳蕾昵

整理：欧阳蕾昵

时间：2016 年 7 月 15 日

　　崇明岛是中华绒螯蟹的故乡，也是我的故乡。20 世纪 90 年代初，我还在工厂里工作，经常要往返上海跑业务。一次偶然的机会，认识了湖北省水产公司的朋友，这才开始接触起螃蟹产业。20 多年来，我从长江口的一个蟹苗"贩子"开始起步，之后 10 多年远走他乡养殖成蟹。当阳澄湖大闸蟹开始蜚声海内外，我又选择了回归家乡崇明，从零开始，钻研技术，打响"崇明清水蟹"品牌。其实，这 20 多年的养蟹生涯，我自己就如同一只螃蟹：先是得到长江母亲的恩惠，获取蟹苗资源"第一桶金"；然后带着"第一桶金"闯江湖，在更广阔的天地历练自己；积累一定资本和经验后，又"洄游"崇明，开创了全新事业。我与崇明蟹的二十载春秋大致可以分为三部曲。

第一部曲:在长江口当蟹苗"贩子"

20 世纪 90 年代,上海长江隧桥尚未动工,崇明岛依然孤悬江海,通往外界唯一的交通工具还是渡船。在最东边的陈家镇,许多家庭祖祖辈辈以捕鱼为生,年轻气盛的我对未来却有着不同的看法。蟹苗,这个比蜘蛛还小的东西,让我把自己的未来都赌在了这上面。要知道,当时河蟹还只是农村寻常之物。

1992 年,我认识了湖北省水产公司的朋友,他向我介绍了温州那边有很好的养蟹技术。我们商定,由湖北人负责销路,温州人负责技术,而我在崇明就负责生产。开始,我与他人合伙投入 70 万元,在崇明岛团结沙租了 105 亩土地,开挖蟹塘养殖蟹种(俗称扣蟹)。第一年亏本了,我们继续干,一直到第三年终于有了盈利。当时,我们从长江口渔船上收购天然蟹苗,在蟹塘里养殖 6 个月,当年底销售蟹种,得到了丰厚的回报。1994 年,我和合伙人成立了"三岛蟹苗培育中心",开始了艰苦的创业之路,除了培育河蟹苗种,也养殖成蟹。经过多年努力,精湛的养蟹技术和真诚的经营之道,让我们成为同行中的佼佼者。

崇明长江河蟹苗种是全国有名的良种资源,但由于诸多原因,在崇明本地就是养不大。我开始尝试走出崇明岛,寻找适合养大蟹的大水面养殖水资源,一心想着要把崇明岛优质河蟹苗种,养殖成大规格河蟹。1998 年,经过调查考察,我在江苏省洪泽湖租用 2500 亩水面围网养蟹,和民工一起打桩、围网、做石龙,经过 1 年紧张施工,在 1999 年初投放了自己培育的蟹苗种。金秋十月河蟹起捕时,成蟹平均规格达到 3.2 两。这一年,我赚回了相当于投资款 4 倍的钱。当时,选择走出崇明岛其实也是冒着风险的。我记得那时还遇到了太湖十年不遇的干旱,我们顶住压力,硬着头皮干下来。

一个人走出去的力量很有限,我想,何不动员崇明的乡亲们一起干? 在我的感召下,2000 年,陈家镇鸿田村有 20 多户蟹农自发聚集,跟随我闯荡洪泽湖开发岛外养蟹。光凭着一腔想干事业的热情是远远不够的。我把我的技术、经验告诉他们,分享了围网、灌石、打地锚、投食以及养殖管理方法,还指导他们如何与当地政府进行签订合同,商谈价格等一系列环节。我记得,当年盱眙县政府非常支持我们,时任县委书记王友富不仅发了"特别通行证"给我们,还免费帮我们的蟹塘修建了一条"崇明路",还有修建码头等。这一年,养蟹获得了大丰收,20 多家农户承包的 1.5 万亩水面,围捕成蟹 17.5 万公斤,成蟹平均规格达到 3.5 两,产值 3500 万元。当他们打点行囊准备回家过年时,有几户人家在上海买了 8 辆桑塔纳新轿车。这支车队浩浩荡荡开上崇明岛,驶进鸿田村时,整个陈家镇都沸腾了。

此时,我已不满足于传统的岛外商品蟹养殖方式,于是又一次打破原有养蟹模式,着手新的养蟹模式试验。2001 年 7 月,我在湖南省岳阳市的白泥湖 8000 亩水面投放了 340 万只豆蟹,到 2002 年秋捕时,收获大规格商品蟹 5 万公斤。平均个体规格达到 3.6 两,实现产值 500 万元。据测算,采取这种新的养殖模式,成本低、效益高。在同等条件下,与常规养殖模式比较,成本降低 30%,成蟹规格增加 10%,商品蟹回捕率提高 20%,养殖效益增加 60% 左右。我的创新成果,在养蟹户中广为传播。2002 年,已有 10 多家养殖户向我学习,投放 1000 万只豆蟹,在 1.5 万亩水面中养殖大规格商品蟹。

1993—2008 年,我大概有 15 年的时间在崇明外养蟹,这十几年有赚也有亏,我从中不断积累经验。我在湖南岳阳待的时间最长,养殖的面积也最大,大概有 1 万亩左右。我在当地的白泥湖养蟹,后来为他们创建了"白泥湖"品牌,这个品牌先后获得了湖南省名牌产品和绿色产品称号。湖南人从不会吃蟹到发展壮大蟹产业,再到后来都认定了"白泥湖"这个名牌。2001年,宝岛蟹业公司正式成立,2002—2003年,我注册了"宝岛"商标。我们公司的发展速度很快,基地遍布安徽、江苏、湖南、江西等地。

第二部曲:"洄游"故乡崇明,发展成蟹养殖和加工产业

"君自故乡来,应知故乡事。"尽管在岛外取得了成功,我的内心一直牵挂着故乡和那些亲爱的"小蟹"。崇明是祖国的第三大岛,过去由于崇明河蟹养殖模式粗放,没有一套科学合理高效的标准化生产技术规范,缺乏有效的技术指导,导致崇明产出的商品蟹规格小、品质差,多年来崇明"老毛蟹"在上海市场籍籍无名,是我心头的一大遗憾。记得当年,时任崇明县县长赵奇找我聊过,他说:"你在外面也辛苦,是不是把成蟹产业带回崇明来做?"他的一番话触动了我们这些在外漂泊的崇明人的心,在外面闯荡毕竟很不易,也吃了很多苦头,何不回到故乡来? 2008年,我萌生了回家的念头。2010年,我选址绿华镇开始筹建宝岛蟹庄。当时,县财政给予了我们大力支持,从苗种到成蟹都有地租补贴,一直持续至今。

2013年起,在崇明县农委等部门的支持下,我创立的宝岛蟹业有限公司,带领岛内其他合作社,以"崇明清水蟹"的名号统一再塑品牌,"宝岛"牌清水蟹获得国家绿色食品认证,荣获全国农产品展示展销金奖。2015年,崇明清水蟹受到市场热捧,岛内14家河蟹合作社统一使用"宝岛"品牌,采取统一包装、统一品牌、统一养殖模式的营销方式。7000余亩基地上产出的70万斤"崇明清水蟹"当年11月即在市场上销售一空,销售额近5000万元。

为了这一天,其实我已经付出了多年的努力。早在2005年,我就开始组

织实施长江水系中华绒螯蟹示范基地和技术服务体系建设，采用以点带面的方式，将成熟技术在全县范围内加以推广应用。我先后在崇明岛东部团结沙和中部北四滧，建立了 1000 亩培育河蟹苗种的标准化生产基地，还制定并实施河蟹苗种培育的标准化生产技术体系和操作规程，加强苗种生产技术的推广服务体系建设。为了提升"崇明清水蟹"的质量，我们公司自觉加强监管检测和科研投入，严格用药和投料，确保食品安全，引领制定了《长江水系中华绒螯蟹养殖技术规范》，依托市科研院所，配合农业部门开展上海市中华绒螯蟹产业技术体系建设，重点对良种研发、亲本提纯复壮、稻蟹种养模式、池塘生态养成、配合饲料利用、病虫害预警预防、蟹产品加工和产业经济分析等进行研究推广和应用，大大提升了崇明河蟹产业发展的能级。

河蟹养殖作为一产，难免"靠天吃饭"。我敏感地意识到，纯粹靠扩大养殖规模、改变养殖模式，还不足以使河蟹养殖成为一个真正完整的产业，必须发展河蟹深加工产业，延伸产业链，提升产品科技含量，提高产品附加值，才能有效地推进河蟹业的健康持续发展。2003 年，我开始涉足蟹粉深加工行业。

当时，我们去考察成蟹市场，香港人请我们吃饭，吃饭的时候他们点了一个蟹粉豆腐，这个菜居然要卖到人民币 60 多元，价格出乎意料。后来香港人告诉我，把螃蟹里面的肉全都拆出来，然后炒制之后做成这样，所以价格特别高。后来我就深入去了解了一下，我们卖给香港人的螃蟹，人家把螃蟹全都给拆了，就拆成蟹粉，有的 4 两蟹也拆，因此成本特别高。我就在考虑，这个蟹粉是不是自己做？每年，我们公司总会有一些小规格的蟹，这些蟹若拿到市场上去卖，肯定亏本，还不如做成深加工产品。

回到上海后，我开始打听蟹粉在上海市场的情况，然后利用自己做大闸

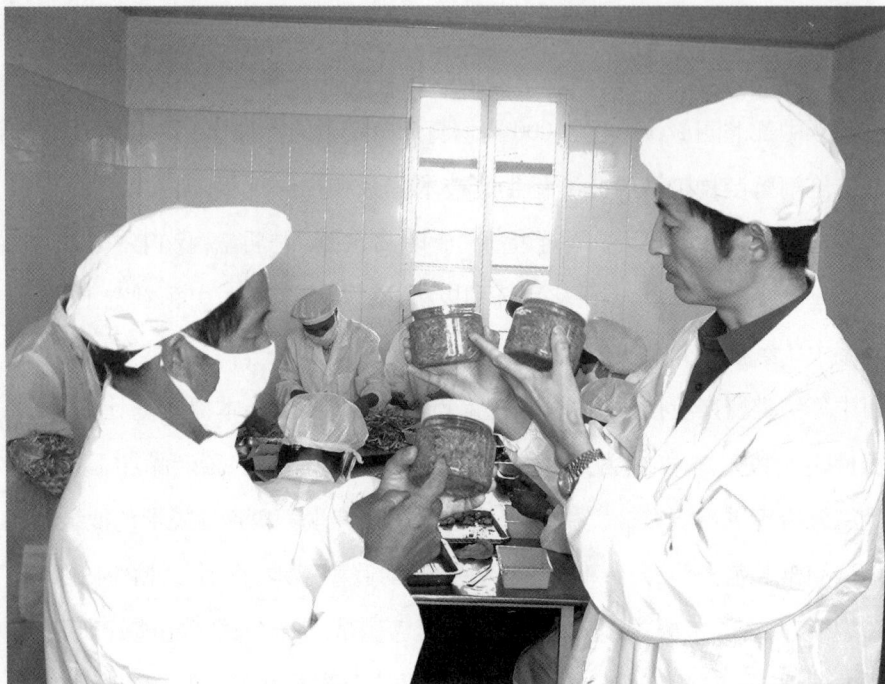

研究蟹粉开发

蟹生意的关系,找到一家专门做螃蟹菜肴的饭店。这家酒店的厨师是香港人,他跟我讲出了饭店用蟹粉的麻烦。"骨头不能放下去,要是有客人吃到这个骨头的话,就会说你这个东西拆得不干净,或者不好吃,口感不好。每天都要这样子拆,这个拆蟹粉是最麻烦的,这也是没办法的事情。"我觉得上海整个饭店加起来的量其实很大,但手工做这个也有很多麻烦,基本上每天都要现拆,这个对厨师来说是最头疼的事情。于是,我就琢磨着要做一个专业化的蟹粉加工厂,用自己养殖的螃蟹加工蟹粉。

2008 年,我投资改造了一家蟹肉加工厂,开发河蟹深加工产品——蟹粉。为了提高加工速度,我让一些熟练工人分别拆分螃蟹的不同部位。用这样的办法不但提高拆螃蟹的速度,而且可以直接把螃蟹不同部分的肉分开,更方便炒制蟹粉的时候各个部分比例的配比。加工蟹粉是要把螃蟹肉挑出来的,所以我觉得螃蟹的大小和蟹粉的质量无关,只要螃蟹够新鲜,黄和膏饱满就对蟹粉的质量没有影响。小螃蟹价钱不仅比大螃蟹便宜很多,而且也是卖螃蟹最头疼的事情。举个例子,蟹粉加工厂里是 4 斤螃蟹加工 1 斤蟹粉,用了小螃蟹以后成本降低了一半还多。从这以后,我就把自己养殖基地里的大螃蟹全都卖到市场上,而把小螃蟹单独留出来加工蟹粉。

蟹粉加工并不是那么好做,一开始我们也走了很多弯路,后来专门请来食品研究所的专家进行技术指导,一次次地改良加工工艺,让产品的品质逐步稳定、提高。我们从几百公斤的产量开始做,到后来 20 吨的年产量。现在大约 60% 的蟹粉还是出口到中国香港、美国市场等,大受欢迎、供不应求,各大超市、酒店的订单接踵而来。蟹粉出口产品还多次被评为全国农产品展销会畅销奖。蟹粉产品的成功开发,在较大程度上缓解了河蟹季节性销售难的矛盾,尤其是为价格低、销售难的小规格商品蟹提供了有效的市场出路。而且,由于河蟹的深加工是劳动密集型产业,为崇明农村富余劳动力提供了新的就业增收渠道。

第三部曲:"清水蟹"成为崇明旅游的金字招牌

尽管名片上印有上海宝岛蟹业有限公司总经理的头衔,但我知道自己还是个地地道道的农民。20 多年来一直与螃蟹打交道,经常穿着一双雨靴在蟹塘风里来雨里去的,不是农民是啥?但现代农民有现代农民的"腔调"。展望今后的发展,我有着更深层次的思考:如何让更多人了解崇明蟹文化?如何让脚下的土地产生更大的价值? 如何通过崇明清水蟹带动崇明生态岛其他产业的发展?

怀揣着这些问题,2010 年起,我在崇明县绿华镇筹建宝岛蟹庄,500 多亩的基地内分为商品蟹养殖区、蟹文化展示、体验区和螃蟹品鉴区,其中的蟹文化博物馆可以让游客在了解螃蟹的历史文化,生长、养殖、捕捞全过程,做到"识蟹懂蟹,心中有蟹,再来品蟹"。如今的吃蟹季节,宝岛蟹庄顾客盈门,包间和客房都预订一空。有的人从上海市区开车过来,一路堵车,直到下午 3 点半才赶到,就是为了吃我养的崇明蟹。2014 年,宝岛蟹庄正式对外营业,年接待游客 3 万人次。许多游客在这里由"阳澄湖大闸蟹"改投"崇明清水蟹"的"怀抱",因为宝岛蟹庄,他们爱上崇明农产品、爱上崇明岛。这些年,我专心在做一件事,就是让崇明清水蟹"爬"出岛,让蟹粉"飞"出岛,通过宝岛蟹庄打通了上下游产业,建立一整套产业链,使清水蟹成为崇明旅游的一块招牌。

宝岛蟹庄地处崇明县绿华镇,毗邻西沙湿地和明珠湖,有着得天独厚的生态优势和旅游资源。长江隧桥开通以后,这里备受游客青睐,但农家乐发展参差不齐,严重影响着这一地区的旅游品质和发展前景。宝岛蟹庄的出现,为绿华地区的农旅产业树立了标杆。作为县政协委员,我反复倡议,建议旅游部门和地方政府规范西沙湿地附近的农家乐标识标牌,进一步完善道路、水系等硬件设施,优化该地区的整体环境。很多小规模农家乐在我的感召下,从一味廉价求量转而追求品质,一些农业合作社也以更高标准和要求进行种养殖,以求"匹配"宝岛蟹庄的目标客户。经过多年努力,目前绿华乃至整个崇明西部地区的农旅产业发展渐趋规范,游客的体验感受显著改善,崇明生态岛的知名度和美誉度也因此得到进一步提升。

10 多年来,崇明坚持生态立岛不动摇,持续不断地推进生态文明建设。2014 年 3 月 10 日,联合国环境规划署发布《崇明生态岛国际评估报告》,认

宝岛蟹庄迷人的景色

为崇明岛生态建设的核心价值反映了联合国环境规划署的绿色经济理念，将把崇明生态岛建设作为典型案例，编入其绿色经济教材。如今，是崇明将良好的生态环境转化为发展优势的绝佳时机。通过一产清水蟹养殖、二产蟹粉深加工、三产农旅结合，我们逐步探索第一、二、三产融合发展，用一只蟹"走"出"生态+"之路，成为崇明实践"生态+农业+旅游"的典范。2016 年4 月 19 日，我献"声"中央人民广播电台中国之声《新闻和报纸摘要》《新闻纵横》长江经济带生态文明建设特别报道《我的长江·崇明岛的选择》，用我的亲身经历，诠释崇明生态岛的坚守与发展。我本人也先后被评为全国农村青年创业致富带头人、全国星火科技致富能人、上海市劳动模范、上海农业科技创新人、中国河蟹产业杰出贡献人物等。

我相信，接下来，属于崇明蟹的"生态+"赞歌会越唱越响，越唱越好……

高伟华,1976 年 11 月生。1995 年起从事水产行业至今,先后成立协鑫水产科技公司、上海彰显渔业公司。现任上海彰显渔业专业合作社理事长,上海市青年联合会会员,青浦区夏阳街道商会会长。曾荣获 2006 年青浦区第一届"十大青年创业明星"、2006 年全国农村青年创业致富带头人、2007 年青浦区新长征突击手标兵、2009 年上海市新长征突击手称号、2009 年第一届上海青年创业先锋提名奖、2010 年青浦区世博工作优秀个人。

彰显渔业合作社：
科技选育虾苗，带领虾农致富

口述：高伟华
采访：施飓赟
整理：施飓赟
时间：2016 年 7 月 25 日

　　"彰显"就是突出的意思。当时我在注册渔业公司的时候，就想着，要么不做，要做就要成为行业里数一数二的。到后来成立合作社，我们也始终对自己高要求，认为发展关键是产品和服务的不断创新，并将此作为合作社一贯的经营核心。我们希望彰显合作社能够始终以创新的理念投身水产，以优质服务赢得客户的心，同时也以业绩来证明我们的实力，彰显渔业企业的风采，所以就有了现在的上海彰显渔业专业合作社。

　　从 2005 年注册上海彰显渔业公司，2007 年成立合作社，"彰显"发展到现在已有 12 年，一路走来，我们有过辉煌，也经历过困难，但我们始终站在养殖户的立场考虑问题，用科学的方法不断选育优质虾苗，培育抗病能力强、无公害的优质虾,保障食品安全的同时也不让养殖户受损失,与养殖户们一同携手共创水产养殖业辉煌的明天。

合作社充分利用本地区资源优势,推行"合作社+专业大户+农户"的产业化经营模式。在上海地区拥有养殖基地 4 个、育苗场 2 个,在海南省拥有种源场 1 个及育苗合作场 1 个。通过全体员工的共同努力,我们合作社先后被评为"2006 年度农业产业化经营者十佳龙头企业",2007 年被授予"青浦区农业产业化重点龙头企业",2008 年被评为"市级示范合作社",2009 年还被授予"上海市守信农民专业合作社",2011 年被评为"青浦区农民专业合作社标兵",2012 年被评为青浦区星级农民专业合作社,2015 年被评为"国家农民合作社示范社",2016 年被评为"上海市农民合作示范社"。

抓住了水产业发展过程中的转型机会

我是青浦本地人,中专学的是淡水水产养殖专业,中专毕业后,应聘到上海大江集团。1995 年时,我还在从事甲鱼养殖。到了 1996 年正式加入大江集团,就开始从事水产饲料的销售业务。

当时正值传统养殖升级转型之际,而水产配方饲料处于刚刚起步的阶段,在那之前,水产养殖户习惯在养殖池塘内投放粗饲料,而我们与泰国合作的配方饲料虽然在营养价值等各方面具备一定的优越性,但在推广上的难度却不小。我觉得饲料行业会有比较好的前景,于是沉下心来边做边学,积累了不少经验,也积累了人脉,接触了不少与行业相关的代理商,这也为我之后自主创业打下了基础。

2003 年,我和大江集团的同事一起创业,成立了协鑫水产科技公司。注册公司时,我们两人所有资金加起来总共只有 66 万元。机缘巧合下了解到广东有企业想借助上海的销售平台打入华东市场,洽谈后,对方看中我们的销售网络和客户资源,希望我们能够代理他们的品牌,作为对我们公司的支持,他们提出拿出 2000 万元资金给我们铺底。

水产行业前期投入需求大,这 2000 万元对于我们而言,犹如一场及时雨,应该说对我们公司之后能够全力发展起到了很大的作用。有了这笔资金的投入,我们公司开始全速运作起来。当时我作为公司的副总,主要负责饲料板块和养殖板块及种源板块。一方面,我们积极与广东公司合作,做好饲料销售工作;另一方面,我也开始关注养殖产业的延伸,特别是苗种产业。我们很好地利用了这笔资金运作,壮大了协鑫,同时也成立了自主品牌,并在湖州投入 1200 万元,建造了自己的饲料厂。

随着水产饲料市场的快速发展,饲料生产行业的竞争也变得越来越激烈。华南地区的饲料厂凭借饲料配方上的优势也开始入驻华东市场,过度的竞争导致华东地区的养殖户发愁拿不到饲料,开始赊欠饲料款。我看到了这中间存在的风险,逐步退出了经营团队。

饲料领域向苗种领域的转型

2005 年年底,我保留了协鑫的部分股份,拿出一笔资金,独自成立了彰显渔业有限公司,并逐渐吸纳周边地区的特种水产养殖专业户加入。根据自愿、民主、互利原则建立了生产经营合作组织,并于 2007 年更改为彰显渔业专业合作社,主要从事苗种生产、饲料销售、水产养殖、水产品收购,水产领域内的技术咨询及技术服务。

在协鑫时,我已经意识到,种源是水产业发展之本。要想产品好,苗种的质量很关键。20 世纪 90 年代,中国的东方白对虾举世闻名,但到后来东方白对虾开始出现病变,全球的水产业都受到了不小的影响。在协鑫分管养殖与饲料的过程中,我了解到当时南美白对虾正在发展起步。我的新公司想要获得好的发展,想要成为这一领域的领先者,必须严格把控种源质量。成立彰显渔业有限公司后,我最先开展的便是苗种板块的业务。

从饲料转型到苗种,这个过程还是走得比较艰辛的。在苗种板块,我只是个门外汉。因为过去做饲料时,经常与养殖大户打交道,也只是从他们口中得知,他们的苗种来源于福建漳州,于是便跑去漳州考察苗种产业。

刚开时做苗种,什么都不懂就满腔热血地做了起来,遇到问题再学习。当时面对满池的虾苗,大家都不知道要怎样把池子里的水排出(在不影响虾苗的前提下)。于是就 24 小时在朋友的育苗场蹲点,观察他们场里的生产过程,学习如何换水,虾苗怎么从水池里捞出来,是拉网还是通过管道排出,我和技术人员一起边琢磨边完善。

2007 年彰显合作社在政府的扶持下,在青浦夏阳街道王仙村筹建南美白对虾标准化养殖基地,在育苗的同时,也从事南美白对虾的养殖,并以此检验种源的质量。

最初做苗种,只是简单地从漳州苗种基地批发后,经过淡化处理加工后再卖给经销商、养殖户,从中赚取些差价。福建产的南美白对虾苗属于普通苗,售价相对较低,经淡化处理后的虾苗售价,每万尾最高也不过 80 元至 120 元,且当地苗种场数量多,品质也是良莠不齐,监管难度也大。一直到 2008 年,福建产的南美白对虾普通苗大量发病,导致国内养殖户大部分亏损,我们这才下定决心,打算自主育苗。

可以说,2008 年对于我们合作社而言是一个重要的时间点。虽然在这之前我已经多次带队去海南考察过当地的南美白对虾,对当地的虾苗品质有一定的了解，接触过几个质量可靠的苗种供应商，也曾购买过当地的虾苗投放市场。但直到 2008 年底我才真正下定决心在海南文昌租用苗场，并一次投入了 100 万元进行改造，打造属于自己合作社的苗种场。

南海的海水相对于福建漳州水质优质很多，且海水盐度为 21 格，刚好适合南美白对虾的繁殖，我相信我们能在那里生产出质量过关的苗种，不再让养殖户利益受损。2009 年 3 月，我们在海南的苗种厂正式投产，但育苗似乎远没有我们想得那么简单。随着生产的深入，技术力量薄弱、优质种源资源的匮乏、生产与市场之间的冲突、运作经验不足等问题相继暴露，苗种质量问题不断发生。短短 3 个多月就亏了 60 万元，我和技术团队经过多次讨论后，还是决定暂时放弃建立苗种场。

结缘"如意来"，科技育苗成果显著

经历了那次失败后，我和我们的团队开始变得谨慎。痛定思痛后，我们开始逐一走访海南当地比较有名的南美白对虾苗种供应厂，对有意向与我们合作的虾苗厂都做了深入的了解和比对，最终选择海南如意来水产养殖有限公司。"如意来"的养殖规模虽然很小，但他们先进的养殖理念和规模化管理方式吸引了我们。我们当即决定合作，在海南共同开发苗种场，由海南如意来水产养殖公司负责生产，我们负责市场销售。从而，我们"彰显"也形成上游负责种苗生产，下游负责市场对接销售和服务的全新格局。

合作初期，我们只是在原来的场地内做普通苗的培育，没想到，我们共同生产的"旺意"虾苗刚投入市场就收获了很好的口碑。随着市场需求量的急速上升，原来的老场已不能满足供应。于是我们两家企业商量后，在海南文昌的木兰湾地区共同投资，建设新的苗种场，当地产业我们"彰显"占 45%

股份,"如意来"团队占55%,并开始着手做白对虾苗种的杂交。

当时市场上销售较多的主要是从美国进口的,由厄瓜多尔野生白对虾选育的一代苗和海南当地的土苗。我们选用国际上生长速度最快的苗种与目前国内抗病力最强的苗种进行多元杂交,选育出生长速度快,尤其是抗病能力强的新品种,以满足对虾疾病多发地区或疾病多发季节的养殖户要求。我们的二代苗一进入市场就受到了养殖户的欢迎,不仅抗病性强,长势也不输进口一代苗,与土苗相比则有了质的飞跃。

我们生产的"旺意"虾苗投放上海市场后,更是取得了前所未有的良好效果。仅上海地区,2010年"旺意"苗销量增加到2.5亿尾,2011年销量翻番到5.7亿尾,2012年销量又翻番到10.8亿尾,2013年再次翻番到21.8亿尾。不仅我们"彰显"的养殖板块得到裨益,上海地区的其他水产养殖户的经济

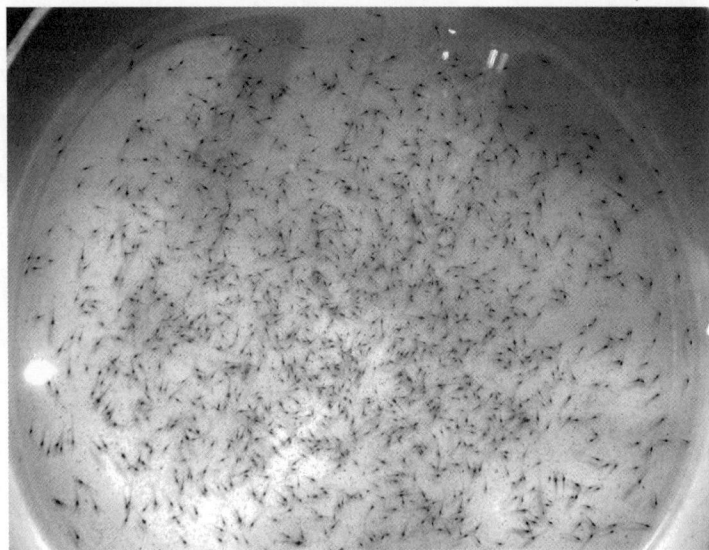

高质量的"旺意"虾苗

效益也从原来的每亩1000元左右增加到5000元以上,上海及周边地区的白对虾苗种市场占有率达到70%以上,"彰显"也逐步开始实现合作社成立之初立下的"推动渔业产业科技化,促进渔农民增收增效"为己任的诺言。

踏石留印:苗种产业引领合作社快速发展

2009年到2012年,可以说是我们培育二代苗成效最好的阶段,市场供不应求,被动做着"饥饿营销",完全来不及生产。我们合作的苗种场也在不断扩建,从最初的一期到2016年已建成三期,投入已达4000万元,育苗规模也从初期的6400立方水体发展到近20000立方水体的温室规模。此外,还吸纳了海南苗种集散地的一些小规模生产户,共计50个合作苗种场,由我们统一提供幼体,分摊一部分利润,并按照统一的标准回购后,统一销售来满足市场需求。也就是推行"公司+基地+合作场"的经营模式,在"统一苗种生产、统一饵料供给、统一质量标准、统一育苗管理、统一对外销售"等"五个统一"上确保合作苗种场的生产质量,并制定多项标准,签订合约。

我们的技术员每年还会对合作场所有人员进行3至4次的专业培训,每年年初会向合作场提出要求统一思想,公布当年的合作政策。年中则邀请相关专家针对生产过程中出现的问题进行有针对性的指导,年底还会对一年的工作做总结,表彰成绩突出的合作场。

2012年后,进口的一代苗质量开始出现比较明显的波动。直接购买进口一代苗养殖,品质并不受影响,但若要用进口一代苗作为母体杂交繁殖,质量则大不如从前。当进口一代苗的质量改变后,我们做杂交二代苗的优势便不如之前那么明显。所以从2013年开始,我们继续做二代苗的同时,引进SIS品系,开始自己做一代苗培育。我们的技术团队都是科班出身,高学历也懂技术。"如意来"的技术团队则更熟悉当地的市场,有资源,也有当地生产的丰富经验。深入合作后,我们的育苗技术也不断得到提升。

海南基地生产的苗种,投放到市场前还需要经过很重要的一步:淡化加工,将盐度从21格淡化至2格,再发往养殖基地。

为了提高我们的淡化质量,我们与如意来公司参照如意来公司育苗规程,充分利用如意来公司在育苗方面的丰富经验,沿用如意来公司高标准的育苗制度,共同制订出《南美白对虾淡化标粗标准》,规范了标粗过程中温度、盐度、用料、防疫等方方面面的操作。该标准的制订,保证了"旺意"虾苗质量的延续性。在此生产过程中的各个环节,我们双方进行了全方位沟通与对接,优势共享。包括饵料的使用、丰年虫品牌的选择、标粗技术管理及包装的统一等。同时,为提高自身标粗能力与质量,2014年合作社投资1000万元建成华东地区最大,标准最高的淡化标粗场,并于2015年3月份正式投产。新标粗场建成后,合作社月标粗淡化能力达到6亿尾以上,从而极大地缓解了合作社生产能力不足的难题。

随着这些年的发展,我们彰显渔业合作社坚持推行"合作社+专业大户+农户"的产业化经营模式,将收益与当地农户一同分享,带领他们共同致富。与此同时,我们的合作社也取得了良好的发展,在上海地区逐步拥有养殖基地4个、育苗场1个,在海南省拥有种源场1个及育苗合作场1个,年产白对虾苗种25亿尾以上。在大丰、萧山等地还有四个大型合作场,由海南基地统一发货到当地场区,进行淡化处理后统一销售,凡是养虾的城市基本都有我们的经销点,目前已有36个经销点。

如今合作社虾苗不仅闻名上海、浙江、江苏市场,还远销到福建、山东、湖北、河北等地,主要销售地苏南的市场占有率达80%以上。2015年合作社共销售虾苗 40 亿尾，2016 年预计销售量可达 45 亿尾左右，这标志着我们合作社已经成为华东地区最大的南美白对虾生产与销售企业。

经过这些年的实践性探索，我们合作社在苗种饲料的统一采购、成品的统一销售、标准化操作规程的执行、档案渔业的推进、渔业保险的协调等方面发挥一定作用，成为青浦区推进渔业规模化生产、带动农民增收的载体之一，也收获了不少奖项与认可。

精益求精：引进国外技术提高生物防控等级

这些年来，我们虽然在苗种生产上获得了不少成功，但也十分明白这一产业风险之大，每一个生产环节都有很多不可控因素，每一步都充满艰辛，可以说是如履薄冰。就说海南的水质，近年来随着海水温度的不断升高，海水中的微生物增多，富营养化导致细菌大量繁殖。而我们的种源场大多建在海南的海湾，这也是考虑到海南台风较多，海湾的抗风力相对较强，但同时风力小也导致海水流动速度慢，水质下降。所以生物防控就尤为重要。

目前，我们已打算与美国陶氏化学合作，引进他们 0.03 微米的生物膜设备，以此来过滤大于等于 0.03 微米的微粒。0.03 微米的概念就是显微镜可见的细菌都将被过滤。这对于我们育苗十分重要，当然，这套装备的造价也很高，一套装备造价在 80 万元，每小时可处理 200 吨水，但每四年需要追加 40 万元的投入来更换生物膜。我们 3 个大型场需要 4 套这样的装备，1 套用于母虾，3 套用于仔虾。前期投入 320 万元，每 4 年追加 160 万元。但为了保证虾苗的质量，不损害养殖户利益，这些投入还是值得的。

活口产品必须通过技术手段监测来保证质量，我们尽可能地在可控的范围内做到最好。同时也和东海水产研究所合作，由他们负责通过技术手

苏北小棚养虾

段监测每一批次的产品,不合格产品坚决不予销售。

此外,在日常生产中,我们也制订了一整套严格、周密的疾病防控体系,控制生产场区的人员、物料流动,对亲虾区的人员进出场区都会严格消毒,对生产环境包括生产车间、生产器具进行定期消毒、对水质进行严格的过滤消毒等处理,严把活性饵料防疫关。

申请专利:突破传统观赏鱼养殖方式

随着人们生活水平不断提高,观赏休闲渔业的发展速度惊人,淡水观赏鱼的引进、开发、选育和生产已成为水产养殖业的一个发展方向。

我们在上海的4个养殖基地中,目前有两个基地已从养殖南美白对虾逐渐转型到观赏鱼养殖。我们养殖的四大观赏性冷水鱼,分别为中国金鱼、草金鱼、花草和锦鲤,同时建有一套数字化水质监测系统,可以 24 小时全天候监测繁殖和养殖池水的溶氧、pH 值、水温、氨氮、硝基氮等水质指标。并有配套的水产饲料加工成套设备,满足观赏鱼养殖需求。

另外,从 2014 年起,我们已开始在青浦金泽的养殖基地养殖七彩神仙鱼。七彩神仙鱼因为品质丰富,观赏性强,有很大的销售市场。神仙鱼不同于冷水鱼,生活于温热的弱酸性水中,且属于高级观赏鱼,市面上的售价一般在 100 元左右一尾,品种、品相好一些的售价更高。

和其他养殖户不同的是,我们打破了传统玻璃鱼缸低密度养殖的方法,采用标准水泥池高密度养殖方法,大大提高了神仙鱼的生产效率。目前,生产基地内一个 18 个立方水体的水泥池内可同时养殖 3000 至 4000 尾神仙鱼,这样的养殖方式,在国内几乎没有。这对养殖技术、水处理能力都有很高的要求。我们准备将这套水处理装置申请国家专利,目前正在审批阶段。

下一步,到 2017 年底,我们打算将位于青浦白鹤镇的养殖基地改造成为观赏鱼集散销售基地,将合作社现有的观赏鱼转移至白鹤,结合实体店,进行线上线下销售,以减少中间流通环节。

不忘初心:胜利果实与养殖户共享

我们合作社成立至今已有 10 年,能收获现在的成绩,最离不开的是产品的质量和优质的营销模式。我们的营销团队很强大,服务也相当到位,每年都会针对养殖户做免费的技术指导、培训,每年都会举办技术现场会,并有专门推送养殖技术的微信公众号,在养殖的关键时间点推送技术重点。

水产养殖在顺利的时期利润比较高,但养殖户需要承担的风险也很大。我们作为龙头企业,就要敢于担当。一方面,通过提高育苗淡化技术,增强淡化苗的抗病性,从而提高养殖户入塘养殖的成活率。另一方面,我们抓好技术示范和新品种引进推广,并将通过试验成功的经验传授给养殖户。如"套养法""盖大棚法"已在社内广泛推广。

2014年,结合上海市水产养殖"三虾一蟹"产业格局和环淀山湖特色水产优势产业带,青浦区水产技术推广站积极开展调查摸底工作,当时在全区遴选了15名技术指导员和150名科技示范户,示范养殖面积5000亩,辐射带动周边养殖户800户,辐射面积15000亩。确定了青虾、南美白对虾、河蟹、翘嘴、黄颡鱼等为主导品种,并要求我们遵循"主推技术到户,及时指导到塘,电话沟通全天候,集中讨论不定期"的工作机制。

我们的虾苗通常从海南基地发往大丰、萧山等合作场,淡化至2格后才通过经销点发往养殖场。有些养殖场的水为淡水(自来水为-2格),就需要通过暂养区养殖一至两周后,再投入淡水养殖。我们不仅在暂养区养殖的过程提供技术指导,还向养殖户承诺,在暂养区养殖过程中若出现问题,由我们承担经济损失,这在其他合作社应该是不多见的。

2013年,因为气候等各方面因素影响,白对虾养殖难度较高,部分农户亏损严重,我们也替他们心疼。所以到2014年他们再来购买虾苗,我们就给老客户优惠10%—20%,以弥补他们上一年的一些损失。每年我们还会根据实际情况做让利调整。对于家庭困难的养殖户也会给予更多的优惠。

我们还努力健全营销网络,加强流通服务。在苏、浙、沪设立了36个水产服务站,分布上海、吴江、昆山、常熟、上虞等地,配备6个专业技术人员测定水质,跟踪水产品的生长状况,提供优良服务等,还与养殖户签订了销售合同,切实解决农产品流通中的销售难题。

后　记

　　《口述上海　农村改革创新（2002—2012）》与大家见面了！至此，全书共三册已全部出齐。

　　本书是由中共上海市委党史研究室与中共上海市委农村工作办公室联合编著的。采用亲历者讲述，记者或相关人员采访整理的形式，全景式地再现了上海农村1978年至2012年间改革发展的历史进程和成果。这三册书既是30多年来上海农村改革创新的生动记录，也为研究这一时期的党史提供了宝贵史料。本册（第三册）反映了2002年至2012年十年间，上海农村改革创新的思路、历程、发展变化和成果，内容涉及郊区全局工作、农村经济、农村社会、农村教科文卫等各项工作以及农垦系统等。

　　本书编写过程中，得到了中共上海市委党史研究室的帮助指导。农口一些老同志也对本书篇目的确定提出不少建设性意见。市委农办、市农委有关职能部门和许多口述者积极接受采访、认真审核稿件。东方城乡报社不仅安排记者参加对本书口述者的采访和稿件整理工作，还为本书相关资料和编辑部场所的提供等，给予了积极支持。在此一并表示诚挚的谢意！

　　本书文章在强调思想性、真实性的同时，也力求口语化和可读性，并为此做了不少努力。由于水平有限，本书不足之处在所难免，希望广大读者批评指正。

本书编写组

2017年5月

图书在版编目(CIP)数据

农村改革创新:2002—2012 / 中共上海市委党史研究室,中
共上海市委农村工作办公室编著. —上海:上海教育出版
社,2017.6
(口述上海)
ISBN 978-7-5444-7545-7

Ⅰ.①农… Ⅱ.①中…②中… Ⅲ.①农村经济—经济体制改
革—史料—上海—2002—2012 Ⅳ.①F327.51

中国版本图书馆CIP数据核字(2017)第141436号

责任编辑 邹 楠 戴燕铃
封面设计 陈 芸 周 吉

口述上海

农村改革创新

2002—2012

中共上海市委党史研究室
中共上海市委农村工作办公室 编著

出　　版　上海世纪出版股份有限公司
　　　　　上 海 教 育 出 版 社
　　　　　官　网 www.seph.com.cn
　　　　　易文网 www.ewen.co
地　　址　上海市永福路 123 号
邮　　编　200031
发　　行　上海世纪出版股份有限公司发行中心
印　　刷　上海展强印刷有限公司
开　　本　700×1000　1/16　印张 37.25　插页 2
版　　次　2017 年 7 月第 1 版
印　　次　2017 年 7 月第 1 次印刷
书　　号　ISBN 978-7-5444-7545-7/F·0019
定　　价　70.00 元